Kooperation mit Gewerkschaften und Förderung von
Wirtschafts- und Sozialentwicklung

Reihe
Geschichte der internationalen Arbeit
der Friedrich-Ebert-Stiftung

Herausgegeben von

Pia Bungarten, Dieter Dowe, Ernst J. Kerbusch
und Uwe Optenhögel

Jürgen Eckl · Norbert von Hofmann

Kooperation mit Gewerkschaften und Förderung von Wirtschafts- und Sozialentwicklung

Zentrale Tätigkeitsfelder der internationalen Arbeit der Friedrich-Ebert-Stiftung seit Beginn der 1960er-Jahre

Mit einem Vorwort von
Ernst J. Kerbusch

Reihe

Geschichte der internationalen Arbeit
der Friedrich-Ebert-Stiftung

Band 7

DIETZ

Bibliografische Information der Deutschen Bibliothek

Die Deutsche Bibliothek verzeichnet
diese Publikation in der Deutschen Nationalbibliografie;
detaillierte bibliografische Daten sind im Internet
unter *http://dnb/ddb.de* abrufbar.

ISBN 978-3-8012-0427-3

Verlag J. H. W. Dietz Nachf. GmbH
Dreizehnmorgenweg 24, 53175 Bonn
Lektorat: Dr. Heiner Lindner
Umschlaggestaltung: Jens Vogelsang, Aachen
Satz: Kempken DTP-Service | Satztechnik · Druckvorstufe · Layout, Marburg
Druck und Verarbeitung: AZ Druck und Datentechnik GmbH, Kempten (Allgäu)

Printed in Germany 2012

Dr. Günter Grunwald
(* 30. Oktober 1924 † 6. November 2011)

gewidmet

Günter Grunwald hat die entscheidenden Grundlagen für die Entwicklung der Friedrich-Ebert-Stiftung zu ihrer heutigen Gestalt und Größe gelegt und die Stiftung 30 Jahre lang – von 1956 bis 1986 – geprägt sowie maßgeblich dazu beigetragen, dass die Politischen Stiftungen insgesamt zu wichtigen Mitspielern in der Innen- und Außenpolitik der Bundesrepublik Deutschland geworden sind.

Inhaltsverzeichnis

Anhang

Vorwort

Mit diesem Band aus der Reihe »Geschichte der internationalen Arbeit der Friedrich-Ebert-Stiftung« wird zum ersten Mal nicht in erster Linie auf bestimmte Schwerpunktländer eingegangen, in denen die Stiftung ihre Entwicklungszusammenarbeit betreibt, sondern auf bestimmte Themenfelder, mit denen sie sich in ihrer Auslandsarbeit prioritär befasst: Zum einen geht es um den Bereich der internationalen Gewerkschaftszusammenarbeit – dem Bereich, aus dem heraus sich die internationale Arbeit der FES nach dem Zweiten Weltkrieg überhaupt erst entwickelt hat –, und zum anderen um die Wirtschafts- und Sozialstrukturhilfe, also um Maßnahmen, die das Ziel haben, die Teilhabe unterprivilegierter Einkommensschichten an den wirtschaftlichen Prozessen zu erreichen. Dabei geht es u. a. um den Aufbau von Genossenschaften, Kammern und Verbänden, die Förderung der Klein- und Mittelindustrie, die Entwicklung von Consulting- und Finanzierungsinstrumenten sowie wirtschafts- und sozialpolitische Beratung.

* * *

Der Beitrag von *Jürgen Eckl* zur internationalen Gewerkschaftskooperation der Friedrich-Ebert-Stiftung liest sich streckenweise wie eine »kleine Geschichte des Deutschen Gewerkschaftsbundes (DGB) und dessen Verhältnis zu den Entwicklungsländern«. Das ist nicht nur der Tatsache geschuldet, dass der DGB nach dem Ende des Zweiten Weltkrieges schon sehr früh seine internationalen Interessen in Bezug auf die Entwicklungsländer von der FES wahrnehmen ließ – eine Entwicklung, die die DGB-Führungsspitze immer wieder bestätigte –, sondern auch dem persönlichen Werdegang des Autors der Studie. Dieser hat den größten Teil seines Arbeitslebens als Mitarbeiter der Internationalen Abteilung des DGB verbracht, war aber außerdem als Sozialreferent an der Deutschen Botschaft in Santiago de Chile und als Auslandsmitarbeiter der FES durchgängig mit dem behandelten Thema befasst. Seine langjährige hauptamtliche Tätigkeit im DGB ist ohne Zweifel auch dafür verantwortlich zu machen, dass die internationale Arbeit der FES und unmittelbares Handeln der deutschen Gewerkschaften (der DGB und seine Mitgliedsgewerkschaften) in Teilen des Beitrages zu verschmelzen scheinen. Dies entspricht nicht immer der Sicht der jeweils Verantwortlichen in der FES und unterscheidet sich insofern von den Beiträgen in dieser Reihe, die vornehmlich von früheren – meist über lange Zeit bei der FES beschäftigten – Mitarbeitern verfasst wurden. Aus der Sicht der Herausgeber ist dies jedoch hinzunehmen, weil es neben der ja tatsächlich vorhandenen engen Abstimmung auch einen authentischen Blick von außen auf die internationale Stiftungsarbeit widerspiegelt.

Auch die Konrad-Adenauer-Stiftung (KAS) und die Friedrich-Naumann-Stiftung (FNS) sind mit einigen Projekten in der Gewerkschaftskooperation tätig gewesen – die KAS sogar in ziemlich bedeutsamem Umfang in Lateinamerika mit der (christlichen) Central Latinoamericana de Trabajadores (CLAT) und in Asien mit der Brotherhood of Asian Trade Unions (BATU). Diese Zusammenarbeit erreichte aber an Umfang, Intensität und Kontinuität nie das Ausmaß, wie es sich bei der FES entwickelt hat und bis heute weiter besteht.

Gewerkschaftsarbeit – und damit das Eintreten für die Rechte von Arbeitnehmern – war seit Beginn des internationalen Engagements der FES Teil eines Demokratieförderungskonzeptes, das seine Konturen erst im Rahmen der politischen Tätigkeit in den Entwicklungsländern und -kontinenten selbst gewann. Dieses Engagement musste sich auf die Organisationen der deutschen Arbeiterbewegung (den DGB und seine Mitgliedsgewerkschaften) stützen und mit ihnen gemeinsam eingebunden sein in die internationalen Gewerkschaftsstrukturen, wie sie sich nach dem Ende des Zweiten Weltkrieges entwickelt hatten. Das machte die Abstimmung mit dem Internationalen Bund Freier Gewerkschaften (IBFG) ebenso zwingend wie mit der damals mächtigsten nationalen Gewerkschaftsbewegung der westlichen Welt, der US-amerikanischen American Federation of Labor/Congress of Industrial Organizations (AFL-CIO).

Eckl dokumentiert anhand von erstmals in diesem Zusammenhang ausgewerteten Archivmaterialien die komplexe Phase des Zusammenwachsens der Interessen von DGB und FES, in der nicht immer übereinstimmende außenpolitische Einschätzungen eine ebenso wichtige Rolle spielten wie innenpolitische Entwicklungen, insbesondere die Schaffung des neuen Bundesministeriums für Wirtschaftliche Entwicklung und Zusammenarbeit (BMZ). Erst durch das neue Ministerium ergab sich die Chance, für die Kooperation mit den Entwicklungsländern beträchtliche finanzielle Mittel zu erschließen, die auch die Entsendung von hauptamtlichen Auslandsmitarbeitern möglich machte. Die sich über einen längeren Zeitraum hinziehenden Diskussionen über die Art der Zusammenarbeit zwischen DGB und FES wurden auf DGB-Seite von dem für die internationale Arbeit zuständigen DGB-Vorstandsmitglied Ludwig

Rosenberg geführt und aufseiten der FES von deren Geschäftsführer Günter Grunwald. Grunwald war als Leiter der Auslandsabteilung des DGB 1952 bis 1956 enger Mitarbeiter Rosenbergs gewesen – ein Umstand, der ein belastbares Vertrauensverhältnis schuf, das sicher zu dem letztlich erfolgreichen Abschluss beitrug. Ergebnis der Diskussionen war nämlich die Übereinkunft, dass die Auslandsarbeit des DGB in Bezug auf die Entwicklungsländer fortan durch die FES wahrgenommen wurde, eine Übereinkunft, die ungeachtet der ein oder anderen gelegentlich auch kontroversen Diskussion bis heute Bestand hat.

Der Autor widmet dem internationalen Gewerkschaftsumfeld der 60er- und 70er-Jahre breiten Raum – in der Überzeugung, dass deutsche Gewerkschaftspolitik dieser Zeit nicht ohne Kenntnis und Berücksichtigung der parallelen Entwicklungen in den USA, Großbritannien, Frankreich, Italien und den skandinavischen Ländern beurteilt werden kann. Die Tatsache, dass Ost-West-Konflikt und »Kalter Krieg« in den USA – und dort besonders bei den Gewerkschaften – in einen kompromisslosen Antikommunismus umgeschlagen waren, hatte beträchtliche Auswirkungen auf die internationale Gewerkschaftsbewegung. Die Arbeitsteilung zwischen DGB und FES eröffnete gerade hier immer wieder Freiräume, in den Entwicklungsländern reale Kooperationsmöglichkeiten auszuloten, diese auszuprobieren und – wenn sie erfolgversprechend schienen – auch zu institutionalisieren. Für die FES ergab sich damit im gewerkschaftlichen Raum eine ähnliche Situation wie bei der Zusammenarbeit mit Parteien und Regierungen in Ländern, in denen der Bundesrepublik Deutschland aufgrund der Hallstein-Doktrin eine Kooperation nicht möglich war. Das frühe Bekenntnis des staatlichen Zuwendungsgebers BMZ und des ebenfalls am Bewilligungsprozess beteiligten Auswärtigen Amts zur Unabhängigkeit der Politischen Stiftungen in der Auswahl ihrer Partner und der Bestimmung ihrer Verfahren eröffnete auf diesem Wege in vielen Ländern die Möglichkeit, deutsche Interessen wirksam zu vertreten, wie es ohne die Stiftungen nicht zu realisieren gewesen wäre.

Die FES entwickelte in den mehr als 50 Jahren der Kooperation mit Gewerkschaften ihr eigenes Instrumentarium ständig weiter – natürlich immer in enger Absprache mit den deutschen Gewerkschaften. Aus der Aufbauhilfe für Gewerkschaften in Entwicklungsländern, die vor allem von gewerkschaftserfahrenen Kollegen aus den deutschen Gewerkschaften geleistet wurde, entwickelten sich vielfältige gewerkschaftspolitische Aktivitäten. Zunächst entstand eine enge Kooperation auf regionaler Ebene – insbesondere in Zusammenarbeit mit den Spartengewerkschaften, deren wichtigste Mitglieder sich in Internationalen Berufssekretariaten zusammengeschlossen hatten. Sie wurden in den 80er-Jahren zu wichtigen Partnern der FES, weil sie es erlaubten, Arbeitnehmerinteressen auch international wirksam zu vertreten.

Aus ihrer spezifischen Situation – nicht selbst Gewerkschaft zu sein, aber uneingeschränkt »zur Familie« zu gehören – konnte die FES häufig dabei helfen, Spannungen zwischen dem IBFG und seinen kontinentalen Regionalorganisationen und den Berufssekretariaten, die sich seit dem Jahr 2000 Global Unions (GU) nennen, abzumildern oder sogar zu beseitigen. Schließlich entstand mit dem Anspruch, globale Gewerkschaftspolitik zu fördern und zu unterstützen, ein neues, modernes, der Epoche der Globalisierung angepasstes Aufgabenfeld, das nicht mehr isoliert nationale oder regionale Interessen der Gewerkschaften aufgriff, sondern sich als internationale Lobbyarbeit der Gewerkschaften verstand und Fragen aufnahm wie – um nur einige wichtige zu nennen – einheitliche elementare Sozialstandards, internationale Rahmenabkommen oder Verhaltenskodizes für globale Unternehmen.

Natürlich blieb – soweit erforderlich – die nationale und regionale Kooperation mit befreundeten Gewerkschaften erhalten. Das über viele Jahre aufgebaute Vertrauensverhältnis der FES zu ihren Partnern ist auch bei der Bewältigung neuer Aufgaben ein hohes Gut. Der Weg von der länderbezogenen Aufbauhilfe zur Kooperation im Rahmen globaler Gewerkschaftspolitik erforderte nicht nur die ständige Veränderung und Anpassung der Außenstrukturen der Stiftung, sondern auch eine ständige Justierung des internen Managements in der Zentrale. Dass solche Veränderungen nicht ohne Konflikte und Missverständnisse vonstattengehen, versteht sich beinahe von selbst. Der Beitrag macht deutlich, dass auch solche Fragen die Dialog- und Kooperationsfähigkeit der ungleichen Partner DGB und FES herausforderten, aber das notwendige Einvernehmen letztendlich immer wieder hergestellt werden konnte, weil beide Partner der gleichen Zielorientierung folgten. Eckls »großer Überblick« über mehr als 50 Jahre internationaler Gewerkschaftskooperation der FES spart ganz bewusst Beispiele konkreter Kooperation in einzelnen Partnerländern weitgehend aus. Diese finden sich in großer Breite in den Beiträgen dieser Reihe zur Kooperation in einzelnen Ländern und Regionen.

Im Gegensatz zur Gewerkschaftskooperation spielte die Zusammenarbeit mit ausgewählten wirtschaftlichen Institutionen der Entwicklungsländer in den frühen Überlegungen zu den Arbeitsfeldern der FES im Ausland nur eine untergeordnete Rolle. Sozialdemokratische und progressive Parteien und den westlich orientierten Gewerkschaftsorganisationen angehörende oder zuneigende Gewerkschaften schienen als Partner quasi gesetzt – politische Bildung als Instrumentarium war unumstritten. Frieden, Freiheit, Völkerverständigung, dazu soziale Gerechtigkeit und Solidarität, waren als sozialdemokratische Werte unabdingbare Zielrichtungen. Die Umsetzung derart abstrakter Vorstellungen in die praktische Arbeit vor Ort erwies sich jedoch als schwierig. Zu Beginn schien ein Stück Modelltransfer von in Deutschland als erfolgreich empfundenen Errungenschaften durchaus möglich und auch wünschenswert: Die Begriffe Einheitsgewerkschaft, soziale Marktwirtschaft, Mitbestimmung, Gemeinwirtschaft u. v. a. m. begleiteten jeden Auslandsmitarbeiter der FES in sein Projekt im Ausland. Die FES und die beiden anderen damals schon aktiven Politischen Stiftungen, KAS und FNS, hatten früh erkannt, dass zur Demokratieförderung in den Entwicklungsländern ein breiteres Instrumentarium erforderlich war als nur der Aufbau und die Unterstützung von politischen Parteien, Gewerkschaften und Verbänden. Es mussten auch Möglichkeiten gefunden werden, auf die sozialen Strukturen in Wirtschaft, Medien und Wissenschaft einzuwirken und allgemeine, auf die Gesamtgesellschaft ausgerichtete Unterstützungsmaßnahmen, z. B. für politische Bildung und Frauenförderung, zu erschließen. Überzeugende Vorschläge für entsprechende Projektmaßnahmen, die die Stiftungen dem 1961 neu geschaffenen BMZ vorlegten, veranlassten dieses, einen Titel »Förderung der Sozialstruktur in Entwicklungsländern« aufzulegen, der neben den Politischen Stiftungen auch anderen entwicklungspolitischen Trägerorganisationen zur Verfügung stand. Damit wurde der Aktionsrahmen der Politischen Stiftungen beträchtlich ausgeweitet.

* * *

Norbert von Hofmann, fast vier Jahrzehnte lang selbst Mitarbeiter in der internationalen Entwicklungszusammenarbeit der FES im In- und Ausland, schildert den frühen Einstieg der FES in die Wirtschafts- und Sozialstrukturförderung, der wie selbstverständlich eine erste Zielsetzung fand, die sich aus der Geschichte der Sozialdemokratie und der deutschen Gewerkschaften ergab: die Unterstützung von Selbsthilfeorganisationen der Arbeitnehmer wie Genossenschaften, Spar- und Darlehensvereinen und sozialen Hilfskassen. Sehr früh wurden diese Hilfsmaßnahmen als Ergänzung der Demokratieförderung durch die FES verstanden: Über die wirtschaftliche und organisatorische Stärkung von Basisgruppen, Selbsthilfeorganisationen und kleinen Unternehmern sollten diese befähigt werden, nicht nur ihre eigene Situation zu verbessern, sondern auch die gesellschaftspolitische Interessenvertretung benachteiligter Bevölkerungsgruppen zu ermöglichen. Sie sollten in die Lage versetzt werden, Einfluss in der Gesellschaft auszuüben und die politischen, wirtschaftlichen und sozialen Rahmenbedingungen zu ihren Gunsten zu verändern. Hilfe zur Selbsthilfe, Förderung der Klein- und Mittelindustrie, Armutsbekämpfung standen auf der Agenda – allesamt auch Schwerpunktdefinitionen der deutschen Entwicklungspolitik. Früh wurde darauf geachtet, möglichst Strukturwirksamkeit zu erreichen, d. h. sich nicht an die einzelne Person, das einzelne Unternehmen oder den einzelnen Träger zu richten, sondern z. B. auf – strukturwirksamere – Verbands- und Kammerstrukturen zu setzen.

Der Autor schildert die beeindruckende Entwicklung dieses Arbeitsfeldes, das bereits Ende der 60er-Jahre mit 20 von insgesamt 36 entsandten Mitarbeitern zu einem der großen Bereiche in der Auslandsarbeit der FES wurde (neben Gesellschaftspolitik, aber vor Gewerkschaften, Medien und Forschung) und dies bis in die 90er-Jahre blieb. Diese Entwicklung wurde dadurch begünstigt, dass die im BMZ zur Verfügung stehenden Mittel zur Förderung der Sozialstruktur überproportional anwuchsen. Das war u. a. darauf zurückzuführen, dass aus dem entsprechenden Titel außer den Politischen Stiftungen weitere »entwicklungspolitische Schwergewichte« gefördert wurden (z. B. der Deutsche Volkshochschulbund, der Deutsche Sparkassen- und Giroverband, das Deutsche Kolpingwerk, der Paritätische Wohlfahrtsverband u. v. a. m.), deren Führungspersönlichkeiten in der Lage waren, mit einer intensiven Lobbyarbeit auf die im Parlament vertretenen politischen Parteien und insbesondere auf die Mitglieder des Haushaltsausschusses des Deutschen Bundestages einzuwirken, und so – in den 70er- und 80er-Jahren – beachtliche Steigerungen der Titelansätze erreichten. Dies führte zu einer im internationalen Vergleich beträchtlichen »Privatisierung« der deutschen Entwicklungspolitik, insgesamt eine Erfolgsgeschichte, die bei vielen Einzel- und Sammelevaluationen bestätigt wurde und durch die in der Gesellschaft der Bundesrepublik Deutschland ein breiter Konsens über die Notwendigkeit einer aktiven deutschen Entwicklungspolitik verankert werden konnte.

Da der Sozialstrukturhilfetitel (damals 68603 im Einzelplan 23) nicht auf die einzelnen Träger quotiert war, profitierten davon besonders die Politischen Stiftungen (per saldo die FES überproportional), die über effiziente Strukturen und schnelle Umsetzungsmöglichkeiten im In- und Ausland verfügten. Bei der FES machte es die günstige Entwicklung bei der Mittelausstattung bald möglich, den Arbeitsrahmen über die traditionelle Klientel der FES (Basisgruppen, Genossenschaften) hinaus auszudehnen und breitere Gruppen der Bevölkerung in den Zielländern zu erreichen. Der Beitrag von Hofmanns macht deutlich, dass dies erfolgreich durch die Entwicklung ständig neuer Instrumentarien bewirkt wurde, die auf weltweiten Mitarbeiterfachkonferenzen immer wieder zur Diskussion gestellt, manchmal modifiziert, aber dann auch zügig in die Praxis umgesetzt wurden. Versuche mit Projekten der Gemeinwirtschaft, der Aufbau von Consultingunternehmen, auf Beschäftigungswirksamkeit ausgelegte Maßnahmen der Klein- und Mittelindustrieförderung, der Aufbau von Finanzierungsinstrumenten (einschließlich der Gründung eigener Finanzierungsinstitutionen), die wirtschafts- und sozialpolitische Beratung – dies alles machte immer wieder die Anpassung und Neuausrichtung des Referates erforderlich. Mit der Beratung auf gesamtgesellschaftlicher Ebene war die Arbeit des Referates, das sich zuletzt »Wirtschafts- und Sozialentwicklung« nannte, sehr nah an die gesellschaftspolitischen Aufgaben der FES herangerückt.

1990 ging mit dem Zusammenbruch der Sowjetunion und des Ostblocks vielen Entwicklungsländern ihr Referenzmodell (oder eines davon) verloren. Der Bedarf nach Systemberatung mit den Schwerpunkten soziale Marktwirtschaft und Sozialpolitik ließ den Abstand zwischen genereller gesellschaftspolitischer und wirtschafts- und sozialstruktureller Beratung schwinden. 1997 wurden deshalb die jeweils zuständigen Referate zusammengelegt und die Arbeit in Referaten, die das Gesamtengagement in den jeweiligen Entwicklungskontinenten widerspiegelten, weitergeführt.

Mit sorgfältig ausgewählten Beispielen illustriert der Autor den jeweiligen Entwicklungsstand des FES-Engagements im Bereich der Wirtschafts- und Sozialentwicklung. Dieses Engagement bewegte sich in einigen Phasen parallel zur entwicklungspolitischen Diskussion in der Bundesrepublik Deutschland, eilte ihr aber auch in vielen Feldern voraus (z. B. Minikredite, fairer Handel). Wo immer möglich, wurden, um Überschneidungen zu vermeiden, Beispiele aus solchen Ländern bzw. Regionen herangezogen, für die keine Einzeldarstellung im Rahmen dieser Reihe vorgesehen ist. Dass sich heute die wirtschaftliche und soziale Kooperation nicht mehr auf Unternehmensebene und nationalen Förderinstrumenten abspielt, ist natürlich auch der weltweiten Entwicklung geschuldet. Dringende Nachfrage besteht deshalb heute nach Erkenntnissen und Informationen über Chancen und Risiken, die sich in Zeiten der Herrschaft globaler Märkte und übermächtiger Akteure in Politik und Wirtschaft für die Entwicklungsgesellschaften insgesamt stellen.

Handlungs- und Verhaltensoptionen sind gefragt, die es schwächeren Akteuren ermöglichen, nicht von der Entwicklung abgekoppelt zu werden. Dass sich Politische Stiftungen heute verstärkt diesen Fragestellungen widmen, ohne dabei ihre erfolgreiche bilaterale und regionale Kooperation aufzugeben, auf der ihre internationale Reputation beruht, ist ihrer besonderen Verantwortung geschuldet, die sich aus Jahrzehnten vertrauensvoller Zusammenarbeit ergeben hat. Auch dies macht die Stiftungen zu einem wertvollen zusätzlichen Element deutscher Außen-, Sicherheits- und Entwicklungspolitik, um das die Bundesrepublik Deutschland vielerorts beneidet wird. Die Schaffung von Institutionen ähnlicher Art in vielen wichtigen Ländern der Welt belegt das in beeindruckender Weise.

* * *

Der vorliegende Band versucht genau das am Beispiel der Friedrich-Ebert-Stiftung deutlich zu machen. Sowohl die internationale Gewerkschaftsarbeit als auch die Wirtschafts- und Sozialstrukturförderung in Entwicklungsländern haben sich aus der bilateralen Kooperation heraus zur gemeinsamen Bearbeitung globaler Herausforderungen entwickelt – ohne Zweifel dem zentralen Thema der internationalen Politik weltweit. Ihr Beziehungsgeflecht macht die Politischen Stiftungen weiterhin nicht nur zu komplementären Trägern deutscher Außen-, Sicherheits- und Entwicklungspolitik, sondern auch und besonders zu speziellen Trägern einer unabhängigen Demokratieförderung, für die sie mehr als 50 Jahre Erfahrung in die Waagschale zu werfen haben. Sie werden sich mit diesen Voraussetzungen auch in der anstehenden Neuordnung im Nahen und Mittleren Osten bewähren. Altbundespräsident Roman Herzog ist uneingeschränkt zuzustimmen in seiner Feststellung: »Wenn es die Politischen Stiftungen nicht gäbe, müsste man sie erfinden.«

Bonn, im Januar 2012 *Ernst J. Kerbusch*

Jürgen Eckl

Aspekte der Geschichte der Gewerkschaftskooperation der Friedrich-Ebert-Stiftung

Vorbemerkung

Die internationale Gewerkschaftskooperation im Auftrag und mit dem Mandat der deutschen Gewerkschaften gilt bis heute nach der Erwachsenenbildung als der zweite Pfeiler der Auslandsarbeit der Friedrich-Ebert-Stiftung. Dabei stand diese Kooperation eigentlich am Beginn der internationalen Aktivitäten der Friedrich-Ebert-Stiftung, war im besten Sinne Geburtshelferin der Entwicklungsarbeit der ersten Politischen Stiftung in der Bundesrepublik Deutschland. Aus Sicht der deutschen und internationalen Gewerkschaftsbewegung verfügt die Friedrich-Ebert-Stiftung damit über ein besonderes Alleinstellungsmerkmal in der internationalen Gewerkschaftsarbeit.

Dieser Sonderstellung der internationalen Gewerkschaftskooperation ist im begrenzten Rahmen dieser Schriftenreihe eine chronologische Dokumentation der laufenden Ereignisse nicht angemessen, sondern eher eine thematisch aufgefächerte Darstellung sich oft überlagernder und widersprüchlicher Prozesse in der zweiten Hälfte des letzten und im ersten Jahrzehnt des neuen Jahrhunderts. Manche Facetten mögen sich gegeneinander verschieben lassen, zusammen prägen sie eine kleine politische Erfolgsgeschichte, die weitgehend von öffentlicher Aufmerksamkeit unberührt geblieben ist.

In sechs Kapiteln der Annäherung an diesen historischen Komplex wird versucht, aus der sogenannten »Aktenlage«[1] eine Rekonstruktion sowohl der Grundlagen und Prozesse der internationalen Gewerkschaftskooperation als auch der eigentümlichen Kooperation zwischen dem DGB und seinen Gewerkschaften mit der FES zu erstellen. Ursprünglich waren auch vier exemplarische

1 Hier gilt der Dank den Mitarbeitern im Archiv der sozialen Demokratie der FES, die mit unermüdlicher Geduld und profunder Kenntnis, vor allem aber blendender Organisation, meine Anfragen und Anforderungen bis hinein in die apokryphen Bereiche der Handakten und der gewerkschaftlichen Beschlusslagen erfüllt haben. Hervorheben möchte ich aber auch die unersetzliche Zuarbeit durch inhaltliche Aufschlüsselung der Akten des DGB-Archivs, die der Leiter dieses sensiblen Archivbereichs, Klaus Mertsching, geleistet hat, durch den trotz mehrerer Aktenkilometer Prozessverläufe transparent und nachvollziehbar wurden.

Länderkapitel vorgesehen: Südafrika, Brasilien, Polen und China, die aber schon in den Regionalstudien bearbeitet werden, in denen die gewerkschaftliche Entwicklung bereits prominent dargestellt wird.[2] In einem Unterkapitel wird auch die nach der Zeitenwende massiv einsetzende Gewerkschaftskooperation der Stiftung in den Ländern Mittel- und Osteuropas und den neuen Ländern des Einzugsbereichs der ehemaligen Sowjetunion behandelt, bei der manches aus den Erfahrungen in Lateinamerika, Afrika und Asien zum Tragen kam und heute einen integralen, die Abteilungen übergreifenden Teil der internationalen Gewerkschaftsarbeit der Stiftung darstellt.

Da für diese Arbeit neben dem unerschöpflichen Archiv der sozialen Demokratie auch die Unterlagen des DGB-Archivs herangezogen werden konnten, ergaben sich nicht nur die in der Natur der Sache liegenden Lücken und Widersprüche, die jedem Aktenkonvolut eigen sind, sondern auch faszinierende Perspektivenwechsel nicht nur bei den beiden gesellschaftlichen Institutionen DGB und FES, was zu erwarten war, sondern auch bei den Handelnden auf beiden Seiten. Das wünschenswerte und früher auch häufigere Grenzgängertum zwischen Gewerkschaften und Stiftung spielt dabei meist eine fördernde und positive Rolle; es sollte gelegentlich wiederbelebt werden.

Auch dafür kann die Aussage eines kompetenten Beobachters als Motto dienen:

> »Der DGB war gut beraten, seinen Anteil an diesen Aufgaben weithin der befreundeten Friedrich-Ebert-Stiftung zu übertragen, die unabhängig von den Rücksichtnahmen auf Frontstellungen internationaler Gewerkschaftspolitik und flexibler als der an die Regeln eines großen Verbandes gebundene Apparat des DGB, eine Vielzahl von Vorhaben in eigener Verantwortung realisieren konnte.«[3]

---

2 Vgl. *Volker Vinnai*, Den Wandel begleiten. Die Arbeit der Friedrich-Ebert-Stiftung in Südafrika seit den 1980er-Jahren, in: *Andreas Wille/Klaus-Peter Treydte/Volker Vinnai*, Die Arbeit der Friedrich-Ebert-Stiftung in wichtigen Schwellenländern. Chile, Indien, Südafrika, Bonn 2009; *Hans-Joachim Spanger/Bernd Reddies*, Die Arbeit der Friedrich-Ebert-Stiftung in der UdSSR/Russland und in der Volksrepublik China, Bonn 2011; *Peter Hengstenberg*, Polen (erscheint später in dieser Reihe); *Wolf Grabendorff*, Brasilien (erscheint später in dieser Reihe).

3 *Winfried Böll*, Zur Rolle der Gewerkschaften in der Entwicklungspolitik, in: *Gerhard Leminsky/Bernd Otto* (Hg.), Gewerkschaften und Entwicklungspolitik, Köln 1975, S. 105 f.

1 Wie alles anfing: Solidarität mit dem algerischen Befreiungskampf

»Der Misserfolg des Projektes soll
aber nicht verschwiegen werden.«[4]

1.1 Ein Personalwechsel mit Folgen

Seit 1952 war Günter Grunwald, frisch promoviert und 28 Jahre alt, mit dem Aufbau der Auslandsabteilung des Deutschen Gewerkschaftsbundes beauftragt. Das für seinen Arbeitsbereich – Internationale Gewerkschaftspolitik würden wir heute sagen – zuständige Mitglied im Bundesvorstand des DGB war Ludwig Rosenberg. Dieser hatte die Nazizeit im Exil in Großbritannien überstanden, verfügte über gute Kontakte zu den angelsächsischen Gewerkschaften und war gemeinsam mit Hans Böckler ein entschiedener Verfechter des Prinzips der Einheitsgewerkschaft. Rosenbergs Verbindlichkeit und Welterfahrenheit, seinem diplomatischen Geschick war es wesentlich zu verdanken, dass der DGB nach dem Krieg und seiner Gründung 1949 als erste deutsche Nichtregierungsorganisation beim Sitz der Vereinten Nationen im Völkerbundpalast in Genf eigenständig Seminare für internationale Gewerkschaftsvertreter durchführen konnte. Dieses Privileg für eine deutsche Institution zu einer Zeit, als die junge Bundesrepublik noch weitgehend Paria-Status genoss, nutzte vor allem der junge Auslandssekretär des DGB, um ein erstes Netzwerk an internationalen Kontakten zu Gewerkschaften aus aller Welt zu knüpfen. Grunwald war auf diesem speziellen Arbeitsfeld derart erfolgreich, dass er 1956 bei seinem Wechsel vom DGB zur noch in bescheidensten Anfängen steckenden Friedrich-Ebert-Stiftung, wo er Geschäftsführer wurde, diese internationalen Seminare gleichsam als Morgengabe mit ausdrücklicher Zustimmung seines Mentors Ludwig Rosenberg in die Stiftungsarbeit einbringen konnte. Damit war der Grundstein für die zweite, die gewerkschaftliche Säule der FES gesetzt.[5]

Die nächste Bewährungs-, um nicht zu sagen Feuerprobe in der Zusammenarbeit von DGB und FES ergab sich aus der Parteinahme im algerischen

4 *Dieter Wagner,* Gewerkschaftliche Aktivitäten im Rahmen der Zusammenarbeit mit den Entwicklungsländern, in: *Gerhard Leminsky/Bernd Otto* (Hg.), Gewerkschaften, a. a. O., S. 285.

5 Vgl. *Günter Grunwald,* Von 11/2 auf 856. Interview mit dem ersten Geschäftsführer Dr. Günter Grunwald, geführt von *Annette Quaedvlieg/Toni Henseler*, in: BR-INFO. Die Zeitung der FES-Betriebsräte 2/09, S. 9-13.

Befreiungskampf gegen die französische Kolonialherrschaft. Im Gefolge des Aufstands der Nationalen Befreiungsfront FLN vom 1. November 1954 gründeten algerische Arbeitnehmer, die sich, wenn überhaupt, zuvor nur in französischen Gewerkschaften organisieren konnten, im Februar 1956 einen eigenen Gewerkschaftsverband, die UGTA (Union Générale des Travailleurs Algériens)[6], die ab Januar 1957 nur noch im Untergrund agieren konnte und deren erste nationale Führung im gleichen Jahr von französischer Armee und Polizei liquidiert wurde, worauf der Sitz der UGTA ins unabhängige Tunesien nach Tunis verlegt wurde. Die UGTA war bereits im Juli 1956 als Mitglied in den IBFG (Internationaler Bund Freier Gewerkschaften) aufgenommen worden, der eine weltweite Solidaritätskampagne startete, die vor allem bei amerikanischen und deutschen Gewerkschaften auf Resonanz stieß.

Zahlreiche deutsche Gewerkschafter und namhafte Mitglieder der SPD, oft gerade mit biografisch geprägter enger Bindung an Frankreich, bildeten ein proalgerisches Netzwerk der Solidarität. Sie halfen mit großem persönlichen Einsatz der wachsenden Zahl algerischer Flüchtlinge, die vor der Drangsalierung in Frankreich geflohen waren. Der DGB stellte sich mit beträchtlichen Geldmitteln als einziger repräsentativer Verband in der Bundesrepublik offen an die Seite der algerischen Arbeitnehmer und ihrer Gewerkschaft. Für die Dauer des Kampfes beschlossen Bundesvorstand und Bundesausschuss des DGB ab 1958 Zuweisungen von 100.000 bis 150.000 DM als zweckgebundene Spenden an die Friedrich-Ebert-Stiftung unter dem Titel: »Förderung von nordafrikanischen Arbeitnehmern«.[7] Die Werthaltigkeit dieser Summen aus Mitgliedsbeiträgen lässt sich nach heutigem Maßstab in aktueller Währung unschwer verzehnfachen. Am 14. Juli 1960 mietete schließlich Hans-Jürgen Wischnewski, damals Organisationssekretär des DGB in Köln, im Auftrag des DGB-Bundesvorstands ein Büro für die Außenstelle der UGTA in Deutsch-

6 In einer etwas voreilig formulierten, dafür von sehr frankophiler Zeitgeistigkeit beflügelten Aktennotiz hieß es zu diesem Prozess am 5.4.1956: »Darauf wurde die Gründung einer Gegenorganisation verkündet, der offenbar durch die Terroristen gestützten UGTA (Union Général des Travailleurs Algériens).« Weiter oben ist im selben Text die Rede von einer »geheimen »Front de Libération National«, die das Oberkommando des Terrors in Algerien für sich in Anspruch nimmt«. *Günter Grunwald,* Betr. Sitzung des kleinen Ausschusses des IBFG vom 9.–11. April [1956]. Haupttagesordnungspunkt: Die gewerkschaftliche Situation in Nordafrika. Dok. 5/DGAJ000209. Diese Fundstelle ist zitiert, um deutlich zu machen, wie sehr gerade diejenigen, die vor allem um die Aussöhnung mit Frankreich bemüht waren, sich in einem Dilemma fanden, um schon bald eine Kehrtwendung ihrer Einschätzung vorzunehmen.

7 Vgl. Beschluss des DGB-Bundesvorstandes vom 4. März 1958, 4. August 1959 und 8. Mai 1961.

land, das als »Büro zur sozialen Betreuung nordafrikanischer Arbeitnehmer in Köln« firmierte.[8]

Für die FES bedeutete die Umsetzung dieses Auftrags eine besondere Herausforderung, die eigenen Strukturen und Verbindungen auszubauen, um eine wirksame Mittelverwendung unter schwierigsten Umständen zu gewährleisten. Dabei war den handelnden Personen durchaus bewusst, dass die Beiträge der algerischen Arbeitnehmer in Frankreich und Deutschland die wichtigste Finanzierungsquelle für den Befreiungskrieg darstellten.[9] Dies alles in einem Klima, das auch geprägt war von solchen französischen Terrororganisationen wie der sogenannten Geheimarmee OAS (Organisation de l'Armée Secrète)[10], die ihr Operationsgebiet auch auf Südwestdeutschland ausgedehnt hatte. Mit dem Frieden von Évian war die Entkolonialisierung Algeriens erreicht; der Solidaritätsbeitrag aus Deutschland hatte sein Quäntchen dazu beigetragen.

1.2 Der Bruch der UGTA mit IBFG und DGB; die FES wahrt die Verbindung mit dem Land

Nach siebenjährigem brutalen Krieg errang das algerische Volk – nach Waffenstillstand und zwei Volksabstimmungen am 8. April und 1. Juli 1962 – am 7. Juli 1962 seine Unabhängigkeit. Gemeinsam mit einer Delegation des IBFG nahm der damals stellvertretende DGB-Vorsitzende Ludwig Rosenberg an den Feierlichkeiten teil. Willi Richter als Vorsitzender des DGB traf am 14. September 1962 mit 15 Volkswagen für die UGTA in Algier ein, fünf VW-Busse sollten wenig später folgen. In allen Gliederungen der deutschen Gewerkschaften wurden drei Millionen Solidaritätsmarken zugunsten eines geplanten Sozialwerks der UGTA im Wert von zwanzig Pfennig vertrieben. Die Solidarität war einhellig. Für die FES richtete Wilhelm Wehner seinen gewerkschaftlichen Sachverstand auf die Entwicklung in Algerien.[11]

---

8 Mietvertrag in Dok. 5/DGAJ000207.

9 Vgl. *Hartmut Elsenhans*, Algerien, in: *Siegfried Mielke* (Hg.), Internationales Gewerkschafts-Handbuch, Opladen 1982, S. 194.

10 Diese Geheimarmee war von Ex-Militärs der französischen Kolonialarmee aufgebaut worden, um »Terror mit Gegenterror« zu bekämpfen.

11 Ein wichtiger Hinweis für die Einschätzung der Arbeit der FES in Algerien in den 60er-Jahren ist Volker Vinnai zu verdanken, der gegenwärtig die Geschichte der FES-Aktivitäten in Nordafrika und dem Nahen Osten aufarbeitet. Demnach gab es in den 60er-Jahren kein Büro der FES in Algier, wie der DGB-Vorsitzende anscheinend annahm, wenn er auf Berichte von Wilhelm Wehner reagierte. Wehner selbst war in der FES einige Zeit zuständig für Gewerkschaftsbezie-

Die Begeisterung auf Gewerkschaftsseite erhielt einen herben Dämpfer, als der neue, junge, charismatische Staatspräsident Algeriens, Ahmed Ben Bella, im Zuge seiner Machtfestigung die algerische Gewerkschaftsbewegung einvernahm. Den Anlass dafür bot der 1. Kongress der UGTA vom 17. bis 20. Januar 1963 in Algier, in dessen Vorfeld sich ein Konflikt abzeichnete zwischen einer starken Minderheit, die für die Autonomie der Gewerkschaft eintrat, und einer offensichtlichen Mehrheit, die eine strikte Orientierung an den Direktiven der Einheits- und Staatspartei FLN befürwortete. Ben Bella bezichtigte die alte Führung der UGTA des »ouvrierisme«, der »Arbeiteritis«, die unter dem Vorwand der Gewerkschaftsautonomie nur die Privilegien der Industriearbeiter schützen wollte, während er – Ben Bella – einen Ausgleich zwischen städtischer Arbeiterschaft und der verarmten Landbevölkerung anstrebte. Offensichtlich der Mehrheitsverhältnisse auf dem Kongress nicht sicher, ließ er am dritten Kongresstag einen Teil der Delegierten ausschließen und den Kongress durch mehrere Tausend in Bussen herangebrachter Arbeitsloser besetzen. Zwar kam dadurch ein ihm genehmer Vorstand zustande, aber die meisten der angereisten Kongressbeobachter aus dem Westen befanden das Vorgehen als unvereinbar mit den Werten gewerkschaftlicher Demokratie, Freiheit und Autonomie. Die harsche Kritik des damaligen IBFG-Generalsekretärs Omar Becu am skandalösen Kongressverlauf führte leicht verzögert zum Beschluss des Austritts aus dem IBFG durch den neuen Vorstand der UGTA am 27. Juli 1963, ein Beschluss, der mit ideologischer Neutralität und Panafrikanismus begründet wurde.[12] Der DGB verhängte dementsprechend eine vorläufige Quarantäne über die deutsch-algerischen Gewerkschaftsbeziehungen. Zwei nachgelieferte VW-Busse wurden vom Kai in Algier zurückbeordert.

Als Ergebnis des Kongresses wurde nach Analyse eines der besten Kenner der algerischen Situation deutlich: »Wahrscheinlich sind ihre Führer und die Regierung der Meinung, dass sich Algerien im Aufbaustadium keine unabhängige

hungen und galt als Nordafrikaexperte. Seine Einschätzungen fanden eher beim DGB Resonanz, weniger bei der Stiftung, wenn nach der dortigen Aktenlage geurteilt wird. Demnach muss er zu den weitgehend in Vergessenheit geratenen Pionieren der Auslandsarbeit der Stiftung gerechnet werden.

12 Damit wahrte die UGTA eine auch in Afrika noch neue Unabhängigkeit gegenüber Einflüssen von außen im Rahmen des Ost-West-Konflikts. Erst 1973 verfügten die afrikanischen Arbeitsminister die Gründung der OATUU (Organization of African Trade Union Unity) mit Sitz in Addis Abeba und proklamierten als deren Hauptzweck »die Konsolidierung der afrikanischen Unabhängigkeit im Gewerkschaftsbereich gegenüber auswärtigen Einflüssen«. *Franz Ansprenger*, Gewerkschaften in Afrika, in: *Siegfried Mielke* (Hg.), Gewerkschaftshandbuch, a. a. O., S. 113.

Gewerkschaftsbewegung erlauben kann. Übrigens ist diese Tendenz bei vielen jetzt unabhängig gewordenen afrikanischen Staaten mehr oder weniger zu beobachten.«[13] Ähnlich abwägend in der Beurteilung, aber mit anderem Akzent ist die Schlussfolgerung des Sozialreferenten für Nordafrika in der deutschen Botschaft in Rabat/Marokko, Dr. Behr: »Die Tatsache, dass kommunistische Stimmen in Algerien sich gegen die Ablösung der alten Gewerkschaftsführung in der UGTA wenden und dass von den neu gewählten Sekretären – soweit bekannt – keiner Verbindungen hat, lässt die geschilderte Entwicklung zur Staatsgewerkschaft hin nicht ohne weiteres als negativ erscheinen, wenn auch die Prozeduren nicht gerade von der Stabilisierung demokratischer Strukturen im neuen algerischen Staat zeugen.«[14] Das meiste Verständnis aber entwickelte der Vertreter der FES, Wilhelm Wehner, ein Jahr nach dem Kongress: » Man muss Ben Bella zubilligen, dass er von einem übergeordneten Gesichtspunkt aus den Gewerkschaften eine bestimmte konstruktive Aufgabe zugewiesen hat, wobei er zweifellos nicht primär daran dachte, die Gewerkschaftsbewegung »gleichzuschalten«, sondern ihr aus der gegebenen Situation heraus eine Aufgabe zuzuweisen, innerhalb derer die Gewerkschaft einen ziemlich freien Spielraum hatte und auch gegenwärtig noch hat. Ben Bella hat diese Auffassung in einem vertraulichen Gespräch nachdrücklich unterstrichen. Er verkennt nicht die Bedeutung der Gewerkschaften und ist auch nicht gewillt, die Gewerkschaften in prinzipielle Abhängigkeit zu bringen.«[15] Als Empfehlung für den DGB führte Wehner aus: »Es wäre daher dringend zu empfehlen, bei Äußerungen über die gewerkschaftspolitische Situation in Algerien maßvolle Formulierungen zu finden und der neuen Situation Rechnung zu tragen. Dieses kann aber nur geschehen, wenn dem Wunsche nach Pflege bilateraler Beziehungen zwischen UGTA und dem DGB in geschickter Form entsprochen wird und dadurch der Einfluss der deutschen Gewerkschaftsbewegung in der algerischen Gewerkschaftsbewegung weiterhin gesichert bleibt. Wenn wir die Türe zuschlagen, wird es nur noch eine Frage von Wochen sein, dass die UGTA auf dem Wege

13 *Albert Preuss*, Bericht über den Kongress der »Union Générale des Travailleurs Algériens (Algerischer Gewerkschafsbund) (Kongress Nacional) – 17. bis 29. Januar in Algier«, undatiertes Manuskript in Dok. 5/DGAJ00207. Albert Preuss, Mitglied der Resistance, war Leiter der Verbindungsstelle der deutschen Gewerkschaften bei der französischen Gewerkschaft CGT-FO.

14 [*Dr. Behr*,] Aufzeichnung. Betr.: Unterordnung der algerischen Gewerkschaft Union Générale des Travailleurs Algériens (UGTA) unter das Politbüro der FLN, Rabat, den 23.1.1963, ebd.

15 *Wilhelm Wehner*, Aktennotiz für Herrn Dr. Grunwald, Betr.: Bericht des IBFG über die gewerkschaftspolitische Situation in Algerien, 29. April 1964, ebd.

bilateraler Abmachungen mit Ost-Berlin, Moskau und Prag unter den Einfluss der kommunistischen Ideologie gerät.«[16]

Nach Kenntnis dieses Berichts befand der DGB-Vorsitzende Ludwig Rosenberg in einem Rundschreiben vom 28. Oktober 1964 an die Mitglieder des DGB-Bundesvorstandes: »Aus den mannigfaltigen, zum Teil widersprüchlichen Auffassungen, Berichten und Stellungnahmen über die Situation in Algerien ist ersichtlich, dass die politische und gewerkschaftspolitische Situation außerordentlich verworren ist. Nach sorgfältigem Studium dieser Berichte muss jedoch bedauerlicherweise festgestellt werden, dass für demokratische Kräfte in der UGTA unter Ben Bella kein Platz ist.«[17]

Es kam so, wie es der FES-Vertreter vorausgesehen hatte, aber wie es der DGB-Vorsitzende als Bestätigung seiner ablehnenden Haltung werten musste. Nach Besuchen des Ben Bella-getreuen UGTA-Vorstands in Moskau und beim FDGB in der »deutschen Zonenrepublik« (Ludwig Rosenberg)[18], wehrte der DGB-Vorsitzende alle Versuche aus deutschen Gewerkschafts- und SPD-Kreisen brüsk ab, die vor einem Abbruch der Beziehungen zur UGTA warnten.[19]

Am Konflikt über Algerien erwies sich zum ersten, aber nicht zum letzten Mal die Tragfähigkeit der Arbeitsteilung in der beginnenden internationalen Gewerkschaftskooperation zwischen DGB und FES. Trotz der politischen Eiszeit zwischen DGB und UGTA setzte die FES ihre weitere Kooperation in Algerien als Teil ihres gesellschaftspolitischen Engagements in diesem Schlüsselland der blockfreien Bewegung auch in Gestalt ihrer Beratungstätigkeit für die algerischen Gewerkschaften fort, ohne dass es deshalb zu Friktionen mit der algerienkritischen DGB-Führung kam – gelegentliches Missbehagen nicht ausgeschlossen.

Die klare politische Westbindung von DGB und IBFG produzierte in den 60er-Jahren einiges an Starrheit und Paternalismus in ihren Projektionen auf die Polaritäten der Welt. Die Hallstein-Doktrin war zwar nicht gängige Richtschnur bei den Gewerkschaften, aber Sympathien für staatssozialistische Gewerkschaften waren nicht vorhanden. Es fehlten jedoch die Sensoren für nationale Sonderwege und für das selbstverständliche Geschick so mancher Regierung in Entwicklungsländern, den Ost-West-Konflikt zu ihren Gunsten zu nutzen. Selbst die intellektuelle Redlichkeit und Welterfahrung eines Man-

16 Ebd.

17 Ebd.

18 *Ludwig Rosenberg*, Rundschreiben an die Mitglieder des Bundesvorstandes, ebd.

19 Vgl. Briefwechsel *Ludwig Rosenberg* mit *Werner Thönnessen* zur »Algerienhilfe«, April 1964, Dok. 5/DGAJ000207.

nes wie Ludwig Rosenberg bewahrte ihn nicht davor, im Fall Algerien sehr holzschnittartig zu argumentieren.[20] Zugleich respektierte er, wissend um die gleiche Wertverhaftung, dass die Auslandsarbeit der Stiftung gerade auch im Feld der Gewerkschaftsberatung nur durch Erfahrung vor Ort, kritische Sympathie für die Partner, pragmatische Auslotung der Handlungsräume, Wissen um die Besonderheiten wie Absonderlichkeiten, gepaart mit begrenzter und nüchterner Risikobereitschaft, gelingen konnte.

Der wechselseitige Respekt vor der Autonomie des Partners ermöglichte der FES in ihrer Arbeit einen ständigen Bezug auf ihre Bindung zu den DGB-Gewerkschaften, nicht zuletzt sichtbar auch im Einsatz von DGB-Experten in Beratungstätigkeiten vor Ort und ehemaliger Gewerkschafter im eigenen Personalschlüssel. Unbeschadet der Entfremdung zwischen den deutschen und algerischen Gewerkschaftsdachverbänden setzte die FES so ihre gesellschaftspolitische Entwicklungsarbeit in Algerien fort. Daran änderte auch der unblutige Militärputsch gegen Ben Bella durch dessen Verteidigungsminister und Vizepräsidenten Houari Boumedienne am 19. Juni 1965 nichts. Ein Schwerpunkt der Kooperation war dabei die Beratung und Bildungsarbeit für algerische Gewerkschafter in Fragen der Selbstverwaltung (autogestion) der verstaatlichten und nationalisierten Unternehmen im Zuge der Industrialisierungspolitik und des Aufbaus eines Sozialismus algerischer Prägung.[21]

Es bleibt nicht ohne Ironie, dass DGB-Texte zur Mitbestimmungsdiskussion in Deutschland, die ins Französische und Arabische übersetzt worden waren, ebenso zum Einsatz kamen, wie deutsche Gewerkschafter, meist aus den DGB-Landesbezirken Baden-Württemberg und Rheinland-Pfalz, ohne sonderliche Abstimmung mit dem Bundesvorstand als Kurzzeitexperten für die FES in Algerien tätig wurden. Deren allfällige Denkschriften zur Verbesserung beziehungsweise Wiederherstellung der guten deutsch-algerischen Gewerkschaftsbeziehungen wurden von Ludwig Rosenberg mit barscher Kollegialität abgeschmettert. Es blieb während seiner Amtszeit bei distanzierter Beobachtung, obwohl diesem polyglotten, weltoffenen und diplomatisch versierten Gewerkschaftsführer die Vorreiterrolle, der Modellcharakter und das internationale Prestige Algeriens in der Bewegung der Blockfreien nicht verborgen geblieben sein konnten.

---

20 Hinzu kommt, dass der Aufbau eines irgend gearteten Sozialismus erst in den 70er-Jahren als legitimes entwicklungspolitisches Ziel betrachtet wurde. In der internationalen Gewerkschaftspolitik der IBFG-Familie war das nicht die unbedingt nächstliegende Option.

21 Vgl. *Jürgen Eckl*, Algerien – Sozialismus in einem islamischen Land, Frankfurt 1971.

Rosenbergs Eingliederung des algerischen Entwicklungsversuchs in das krude Schema des Ost-West-Konflikts verdankte sich einem naheliegenden Analogieschluss vom Einparteiensystem der FLN in Algerien auf das DDR-Regime, zum anderen war es die allzu menschliche Reaktion auf eine vermeintliche »Undankbarkeit« der algerischen Gewerkschaften gegenüber einer nahezu einmaligen internationalen Solidaritätsanstrengung der deutschen Gewerkschaften. In seiner Haltung bestätigt sah er sich durch die internationale Politik der UGTA, die bei aller Beteuerung ihrer panafrikanischen Neutralität ihre Beziehungen zum kommunistischen Weltgewerkschaftsbund (WGB) und den Ostblockgewerkschaften immer weiter ausbaute und im Westen nur Zusammenarbeit mit den sogenannten »progressistischen« Gewerkschaften CGT in Frankreich und CGIL in Italien pflegte. Zugleich war der DGB-Vorsitzende pragmatisch genug, auf den Vorteil zu verweisen, den die Berichterstattung und Aktivitäten eines FES-Mitarbeiters vor Ort in Algier mit sich bringen würde, um weiterhin die Entwicklung zu beobachten und einschätzen zu können.[22] Hier bewährte sich – wie andernorts – eine (teils augenzwinkernde) Arbeitsteilung zwischen deutschen Gewerkschaften und Stiftung in der internationalen Gewerkschaftskooperation, die auf wechselseitigem Vertrauen gründete, vor allem aber dem Sachverstand vor Ort weitgehende Handlungsräume eröffnete. Diese konnten sich freilich auch für die Stiftung ganz plötzlich verengen, als nämlich die »Demokratische Volksrepublik Algerien« 1969 wegen der Haltung der Bundesrepublik zu Israel die diplomatischen Beziehungen zur Bundesrepublik abbrach. Die FES-Aktivitäten in Algerien wurden daraufhin eingestellt, eine lose Kooperation durch Förderung der Ausbildung von algerischen Journalisten jedoch fortgesetzt. Der Kontakt zur Entwicklung in Algerien und zur dortigen politischen und gewerkschaftlichen Szene wurde abwechselnd seit den 80er-Jahren durch die übrigen FES-Büros in Nordafrika aufrechterhalten und gepflegt.

Erst unter Rosenbergs Nachfolger Heinz-Oskar Vetter kam es wieder zu ersten Gesprächskontakten, vermittelt durch die FES, und schließlich zu Begegnungen auf Vorstandsebene.[23] Aber auch dies blieb nur eine kurze Episode, wie aus der Bewertung im vertraulichen *Jahresbericht 1976 bis 1979* hervorgeht: »Das Verhältnis zum DGB, das sich durch den Besuch einer von Herrn Vetter geleiteten Delegation in Algerien vom 21. bis 28. Juli 1976 und einen späteren

22 *Ludwig Rosenberg*, Rundschreiben an die Mitglieder des Bundesvorstandes, ebd.

23 *N. N.*, Berichte zu der Delegationsreise des DGB, 21. bis 28.7.1976 Algerien, Marokko; UGTA-Vorstandsdelegation in der Bundesrepublik, 18. bis 23.7.1977, in: Dok. 5/DGAJ000173.

Besuch einer UGTA-Delegation in der Bundesrepublik Deutschland positiv in Richtung auf eine mögliche Zusammenarbeit entwickelt hatte, wurde durch die Neubesetzung des UGTA-Vorstands gestört; weder Generalsekretär (Deméne) Debih noch das für die UGTA zuständige Mitglied des Zentralkomitees der FLN, Ali Laseer, lassen ein Interesse an konstruktiven Beziehungen zum Deutschen Gewerkschaftsbund erkennen.«[24] Nach dem frühen Tod des Staatspräsidenten Houari Boumedienne (geb. 1932) am 27.12.1978 schuf sein Nachfolger Bendjeddid Chadli sich mit dem 6. Kongress der UGTA vom 5.–9.4.1982 eine seinen Reformbemühungen entsprechende neue Führung unter dem Generalsekretär Tayeb Belakhdar.[25] Noch in einer Phase relativer Stabilität unter Chadli kehrte die Stiftung schließlich über ein Medienprojekt für die arabische Welt (Projekt »Arabvision« der Arab States Broadcasting Union) wenigstens physisch, aber ohne politischen Bezug zum Gastland um den Jahreswechsel 1987/88 nach Algier zurück.[26]

1.3 Wiederannäherung in der algerischen Krise: Aufnahme der UGTA in den IBFG (1996)

Von der Zeitenwende 1989/1990 blieb auch die korrupte einheitsparteiliche Staatsbürokratie in Algerien nicht verschont. Die elitäre Kadergenossenschaft der alten FLN verflüchtigte sich im beginnenden Bürgerkrieg mit einer islamistischen Massenbewegung, die durch einen institutionellen Putsch um ihren Wahlsieg gebracht worden war. Die Ablösung der FLN als Staatspartei und die damit verbundene Liberalisierung führten zur Lösung der UGTA aus der FLN-Struktur. Statt wie bisher als Massenorganisation der Partei fand sich die UGTA auf dem schwierigen Pfad zu einer unabhängigen Gewerkschaft mit betont säkularer Orientierung, die sie zu einer bevorzugten Zielscheibe für islamistische Terrorangriffe machte.

Amnesty International listete am 29. April 1998 etwa 400 ermordete Gewerkschafter seit 1992 in Algerien auf. Prominentestes Opfer war der Vor-

24 *N. N.*, Algerien (Jahresberichte 1976 bis 1979, o. D., Do, AktZ 23615.

25 »Jedenfalls stellt der 6. UGTA-Kongress einen weiteren Schritt Staatspräsident Chadlis dar, von seinem Vorgänger Boumedienne eingesetzte Inhaber politischer Schlüsselpositionen durch Männer seines eigenen Vertrauens zu ersetzen.« FES-Bericht, Betr.: Algerien, hier: VI. Kongress der Union Générale des Travailleurs Algériens (U.G.T.A.), Algier, im Mai 1982, in: Do, AktZ 23615.

26 Vgl. Schriftwechsel und Berichte des Projektleiters *Andreas Pawlouschek*, Projekt Arabvision, Halbjahresberichte 1988, Bonn 1988, Do, AktZ 23615 (Algerien).

sitzende Abdelhak Benhammouda, der am 28. Januar 1997 vor der Gewerkschaftszentrale in Algier erschossen wurde.[27] Im November 1994 hatte Benhammouda bei einem Besuch bei dem damaligen DGB-Vorsitzenden Dieter Schulte um Unterstützung des DGB für eine Mission des IBFG in Algerien geworben. Dieser Besuch mit dem Ziel, eine Wiederaufnahme der UGTA in den IBFG zu prüfen, fand unter Leitung des damaligen IBFG-Generalsekretärs Bill Jordan im September 1995 statt. Der DGB war mit einem Internationalen Sekretär in dieser Delegation vertreten. Im Juni 1996 wurde die UGTA auf dem Weltkongress in Brüssel durch einstimmigen Beschluss wieder in den IBFG aufgenommen. Seither erwies sich der algerische Gewerkschaftsbund trotz aller nationalen Widrigkeiten als loyales Mitglied der freien Gewerkschaftswelt.

Die wechselvolle Geschichte der algerisch-(west-)deutschen Gewerkschaftsbeziehungen markierte zwar den Beginn der internationalen Gewerkschaftskooperation von FES und DGB[28], kennzeichnet aber auch die positive Dialektik in beider Verhältnis: Die Autonomie der Stiftungsarbeit in Algerien schuf eine auf kontinuierliche Präsenz und Beratungstätigkeit gegründete Vertrauensbasis bei den algerischen Partnern, während die DGB-Gewerkschaften souverän nach eigenen Einschätzungen und Wertmaßstäben über partnerschaftliche Zusammenarbeit oder aber politische Distanzierung entschieden. Stiftung und DGB bewahrten sich einen umfangreichen Informationsfluss; nicht zuletzt personalpolitische Kooperation und Übereinstimmung im Grundsätzlichen gewährleisteten eine politische Arbeitsteilung, die auch bei unterschiedlicher operativer Taktik und gelegentlich kontroverser Partnerwahl von schlussendlich gemeinsamer Strategie geprägt war und ist. Diese Strategie besteht in der Förderung von unabhängigen, repräsentativen und demokratisch strukturierten Gewerkschaften, wobei in vielen Teilen der Welt der Weg dahin immer noch das Ziel vorgibt. Der führt gelegentlich durch verymintes Gelände, verlangt eine hohe Frustrationstoleranz von den Partnern, holpert über eine Vielzahl von Missverständnissen und Fehleinschätzungen, ist mit Enttäu-

27 *Amnesty international*, Pressemitteilung, *ai*, 400 ermordete Gewerkschafter in Algerien, Bonn 3. Mai 1998.

28 Anekdotisch klingt das post festum so: »Diese Zusammenarbeit begann, wenn man so will, fast – sagen wir mal – unterhalb der Schwelle des Offiziösen und Offiziellen dessen, was in der Adenauer-Ära möglich war, nämlich, sie begann in der Zusammenarbeit von einigen SPD-Genossen, einigen DGB-Kollegen und eben der Stiftung in der Arbeit für Gewerkschafter in Algerien, vor weit über vierzig Jahren. Daraus entstand diese Form der Zusammenarbeit. Sie wurde später offiziell gemacht, und sie hat uns dann zusammengeführt.« *Michael Sommer*, Statement zur Eröffnung des Internationalen Hauses der Friedrich-Ebert-Stiftung, Berlin 26.6.2009.

schungen gepflastert und bringt nicht immer den gewünschten Erfolg. Simón Bolívars Bilanz am Ende seines Lebens: »He arado en el mar«[29] trifft da auf so manche Lebensleistung von Gewerkschaftsberatern zu. Doch fast ein jeder hat diese Arbeit über alles geliebt.

2 Aussendung: Deutsche Gewerkschaftsberater für die »Dritte Welt«

> »Aus diesem Grund legen DGB und Friedrich-Ebert-Stiftung auch entscheidenden Wert auf eine sorgfältige Auswahl und optimale länderkundliche Vorbereitung der Gewerkschaftsberater, die zu einer befreundeten Gewerkschaftsorganisation in der Dritten Welt entsandt werden.«[30]

2.1 Ein neues Ministerium und öffentliche Mittel

Unter dem Tagesordnungspunkt 2: Auslandsarbeit heißt es im Protokoll der 10. Sitzung des DGB-Bundesvorstandes vom 3. September 1963 zu b) Einsatz von Sozialhelfern in den Entwicklungsländern:

> »Mit dem Bundesminister für wirtschaftliche Zusammenarbeit, Herrn *Scheel*, und dem Bundesminister des Auswärtigen, Herrn *Dr. Schröder*, wurden Gespräche geführt und ihnen von uns der Vorschlag unterbreitet, dass bei allen Projekten, die die Bundesregierung in Entwicklungsländern durchführt, neben den technischen und wirtschaftlichen Plan auch ein Sozialplan gestellt wird. Um diesen zu erfüllen, sollen fachkundige und besonders ausgebildete Kollegen an diesen Projekten beteiligt werden, die die Arbeiter betreuen und an das ungewohnte Leben als Industriearbeiter gewöhnen sollen. Dieser Plan wurde von beiden Ministern begrüßt. Es wurde uns zugesagt, dass die Bundesregierung Sozialhelfer zur Beteiligung an diesen Projekten einstellen wird. Die Ausbildung dieser Kollegen soll

29 »Ich habe im Meer gepflügt.« Vgl. *Gabriel García Márquez*, El General en su laberinto, Buenos Aires 1989, S. 259.

30 *Siegfried Bangert*, Gewerkschaftsbezogene Entwicklungshilfe der Friedrich-Ebert-Stiftung, in: *Gerhard Leminsky/Bernd Otto* (Hg.), Gewerkschaften, a. a. O., S. 293.

vom Deutschen Gewerkschaftsbund in Zusammenarbeit mit der Friedrich-Ebert-Stiftung erfolgen.«[31]

Dieser Text ist so etwas wie das »zweite«[32] Gründungsdokument der internationalen Gewerkschaftskooperation der Friedrich-Ebert-Stiftung, wenngleich der Tarnsprache: »Sozialhelfer«, die »an das ungewohnte Leben als Industriearbeiter gewöhnen sollen«, heute etwas Skurriles anhaftet. Für eine Vorlage in den Kabinetten von Konrad Adenauer und wenig später Ludwig Erhard waren diese Sprachbilder aber durchaus eingängig. Auch einem Begriff wie »Sozialplan« fehlte noch die juristische Konnotation, mit der er Eingang in das reformierte Betriebsverfassungsgesetz von 1972 und damit in die Mitbestimmungsrechte von Betriebsräten fand.[33]

Allerdings lief am Anfang zwischen DGB und Stiftung in der Koordination so einiges schief, wie ein leicht angesäuerter DGB-Vorsitzender Ludwig Rosenberg an seinen Stellvertreter Tacke am 21. August 1963 schrieb:

»Betr.: Ausbildung von gewerkschaftlichen Sozial- und Organisationshelfern
Lieber Bernhard,
wie Du aus den beiliegenden Anlagen ersehen kannst, hat die Friedrich-Ebert-Stiftung e. V. ohne unser Wissen am 20.4.62 an das Bundesministerium für wirtschaftliche Zusammenarbeit einen Antrag zur Finanzierung der Ausbildung und des Einsatzes von zehn Gewerkschaftskollegen beim Aufbau von Gewerkschaftsorganisationen in den Entwicklungsländern gestellt.
Erst als sich das Bundesministerium für wirtschaftliche Zusammenarbeit vor wenigen Wochen positiv zu dem Antrag der Friedrich-Ebert-Stiftung äußerte, haben wir davon Kenntnis bekommen, worauf wir uns sofort mit

31 Protokoll der 10. Sitzung des DGB-Bundesvorstandes vom 3. September 1963, in: *Klaus Schönhoven/Hermann Weber* (Hg.), Quellen zur Geschichte der deutschen Gewerkschaftsbewegung im 20. Jahrhundert. Der Deutsche Gewerkschaftsbund 1956–1963, bearbeitet von *Jens Hildebrandt* unter Mitarbeit von *Boris Schwitzer*, Bonn 2005, S. 922.

32 Als »erste« Gründungsvereinbarung gilt ein mythisches »Gentlemen's Agreement« zwischen Ludwig Rosenberg und Günter Grunwald, angeblich von 1962 oder 1963, dessen Schriftform Rüdiger Sielaff und der Autor 1995 vergeblich in Archiven von FES und DGB gesucht haben. Bekundungen und Vermutungen überlebender Zeitzeugen ließen uns zu dem eindeutigen Schluss kommen, dass es sich dabei wohl um eine sehr wirksame mündliche Abmachung handelte.

33 Vgl. *Michael Schneider*, Kleine Geschichte der Gewerkschaften. Ihre Entwicklung in Deutschland von den Anfängen bis heute, Bonn 1989, S. 336 ff.

den zuständigen Stellen des Ministeriums und mit der Friedrich-Ebert-Stiftung in Verbindung setzten. Daraufhin hat die Friedrich-Ebert-Stiftung in etwas abgeänderter Form am 8. d. Mts. ihren Antrag wiederholt (siehe Anlage 1).
Ergänzend dazu haben wir am 12. d. Mts. einen Antrag zur Finanzierung von zehn gewerkschaftlichen Sozialhelfern gestellt, welche entweder in von der Bundesregierung zu finanzierenden Sozialprojekten, wie beispielsweise in einem Sozialhilfe-Programm Rourkela, oder gemeinsam mit den gewerkschaftlichen Organisationshelfern eingesetzt werden sollen (Anlage 2).
Die Ausbildung der gewerkschaftlichen Sozial- und Organisationshelfer soll im Wesentlichen gemeinsam und von der Friedrich-Ebert-Stiftung durchgeführt werden. Es war uns nicht mehr möglich, auf das Ausbildungsprogramm Einfluss zu gewinnen, da der Antrag der Friedrich-Ebert-Stiftung, wie erwähnt, bereits seit April 1962 beim Bundesministerium für wirtschaftliche Zusammenarbeit vorlag.
Ich bitte Dich aber dennoch, das Ausbildungsprogramm zu überprüfen. Solltest Du Verbesserungen für dringend erforderlich halten, könnten wir vielleicht nach Bewilligung der Gelder am Ausbildungsgang Änderungen vornehmen …
Da zunächst für den DGB keine Kosten entstehen, kann das Gesamtvorhaben im Ergebnis als erfreulich bezeichnet werden […].«[34]

Dies klingt eher nach erzwungener Harmonie, denn nach »Gentlemen's Agreement«. Nach draußen drang davon nichts, auch nicht in das oben zitiertes Protokoll des Bundesvorstands.

Aber aus den weiteren Dokumenten wird deutlich, dass Rosenberg das Projekt geraume Zeit als eigene Initiative betrieben hat. So berichtete der DGB-Nachrichtendienst bereits am 21. März 1963 von einer »Aussprache zwischen Minister Scheel und Ludwig Rosenberg über Entwicklungsaufgaben«, wonach sich der DGB künftig »stärker und systematischer« Entwicklungsaufgaben widmen werde. Nach Auffassung des DGB bestehe die Gefahr, dass durch den Wirtschaftsaufbau »starke soziale Umwälzungen« in Gang gesetzt würden, welche die Stabilität dieser Länder gefährden könnten. Aufgabe der Gewerkschaften sei es, »die Führungsschichten dieser Staaten auf die dringende Not-

34 *Ludwig Rosenberg*, Vermerk für Bernhard Tacke, Düsseldorf, den 21. August 1963, in: Do. 5/DGAJ000181.

wendigkeit für eine harmonische Sozialentwicklung aufmerksam zu machen und damit die kommunistische Agitation von den Arbeitern abzuwehren.«[35]

Während Günter Grunwald bereits im April 1962 beim BMZ vorstellig geworden war, erfuhr der Leiter der DGB-Auslandsabteilung, Erich Schlobach, der ab März 1963 im BMZ die Chancen für ein DGB-Projekt erörtert hatte, eher »zufällig« am 28. Juni 1963 vom FES-Geschäftsführer, dass die Stiftung vom Ministerium baldigst die Zuwendung von DM 500.000 für die Ausbildung von Gewerkschaftsfunktionären erwarte.[36]

Da der FES-Antrag zur Finanzierung von Gewerkschaftsberatern bereits vorlag – im August 1963 in Abschrift auch beim DGB –, richtete Ludwig Rosenberg einen gleichlautenden Antrag an das BMZ zur Finanzierung der Vorbereitung auf den »Einsatz deutscher Sozialhelfer aus dem gewerkschaftlichen Bereich in Entwicklungsländern«.[37] Der Zuwendungsbescheid des BMZ für das Rechnungsjahr 1963 erging am 18. September 1963 an den Bundesvorstand des DGB, und zwar in Höhe von 83.300 DM. Es ging alles sehr schnell und endlich im Gleichklang.

Zuvor hatte Rosenberg in einem Rundschreiben an die Hauptvorstände der Gewerkschaften, Vorstände der Landesbezirke und den GBV vom 31. Juli 1963 auf die bevorstehenden Einsatzmöglichkeiten hingewiesen und Personalvorschläge verlangt, wobei er sowohl für den Einsatz als Sozialreferenten wie als Gewerkschaftsberater sehr praktische Qualifikationsmerkmale aufstellte, die hier in ihrer Ausführlichkeit zitiert werden sollen:

> »I. Infrage kommen zunächst einmal Kollegen, die wir dem Auswärtigen Amt als Sozialattachés vorschlagen sollen. Diese sollten möglichst schon jetzt einige Sprachkenntnisse in Französisch oder Englisch haben. Eventuell sind natürlich auch spanische Kenntnisse erwünscht. Die Sozialattachés sollen in Zukunft nicht mehr regelmäßig die Diplomatenlaufbahn auf Lebenszeit einschlagen, sondern kurzfristig etwa 2 bis 3 Jahre mit vollem Rechtsstatus eines Angestellten des diplomatischen Dienstes ausgestattet werden, dann aber wieder zum DGB bzw. ihren Gewerkschaften oder anderen Institutionen der Gewerkschaften zurückkehren. Es liegt in der Natur der Sache, dass hierfür in der Hauptsache besonders jüngere Kollegen

35 *DGB-Nachrichtendienst* 89/63 vom 21. März 1963, ebd.

36 *Erich Schlobach*, Aktennotiz vom 1. Juli 1963, ebd.

37 *Ludwig Rosenberg*, Schreiben an das Ministerium für wirtschaftliche Zusammenarbeit, 12. August 1963, ebd.

infrage kommen werden. Damit wir für unsere zukünftigen Überlegungen übersehen können, wie groß das Reservoir von Kollegen mit Sprachkenntnissen ist, bitte ich um entsprechende Mitteilung der infrage kommenden Kollegen. Da die Besetzung solcher Stellen immer nur beim Freiwerden bzw. bei der Neueinrichtung solcher Stellen, die wir selbstverständlich betreiben werden, infrage kommt, bitte ich, davon abzusehen, den Kollegen irgendwelche Versprechungen zu machen und keinerlei Mitteilung der Presse zu übergeben [...].
II. Es werden auch Kollegen gebraucht, die nach einer entsprechenden Ausbildung für einige Jahre in die Entwicklungsländer gehen sollen, um dort beim Aufbau demokratischer Gewerkschaften zu helfen bzw. in großen deutschen Entwicklungsprojekten als Sozialberater tätig zu sein. Auch hier sind Grundkenntnisse einer der genannten Fremdsprachen erforderlich. Im Übrigen gilt für diese Kollegen im Wesentlichen das Gleiche. Sie sollen vor allem auch tropentauglich sein und sollten nicht zu jung, aber auch nicht zu alt sein, damit sie einmal die erforderlichen Lebenserfahrungen für diese Aufgabe mitbringen, zum anderen aber nicht zu alt sind, um den Strapazen eines solchen Dienstes, der nach unseren bisherigen Informationen finanziell gut dotiert werden würde, gewachsen zu sein. Auch hinsichtlich dieser Kollegen bitte ich bei der Auswahl wie bei Ziffer I. zu verfahren [...].«[38]

Der »Gründungsprozess« der internationalen Gewerkschaftskooperation und das vorübergehende Durcheinander in der Abstimmung fanden aus Sicht des DGB ein generöses Ende mit einem persönlichen Schreiben des DGB-Vorsitzenden an Minister Walter Scheel vom 1. Oktober 1963, in dem er diesem einen bündigen Vorschlag unterbreitete, den dieser nicht ablehnen konnte. Darin heißt es:

»[...] erlaube ich mir, Ihnen einen Vorschlag zu unterbreiten, wie die Mittel noch wirksamer als in unserem ursprünglichen Plan vorgesehen Verwendung finden könnten.
Da uns vor allem am Effekt und nicht allein daran gelegen ist, wer die Mittel erhält und wer diese Arbeit durchführt, halten wir es – nach nochmaliger reiflicher Überlegung und nach Rücksprache mit der Friedrich-Ebert-Stiftung – [für] ratsam, den folgenden Weg zu gehen:

38 *Ludwig Rosenberg*, Auslandsarbeit, Rundschreiben Düsseldorf, 31. Juli 1963, ebd.

1) Die uns bewilligten Mittel werden nicht uns, sondern der Friedrich-Ebert-Stiftung zweckgebunden für das im Antrag bezeichnete Projekt (Modellkurs für 10 Sozialhelfer) zugeteilt.
2) Ausbildung und Einsatz dieser Sozialhelfer wird durch die Friedrich-Ebert-Stiftung vorgenommen.

Auf diese Weise wird Doppelgleisigkeit vermieden. Ihr Ministerium hat in dieser Angelegenheit nur mit der Friedrich-Ebert-Stiftung zu tun. Da wir in der ganzen Frage der Ausbildung und des Einsatzes in jedem Falle eng und vertrauensvoll mit der Friedrich-Ebert-Stiftung zusammenzuarbeiten beabsichtigen und da dort diese Voraussetzungen für diese Arbeiten vorhanden sind, wäre eine Zweigleisigkeit tatsächlich nicht nur eine Vermehrung der Verwaltungsarbeit, sondern auch der Sache selbst kaum förderlich.
Ich schreibe Ihnen, Herr Bundesminister, direkt, weil ich nach so langen Verhandlungen nicht nochmals den ganzen Apparat in Bewegung bringen möchte und hoffe, dass mit Ihrer persönlichen Entscheidung diese Frage in dem angedeuteten Sinne recht bald ihre endgültige Regelung findet.
Indem ich Ihrem baldigen Bescheid gern entgegensehe, verbleibe ich mit freundlichen Grüßen Ihr Ludwig Rosenberg, Vorsitzender.«[39]

In dieser schönen Prosa liegt das Mandat der Friedrich-Ebert-Stiftung begründet, im Auftrag des DGB und seiner Gewerkschaften internationale Gewerkschaftskooperation zu betreiben, ausländische Gewerkschaften zu beraten und zu fördern. Der DGB verzichtet damit implizit auf den Aufbau einer gewerkschaftseigenen Agentur für die Auslandsarbeit, stellt sich und die Stiftung damit in die Pflicht zur vertrauensvollen Zusammenarbeit, was zugleich heißt, dass keiner den anderen in seiner Arbeit behindert oder einschränkt. Dieses schlichte Schreiben des DGB-Vorsitzenden Ludwig Rosenberg entfaltete seine Wirksamkeit in den folgenden Jahrzehnten bis heute besser, als es ein rechtsverbindlicher Vertrag mit vielen juristischen Klauseln zu leisten vermocht hätte. Gewiss war dabei auch förderlich, dass der genaue Wortlaut dieses Vermächtnisses seinen Erben wohl weitgehend unbekannt und seiner archivarischen Geborgenheit anheimgegeben blieb. Ein Durchschlag des Schreibens lag als Anlage einem Brief Rosenbergs an Günter Grunwald vom 3. Oktober 1963 bei, das unter dem Titel »Ausbildung und Einsatz von Sozialhelfern und Sozialarbeitern in Entwicklungsländern« bereits Verfahrensfragen für die Auswahl der Kandidaten anspricht.

39 Ebd.

Nach einem längeren Abstimmungsprozess im interministeriellen Ausschuss antwortete Minister Scheel am 11. November 1963 auf den Vorschlag des DGB-Vorsitzenden positiv: »In Beantwortung Ihres obigen Schreibens stimme ich mit Ihnen überein, dass es zweckmäßig ist, wenn die Vorbereitung der 10 gewerkschaftlichen Sozialhelfer gemeinsam mit den Gewerkschaftsberatern durch die Friedrich-Ebert-Stiftung erfolgt. Auch können grundsätzlich die hierfür bewilligten Mittel der Friedrich-Ebert-Stiftung unmittelbar zur Verfügung gestellt werden [...].« Mittlerweile war die Rekrutierung von Kandidaten für den Einsatz bereits unter höchster Eilbedürftigkeit in Gang gesetzt worden, da aus haushaltsrechtlichen Gründen Programm und Einsatz noch vor Jahresende 1963 angelaufen sein mussten.

2.2 Deutsche Gewerkschafter auf Beratermission im Auftrag und Namen der Stiftung

Nach einem Auswahllehrgang in Dortmund vom 16. bis 17. November 1963 blieben von 37 teilnehmenden Kandidaten noch 16 Bewerber übrig, davon vier hauptamtliche DGB-Sekretäre:

Heinz Gottschalk vom DGB-Kreis Dinslaken, Gerhard Kleipsties vom DGB-Landesbezirk Nordmark, Hamburg, Karl-Heinz Lamprecht vom DGB-Landesbezirk Berlin sowie Heinz Wolf vom DGB-Kreis Köln. Die noch ausstehenden vier Kandidaten sollten von der Gewerkschaft Erziehung und Wissenschaft (GEW), die den Auswahllehrgang verschlafen hatte, benannt werden. Unter ihnen war das GEW-Vorstandsmitglied Fritz Plum, mit 60 Jahren zwar Nestor der Gruppe, aber durch jahrzehntelange Tätigkeit im Auslandsschulwesen in Lateinamerika wie kein zweiter der Pioniere mit nutzbarer Auslandserfahrung ausgestattet.

Nach einem viermonatigen Lehrgang in der Bundesrepublik, in Paris und London wurden die verbliebenen 18 künftigen Gewerkschaftsberater auf ihre Einsatzländer verteilt: nach Äthiopien Harry Leebarth (IG Druck, 23 Jahre alt) und Willi Meck (IG Metall, 32), nach Kenia Gerhard Kleipsties (ÖTV, 29) und Dieter Lauermann (NGG, 37), in den Kongo Heinz Wolf (ÖTV, 36), nach Madagaskar Horst Redloff (ÖTV, 41), nach Uganda Heinz-Dieter Haverkorn (IG Metall, 22) und Karl-Heinz Lamprecht (ÖTV, 22), für den IBFG sollte Karl Krix (IG Bergbau, 35) nach Nigeria, nach Indien Horst Hildebrandt (IG Bergbau, 34) und Herbert Schefzig (IG Bergbau, 42), nach Malaysia Hans Flemming (IG Metall, 22) und Rudi Gutte (IG Chemie, 26), nach Pakistan

Heinz Potthoff (IG Metall, 38) und Horst Pravlevsky (ÖTV, 36), nach Tokio Heinz Gottschalk (IG Metall, 36), nach Chile Dieter Wagner (IG Metall, 28), nach Peru Fritz Plum (GEW), mit 60 Jahren der Älteste.[40]

Die Kollegen für Malaysia, Uganda, Indien, Pakistan, Peru und Japan betraten Neuland für die Stiftung, während die Kollegen für Kenia, Kongo, Madagaskar und Chile bereits bestehenden Strukturen der FES zugeordnet werden konnten. Im Fall Nigeria mussten die Dinge noch mit dem IBFG abgeklärt werden, dessen Generalsekretär Omar Becu noch mit einem Stirnrunzeln von George Meany, dem allmächtigen Präsidenten der US-amerikanischen AFL-CIO, zu kämpfen hatte, dem am Aufbau der Gewerkschaftsarbeit der Stiftung aus ideologischen Gründen alles missbehagte.[41]

Einen ersten Zwischenstand gab der stellvertretende Geschäftsführer der FES, Johannes Reinhold, in einem Brief an Ludwig Rosenberg am 12. Juni 1964. Demnach waren die Kollegen für Indien, Äthiopien, Kenia, Madagaskar, Japan und Chile ausgereist. Wegen Visaschwierigkeiten in Malaysia und Pakistan könnten einige Kollegen noch nicht ausreisen. Aufgrund der zugespitzten politischen Krisen in Kongo und Nigeria müssten für die dort vorgesehenen Kollegen neue Einsatzländer gesucht werden.[42]

2.3 Persönliche Profile zwischen Expertentum und Allzweckwaffe

Es ist aufschlussreich, den Anforderungen Ludwig Rosenbergs an das gewünschte Profil der künftigen Sozial- oder Gewerkschaftsberater die statistische Wirklichkeit gegenüberzustellen. Seiner auffälligsten Anforderung

40 Zusammengestellt nach der Anlage zum Schreiben von *Alfred Nau* an Ludwig Rosenberg vom 11. März 1964, in dem er den erfolgreichen Abschluss des Vorbereitungslehrgangs würdigte und in einer weiteren Anlage die jeweiligen Verhältnisse in den Gastgeberländern auflisten ließ. Ebd.

41 George Meany hatte zuvor bei einer Begegnung mit Alfred Nau in Washington das Gespräch abrupt abgebrochen, als der Vorsitzende der FES das Gewerkschaftsberatungsprojekt der Stiftung ansprechen wollte. Ebd.

42 Ebd. Der für Nigeria vorgesehene Kollege der IG Bergbau, Karl Krix, landete deshalb in Sambia. Von dem neuen Einsatzort erfuhr der DGB-Vorsitzende eher beiläufig erst am 2. Dezember 1964 durch ein knappes: »Zu Deiner freundlichen Kenntnisnahme übersende ich Dir Unterlagen aus der Berichterstattung unserer Gewerkschaftsberater […]. Mit herzlichen Grüßen bin ich Dein Dr. Günter Grunwald«. Der Brief war an die Privatanschrift Ludwig Rosenbergs adressiert, der diesen Brosamen aus dem Arkanum der Stiftung als »sehr interessant« notierte, aber auch als weiteren Beleg für die fein gefilterte Informationspolitik der FES-Geschäftsführung nahm. Vgl. Kap. 2.4, S. 42.

»nicht zu jung, nicht zu alt« genügen zehn der 18 Erwählten, entsprechend stimmt auch der Gesamtdurchschnitt, den auch die fünf Ausreißer nach oben und unten bestätigen. Dabei ließ der sechzigjährige ehemalige Konrektor Fritz Plum, den die GEW aus ihrer Führungsgruppe ausgewählt hatte, wenig an seiner Eignung zweifeln, da ihn seine jahrzehntelange Tätigkeit als Lehrer an deutschen Schulen in Lateinamerika im Vergleich zu den anderen schon als überqualifiziert erscheinen ließ. Mutig aber war der Einsatz von vier Zweiundzwanzigjährigen, die für Äthiopien, Uganda und Malaysia vorgesehen waren. Auch Dieter Wagner[43], Rudi Gutte[44] und Gerhard Kleipsties[45] befanden sich noch in den Zwanzigern und waren damit – auch nach heutigen Maßstäben – eigentlich recht jung für einen so verantwortungsvollen Ersteinsatz, für den es in der Bundesrepublik kein Vorbild gab. Prägend für sie alle waren Kinder- und Jugendjahre in der Nachkriegszeit und gemeinsam das Gefühl, sich etwas zutrauen zu können – bei einer gesunden Portion Abenteuerlust, die wohl bei allen Kandidaten reichlich vorhanden war.

Die meisten von ihnen waren mit Blick auf ihre Einsatzländer nur mit groben Vorkenntnissen, eigentlich mehr Vorahnungen, ausgestattet, die ihnen kurzfristig in landeskundlichen Crashkursen vermittelt worden waren. Sie hatten hinreichende, doch keineswegs perfekte Sprachkenntnisse. Neben ihrem Elan verfügten sie vor allem aber über beträchtliche Sozialkompetenz und Fähigkeiten zur Kommunikation, geschult – auch bei den Jüngsten – durch Erfahrungen in der gewerkschaftlichen Jugend- und Bildungsarbeit, die damals bei den deutschen Gewerkschaften einen besonders hohen Stellenwert hatten. Das widerspricht ein wenig dem Urteil eines Historikers, wenn dieser aus seinem Abstand formuliert: »Natürlich waren in den meisten Ländern die wirtschaftlichen und sozialen Bedingungen so weit von den Erfahrungen der Bera-

43 Dieter Wagner verlängerte bei der Friedrich-Ebert-Stiftung wie die meisten anderen seine Einsatzzeit vor Ort bis 1967, danach wechselte er in die Funktion des Sozialreferenten an der Deutschen Botschaft in Santiago. 1970 trat er in die Internationale Abteilung des DGB ein, wurde als stellvertretender Abteilungsleiter vor allem mit den Beziehungen zu den lateinamerikanischen Gewerkschaften betraut und war hier verantwortlich für die Solidaritätsarbeit mit Chile bis zum Ausgang der Pinochetdiktatur. Ab 1993 übernahm er die Sozialreferentenstelle an der Botschaft in Stockholm, bis er 1998 in Rente ging.

44 Rudi Gutte wechselte später zur Carl-Duisberg-Gesellschaft, der Vorläuferin von invent, mit verschiedenen Einsätzen im In- und Ausland, darunter vier Jahre an der Deutschen Botschaft in Tel Aviv Anfang der 90er-Jahre.

45 Gerhard Kleipsties blieb beruflich bei der FES, war in den 70er-Jahren zwischenzeitlich auch in der Abteilung Internationale Beziehungen beim Parteivorstand der SPD tätig, kehrte dann aber wieder zurück zur FES und war hier bis zur Rente hauptsächlich in und für Afrika eingesetzt.

ter entfernt, dass häufig allenfalls organisatorisches Know-how Eingang in die nationalen Entwicklungen finden konnte.«[46] Die aus hundert Jahren deutscher Gewerkschaftsgeschichte gewachsenen Organisationsstrukturen als Modell-»Know-how« in eine partnerschaftliche Entwicklungsarbeit einzubringen, hätte zu einem Ergebnis geführt, wie es Ernst J. Kerbusch gern vom IG Metaller Heinz Gottschalk kolportiert: Der habe nach sechs Monaten Einsatz in Japan bereits 1964 der Zentrale zurückgemeldet: »Die lassen sich nicht beraten!« Eine lakonische Einsicht, die seine vorgesehene Standzeit in Tokio zwar beträchtlich verkürzen sollte, aber seine weitere Karriere in der FES und anderswo eher beflügelte. Wenn es mit den Gewerkschaften in Japan anfangs auch nicht so gut lief, wie er es erwartet hatte, erreichte er durch sein Auftreten einiges Ansehen für die FES, denn der Sekretär für Internationale Angelegenheiten der Japan Democratic Socialist Party würdigte sein Wirken geradezu überschwänglich: »Since his personality and ability are both constituted the reason for sucessful work, and we never have seen such a foreigner before who has tried so sincerely to understand Japanese ways of thinking and social problems which are extremely difficult to go into deep for foreigners.«[47]

2.4 Pionierarbeit und Berichtswesen: Politisches Wissen für die internationalen Abteilungen des DGB und seiner Gewerkschaften

Manch scheinbar Banales steht oft am Anfang einer nachträglichen Erfolgsgeschichte: So führten Internationale Abteilung und Werbeabteilung des DGB einen umfangreichen Schriftaustausch, bis schließlich »60 Dreifarb-Kugelschreiber, 60 normale Kugelschreiber, 100 Taschenmesser, 150 Näh-Etuis«[48] ihren Weg ins Gepäck der ausreisenden Gewerkschaftsberater fanden. Wichtiger war aber, dass der DGB die Kollegen mit der »Welt der Arbeit«, den »Gewerkschaftlichen Monatsheften« und mit der regelmäßigen Zusendung der »DGB-Nachrichten« in spanischer, französischer und englischer Sprache über die Gewerkschaftsdiskussion und die gewerkschaftliche Entwicklung in der

46 *Patrik von zur Mühlen*, Die internationale Arbeit der Friedrich-Ebert-Stiftung. Von den Anfängen bis zum Ende des Ost-West-Konflikts, Bonn 2007, S. 11.

47 *FES*, Beurteilungen der Tätigkeit von Gewerkschaftsberatern der Friedrich-Ebert-Stiftung aus den Gastländern, Bonn o. D. [Februar 1965], S. 9.

48 Werbegeschenke für die Gewerkschaftsberater, Schreiben von *Walter Nocker*, Auslandsabteilung DGB, an Jan-Derck Reinders, FES, vom 8. Mai 1964, Dok. 5/DGA000181.

Heimat auf dem Laufenden hielt. Günter Grunwald bat in seinen Schreiben an die Vorstände der Einzelgewerkschaften vom 10. April 1964 um »Exemplare Eurer Satzung [...] sowie von Euch veröffentlichtes Informations- und Werbematerial, soweit möglich auch Veröffentlichungen über Finanzen und gewerkschaftliche Einrichtungen wie etwa Schulungsheime, Verlagsgesellschaften und dergleichen [...]. Außerdem hätten wir gern Exemplare von Mitgliedsbüchern oder -karten und, wenn vorhanden, einige inzwischen ungültige Beitragsmarken.«[49] Zwölf von sechzehn damaligen DGB-Gewerkschaften kamen dieser Bitte mit umfangreichem und anschaulichem Informationsmaterial nach, für das sich der Geschäftsführende Vorsitzende der FES, Alfred Nau, am 9. Juli 1964 herzlich bedankte.

Während es im Konkreten ganz gut anzulaufen schien, ließ die Kommunikation zwischen den Gewerkschaftsberatern und dem DGB sehr zu wünschen übrig, wie Ludwig Rosenberg in einem Brief an Günter Grunwald vom 18. August 1964 heftig kritisiert:

> »Es fällt mir überhaupt auf, dass von allen Kollegen, die als Sozialhelfer ins Ausland gegangen sind, wir als DGB überhaupt keine Information erhalten. Wenn überhaupt, und das ist bis jetzt, soviel ich übersehen kann, in ein oder zwei Fällen geschehen, bekommen wir durch Euch irgendwelche Berichte, in denen eigentlich mehr interne Angelegenheiten zwischen den Sozialhelfern und der Friedrich-Ebert-Stiftung angesprochen werden als Dinge, die uns als DGB interessieren. Das kann ja schließlich nicht Sinn der Sache sein, und es war ja wohl nicht die Absicht, durch die Zusammenarbeit mit Euch eine Situation zu schaffen, in der sich die von uns vorgeschlagenen Kollegen ausschließlich als Beauftragte der Friedrich-Ebert-Stiftung betrachten. Und auch ausschließlich Wert darauf zu legen scheinen (offensichtlich sind sie so instruiert worden), mit Euch Kontakt zu halten und Euren Anweisungen zu entsprechen.
>
> Es war doch wohl die Absicht, die Sozialhelfer mithilfe und Unterstützung der Friedrich-Ebert-Stiftung für die Gewerkschaften tätig werden zu lassen. Der Bericht des Kollegen Gottschalk aus Tokio beinhaltet alles Mögliche, sagt aber nichts darüber, ob er überhaupt irgendwelche Beziehungen zu dem Kollegen Ochiai aufgenommen hat, der der Vertreter des IBFG in Japan und ein außerordentlich vernünftiger, kenntnisreicher und sehr überlegter Kollege ist.

49 Ebd.

Wenn die Arbeiten unserer sogenannten Sozialhelfer in dieser Art verlaufen, mögen sie zwar allgemein politisch und vielleicht zum Teil gewerkschaftspolitisch von einigem Interesse sein; dann aber sind sie nicht das, was wir uns darunter vorgestellt haben. Das würde tatsächlich bedeuten, dass man sich überlegen müsste, ob man in Zukunft von uns aus ein Interesse daran hat, Kollegen für diese Arbeit freizustellen. [...]
Was mich besonders unangenehm berührt, ist die Tatsache, dass keiner dieser Kollegen uns auch nur eine Mitteilung darüber gemacht hat, dass er überhaupt draußen ist, wo er ist und was er tut. Diese einheitliche Einstellung ist nicht nur auffällig, sondern sie stört.
Mit freundlichen Grüßen
Dein Ludwig Rosenberg«[50]

Der Brandbrief sorgte erst einmal für eine gewisse Funkstille beim Partner FES, mit der Vertröstung durch Günter Grunwald vom 11. November 1964: »In Kürze wirst Du einen Gesamtbericht über die Tätigkeit der Gewerkschaftsberater in Asien, Afrika und Lateinamerika erhalten.«[51] Das war sicher nicht die Antwort, auf die der DGB-Vorsitzende gewartet hatte, der schlicht mehr informationspolitische Loyalität seitens des »beauftragten« Partners FES sowie von den vom DGB benannten Sozialhelfern angemahnt hatte, die keinen »direkten Draht« mehr zum DGB und seinen Einzelgewerkschaften herstellten, sondern sich der Verschwiegenheit als Angestellte der FES verpflichtet fühlten und damit in den Augen des kritischen Gewerkschafters solch Verwerfliches wie Fahnenflucht begangen hatten. Diese Frustration wird auch verständlich durch die positiven Erfahrungen mit einem anderen Partner, denn die Berichte der Sozialreferenten an den deutschen Botschaften wurden und werden vom AA anstandslos und in der Regel ohne Verzug an den DGB-Vorsitzenden und die Internationale Abteilung weitergeleitet, auch wenn sie als VS – Verschlusssache – und höher eingestuft sind, wobei der DGB selbstverständlich die Geheimhaltungsvorschriften einhält.

Immerhin liefen seit dem November 1964 einzelne Monatsberichte der Gewerkschaftsberater ein, die aber in der Bewertung des DGB-Vorsitzenden keinen genauen Aufschluss über ihre Tätigkeit als Gewerkschaftsberater lieferten. In seinem Brief an den IG Metall-Vorsitzenden Otto Brenner vom 20. Januar 1965 urteilt Rosenberg hart:

50 Ebd.
51 Ebd.

»Unsere Vorstellungen, die wir mit dem Einsatz von Sozialhelfern in Verbindung mit der Friedrich-Ebert-Stiftung hatten, sind leider nicht in der von uns erwarteten Form verwirklicht worden. Alle Kollegen, die auf diese Weise ins Ausland geschickt worden sind, haben sich ganz offensichtlich ausschließlich als Vertreter der Friedrich-Ebert-Stiftung und nicht als Vertreter des DGB und seiner Gewerkschaften verhalten, Inwieweit das auf direkte Anweisungen von Seiten der Friedrich-Ebert-Stiftung zurückzuführen ist, bedarf noch der Klärung. Ich habe von allen diesen Kollegen kaum irgendwelche direkte Informationen bekommen, sondern, wenn überhaupt, erhielt ich ausschließlich von der Friedrich-Ebert-Stiftung einige Mitteilungen. [...]
Die Tätigkeiten der verschiedenen Sozialhelfer laufen zur Zeit aus, und es hat nach meiner Überzeugung auch wenig Sinn, ihre Arbeit für die letzten ein oder zwei Monate umzustellen. Das Ganze war ein Versuch, der zumindest in dieser Form als nicht gelungen angesehen werden muss und deshalb ganz sicher auch in dieser Form nicht wiederholt werden wird. Inwieweit die Zusammenarbeit in Fragen Sozialhilfe mit der Friedrich-Ebert-Stiftung fortgesetzt werden kann, muss dann grundsätzlich in dem o. g. Gespräch, das für Februar vorgesehen ist, geklärt werden. [...]«[52]

Der neue Leiter der Internationalen Abteilung, Otto Kersten[53], berichtet daher nach einem Gespräch mit FES-Verantwortlichen zur Vorbereitung eines »Gipfeltreffens« von Rosenberg mit Alfred Nau und Günter Grunwald: »Die Kollegen der Friedrich-Ebert-Stiftung haben eingestanden, dass sowohl in der Vorbereitung als auch im Einsatz Fehler gemacht worden sind, und sie beklagten insbesondere, dass bisher eine enge Abstimmung mit dem DGB nicht möglich gewesen sei [...]. Im ganzen habe ich den Eindruck, dass in der FES zwar der Wunsch nach einer Abstimmung mit uns vorhanden ist, jedoch die

52 Ebd.

53 Otto Kersten (1930–1982) wurde vom Vorstand des IBFG am 14. Januar 1972 in Brüssel zum Generalsekretär der Weltorganisation gewählt, diese Wahl wurde auf dem 10. Weltkongress des IBFG im Juli gleichen Jahres in London bestätigt. Zuvor war er von 1960 bis 1965 als Sekretär bei der Europäischen Regionalorganisation tätig, bis ihn Ludwig Rosenberg als Leiter der Auslandsabteilung berief. Er starb 1982 kurz vor Ablauf seines zweiten Mandats.

Neigung besteht, sich bei der Durchführung und Ausweitung des Programms nicht zu viel in die Karten schauen zu lassen.«[54]

Für die FES stellte sich diese Sachlage ganz anders dar: Die Kollegen hatten in ihrem Sinne gut und erfolgreich gearbeitet, zehn der siebzehn Betroffenen hatten ihre Verträge mit der FES bereits um ein weiteres Jahr verlängert, die sieben Ausscheidenden hatten unterschiedliche, meist berufliche Gründe oder waren im Ruhestand, keiner schied im Unfrieden. Ihre Verabschiedung erfolgte am 31. März 1965 im DGB-Haus in Bonn, während die zweite Gruppe der künftigen Gewerkschaftsberater in Bad Godesberg vorbereitet wurde.

Die von der FES zusammengestellten, jedoch »nicht gezielt nachgefragten« Beurteilungen von Persönlichkeiten aus den Einsatzländern über die Arbeit der Gewerkschaftsberater waren regelrecht hymnischer Natur und erreichten den DGB am 19. Februar 1965. Danach trafen sich die »Arbeitsebenen« von FES und DGB regelmäßig alle zwei Monate, um internationales »business as usual« zu besprechen. Der von DGB-Seite wiederholt geäußerte Wunsch nach einem Tagesordnungspunkt: »Auswahl, Ausbildung und Einsatz der gewerkschaftlichen Entwicklungshelfer« wurde stets mit Blick auf das noch ausstehende »Gipfeltreffen« verschoben. Da dieses aber gleichfalls immer weiter verschoben wurde, verlor sich das Konfliktthema gemeinsam mit dem »Gipfel« im Nirgendwo der tagespolitischen Agenda.

Schließlich teilte Siegfried Bangert, inzwischen Leiter der IA der FES, am 27. Juli 1965 Otto Kersten mit, dass nach einer gewissen Anlaufzeit »spätestens am 1. November 1965 damit gerechnet werden kann, dass Ihr von allen unseren Gewerkschaftsberatern direkt Durchschläge der an uns gesandten Berichte erhaltet.«[55] Damit war ein wesentlicher komparativer Vorteil für die eigene internationale Arbeit des DGB erreicht.

Auch im weiten Feld der internationalen Gewerkschaftsbeziehungen ist die Handhabung von belastbaren Informationen das A und O für eine professionelle Gewerkschaftsdiplomatie, die zwar in sich keinen Selbstzweck, aber die notwendige Grundlage für Vertrauensbildung und solidarisches Handeln über die eigenen nationalen Begrenzungen hinweg bildet. Gerade für die deutsche Gewerkschaftsbewegung der Nachkriegszeit war ein wie auch immer definierter

54 *Otto Kersten*, Aktenvermerk für Kollegen Ludwig Rosenberg, Betr.: Friedrich-Ebert-Stiftung e. V. – Gewerkschaftliche Entwicklungshelfer, Düsseldorf, 3. Februar 1965, in: Dok. 5/DGA000181. Interessant an diesem Vermerk ist folgende Charakterisierung seines zukünftigen Arbeitgebers durch den späteren Generalsekretär des IBFG: »Daher ist eine Abstimmung auch mit einem schwachen und versagenden IBFG notwendig.«

55 Ebd.

»Internationalismus« nach den bitteren Erfahrungen von Scheitern, Verfolgung, Unterdrückung, Zerstörung und Exil mehr als nur ein undeutliches moralisches Gebot. Es ging dabei nicht so sehr um die Wiederherstellung verlorenen Ansehens – die deutschen Gewerkschaften waren wie die Sozialdemokratische Partei davon im Vergleich zu anderen Institutionen der Bundesrepublik noch am wenigsten betroffen –, vielmehr ging es um Begleichung einer Dankesschuld.

Im gewerkschaftlichen Alltag ist internationale Solidarität nicht so fest verwurzelt wie in den Festreden zum 1. Mai, wo sie wenigstens als Appell widerhallt. Zwar sind die deutschen Gewerkschaften durchaus für internationale Themen kampagnenfähig, wie die Beispiele Chile-Solidarität, Solidarität mit Solidarność, Südafrika-Kampagne u. v. a. zeigen, aber eine kontinuierliche Begleitung von Kooperationsprojekten und ihrer prozessualen Entwicklung gehört nicht unbedingt zu den gewerkschaftlichen Kernaufgaben, sodass ein so anspruchsvolles Projekt wie internationale Gewerkschaftsberatung sinnvollerweise an eine professionelle Partner- und Durchführungsorganisation mit besonderer entwicklungspolitischer Qualität wie der FES übertragen wird. Gerade Verwaltung und Steuerung eines doch mit angemessenen finanziellen Mitteln ausgestatteten internationalen Gewerkschaftsprogramms hätten die leicht prekären Kompetenzen im Projektmanagement des DGB nahezu zwangsläufig überstiegen, dazu bedurfte es noch nicht einmal des Desasters der Gemeinwirtschaft Anfang der 80er-Jahre zur Abschreckung.

Dank des nach einigen Anfangsschwierigkeiten sichergestellten kontinuierlichen Informationsflusses aus der Stiftung an die Internationale Abteilung des DGB und seine Einzelgewerkschaften konnte die deutsche Gewerkschaftsbewegung trotz bescheidener Personalressourcen im internationalen Vergleich locker bestehen. Keine andere Gewerkschaftsbewegung in der Welt, auch nicht die US-amerikanische und skandinavische, verfügt über ein derart weit gespanntes Netzwerk an Auslandsmitarbeitern und einheimischen Experten wie – dank der FES – der DGB; er musste es nur nutzen wollen und zu nutzen verstehen. Dank des umfassenden Berichtswesens der FES hat heute jeder internationale Gewerkschaftsfunktionär in und aus Deutschland einen immensen Informationsvorsprung, selbst gegenüber den IBFG- bzw. IGB-Vertretern, vorausgesetzt seiner Lesefähigkeit und seinem Artikulationsvermögen sind keine engen Grenzen gesetzt.

Der eigenständige Spielraum der FES-Vertreter vor Ort ermöglicht den internationalen Abteilungen des DGB und seiner Einzelgewerkschaften Analysen, Kontaktaufnahmen, Beziehungspflege, Informationsflüsse, Parteinahmen, Beurteilungsvermögen, ja Einmischungen ohne Selbstzensur und -blockade durch gewerkschaftsdiplomatische Rücksichtnahmen. Die Gewerkschaftsberater der FES wiederum genießen außer den üblichen budgetären Vorgaben größte Handlungsfreiheit entsprechend der eigenen Lagebeurteilung und ihrer persönlichen Wertschätzung und Vertrauensbildung.

Dennoch ist beim Thema »Internationale Gewerkschaftspolitik« die ausgeprägte Schamhaftigkeit auffällig, mit der sich – während der Ägide des DGB-Vorsitzenden Heinz Oskar Vetter in den 70er-Jahren – Publikationen aus dem Bereich der wissenschaftlichen Selbstdarstellung des DGB nur an sehr versteckten Stellen der internationalen Gewerkschaftskooperation mit der Friedrich-Ebert-Stiftung »rühmen«. So heißt es in einem sehr gewichtigen Werk zur Programmatik des Deutschen Gewerkschaftsbundes im vorletzten Kapitel unter der Überschrift »Internationale Gewerkschaftspolitik« in statuarischer Schlichtheit: »Die Internationale Zusammenarbeit der deutschen Gewerkschaften erfolgt heute über folgende Kanäle: Der DGB ist Mitglied des »Internationalen Bundes Freier Gewerkschaften« sowie des »Europäischen Gewerkschaftsbundes«. Die einzelnen DGB-Gewerkschaften gehören ausnahmslos mindestens einem der »Internationalen Berufssekretariate« an. Neben diesen multilateralen Verbindungen unterhalten der DGB sowie die in ihm zusammengeschlossenen Gewerkschaften bilaterale Kontakte zu den Gewerkschaftsbünden bzw. Gewerkschaftsverbänden in aller Welt. Hinzu kommt die Mitarbeit des DGB und/oder der Gewerkschaften in staatlichen, zwischenstaatlichen sowie öffentlich- und privatwirtschaftlichen Organisationen bzw. Institutionen.«[56] Dies klingt alles nach einem sehr »abgestimmten« Text, lässt aber kaum vermuten, dass damals sämtliche Mitarbeiter der Internationalen Abteilung des DGB-Bundesvorstandes aus der Gewerkschaftsberatung und der internationalen Arbeit der FES entstammten. Da grenzt es schon an Selbstverleugnung, wenn in diesem Werk wenig später geschrieben steht: »Im Jahr 1963 wurde in enger Zusammenarbeit mit der Friedrich-Ebert-Stiftung ein Gewerkschaftsberaterprogramm initiiert, in dem deutsche Gewerkschafter auf Anforderung bei Auf- und Ausbau von Bildungs- und Organisationsmaßnahmen von Gewerkschaften in Entwicklungsländern beratend in diesen Ländern tätig wurden.«[57] Folgt der aufmerk-

56 *Gerhard Leminski/Bernd Otto:* Politik und Programmatik des Deutschen Gewerkschaftsbundes, Köln 1974, S. 407. Diese Formel taucht gleichlautend in den öffentlichen Stellungnahmen des DGB bis Mitte der 80er-Jahre auf.

57 Ebd., S. 415. Einige Zeilen später kommt die FES noch einmal zur Ehre, Erwähnung zu finden: »In diesem Zusammenhang sollte auch die Mitarbeit des DGB und einzelner Gewerkschaften in nicht-gewerkschaftlichen Institutionen und Organisationen auf dem Sektor der Entwicklungs-

same Leser der Grammatik dieses Satzes, dann ist 1963 etwas geschehen, und das war es denn auch. Immerhin ist im gleichen Werk wenig später eine Korrektur von höchster Instanz angebracht worden, da im Dokumententeil ein längerer und etwas älterer Artikel von Heinz O. Vetter aufgenommen wurde, in dem es zum gleichen Vorgang heißt:

> »Aufgrund von Vereinbarungen zwischen dem DGB und der Friedrich-Ebert-Stiftung einerseits sowie Gewerkschaftsbünden in Ländern Asiens, Afrikas und Lateinamerikas andererseits arbeiten seit 1963 deutsche Gewerkschafter als Berater in Entwicklungsländern.
> Vordringliche Aufgabe ist die Anregung und Organisation von Bildungsmaßnahmen.«[58]

3 Entwicklungspolitik: Internationale Arbeitsteilung zwischen den deutschen Gewerkschaften und der Friedrich-Ebert-Stiftung

> »Auf den komplizierten Entscheidungswegen entstehen nicht nur Koordinationsprobleme, sondern auch Effizienzverluste.«[59]

3.1 Das Gewerkschaftsreferat der Stiftung im Konzert der anderen »Säulen« der FES

Eine der klarsichtigsten Aussagen zu den komparativen Vorteilen der Arbeitsteilung zwischen den deutschen Gewerkschaften und der Friedrich-Ebert-Stiftung wurde bereits am Ende der Vorbemerkung zu diesem Beitrag zitiert. Sie stammt von dritter Seite, nämlich dem damaligen (1975) Ministerialdirigenten im BMZ Winfried Böll. Böll setzt seine Argumentation wie folgt fort:

---

politik erwähnt werden. Vertreter des DGB gehören den Führungsgremien des ›Deutschen Forums für Entwicklungspolitik‹, der ›Deutschen Stiftung für Entwicklungsländer‹, der ›Friedrich-Ebert-Stiftung‹, der ›Konrad-Adenauer-Stiftung‹, der ›Deutschen Welthungerhilfe‹ und der ›Carl-Duisberg-Gesellschaft‹ an.«

58 Ebd., S. 433, zit. n.: *Heinz O. Vetter:* Internationale Gewerkschaftspolitik als Einheit, in: Die Neue Gesellschaft, 17. Jg. 1970, Nr. 6, S. 770 ff.

59 *Franz Nuscheler:* Entwicklungspolitik, 5. Auflage, Bonn 2004, S. 477.

»Da der Versuch, einen gewerkschaftlichen Entwicklungsfonds durch unmittelbare Spendenwerbung aufzubringen, nicht erfolgreich war und eine entsprechende Verpflichtung der einzelnen Industriegewerkschaften nach einem einheitlichen Schlüssel zu unüberwindbaren Schwierigkeiten geführt hätte, wurde die Friedrich-Ebert-Stiftung als Empfänger von Zuwendungen nicht nur der Gewerkschaften, sondern auch kommunaler Stellen und staatlicher Haushaltstitel ein hervorragendes Instrument für konkrete Aktionen. Sie hat sich als kritischer Partner staatlicher Entwicklungspolitik, aber auch anderer Entwicklungsorganisationen hervorragend bewährt, eine weltweit beachtete Stellung und viel Vertrauen in der Dritten Welt gewonnen. Die deutsche Entwicklungspolitik wird um solche selbstverantwortlichen, von gesellschaftlichen Organisationen gedeckte Partner, die unbürokratisch und, wo im Interesse der Sache erforderlich, auch still arbeiten können, beneidet. Lediglich das Sensationsbedürfnis der Boulevardpresse kommt dabei nicht auf seine Kosten.«[60]

1969/70 war zur Betreuung und Fortentwicklung der Gewerkschaftsberatung der Stiftung ein eigenständiges Referat für die internationale Gewerkschaftskooperation mit Klaus Wedel an der Spitze gebildet worden, der 1962 aus der Auslandsabteilung des DGB übernommen worden war. Klaus Wedel, vom Naturell her nicht besonders reisefreudig, es sei denn, es ging um seine Lieblingspatenkinder in der karibischen Gewerkschaftsbewegung, wurde zur Personifizierung der Gewerkschaftsarbeit der Stiftung; sein kluger Pragmatismus, gestützt auf eine schier grenzenlose Sach- und Personenkenntnis, seine erfahrungsgesättigte Unaufgeregtheit und seine ruhige Urteilskraft schufen ihm bei seinen gewerkschaftlichen Partnern eine Art von Grundvertrauen, das zum eigentlichen Markenkern der internationalen Gewerkschaftsarbeit der Stiftung wurde. Erst sein Übergang in den Ruhestand im August 1991 gestattete bei der Strukturreform der Stiftung die Auflösung des Gewerkschaftsreferats als eigene Arbeitseinheit. Dieses Gewerkschaftsreferat mit seiner überschaubaren Personalausstattung, zeitweise etwas abseits vom Hauptgebäude der Friedrich-Ebert-Stiftung untergebracht, wurde unter vergleichbaren Einrichtungen in der sogenannten freien Gewerkschaftswelt zur effizientesten Zentrale der internationalen Gewerkschaftsarbeit, lange argwöhnisch beäugt ob ihrer Autonomie von den skandinavischen und angelsächsischen Gewerkschaftsbünden. Eng verbunden mit dem DGB, aber

60 *Winfried Böll*, Zur Rolle der Gewerkschaften in der Entwicklungspolitik, in: *Gerhard Leminsky/ Bernd Otto* (Hg.), Gewerkschaften, a. a. O., S. 105 f.

nicht weisungsgebunden, baute das Referat auf die Eigenständigkeit, die jeweilige Entscheidungsfreude und den Einfallsreichtum ihrer Mitarbeiter vor Ort. Der gelassene Führungsstil Klaus Wedels, seine unerschöpfliche Detailkenntnis, sein ironisches, dennoch mitfühlendes Weltverständnis verband sich später mit dem strategischen Denken seines Stellvertreters Rüdiger Sielaff (1941–2000). Diese emblematische Persönlichkeit der internationalen Gewerkschaftskooperation war als Politologe 1966 in die Stiftung eingetreten. Er wurde zunächst wissenschaftlicher Mitarbeiter der Abteilung »Ostblock«, sein Interesse galt aber vornehmlich Asien. Folgerichtig wechselte er zunächst in die Abteilung Entwicklungsländerforschung, danach in die Internationale Abteilung, die ihn 1973 als Gewerkschaftsberater nach Malaysia entsandte. 1977 musste er das Land als *Persona non grata* verlassen, weil er sich hinter die malaysischen Gewerkschaften und gegen die gewerkschaftsfeindliche Politik der Regierung gestellt hatte[61]. Nach dieser erzwungenen Rückkehr wurde er stellvertretender Leiter des Gewerkschaftsreferates, nach dessen Auflösung Gewerkschaftskoordinator, der zugleich mit der Referatsleitung »Asien« und zuletzt »Naher Osten und Mittlerer Osten« betraut war.[62] Der nicht sehr theoriegeneigte, bodenständige Gewerkschafter Klaus Wedel und der intellektuell anspruchsvolle Asienkenner Rüdiger Sielaff bildeten eine erfolgreiche Symbiose bei der Steuerung des immer umfangreicher werdenden Gewerkschaftsprojekts, das bereits 1975 mit annähernd 7 Millionen DM reiner Projektmittel ausgestattet war.[63]

Im gleichen Jahr unterhielt die Stiftung im Stellenplan des Gewerkschaftsreferats Büros mit hauptamtlichen Gewerkschaftsberatern in Indonesien, den Philippinen, im Büro Tokio, in Malaysia und Thailand, in Sambia, Mali, Mauritius, Ghana, Botswana, ein Büro und Dokumentationszentrum in Beirut, ein Büro in Portugal und einen Mitarbeiter im Büro Brüssel, dazu kamen noch vier Mitarbeiter des Gewerkschaftsreferats in anderen Landesvertretungen, die neben der Gewerkschaftsberatung noch weitere Aufgaben im Rahmen der

61 Pikanterweise war einer der Drahtzieher bei diesem Intrigenspiel zwischen Gewerkschaften und Politik in Malaysia, dessen Opfer Rüdiger Sielaff wurde, der frisch (1975) gekürte IBFG-Präsident P. P. Narayanan, der als Vorsitzender des malaysischen Gewerkschaftsbundes MTUC die Regierung des autoritären Präsidenten Mahathir eifrig gegen den FES-Vertreter munitionierte, bis Sielaff ausgewiesen wurde. Da »Dr. P. P.« die längste Amtszeit eines IBFG-Präsidenten innehielt (bis 1992), kam es zwischen beiden noch zu einer Reihe von Begegnungen mehr oder weniger der dritten Art, die aber die Kooperationsarbeit der Stiftung in Asien nicht wesentlich beeinträchtigten.

62 Vgl. die biografischen Daten im Nachruf, in: *FES*, BR-INFO, Bonn, Dezember 2000.

63 Eine entsprechende Aufschlüsselung übermittelte *Alfred Nau* an Heinz Oskar Vetter in einem Schreiben vom 9.11.1976, in: Dok. 5/DGAJ000485.

Stiftungsprojekte übernahmen. Stabil blieben bis in die 90er-Jahre die magischen 17 Stellen von Auslandsmitarbeitern aus der Startphase des Programms, die vom Gewerkschaftsreferat betreut wurden, auch wenn die Zuordnungen zu Ländern und Kontinenten entsprechend der politischen Konjunktur und Opportunität wechselten. So waren bis 1983 in Lateinamerika Büros in Mexiko und der Dominikanischen Republik dazugekommen, die 1989 in neue Standorte nach Quito/Ecuador (besetzt mit Jürgen Eckl) und Buenos Aires/ Argentinien (besetzt mit Achim Wachendorfer) gewechselt hatten. Die lateinamerikanischen Posten waren stets mit Koordinatorenfunktionen verbunden, nach denen der Kontinent aufgeteilt wurde.

Die Jahresberichte aus der Internationalen Abteilung der FES in diesen Jahrzehnten ähneln sich im Duktus und den Versatzstücken, stellen aber stets die »Zusammenarbeit mit Gewerkschaften« an die erste Stelle in der Beschreibung ihrer Auslandstätigkeit. Beispielhaft sei hier der Bericht aus dem Jahr 1983 zitiert:

> »Seit nunmehr zwei Jahrzehnten fördert die Stiftung unter erheblichem Personal- und Mitteleinsatz den Aufbau von Gewerkschaften in Entwicklungsländern. Der Größe und der Schwierigkeit dieser Aufgabe entsprechend wird diese Tätigkeit mit dem Deutschen Gewerkschaftsbund (DGB) und seinen Gewerkschaften, dem Internationalen Bund Freier Gewerkschaften (IBFG) und den Internationalen Berufssekretariaten (IBS) abgestimmt.
> Die Probleme Beschäftigung, Gewerkschaftsrechte und Abrüstung, die im Mittelpunkt der Diskussionen des Weltkongresses des Internationalen Bundes Freier Gewerkschaften im Juni 1983 in Oslo standen, sind wegen der weltweiten wirtschaftlichen Rezession zur täglichen Sorge der Arbeitnehmer in den Industrieländern geworden. Weit stärker jedoch belastet die schlechte weltwirtschaftliche Lage die Entwicklungsländer und insbesondere deren Arbeitnehmer und Gewerkschaften. Viele Regierungen sehen im Rahmen wirtschaftlicher Auseinandersetzungen eine Lösung darin, Gewerkschaften durch Gängelung, aber auch Verhaftungen und Verbote zu beeinträchtigen oder gar auszuschalten.
> Unter diesen Voraussetzungen ist in den letzten Jahren die Förderung von Gewerkschaften in den Entwicklungsländern viel schwieriger geworden. Demokratische Bewegungen und Gewerkschaften werden behindert oder unterdrückt, weil man damit wirtschaftspolitische Probleme lösen zu können glaubt. Diese Rahmenbedingungen zwingen die FES, ihre Gewerk-

> schaftsförderung ständig entsprechend anzupassen. Selbstverständlich muss die Arbeit der Stiftung in den über 50 Ländern, in denen sie gewerkschaftliche Partner hat, jeweils speziell auf die Probleme des jeweiligen Landes abgestimmt sein. Die Stiftung erreicht dies durch den Einsatz eigener Mitarbeiter, aber auch durch die Kooperation mit vielen nationalen Gewerkschaftsverbänden sowie ihr enges Verhältnis zu den internationalen Gewerkschaftseinrichtungen, vor allem den internationalen Berufssekretariaten.«[64]

Es folgt die Aufzählung der IBS, mit denen die Zusammenarbeit »erfolgreich fortgesetzt« wurde, die sich zu diesem Zeitpunkt mit dem Internationalen Metallgewerkschaftsbund (IMB) und der Internationalen Föderation der Chemie-, Energie- und Fabrikarbeiterverbände (ICEF) noch nicht so intensiv entwickelt hatte. Das änderte sich, als der IMB in den Folgejahren mehr Mitglieder in Brasilien und Südafrika dazugewann, als er in den Industrieländern verlor. Bei der ICEF veränderte der Zusammenschluss der Chemiker mit den Bergleuten zur ICEM die Rahmenbedingungen in die gleiche Richtung, was sie beide dann ab den 90er-Jahren zu den drängendsten Kooperationspartnern der FES machte.

Bei der Beschreibung der Einsatzorte der Gewerkschaftsberater der FES sticht heraus, dass die den Aktivitäten des Büros in Tokio gewidmete Darstellung besonders ausführlich ist, weil es der ständigen Rechtfertigung beim Zuwendungsgeber bedurfte, warum »Gewerkschaftsberatung« ausgerechnet in einem Industrieland solche Bedeutung habe. Dies wurde mit der gemeinsamen Kooperation zugunsten der Gewerkschaften in den asiatischen und pazifischen Entwicklungsländern begründet, die bis Papua-Neuguinea und Fiji ausgreife, wofür spreche, »dass seit einigen Jahren sowohl sowjetische als auch amerikanische Institutionen sich dieser Region besonders zuwenden«.[65]

Besonders betont wird auch die Zusammenarbeit mit den ägyptischen Gewerkschaften und denen im Libanon, wobei bei Letzteren »[...] wegen der unglücklichen Entwicklung des Landes nicht in vollem Umfang verwirklicht werden« konnte, »sich wirksam in die »Wiederausstattung und den Wiederaufbau der demokratischen Institutionen des Libanon einzuschalten [...]«.[66] Der libanesische Mitarbeiter, Samir Farah, der die Kontakte zu den Gewerkschaften gehalten hatte, arbeitet noch heute auf diesem weiten und schwierigen Feld.

64 *Friedrich-Ebert-Stiftung*, Jahresbericht 1983 der Internationalen Abteilung, Bonn 1984, S. 4 f.
65 Ebd., S. 6.
66 Ebd., S. 7.

3.2 Territoriale Abgrenzungen zwischen der Gewerkschaftsabteilung und der Abteilung für Entwicklungsländerforschung

Mit dem Aufbau der Abteilung Entwicklungsländerforschung (ELFO), angesiedelt im Forschungsinstitut der Stiftung, als Ausgangspunkt für gesellschaftspolitische Beratungsmaßnahmen für nicht immer nur »befreundete« Regierungen und Parteien eines oft sehr weit gefassten sozialdemokratischen Spektrums entstand innerhalb der FES seit Anfang der 70er-Jahre eine quasi naturwüchsige Konkurrenzsituation zwischen Gewerkschaftskooperation und Forschung, vor allem in Lateinamerika. Gerade auf diesem Kontinent mit seiner komplexen Gewerkschaftsgeschichte und einer strukturell begünstigten gewerkschaftlichen Vielfalt bis hin zur ideologischen Aufspaltung geriet Gewerkschaftsförderung häufig in einen Konflikt mit den politischen Partnerstrukturen der Stiftung. Dabei sind die Trennlinien zwischen Gewerkschaftskooperation und Parteienförderung nicht immer festgezurrt, zumal in der Regel eher Gewerkschaften Parteien begünstigen, als umgekehrt Parteien Gewerkschaften gründen könnten. Gewerkschaften, die im Idealfall ihre Autonomie verteidigen, finden sich schnell in Opposition zu den politischen Herrschaftsverhältnissen, während auch engagierte Entwicklungspolitiker in ihnen gern schon mal privilegierte Störenfriede vermuten.

Auch wenn die Abgrenzung zwischen »ELFO- und IA-Ländern« nirgendwo festgeschrieben war, wurde die wechselseitige Personalhoheit lange Jahre bis zur Zeitenwende 1989 vehement respektiert und lieferte bei allfälligen Stellenbesetzungen ein permanentes Hintergrundrauschen. Der Weg vom Konflikt zur Koexistenz bis hin zur Vermischung nahm grob gesprochen jeweils ein Jahrzehnt in Anspruch. Aus Sicht der Gewerkschaftsarbeit am fruchtbarsten erwies sich die Koexistenz der 80er-Jahre, als sich für die Gewerkschaftsberatung aus dem Feld der Politikberatung und Wissenschaftskooperation neue intellektuelle Ressourcen auch personeller Art auftaten. Unter dem Sammelbegriff der gesellschaftspolitischen Beratung löste sich die Stiftungsarbeit allmählich von der ursprünglichen Konzentration auf die Aus- und Fortbildung von politischen Entscheidungsträgern und Multiplikatoren aus dem Umfeld der jeweiligen Regierungspartei.[67]

Diese erweiterte Zielsetzung kam bereits in einem BMZ-Vermerk vom 4. Mai 1969 zur Geltung: »[…] die Politischen Stiftungen [können] mit gesellschaftspolitischen Einrichtungen, Organisationen oder Gruppen in den Ent-

67 Vgl. *Patrik von zur Mühlen*, Die internationale Arbeit, a. a. O., S. 141.

wicklungsländern partnerschaftlich mit dem Ziel zusammenarbeiten, durch Bildungsmaßnahmen für Führungskräfte sowie durch Beratung zur Entwicklung freiheitlicher und leistungsorientierter gesellschaftlicher Strukturen und gerechter sozialer Verhältnisse beizutragen und die notwendige gesellschaftliche Integration dieser Länder zu fördern«.[68] Damit waren Gewerkschaften expressis verbis nicht ausgeschlossen, sodass es im Ermessen der FES-Mitarbeiter vor Ort lag, in ihrer gesellschaftspolitischen Beratungstätigkeit Gewerkschafter in ihre Zielgruppen mit einzubeziehen. Und die »ELFO-Wissenschaftler« waren bei der Auswahl in ihren subjektiven Kriterien nicht eingeschränkt und bei ihren Kontakten dem Lagerdenken in der internationalen Gewerkschaftsbewegung nicht bedingungslos verpflichtet.

Diese Freiheit kam besonders bei der Personalauswahl der einheimischen, oft hoch qualifizierten Mitarbeiter zum Ausdruck, wenn teils brillante Anwälte und Universitätsdozenten für die Tätigkeit in einer internationalen Institution wie der Friedrich-Ebert-Stiftung gewonnen werden konnten, auch wenn ihr Arbeitsauftrag gewerkschaftliche »Schmuddelkinder« beinhaltete. So haben in einigen Ländern Lateinamerikas spätere Arbeits- und Innenminister und Minister anderer Portefeuilles, ja selbst Präsidenten von verfassunggebenden Versammlungen ihre Arbeit als einheimische Gewerkschaftsreferenten der FES als Karriereleiter zu nutzen verstanden.

Die Öffnung neuer Zugänge ins lokale Gewerkschaftsmilieu, ohne zugleich die traditionelle Loyalität zu den Mitgliedern des IBFG aufzukündigen, ermöglichte Kontakte und Zusammenarbeit mit neuen Gewerkschaftsbewegungen, einem »Neuen Syndikalismus« verpflichteten Organisationen wie die CUT Brasiliens[69], die neue CUT Chiles[70] und die CUT Kolumbiens[71], der CTA Argenti-

68 Zit. n. ebd., S. 141.

69 Die CUT (Central Única dos Trabalhadores) entstand Ende der 70er-Jahre aus der Streikbewegung in der Metall- und Automobilindustrie und im Bankensektor mit Schwerpunkt in São Paulo.

70 Die chilenische CUT (Central Unitaria de Trabajadores) war eine Wiedergründung der von Pinochet zerschlagenen Einheitsgewerkschaft CUT (Central Única de Trabajadores), gegründet 1951.

71 Die kolumbianische CUT (Central Unitaria de Trabajadores) wurde 1987 gegründet, um als Einheitsgewerkschaft, geführt von der Lehrergewerkschaft FECODE, auf die zunehmende Verfolgung und Ermordung von Gewerkschaftern im Kolumbien des Bürger- und Drogenkrieges zu reagieren.

niens[72], der PIT/CNT Uruguays[73], der KCTU in Südkorea[74], der COSATU in Südafrika[75], um nur einige Beispiele für in den 80er-Jahren entstandene neue und dynamische Gewerkschaftsbünde exemplarisch aufzuführen. Es war wesentliches Verdienst der Gewerkschaftsarbeit der FES, diese neuen, »radikaleren« Gewerkschaften zum Teil schon während ihrer Illegalität zu unterstützen und sie in einem langandauernden Diskussionsprozess mit Unterstützung des DGB an den IBFG heranzuführen, der dank dieser neuen Mitglieder zur wirklich repräsentativen Weltgewerkschaftsbewegung werden konnte.

3.3 Gewerkschaftsfachkonferenz in Freudenberg 1986

Zu einer Großveranstaltung eigener Art entwickelte sich die erste Fachkonferenz zur Gewerkschaftsarbeit der Stiftung weltweit in der Gustav-Heinemann-Akademie in Freudenberg vom 13. bis 19. Oktober 1986. Zu diesem Treffen hatte die Internationale Abteilung ihre Auslandsmitarbeiter aus fast allen Ländern, in denen Berührungen mit Gewerkschaften bestanden, zusammengeholt, dazu die Internationalen Sekretäre des DGB und fast aller Einzelgewerkschaften. Als Referenten waren eingeladen: Ernst Breit und Gerd Muhr, Vorsitzender und stellvertretender Vorsitzender des DGB, John Vanderveken und Mathias Hinterscheid, Generalsekretäre von IBFG und Europäischem Gewerkschaftsbund EGB, für die Internationalen Berufssekretariate ihr gemeinsamer Sprecher, Harold Lewis, Generalsekretär der International Transport Workers' Federation ITF. Die Geschäftsführung der Stiftung wurde verstärkt um den frisch in den Ruhestand getretenen Geschäftsführer und Begründer der internationalen Arbeit der Stiftung, Günter Grunwald. Die Fach- und Personalabteilungen der Stiftung waren nahezu vollständig erschienen. Mit mehr als 80 Teilnehmern wurde es dennoch eine Veranstaltung mit einer physischen Dimension, Ausdauerleistung, Beständigkeit und Intensität, wie sie in dieser

72 Die CTA (Congreso de Trabajadores Argentinos) entstand als Kritik an der verkrusteten peronistischen CGT (Confederación Genéral de Trabajadores).

73 Der PIT/CNT(Plenario Intersindical de Trabajadores/Convención Nacional de Trabajadores) entstand im zentralen Widerstand gegen die Militärdiktatur in Uruguay.

74 Die KCTU (Korean Confederation of Trade Unions) entstand in Gegnerschaft zur Militärdiktatur des Park-Chung-hee-Regimes in der Illegalität aufgrund der auch während der Demokratisierung Südkoreas fortbestehenden repressiven Gewerkschaftsgesetze.

75 Die COSATU (Congress of South African Trade Unions) entstand 1979 unter Führung der illegalen Bergarbeiter- und Metallgewerkschaften im Kampf gegen das Apartheidsystem.

Qualität wohl nicht mehr wiederholt werden könnte. Jedem Referenten stand ein halber Konferenztag für Vortrag und Diskussion zur Verfügung. Der nach Kontinenten geteilte Arbeitsgruppentag wurde von allen Teilnehmern als viel zu kurz bemängelt, obwohl die »Latino«-Arbeitsgruppe bis Mitternacht tagte, ohne das gesuchte gemeinsame lateinamerikanische Gewerkschaftsprofil zu finden, was in der späteren Auswertung als durchaus positive Erkenntnis eingeschätzt wurde. Ein messbares Ergebnis der Konferenz kam nicht zustande, die Ausflüsse der Arbeitsgruppen blieben Bruchstücke von Annäherungen, die Referate waren ausführlich und von teils ermüdender Dauer. Und dennoch hatten alle Teilnehmer den Eindruck, an einem besonderen, ja aufregenden Erlebnis von größter professioneller Bedeutung teilgenommen zu haben.

Obwohl er es »anmaßend« fand, eine »letztendliche Bewertung schon jetzt vorzunehmen«, wagte sich Siegfried Bangert, stellvertretender Geschäftsführer und Leiter der Internationalen Abteilung der Stiftung, bereits am dritten Konferenztag an eine Einschätzung: »Ich kenne in den letzten Jahren keine Fachkonferenz irgendeiner anderen Institution, bei der eine vergleichbare Zahl führender deutscher und internationaler Gewerkschaftskollegen gemeinsam aufgetreten ist, um mit jenen, die ›draußen an der Front‹ stehen, Probleme und Perspektiven einer Kontinente übergreifenden solidarischen Zusammenarbeit von Arbeitnehmerorganisationen zu diskutieren.«[76] Einige Redepartien später taucht in der Rede Bangerts ein wichtiger neuer Schlüsselbegriff auf: »Aber zurück zur Querschnitts-Aufgabe: Zusammenarbeit mit Partnern aus dem Gewerkschaftsbereich in unseren Einsatzländern hat in der Arbeit der Stiftung ganz sicher diesen Rang! Aber ihre Optimierung findet auch diese Arbeit in Ländern der III. Welt und nicht nur dort erst dann, wenn das, was unsere Zusammenarbeit mit anderen gesellschaftlichen Gruppen, politischen Parteien, Selbsthilfeorganisationen und anderen Partnern – auch im wissenschaftlichen Bereich – ausmacht, sinnvoll auf der Gewerkschaftsarbeit aufbaut oder erst die Grundlagen dafür schafft.«[77]

Für die nahe Zukunft wurde folgende Schlussfolgerung Bangerts wichtig: »Eine Schwierigkeit dieser Konferenz scheint mir in gewissen Phasen gewesen zu sein, dass wir quasi im weltweiten Kontext die Gewerkschaftsarbeit diskutiert haben […]. Trotzdem scheint mir die hier gemachte Anregung richtig,

76 *Siegfried Bangert:* Bewertung der Ergebnisse der Fachkonferenz hinsichtlich ihrer Bedeutung für die internationale Arbeit der FES, (handschriftliches Manuskript) in: Dok. 23869, Gewerkschaftsfachkonferenz, 13.–19.10. 1986 in Freudenberg, S. 3 f.

77 Ebd. S. 29 f.

eine Vertiefung des Themas und des Erfahrungsaustausches in Zukunft in regionalen Fach-Workshops vorzusehen!«[78]

Die rasche Umsetzung dieser Erwägung erfolgte dann 1988 auf der Gewerkschaftsfachkonferenz für Asien und Pazifik in Chiang Mai, Thailand, wo die Aufbruchsstimmung vom vorangegangenen IBFG-Kongress in Melbourne verarbeitet wurde. Eine Fachkonferenz für Lateinamerika fand 1989 in San José, Costa Rica, statt, wo der Marktliberalismus mittels Computerprogramm auf die Gewerkschaften einstürzte; die Fachkonferenz für Afrika war dann 1991 in Potsdam, wo den Auslandsmitarbeitern die Folgen der Wiedervereinigung nahe gebracht wurden.

3.4 Gewerkschaftskooperation als Querschnittsaufgabe in den Kontinentreferaten und das Zwischenspiel von Heinz-Werner Meyer: »Das ist eigentlich unser Geld!«

1991 beliefen sich die Anteile an den Gesamtausgaben der FES für internationale Entwicklungszusammenarbeit in Höhe von insgesamt 95,2 Millionen DM wie folgt: Gewerkschaften 27 Prozent, Gesellschaftspolitik 30 Prozent, Forschung 6 Prozent, Medien 12 Prozent, Wirtschafts-und Sozialentwicklung (früher Genossenschaften) 25 Prozent. Nach Kontinenten gegliedert entfielen von den Gesamtausgaben auf Lateinamerika 31 Prozent, auf Afrika 35 Prozent, Asien und Ozeanien 27 Prozent, kontinentübergreifend 7 Prozent (ohne europäische Mittelmeerländer und Israel).[79]

Während der Bereich Gesellschaftspolitik den Löwenanteil der Auslandsmitarbeiter stellte und in jedem seiner Kontinentprogramme die Kooperation mit Gewerkschaften unter Projektzielen oder Handlungsfeldern eingegliedert hatte, konnte die statistisch noch bestehende Abteilung Gewerkschaftsförderung Mittel von 25,7 Mio. DM aufweisen mit zehn entsandten Mitarbeitern in zehn Ländern und 49 Gewerkschaftsförderungsprogrammen in den folgenden Ländern:[80]

---

78 Ebd. S. 38 f.

79 *Friedrich-Ebert-Stiftung* (Hg.), Die Friedrich-Ebert-Stiftung in der Internationalen Entwicklungszusammenarbeit, Bonn, Juni 1992, S. 3.

80 Ebd., S. 19.

Afrika: Ägypten, Botswana, Ghana, Kap Verde, Kenia, Mali, Namibia, Nigeria, Sambia, Senegal, Sierra Leone, Simbabwe, Südafrika, Sudan, Tansania, Uganda

Asien u. Pazifik: China, Fidschi, Indien, Indonesien, Korea, Malaysia, Nepal, Pakistan, Papua-Neuguinea, Sri Lanka, Thailand

Lateinamerika: Argentinien, Barbados, Bolivien, Brasilien, Chile, Ecuador, El Salvador, Guatemala, Guyana, Honduras, Jamaika, Kolumbien, Mexiko, Panama, Paraguay, Peru, Surinam, Trinidad, Uruguay, Venezuela.

Zwar wurde in diesem für eine begrenzte Öffentlichkeit bestimmten Papier noch die Gewerkschaftsförderung wie ein eigenes Referat ausgewiesen, doch der »Wind des Wandels« nach dem Fall der Mauer und der Wiedervereinigung war darüber bereits hinweggefegt. In einem Schreiben vom 25. September 1991 des neuen Leiters des Afrikareferats, Erfried Adam, an seine Kollegen auf dem Kontinent und den vorgelagerten Inseln teilte er lakonisch mit:

»Liebe Kollegen, mit dem Wechsel des Kollegen Wedel in den Ruhestand wurde bekanntermaßen das Gewerkschaftsreferat aufgelöst und die Gewerkschaftsarbeit in die Verantwortung der Regionalreferate überführt.«[81]

Ähnlich schnörkellose Mitteilungen erreichten die Kollegen in den anderen Kontinenten von Peter Hengstenberg, Leiter des Referats Lateinamerika und Karibik, und Rüdiger Sielaff, Leiter des Referats Asien und Pazifik. Immerhin übernahm Letzterer die Gesamtvertretung der Gewerkschaftsarbeit der Stiftung nach außen gegenüber den nationalen und internationalen Gewerkschaftsorganisationen.

Rüdiger Sielaffs Überzeugungskraft als Gewerkschaftskoordinator und seinem strategischen Denken war es zu verdanken, dass nach Auflösung des Gewerkschaftsreferats das kontinentübergreifende IBS-Programm nicht nur ungeschmälert weitergeführt[82], sondern durch die Neugestaltung erfolgreich zum Globalen Gewerkschaftsprojekt ausgeweitet werden konnte. Vor allem in der praktischen Zusammenarbeit mit der Internationalen Abteilung des DGB und mit den internationalen Sekretären der Einzelgewerkschaften, aber auch in der Koordinierung mit den internationalen Gewerkschaftsorganisationen

81 *Erfried Adam*, Betr.: Integration der Gewerkschaftsarbeit Afrika, in: Dok. 32249, IA/ILZ 1989–1993.

82 Von 1990 bis 1994 übernahm Bernd Reddies die Koordination des IBS-Programms, sein Nachfolger wurde Erwin Schweißhelm, dem ab 1998 die Feinarbeit am Globalen Gewerkschaftsprojekt zufiel.

ergab sich in der fast reibungslosen inhaltlichen Abstimmung, Unterrichtung und Planung kein spürbarer Unterschied zum Zustand vor den Strukturreformen der Stiftung. Nur mit dem Nachfolger Ernst Breits an der DGB-Spitze, Heinz-Werner Meyer, der IG Bergbau entstammend, ergaben sich vorübergehende Spannungen gerade wegen dessen recht eigenständiger internationaler Interessen an gewerkschaftlicher Ost- und Weltpolitik.

Wie es sich gehört, war der neue DGB-Vorsitzende Heinz-Werner Meyer schon frühzeitig über die neue Entwicklung informiert worden. Er reagierte entsprechend in seiner Rede vom 23. April 1991 auf dem Afrika-Kongress der FES in Potsdam:

> »Zunächst möchte ich Euch danken für Euer Engagement bei Eurer wichtigen Arbeit in den Ländern Afrikas, die für den DGB von außerordentlicher Bedeutung ist. Ihr wisst, dass sich der DGB vor mehr als 30 Jahren entschieden hat, keine eigene Organisation für die gewerkschaftliche Zusammenarbeit in den Ländern Afrikas, Asiens und Lateinamerikas aufzubauen. Vielmehr haben wir beschlossen, diese Arbeit in enger Zusammenarbeit mit befreundeten Organisationen zu machen, die bereits über die notwendige Ausstattung verfügten. Seit vielen Jahren hat die Friedrich-Ebert-Stiftung diese Rolle übernommen, und der DGB ist mit dieser Aufgabenteilung voll zufrieden. Nicht nur der DGB, sondern – und das ist uns wichtig – Eure Partnerorganisationen in Afrika sehen Euch als Vertreter der deutschen Gewerkschaftsbewegung an. Ohne Euch müssten wir uns den Vorwurf gefallen lassen, auf Gewerkschaftsforen von internationaler Solidarität zu reden, aber höchstens in Europa diese auch zu praktizieren. Wir hoffen und wünschen, dass die Zusammenarbeit mit den Gewerkschaften im Rahmen der internationalen Aktivitäten der Stiftung Priorität behält. Ich weiß, dass das Gewerkschaftsreferat der Stiftung im Laufe dieses Jahres aufgelöst werden soll. Es fehlt uns nicht an dem organisationspolitischen Verständnis für die Eingliederung dieses Gewerkschaftsreferats in die Regionalreferate der Stiftung. Ich möchte aber ein gesundes Misstrauen bei uns nicht leugnen, denn andere Fachreferate wie ›Wirtschafts- und Sozialförderung‹ und ›Medien und Kommunikation‹ sollen bestehen bleiben.«[83]

83 *Heinz-Werner Meyer,* Rede zur Eröffnung der Gewerkschaftsfachkonferenz Afrika der FES, Potsdam, 23. April 1991, in: Dok. 32249, IA/ILZ 1989–1993.

Es war in der Folge mehr als nur »gesundes Misstrauen«, das den DGB-Vorsitzenden umtrieb, sondern gestaltete sich zur fixen Idee, dass der DGB angesichts der immensen Anforderungen aus der sich auffächernden Gewerkschaftslandschaft Mittel- und Osteuropas die dafür nötigen Mittel am besten bei der Stiftung beschlagnahmen sollte. Sein Vorgänger Ernst Breit hatte in Freudenberg am 14. Oktober 1986 am Schluss seines langen Referates noch scherzhaft erklärt;

> »Die Vertreter der FES erzählen im Ausland immer, dass DGB und SPD die Eltern der Friedrich-Ebert-Stiftung seien. Stellt Ihr, liebe Kolleginnen und Kollegen, entgegen einigen Darstellungen in einschlägigen Presseorganen auch weiterhin unter Beweis, dass wir alles andere als ein missglücktes Kind gezeugt haben.«[84]

Obwohl ihm dieses etwas altväterliche Sprachbild seines Vorgängers unbekannt geblieben war, stand Heinz-Werner Meyer intern zu seiner Überzeugung, dass die FES für den DGB ein mit Missgunst zu betrachtender Partner sei.

Damit stieß er auf entschiedenen Widerstand bei dem damaligen Leiter der Internationalen Abteilung des DGB, Erwin Kristoffersen, der 1972 direkt aus dem FES-Büro in Thailand von Heinz Oskar Vetter an die Spitze der internationalen Arbeit des DGB berufen worden war. Dieser Mann von außerordentlicher Kompetenz und Energie, international hoch respektiert, wenn nicht gar manchmal auch gefürchtet, auf den Klaviaturen der Stiftung wie der internationalen Gewerkschaftswelt souverän spielend, von schroffem Charakter und autoritär, aber entschieden in seiner Solidarität und Loyalität, rieb sich vehement an der vermeintlichen Provinzialität des ehemaligen Bergmanns und nunmehrigen DGB-Vorsitzenden Heinz-Werner Meyer, der schwer an der Bürde der Vereinigung von West und Ost bei den Gewerkschaften litt und arbeitete. Während der Umbruchzeit standen diesem die Nöte der Gewerkschaftsförderung in Mittel- und Osteuropa näher als die fremden Gewerkschaftskulturen im Süden.

Da der DGB sich, um die Ostarbeit finanzieren zu können, unversehens wieder mit der Rekrutierung von Mitteln über die eigenen beschränkten Budgetmöglichkeiten hinaus befassen musste, gerieten fast zwangsläufig die »Fleischtöpfe« der FES ins Visier. Hinzu kam für den DGB-Vorsitzenden, dass

84 *Ernst Breit*, Referat auf der Gewerkschaftsfachkonferenz der Friedrich-Ebert-Stiftung am 14. Oktober 1989 in der Gustav-Heinemann-Akademie in Freudenberg, in: Dok. 23869, S. 40.

sich die sprunghafte Ausweitung der FES-Aktivitäten in Mittel- und Osteuropa bis hin nach Zentralasien seinem Kontroll- und Zugriffsvermögen beharrlich entzog. Sein internationaler Abteilungsleiter, Erwin Kristoffersen, hielt in unverbrüchlicher Loyalität zur FES. Der Streit geriet ins Persönliche – mit wechselseitiger Verbitterung bis zur gesundheitlichen Schädigung. Die Auseinandersetzungen überschatteten leider die letzten zwei Berufs- und Lebensjahre von Erwin Kristoffersen, der wie kein internationaler Abteilungsleiter vor oder nach ihm über zwei Jahrzehnte das weltweite Ansehen und die Positionierung des DGB prägte. Unvergessen bleibt seine unverbrüchliche Solidarität mit der polnischen Solidarność allen politischen und innergewerkschaftlichen Widerständen zum Trotz.[85]

Zum Eiskeller in der Beziehung des DGB-Vorsitzenden zur FES führten auch einige Nickeligkeiten. So beschwerte sich Heinz-Werner Meyer massiv, dass bei einem Besuch einer DGB-Delegation beim Staatspräsidenten von Venezuela, Carlos Andrés Pérez, während des IBFG-Kongresses 1992 in Caracas auch der FES-Vertreter Hans Blumenthal teilnahm: Nur hatte der DGB-Vorsitzende übersehen, dass der Besuch bei Pérez nur dank der Vermittlung des FES-Vertreters in Venezuela überhaupt zustande gekommen war. Anschließend besuchte Heinz-Werner Meyer Brasilien und in São Paulo auch den brasilianischen Gewerkschaftsverband CUT, der damals zur Untermiete in einem Bankhochhaus untergebracht war. Nach seiner Rückkehr erklärte er, dass die CUT ja wohl so reich sei, dass sie keiner Unterstützung mehr bedürfe – wohl wissend, dass die CUT ein bevorzugter Partner der Gewerkschaftskooperation der FES war.

An der Internationalen Abteilung des DGB vorbei, aber wohl nicht ohne Inspiration aus anderen Bereichen – der Hans-Böckler-Stiftung und des DGB-Bildungswerkes – erschien im November 1993 in der Zeitschrift »Die Mitbestimmung« der Hans-Böckler-Stiftung ein Artikel, der die »Fremdbestimmung« der internationalen Arbeit des DGB aufs Korn nahm.[86] Die beiden Autoren bemängelten die spärliche Wahrnehmung, die geringe personelle Ausstattung und den unzureichenden Stellenwert der internationalen Arbeit bei den deutschen Gewerkschaften, um dann unter der Zwischenüberschrift »›Fremdfirma‹ Ebert-Stiftung« zum Kern ihres Anliegens zu kommen:

85 Vgl. *Patrik von zur Mühlen*, Die internationale Arbeit, a. a. O., S. 237 f.

86 *Manfred Brinkmann/Thomas Gesterkamp*, Internationale Gewerkschaftsarbeit – am Ende der Tagesordnung?, in: Die Mitbestimmung, Hans-Böckler-Stiftung, Düsseldorf, November 1993, S. 73-78.

> »In seiner internationalen Arbeit kooperiert der DGB eng mit der SPD-nahen Friedrich-Ebert-Stiftung (FES). Zwischen FES-Mitarbeitern und hauptamtlichen Gewerkschaftsfunktionären existieren in der Alltagsarbeit eine Vielzahl von formellen und informellen Kontakten und Beratungen. Die personellen und finanziellen Kapazitäten der Ebert-Stiftung für internationale Gewerkschaftsarbeit sind größer als die sämtlicher DGB-Organisationen zusammen.«[87]

Der Zeitschriftenaufsatz listet dann die finanziellen und personellen Mittel und die Projektzahlen der FES auf, die ihr aus BMZ- und AA-Mitteln zufließen, und fasst Inhalte wie Zielgruppen zusammen. Danach aber heißt es:

> »Das Wissen um die Verhältnisse vor Ort sowie ihre personellen und finanziellen Ressourcen machen die Friedrich-Ebert-Stiftung zu einem gewichtigen Faktor in der internationalen Gewerkschaftspolitik. Die FES kann so einen beträchtlichen Einfluss auf die internationale Arbeit der deutschen Gewerkschaften nehmen. Ihre Kenntnisse und Mittel sind eine unverzichtbare Hilfe, die zudem kostensparend ist. Unabhängig von einer inhaltlichen Bewertung der gewerkschaftspolitischen Aktivitäten der Ebert-Stiftung muß ein derart enges Kooperationsverhältnis zumindest problematisch erscheinen. Kein zweites gewerkschaftliches Politikfeld ist so stark ausgelagert, in Treu und Glauben einer politischen ›Fremdfirma‹ überlassen. Freiwillig verzichten die DGB-Gewerkschaften damit in der internationalen Arbeit nicht nur auf eigene Kompetenz und Einfluss, sondern ebenso auf demokratische Kontroll- und Gestaltungsmöglichkeiten.«[88]

Danach stellen die Autoren unter dem Zwischentitel »Solidaritätsarbeit von unten« ihre bescheidenen Gegenmodelle vor und definieren als »Neue Drehscheibe« der Solidaritätsarbeit das »Nord-Süd-Netz« im DGB-Bildungswerk mit seinem 600.000 DM-Haushalt, bis sie zu ihrem »Fazit« kommen, das den Gegner solcher Basisarbeit noch einmal explizit benennt:

87 Ebd., S. 76.
88 Ebd.

»Überkommene Strukturen wie der Monopolanspruch der Vorstandsetagen auf internationale Kontakte oder das Vertrauen auf die Friedrich-Ebert-Stiftung blockieren eine eigenständige Politik.«[89]

Diese kaum verhüllte Kampfansage der Autoren ermöglichte es der Internationalen Abteilung beim DGB-Vorsitzenden mit einem Redeentwurf durchzudringen, den Heinz-Werner Meyer unter dem Arbeitstitel »Aufgaben internationaler Gewerkschaftsarbeit« auf der Gewerkschaftsfachkonferenz der Abteilung Industrieländer der Friedrich-Ebert-Stiftung am 25. November 1993 in Brüssel vortrug. Als vierten Eckpunkt seiner Eingangsthesen stellte er fest:

»Die Zusammenarbeit im internationalen Aufgabenfeld zwischen den deutschen Gewerkschaften und den Stiftungen, der Friedrich-Ebert-Stiftung und der Hans-Böckler-Stiftung, hat sich im Wesentlichen bewährt. Wechselseitiger Respekt vor der Eigenständigkeit der Partner und eine intensive Kooperation ergänzen sich notwendig. Wir sollten alles dafür tun, dass es dabei bleibt.«[90]

Schließlich geht er direkt auf den oben angeführten Artikel ein und distanziert sich, um danach einige kritische oder Missverständnissen unterliegende Punkte in der FES-Arbeit anzusprechen. Wegen seiner programmatischen Prägnanz sei Heinz-Werner Meyer deshalb in einem längeren Zusammenhang bis zum Schluss der Rede komplett zitiert:

»Hier möchte ich aber etwas ausholen: In der November-Ausgabe der ›Mitbestimmung‹, der Hauszeitschrift der Hans-Böckler-Stiftung, haben zwei jüngere Autoren die These von der ›Fremdfirma‹ Ebert-Stiftung in die Welt gesetzt. Nachdem die Autoren anerkennen, dass die FES aufgrund ihrer Professionalität und weltweiten Präsenz über hervorragende Bedingungen für die gewerkschaftliche Auslandsarbeit verfügt, leiten sie daraus eine beträchtliche Einflussnahme auf die internationale Arbeit der deutschen Gewerkschaften ab. Doch dann kommen unsere Autoren zu gewagten Folgerungen, die ich hier wörtlich wiederholen will: ›Kein zweites gewerkschaftliches

89 Ebd., S. 78.

90 *Heinz-Werner Meyer,* Aufgaben internationaler Gewerkschaftsarbeit (Redemanuskript), Gewerkschaftsfachkonferenz der Abteilung Industrieländer der Friedrich-Ebert-Stiftung, Brüssel, 25. November 1993, in: Dok. 5/DGAI000796, S. 3.

Politikfeld ist so ausgelagert, in Treu und Glauben einer politischen ‚Fremdfirma' überlassen. Freiwillig verzichten die DGB-Gewerkschaften damit in der internationalen Arbeit nicht nur auf eigene Kompetenz und Einfluss, sondern ebenso auf demokratische Kontroll- und Gestaltungsmöglichkeiten.‹ Als erstes könnte ich hier ironisch anmerken, dass dies kaum einen besseren Beleg dafür abgeben könnte, wie konform entsprechend dem Urteil des Bundesverfassungsgerichtes die Zusammenarbeit zwischen FES und Gewerkschaften gestaltet ist. Zum zweiten scheinen mir die Vermutungen der Autoren hier beeinflusst von den Resten einer Verschwörungstheorie, wie sie sich in den 70er-Jahren in Broschüren mit Titeln der Art: ›Die Friedrich-Ebert-Stiftung, trojanisches Pferd des Imperialismus in Lateinamerika‹ ausdrückte. Zum dritten scheinen unsere Autoren nicht zu wissen, dass in unserem Falle demokratische Kontroll- und Gestaltungsmöglichkeiten – wie sie es nennen – durch gegenseitige Information und Konsultation, durch Kooperation wahrgenommen werden. Trotzdem finde ich es gut, dass mit solchen missglückten Formulierungen, scharf an der Sache vorbei, ein Anstoß zur Diskussion gegeben wird, durch die wir uns gerade auf einer solchen Gewerkschaftsfachkonferenz noch einmal der Grundlage und des Rahmens der Zusammenarbeit und Arbeitsteilung zwischen FES und Gewerkschaften vergewissern können. Natürlich ist Grundlage unserer Zusammenarbeit seit Beginn der 60er-Jahre der wechselseitige Respekt vor der Autonomie des Partners. Dieser wechselseitige Respekt schließt zugleich gemeinsame Zielvorstellungen ein, deren zentrale lautet: Stärkung freier Gewerkschaften. Zugleich bedeuten Zusammenarbeit und Arbeitsteilung eine Vernetzung unserer Aktivitäten, begleitet von ständiger Koordination, gemeinsamer Projektdiskussion und -erarbeitung sowie einer offenen wechselseitigen Information. Daraus hat sich im besten Sinn des Wortes ein Räderwerk entwickelt mit einer Vielfalt von Wechselbeziehungen, Arbeitsebenen und Austausch, um dessen erfolgreiches Zusammenwirken uns viele in aller Welt beneiden und für das viele in der Welt dankbar sind. Dieses System der Kooperation und der Vernetzung, in das zunehmend unsere Hans-Böckler-Stiftung einbezogen ist, hat sich als stets flexibel und veränderungsfähig erwiesen. Ich bin zuversichtlich, dass es auch künftige Bewährungsproben bestehen wird.«[91]

Kritisch sieht der DGB-Vorsitzende einige Elemente der strategischen Neuorientierung der FES:

91 Ebd., S. 10 f.

»Gerade deshalb gestatte ich mir hier eine Nachfrage. Ich habe aufmerksam den letzten Jahresbericht der Ebert-Stiftung studiert und dabei folgende eigentlich programmatische Aussagen gefunden: ›Die Themenorientierung drängt die traditionelle Partnerorientierung immer weiter zurück.‹ Wenn das heißt, dass die früher vielleicht mal und vor allem von anderen gepflegte übliche Scheckübergabe an den Partner ersetzt wird durch Bestimmung gemeinsamer inhaltlicher Qualitäten der Zusammenarbeit, dann ist das sehr in Ordnung. Ich will das Folgende auch nicht als Neuauflage des jesuitischen Modells der Fürstenschulung missverstehen, wenn es da heißt: ›[...] doch überlagern spezielle Aktivitäten und die Ausbildung von Spitzenkräften die Breitenarbeit sowie die Ausbildung auf der unteren und mittleren Führungsebene, ohne dass Letztere schon ganz verzichtbar geworden wäre‹. Und auch wenn die deutschen Gewerkschaften dem möglichen Konsens nicht abgeneigt sind, so scheint uns das Folgende doch sehr stark von einem noch nicht eingeholten Harmoniemodell geprägt. Es heißt hier im Jahresbericht: ›Der weltweit ablaufende Prozess des gesellschaftlichen Wandels hin zu mehr Demokratie und Marktwirtschaft macht die Unterstützung des gesellschaftlichen Konsenses wichtiger als die Förderung und Stärkung eines einzelnen Partners.‹ Nach unserer Überzeugung und unseren Erfahrungen lässt sich ein gesamtgesellschaftliches Übereinkommen nur im Disput und gegebenenfalls in der Auseinandersetzung erstreiten. Ich will damit sagen: Sozial gerechte Politik muss tagtäglich erstritten werden von gesellschaftlichen Gruppen und Organisationen, die konfliktfähig sind. Das aber setzt eine gewisse Stärke voraus.
Gewerkschaftliche Beratungsarbeit, die Hilfe beim Aufbau starker Gewerkschaften müssen wesentliche Zielsetzungen des Engagements der FES bei ihrem Einsatz für die Förderung der Demokratie in der Welt sein. Als Beispiel hierfür möchte ich Südafrika nennen, wo unserer Meinung nach ein eigenes Gewerkschaftsprojekt dringend erforderlich wäre. Es liegt mir fern, zwischen Themenorientierung und Partnerorientierung einen unvereinbaren Widerspruch zu konstruieren, und das liegt sicher auch nicht in der programmatischen Absicht der FES. Aber vielleicht sollten wir uns hier über mögliche Akzentverschiebungen, jetzt und in der Zukunft, klar werden, ihre Folgen für unsere gemeinsame Arbeit abwägen, um besser mit den aktuellen Herausforderungen und Nöten fertig zu werden.«[92]

92 Ebd., S. 13 f.

Die gezielte Provokation des Artikels in der »Mitbestimmung« bot der Internationalen Abteilung des DGB eine elegante Möglichkeit, die unterschwellig beim DGB-Vorsitzenden vorliegende Abneigung gegen die Stiftung zumindest in der öffentlichen Artikulation in ihr Gegenteil umzukehren und Kooperationsbereitschaft programmatisch zu bestätigen. Zwar brachte Heinz-Werner Meyer als neuen Partner die Hans-Böckler-Stiftung ins Spiel, deren weitere Arbeit vor allem in Osteuropa eng mit der FES abgestimmt werden musste. Die süffisanten Spitzen am Ende der Rede gegen einige strategische Neuaufstellungen der FES in den Projektzielen der Gewerkschaftsförderung dienten der Einhegung der Anti-FES-Stimmung in der gewerkschaftlichen Führungsspitze, gaben aber auch einigen kritischen Stimmen innerhalb des »Gewerkschaftsflügels« in der FES entsprechende Ermutigung und Genugtuung, die sich von der Strukturreform und der Einebnung des Gewerkschaftsreferates überrollt fühlten. Zugleich gaben sie Anlass, bei der operativen Lyrik in den Jahresberichten der FES etwas genauer das Gekonnte vom Gewünschten zu unterscheiden.

Meyers frühzeitiger Tod noch vor Ende seiner ersten Amtszeit, gerade fünf Monate nach der Brüsseler Rede, beendete vorerst die interne Debatte um den Zugang zu den »Pfründen« der FES. Sein Nachfolger, Dieter Schulte von der IG Metall, in der öffentlichen Wahrnehmung der »Betriebsrat der Nation«, hatte zu Anfang erst andere Prioritäten als die internationale Gewerkschaftspolitik, begriff dann aber bald die Vorteile der internationalen Arbeitsteilung mit der FES und deren glänzende Zuarbeit bei seinen Auslandsreisen und bei Besuchern aus der internationalen Gewerkschaftswelt.

Auf der Gewerkschaftsfachkonferenz Lateinamerika vom 12. bis 18. Februar 1995 in São Paulo/Brasilien wurden zum ersten Mal die Bedingungen für Gewerkschaftsarbeit in Zeiten der Globalisierung substanziell aufgearbeitet. Es ging um die Durchsetzung sozialer Mindeststandards, internationale Rahmenvereinbarungen auf Branchenebene, Zusammenarbeit zur Stärkung internationaler Koalitionen betroffener Gewerkschaften, schließlich um die Förderung der neuen Gewerkschaftsbewegung nach den Dekaden der Militärdiktaturen.[93]

Die Gewerkschaftsfachkonferenz Asien und Pazifik der FES in Seoul und Kyonju/Süd-Korea vom 13.–20. April 1996 erbrachte endlich die erhoffte Er-

93 Vgl. das Thesenpapier zur Konferenz von *Rüdiger Sielaff*, Wirtschaftliche Globalisierung und Gewerkschaften, in: Dok. 44743, darin auch alle anderen Papiere und Länderberichte zur Gewerkschaftsfachkonferenz Lateinamerika.

neuerung des Mandats der FES durch den DGB in der Grundsatzrede des DGB-Vorsitzenden Dieter Schulte:

> »Die deutschen Gewerkschaften haben dank der nahezu flächendeckenden Präsenz der FES in dieser wie in anderen Weltregionen einen unschätzbaren Vorteil. Die enge Abstimmung wie der Respekt vor der Unabhängigkeit bei beiden Partnern, Arbeitsteilung wie Kooperation, garantieren einen Handlungsspielraum, um den uns andere Gewerkschaften in der Welt beneiden. Die FES hat seit den 60er-Jahren das dichteste und kompetenteste Netzwerk der internationalen Gewerkschaftskooperation aufgebaut. Die breit gefächerte entwicklungspolitische Aufgabenstellung der Stiftung bietet dabei Möglichkeiten der Verknüpfung, die eine ›reine‹ Gewerkschaftsförderung nie leisten könnte.«[94]

3.5 GewerkschaftskoordinatorInnen drinnen und draußen – und als Bewährungsauflage für den hoch qualifizierten Nachwuchs

Mit einem halben Jahrzehnt der Strukturveränderungen in der Stiftung, mit den personellen und finanziellen Umschichtungen in Richtung Mittel- und Osteuropa sowie dem Aufbau von Landesbüros in den neuen Bundesländern verbanden sich vor allem die Auflösung der alten Internationalen Abteilung (IA) und der etwas jüngeren Abteilung Entwicklungsländerforschung (ELFO). Sie wurden umgewandelt in die neue Abteilung Internationale Entwicklungszusammenarbeit (IEZ), unterteilt in die Kontinentreferate Afrika, Asien und Pazifik, Lateinamerika und Karibik sowie das neue Regionalreferat Mittlerer Osten und Nordafrika (MONA), und die neue Abteilung Internationaler Dialog (ID), die die westlichen Industrieländer und die neuen Länder Mittel- und Osteuropas umfasst. Damit verbunden waren die Neuverankerung der Gewerkschaftskooperation als Querschnittsaufgabe in allen Handlungsfeldern der Stiftung[95], das allmähliche Auslaufen der Genossenschaftsförderung sowie die

94 *Dieter Schulte*, Die Zukunft der Arbeit in der Einen Welt: Gewerkschaftliche Reformdebatte aus nationaler und globaler Sicht (Redemanuskript), Seoul/Korea, 14. April 1996, S. 17.

95 Diese Verankerung von Gewerkschaftsberatung und -kooperation in allen Ländervertretungen der Stiftung stieß anfangs bei den gestandenen »Gewerkschaftsprofis« der Stiftung auf handwerkliche Vorbehalte und Skepsis. Es war vor allem der Durchsetzungskraft und Vorausschau von Ernst J. Kerbusch zu verdanken, dass aus der Querschnittsaufgabe keine Worthülse wurde, sondern auch gewerkschaftsfernere FES-Experten durch »Ernestos« (Ernst J. Kerbusch wird von

Ablösung des ehemals voluminösen Medienaufbaus durch schlankere Projekte der Medienberatung und Journalistenausbildung. Eine Phase der Stabilisierung und Neuorientierung war vorläufig abgeschlossen, ohne dass das große Personalkarussell quer über die Kontinente hinweg zum Stillstand gekommen wäre.

So verrichtete eine Reihe von eingefleischten »Latinos« aus dem Bereich der ehemaligen ELFO in den neuen östlichen Partnerländern der FES regelrechte Pionierarbeit auf unbekanntem Terrain. Sie rissen keine Lücken in die Personaltableaus der Stiftung, sondern hinterließen endlich freiwerdende Positionen für eine wachsende Zahl hoch qualifizierter Frauen, die eine drei Jahrzehnte währende männerbündlerische Vorherrschaft aufzuweichen begannen. Vor allem mit der nun endlich verbindlich werdenden Frauenförderung in der FES und ihrer Projektarbeit, damit folgerichtig einer Personalpolitik unter Gendergesichtspunkten, verschafften hoch motivierte Mitarbeiterinnen als Leiterinnen von FES-Auslandsbüros oder Projektleiterinnen vor Ort von Mexiko und New York über Dakar, Ramallah und Maputo bis Kabul, Bangkok und Shanghai, um nur einige zu nennen, der Stiftungsarbeit neue und alte Themenfelder, neue Gesichter und altes Ansehen mit der gleichen selbstsicheren Professionalität und dem gleichen entschiedenen Engagement wie ihre männlichen Kollegen zuvor oder danach.[96]

Was eine gezielte Förderung bestens geeigneter Frauen auf der Leitungsebene erreichen kann, skizziert folgende Entwicklung, die zugleich positiv auf die internationale Gewerkschaftskooperation ausstrahlt: Beate Bartoldus (vorher Vietnam und Sri Lanka) übernahm 1998 die Leitung des Asienreferates von Rüdiger Sielaff, der bis zu seinem vorzeitigen Tod im April 2000 die Gesamtkoordination Gewerkschaften weiter verantwortete und das neu gebildete Referat Nordafrika und Naher Osten leitete. Dörte Wollrad (vorher Ecuador) übernahm im Jahr 2003 die Leitung des Lateinamerikareferates von Peter Hengstenberg (später u. a. Polen). Wenig später folgte Pia Bungarten (vorher New York/UN und Thailand) in der Leitung der Abteilung Internationaler Dialog (ID) auf Uwe Optenhögel (früher Brasilien, danach Madagaskar und Kuba). 2008 übernahm Michele Auga (vorher u. a. Palästina) das Afrikareferat von Werner Puschra (vorher u. a. Peru, Korea, Südafrika), der nun das FES-Büro in New York leitet. Im gleichen Jahr rückte Christiane Kesper

Freunden wegen seiner langen Tätigkeit in Lateinamerika »Ernesto« genannt) Überzeugungsvermögen die Einsicht gewannen, dass Gewerkschaftsarbeit unabdingbarer Bestandteil in den Länderprogrammen der Friedrich-Ebert-Stiftung zu sein hatte.

96 Ausführlich zu dieser Entwicklung: *Astrid Ritter-Weil*, Zur Geschichte der Frauenförderung und Genderpolitik in der FES (erscheint später in dieser Reihe).

als neue Abteilungsleiterin IEZ ihrem in den Ruhestand tretenden Vorgänger Ernst J. Kerbusch nach, der diese Abteilung und ihre Vorläuferbereiche in der Internationalen Abteilung mehr als drei Jahrzehnte verantwortlich gesteuert hatte. Nachdem Alexander Kallweit (vorher Spanien) die Leitung der ID von Pia Bungarten (jetzt Washington) übernommen hatte, war auf dieser Leitungsebene die Geschlechterparität wiederhergestellt.

Während die sehr stark auf personelle Kontinuität angewiesene Funktion des Gesamtkoordinators Gewerkschaften[97] nach dem Tod von Rüdiger Sielaff zunächst auf dessen vertrautesten Mitarbeiter Erwin Schweißhelm übergegangen war, der zugleich die Gewerkschaftskoordination Asien innehatte, übernahm Reiner Radermacher 2007 diese Verantwortung (das Programm firmierte mittlerweile als globales Gewerkschaftsprojekt), der seine Gewerkschaftserfahrungen vor allem in Brasilien gesammelt hatte. Während die regionale Gewerkschaftskoordination in Asien und Afrika von »gestandenen« Regionalexperten wie Norbert von Hofmann und Erwin Schweißhelm oder in Schwarzafrika von bewährten »Afrikanisten« wie Hubert Schillinger und Rudolf Traub-Merz über mehrere Jahre hinweg geleistet wurde, entwickelten sich in Lateinamerika und der MONA-Region diese Funktionsstellen in der Zentrale zu einer Art Durchlauferhitzer für den begeisterungsfähigen, akademisch oft hoch qualifizierten, meist weiblichen Nachwuchs in der Stiftungsarbeit. So übernahm 2003 Svenja Blanke (später Büroleiterin Mexiko) von Dörte Wollrad die Gewerkschaftskoordination Lateinamerika, der wiederum im Jahr zuvor diese Funktion vom Alt-»Latino« Achim Wachendorfer zusätzlich zur Referatsleitung übergeben worden war. 2004 wurde die Aufgabe an Kristina Birke (später Projektleiterin Indien) übertragen; nach einer Zwischenstation übernahm 2006 Katherina Meier die Verantwortung in der Zentrale, um 2007 als Büroleiterin nach Uruguay zu wechseln und dort wiederum von Achim Wachendorfer (seitdem Argentinien) das Büro und zugleich die regionale Gewerkschaftskoordination in Lateinamerika zu übernehmen. In der Zentrale wurde als Nachfolgerin Jana Zitzler bis 2009 mit dieser Aufgabe betraut.

97 Dem Gesamtkoordinator obliegt vor allem die jährliche Verhandlungsführung bei den Programmen mit den internationalen Gewerkschaftsorganisationen, früher den Internationalen Berufssekretariaten (IBS), heute den Global Unions, ferner den sogenannten GUFs (Global Union Federations) sowie mit der gewerkschaftlichen Weltorganisation, früher dem IBFG (Internationaler Bund Freier Gewerkschaften), heute dem IGB (Internationaler Gewerkschaftsbund). Neben dem Sonderfall der IAO zählt seit einigen Jahren auch der Gewerkschaftliche Beratungsausschuss bei der OECD, die TUAC (Trade Union Advisory Commitee), zu den engsten Partnern der FES in der internationalen Gewerkschaftskooperation.

Nach dem Tod von Rüdiger Sielaff leitete seit 2000 der Arabist Andrä Gärber das MONA-Referat, ohne den Gewerkschaften in der Region zu Beginn allzu viel Gewicht zuzumessen. Das ändert sich 2002 mit dem Auftreten von Hajo Lanz als Gewerkschaftskoordinator, der es schaffte, alljährlich Gewerkschaftsfachkonferenzen mit der Beteiligung der meisten Internationalen Berufssekretariate und des IBFG-Generalsekretariats und aller FES-Vertreter in der Region durchzuführen. Sein Nachfolger wurde 2006 Ralph Melzer (später Tunesien), während Hajo Lanz für vier Jahre nach Marokko wechselte, um nach seiner Rückkehr in die Zentrale 2009 von Andrä Gärber die Leitung des MONA-Referates zu übernehmen, der selbst das politisch sehr gewichtige Büro der FES in Brüssel übernahm.

Nicht ganz so spektakulär erfolgten die Personalrochaden in der Abteilung Internationaler Dialog (ID) unter der Führung von Pia Bungarten. Die hatten im Umbruchsjahrzehnt zuvor unter Günter Esters und Uwe Optenhögel gelegentlich dramatische Formen angenommen, ohne dass die Aufbauarbeit in Mittel- und Osteuropa daran Schaden genommen hätte, auch wenn manche Versuche der Gewerkschaftsförderung eher lehrreich scheiterten denn wirkungsvoll zum Tragen kamen. In den ersten Jahren nach dem Mauerfall kamen in einzelnen Ländern des ehemaligen Ostblocks Gewerkschaftsexperten zum Einsatz, was meist ad hoc zwischen DGB-Institutionen, Hans-Böckler-Stiftung, DGB-Bildungswerk und FES abgesprochen wurde. In der Regel handelte es sich um sogenannte Kurzzeitexperteneinsätze von sechs Wochen bis zu drei Monaten Dauer. In einigen sogenannten »Schlüssel«-Ländern wie Russland und Ungarn arbeiteten Gewerkschaftsberater entsprechend den normalen Vertragsfristen für Auslandsmitarbeiter von drei bis vier Jahren. 1998 wurde die Gewerkschaftsberatung in Mittel- und Osteuropa dann regional organisiert und die Aufgabenstellung zwischen Frank Hantke, der dafür von der Internationalen Abteilung des DGB zur FES gewechselt war, und Clemens Rode, der zuvor u. a. in Mittelamerika für die Stiftung Erfahrungen gesammelt hatte, aufgeteilt. Beide kooperierten im widersprüchlichen Gewerkschaftsspektrum der MOE-Region für mehr als ein Jahrzehnt mit sichtbaren Erfolgen bei der Heranführung der konkurrierenden Gewerkschaftsorganisationen an die europäische und internationale Gewerkschaftsbewegung. Im Oktober 2010 arbeitete Clemens Rode immer noch als Regionalkoordinator »Ostmitteleuropa Gewerkschaften und Arbeitsbeziehungen«, wenn auch diesmal von Bratislava/Slowakische Republik aus, Frank Hantke stellte seine Arbeitskraft in Kabul dem Asien-Referat der IEZ zur Verfügung, während an seiner statt Roland Feicht, zuvor Büroleiter Peking/China, das Regionalprojekt »Arbeitsbeziehungen und Sozialdialog in Süd-Ost-Europa« von Belgrad/Serbien aus übernahm.[98]

Wird die bisherige personelle Entwicklung der internationalen Gewerkschaftskooperation in der Stiftungsarbeit einer vorläufigen Zwischenbilanz unterzogen, so zeigt sich, dass sich die Definition dieses Arbeitsbereiches als Querschnittsaufgabe, wie sie Siegfried Bangert bereits 1986 vorausgesehen hatte, in der Praxis bewährt hat. Bis weit in die 90er-Jahre hinein war Gewerkschaftsberatung im Ausland wie deren Koordinierung in der Zentrale eine reine Männerdomäne, verantwortet von Männern im nach ihrem Selbstverständnis besten, jedoch schon fortgeschrittenen Alter. Selbst Jüngere wie Uwe Optenhögel merkten zurückschauend, dass hinter ihnen schlicht mehr als zehn Jahrgänge fehlten, obwohl sie selbst die Vierzig schon länger überschritten hatten. Für die Berufs-, Länder- und Welterfahrenen unter ihnen taten sich zwar weiterhin neue Arbeitsfelder auf, aber die geschützte Lebensform des »reinrassigen« Nur-Gewerkschaftsberaters war obsolet geworden, während gleichzeitig im Berichts- und Planungsinstrument der sogenannten Kursbögen die Gewerkschaftsförderung sowie die Förderung von Frauen als Oberziele verbindlich festgehalten wurden, was wiederum auch die eingefleischten Forscherpersönlichkeiten vor akademisch nicht leicht zu lösende Aufgaben stellte. Die Sprechstunden der Internationalen Abteilung des DGB für FES-Auslandsmitarbeiter waren gut besucht dank der wachsenden Nachfrage nach spezifisch gewerkschaftlicher Landeskunde. Der Gender-Taskforce in der Stiftung dürfte es unter anderem Vorzeichen ähnlich ergangen sein.[99]

Die Erfolge der Genderpolitik nach der Jahrtausendwende und die gezielte Nachwuchsförderung der Stiftung stellten auch die Partnerorganisationen der Stiftung, bei denen weithin noch – gerade bei Gewerkschaften – ein ungeschriebenes Anciennitätsprinzip vorherrschte, vor kommunikative Herausforderungen, welche die lastenden Verkrustungen in den Entscheidungswegen und Planungsprozessen nicht nur symbolisch infrage stellten. Die anfängliche Neigung, die noch jungen Verhandlungspartnerinnen zu unterschätzen, wich bald der Verblüffung ob deren nachdrücklicher Kompetenz in den strategischen und finanzplanerischen Ansprüchen. Das barg viel Anekdotisches in sich, vor allem in den Augen eines langjährigen Beobachters der »alten Schule«,

98 Diese Angaben wie auch die vorherigen zum Ist-Stand des Personaleinsatzes wurden der Liste »FES-Auslandsmitarbeiterinnen und -mitarbeiter«, Abfrage 1746, Stand 11.10. 2010, und dem »Friedrich-Ebert-Stiftung Rufnummernplan«, gültig ab 7.9.2010, entnommen. Zur Gewerkschaftsarbeit in Mittel- und Osteuropa vgl. Abschnitt 5.2.4.

99 Vgl. *Astrid Ritter-Weil*, Zur Geschichte der Frauenförderung, a. a. O.

veränderte aber eindrucksvoll die Gesprächskulturen und die tradierten Rituale in den »old boys«-Netzwerken, die sich nicht mehr wie selbstverständlich »unter sich« fühlen konnten.

Aber alle Rentner der internationalen Gewerkschaftsberatung und die Förderer dieser Kooperation im DGB und seinen Einzelgewerkschaften können mittlerweile beglückt auf den Istzustand einer Entwicklung blicken, wenn sie sich das »Who's who der internationalen Gewerkschaftsarbeit in der FES-Zentrale« aus dem Internet zu Gemüte führen.[100]

Das Team von Reiner Radermacher, Koordinator des Globalen Gewerkschaftsprogramms, setzte sich 2011 wie folgt zusammen: zuständige Koordinatorin für Afrika: Renate Tenbusch; Koordinatorin für Asien und Pazifik: Julia Mueller; Koordinatorin für Lateinamerika und Karibik: Sarah Ganter; Koordinatorin für den Mittleren Osten und Nordafrika: Ingrid Ross; Koordinator für Mittel- und Osteuropa: Jan-Hendrik Mueller. Mit Ausnahme von Reiner Radermacher und von Renate Tenbusch, die aus dem Genderpolitikbereich der Stiftung kommt, sind alle anderen Absolventen des Traineeprogramms der Stiftung, das um die Jahrtausendwende eingerichtet wurde, um den De-facto-Einstellungsstopp der 90er-Jahre auszugleichen. In dessen Ausbildungsplan wurde ein umfangreiches sogenanntes Gewerkschaftsmodul eingebaut, das bei Bedarf um Praktikumsphasen beim DGB und seinen Einzelgewerkschaften erweitert werden kann. Im Vergleich zu den Anfängen vor fast fünfzig Jahren, als junge Gewerkschafter mittels Landeskunde auf ihren Auslandseinsatz als Berater vorbereitet wurden, erhalten heute junge Akademiker, die in der Regel schon über praktische Auslandserfahrung verfügen, Einführungen in die Dunkelzonen der Gewerkschaftsarbeit, um für ihre Beratungsarbeit in diesem speziellen Arkanum gerüstet zu sein.

An dieser Stelle ist es angezeigt, eine immer noch aktuelle Einschätzung in entscheidenden Auszügen wiederzugeben, die der jetzige Vorsitzende des Deutschen Gewerkschaftsbundes und Präsident des Internationalen Gewerkschaftsbundes (IGB), Michael Sommer, am 26. Juni 2009, in seiner Rede anlässlich der Eröffnung des Internationalen Hauses der Friedrich-Ebert-Stiftung in Berlin vorgenommen hat.[101]

---

100 http://www.fes.de/gewerkschaften/english.html.

101 *Michael Sommer*, Statement zur Eröffnung des Internationalen Hauses der Friedrich-Ebert-Stiftung, Berlin 26.6.2009. Michael Sommer ist, anders als viele seiner Vorgänger, ein Meister der freien Rede, sodass hier – es gilt das gesprochene Wort – nicht aus dem ursprünglichen Redeentwurf zitiert wird, sondern aus einer Transkription seiner Rede, wie sie einer Videoaufzeichnung zu entnehmen war, die unter >www.fes.de< aufgerufen werden konnte.

»Wir haben mit der Ebert-Stiftung, wenn man so will, eine besondere Art der Zusammenarbeit gefunden [...]. Natürlich haben wir auch die Zusammenarbeit mit anderen Stiftungen auf dem Gebiet, aber es ist schon eine besondere Zusammenarbeit, die wir pflegen – nicht nur was Expertise anbetrifft, sondern gerade auch was die Zusammenarbeit mit unseren Kolleginnen und Kollegen im Ausland anbetrifft, einschließlich der Fragen, dass unsere Kolleginnen und Kollegen auch von dieser Stiftung und ihren Mitarbeiterinnen und Mitarbeitern draußen im Feld im wahrsten Sinne des Wortes betreut, gebildet, informiert, wenn man so will, auch ein Stückchen im Sinne einer demokratischen freien Gewerkschaftsbewegung erzogen werden. [...]

Diese internationale Gewerkschaftsbewegung, jetzt manifestiert im Internationalen Gewerkschaftsbund, ist als neue Organisation erst drei Jahre alt. Sie hat zwei wichtige Vorläuferorganisationen, [...] den von der Konrad-Adenauer-Stiftung unterstützten Weltverband der Arbeit, das waren die christlichen Gewerkschaften, und den Internationalen Bund Freier Gewerkschaften, die sozialdemokratisch-sozialistischen Gewerkschaften, freiheitlich-sozialistischen Gewerkschaften, die im Wesentlichen weltweit auch ihre Unterstützung und ihren Aufbau der Friedrich-Ebert-Stiftung – und natürlich auch dem eigenen Kampf der Kolleginnen und Kollegen – verdanken.

Dass wir diese Gewerkschaftsbewegung jetzt international zusammenführen konnten, dass wir auch in der Lage waren, in diesem neuen Internationalen Gewerkschaftsbund die Gewerkschaften, die sich aus ihrer kommunistischen Vergangenheit befreit haben und dann den Weg zu einer unabhängigen freien Gewerkschaftsbewegung gefunden haben, zu integrieren, ist auch Teil der Leistung der Stiftung. Vielleicht weniger in Europa, aber selbst dort. Aber ganz besonders in Asien, ganz besonders in Südamerika, ganz besonders auch in Afrika, wo beides zusammenkommt: Gewerkschaftliche Entwicklungshilfe und Entwicklungshilfearbeit und Organisation zur Selbstorganisation, einschließlich der Frage, wie wir Menschen, die wegen ihrer gewerkschaftlichen Betätigung behindert, verfolgt, eingekerkert werden, unterstützen können. [...]

Dass uns die Friedrich-Ebert-Stiftung in dieser Arbeit unterstützt, dafür bedanke ich mich ausdrücklich – übrigens nicht nur bei der Stiftung als Institution, sondern bei den vielen, vielen Menschen, die auch hier sitzen, die die Stiftung sind, die sie darstellen, die sie repräsentieren, die die Menschen sind, die die Kontaktadresse sind: von Montevideo bis wo auch immer hin.

Wenn ich das sage, dann sage ich das auch mit einer gewissen Dankbarkeit für die vielen, vielen Unterstützungen, die wir erfahren haben, unsere Internationale Abteilung, die internationalen Abteilungen der Gewerkschaften, auch ich persönlich, wenn wir draußen sind, wenn wir Kontakt aufnehmen zu Kolleginnen und Kollegen, wenn wir versuchen, neue gewerkschaftliche Betätigungsformen zu finden, wenn wir Seminare organisieren und so weiter, und so fort.
Ich glaube, viele von denen, die hier sitzen, wissen sehr genau, worüber ich rede. Ich will eigentlich nur die Gelegenheit heute nehmen, an der Stelle ›danke‹ [zu] sagen. Danke für diese Arbeit. Danke für die Unterstützung. Ich sage gleichzeitig: Ich hoffe sehr, dass das auf *Dauer* diese Beziehung zwischen uns manifestiert. […]
Aber ich sage auch im Kreis von Sozialdemokratinnen und Sozialdemokraten: Wir brauchen natürlich für die Idee der Sozialen Demokratie auch eine starke, eine wieder erstarkte Bewegung der internationalen Sozialen Demokratie, sprich: der Sozialistischen Internationalen. Wir vermissen als Gewerkschaften das sehr auf internationaler Bühne, dass weitestgehend in diesen Fragen für die Sozialistische Internationale ein großer Nachholbedarf besteht. Ich sage das bewusst, weil ich weiß, dass man das normalerweise in einer Feierstunde nicht sagt; aber andererseits: Wo sollte ich es denn sagen, wenn nicht hier in diesem Kreise? […]
Wir greifen auf die Arbeit der Ebert-Stiftung in vielfältiger Weise zurück […]. Wir benutzen die Büros, wir nutzen das Know-how, wir machen Seminare. Wir freuen uns über jede kritische Anregung und Anmerkung. Wir profitieren einfach von der Arbeit der Stiftung, genauso wie ich auch glaube, selbstbewusst sagen zu können: Die Stiftung profitiert natürlich auch in bestimmten Bereichen vom wahrlich nicht so schlechten Ruf der deutschen Gewerkschaften im Ausland. Manchmal muss man mal ins Ausland fahren, um zu wissen, wie gut man ist […]. Eine freie, einheitliche, entschlossene, demokratische, realistisch arbeitende Gewerkschaftsorganisation hat einen weltweit guten Ruf und ist auch Vorbild, insbesondere dann, wenn sie mit der Stiftung, mit der Ebert-Stiftung und ihrer internationalen Arbeit über die Möglichkeiten verfügt, darüber zu reden, das auch zu reflektieren, weiterzuentwickeln und, wenn man so will, auch nach außen zu tragen.«

In der Emphase der freien Rede des DGB-Vorsitzenden, die bei den FES-Vertretern Begeisterung auslöste, ging für einige Eingeweihte jedoch eine wichtige Aussage aus dem ursprünglichen Redemanuskript für Michael Sommer in ihrem thesenhaften Wortlaut verloren, die da wie in Marmor gehämmert verkündete:

> »Dazu habt Ihr vom Deutschen Gewerkschaftsbund das Mandat und dieses möchte ich heute noch einmal nachdrücklich bestätigen!«

Diese These aus dem von der Grundsatzabteilung des DGB entworfenen Text[102] entsprach nun gar nicht dem Stilempfinden und der intellektuellen Lauterkeit des DGB-Vorsitzenden, sie passt in ihrer majestätischen Behäbigkeit aber auch nicht zu der in fünfzig Jahren ausgebildeten Praxis der engen und vertrauensvollen Kooperation zwischen den deutschen Gewerkschaften und der Friedrich-Ebert-Stiftung, deren produktive Wechselwirkung Michael Sommer in seiner Rede anschaulich gemacht hat. Ein Mandat kann, wie es übertragen wird, ebenso einseitig entzogen werden. Eine Zusammenarbeit wird eingegangen auf der Grundlage gemeinsamer Ziele und Wertvorstellungen, und sie wird fortgeführt, solange diese Grundlage unbeschadet beibehalten werden kann und die Partner handlungsfähig und -mächtig bleiben.

102 Diese durch Unterstreichung hervorgehobene Textpassage findet sich in einem unautorisierten Redeentwurf unter dem gleichen Arbeitstitel wie das in der vorherigen Anmerkung aufgeführte und zitierte Dokument.

4 Kalte Kriege der Gewerkschaftspaten: Frontstellungen und interne Grenzziehungen

»[...] ich sage Euch das, damit Ihr zum Voraus wisset, während unsere Herren einander befehden, müssen auch wir kämpfen und uns zu Splittern zerhauen.«[103]

4.1 Loyalitäten der Nachkriegszeit, die Westbindung der deutschen Gewerkschaften und die Anfänge ihrer gewerkschaftlichen Ostpolitik

Für die DGB-Führung war in den ersten zwei Jahrzehnten der Bundesrepublik ein akzentuierter Antikommunismus Leitmotiv in den internationalen Beziehungen, und zwar stärker als für andere Gewerkschaftsbünde in Westeuropa. Damit war ein Grundsatzkonflikt vorgezeichnet zwischen den gewerkschaftlichen Transmissionsriemen des realen Sozialismus und seinen kommunistischen Parteien sowie deren Brudergewerkschaften außerhalb des Ostblocks einerseits und der buntscheckigen freien Gewerkschaftswelt, streitfreudig vereint im Internationalen Bund Freier Gewerkschaften (IBFG), andererseits. In dieser scharfen Frontstellung verband sich der DGB vor allem mit der US-amerikanischen AFL-CIO (American Federation of Labor/Congress of Industrial Organizations) und der französischen CGT-FO (Confédération Générale du Travail/Force Ouvrière), während der britische TUC (Trades Union Congress)[104] und die skandinavischen Gewerkschaften ein etwas entspannteres Verhältnis zu kommunistischen Gewerkschaften und Mitgliedern des sowjetisch dominierten WGB (Weltgewerkschaftsbund) entwickelten.

Die Zwangsläufigkeit dieser gewerkschaftlichen Westbindung und ihre Bedeutung für die junge Bundesrepublik beschreibt im Rückblick der für die

103 *Miguel de Cervantes Saavedra*, Don Quijote, Zweites Buch, 14. Kapitel, München 1956, S. 643. Natürlich kann Sancho Pansa den gegnerischen Knappen vom Walde nicht davon überzeugen, dass diese Aufforderung Unsinn ist und keinem von beiden etwas bringt. Zu seinem Glück gewinnt sein Herr den folgenden Waffengang, der einzige Sieg in seinem abenteuerlichen Leben.

104 »Als 1963 der britische TUC Beziehungen zu den jugoslawischen G[ewerkschaften] aufnimmt, ist der rigorose Antikommunismus, der vornehmlich von der amerikanischen AFL-CIO und der französischen CGT-FO verfochten wird, [im IBFG] infrage gestellt.« *Kurt P. Tudyka*, Internationaler Bund Freier Gewerkschaften (IBFG), in: *Siegfried Mielke* (Hg.), Gewerkschaftshandbuch, a. a. O., S. 5.

ersten zwanzig Jahre der »Außenpolitik« verantwortliche Ludwig Rosenberg sehr anschaulich:

> »Es war zwangsläufig, dass das Interesse und Engagement der deutschen Gewerkschaften sich immer mehr und entschiedener der Zusammenarbeit mit den westlichen freien Gewerkschaften zuwenden musste. Daran konnten auch alle Erklärungen des Willens zur Einheit und Wiedervereinigung nichts ändern [...]. In dieser Situation hatte der nun neu gegründete Deutsche Gewerkschaftsbund eine besondere Aufgabe. Er musste sich bemühen, im Rahmen der freien Gewerkschaften der westlichen Welt und ihrer Organisationen den deutschen Gewerkschaften wieder Ansehen und gleichberechtigten Status zu erringen. Er musste ferner, denn das war nun nicht zu trennen, bemüht sein, der jungen Bundesrepublik Deutschland behilflich [zu] sein, als Staat und Vertreter des freien Deutschland auch im Ausland die Widerstände zu überwinden, die das unabwendbare Erbe der Nazi-Barbarei geblieben waren.«[105]

Dann beschreibt Ludwig Rosenberg den Auftrag der Hauptabteilung Ausland des DGB als »gewerkschaftliches Außenministerium«, das neben der offiziellen Bundesvertretung seine eigenen internationalen Verbindungen aufbaute, ausbaute und pflegte, wo sich ein »nicht geringer Kreis von Mitarbeitern ausschließlich der Konzipierung und Pflege der Auslandsarbeit der Gewerkschaften widmete.«[106]

Mit nicht unberechtigtem Stolz kann Ludwig Rosenberg anführen:

> »Es war kein Zufall, dass das mit der Leitung der Auslandsabteilung betraute Vorstandsmitglied des DGB oft die Hauptstädte der Westmächte aufsuchte, um gemeinsam mit den dortigen Gewerkschaftskollegen für den deutschen Botschafter Kontakte herzustellen, die bis dahin zumindest erschwert, wenn nicht unmöglich gemacht worden waren.«[107]

---

105 *Ludwig Rosenberg*, Die Westpolitik der deutschen Gewerkschaften, in: *Ulrich Borsdorf*, *Hans O. Hemmer*, *Gerhard Leminsky*, *Heinz Markmann* (Hg), Gewerkschaftliche Politik: Reform aus Solidarität. Zum 60. Geburtstag von Heinz O. Vetter, Köln 1977, S. 558 f.

106 Ebd., S. 559. Hierzu sei noch einmal angemerkt, dass der spätere Begründer der Auslandsarbeit der Friedrich-Ebert-Stiftung, Günter Grunwald, sich in dieser Hauptabteilung das Rüstzeug für seine spätere Berufung holte.

107 Ebd., S. 560. Zwar nicht mehr bei den Westmächten, aber in einigen Hauptstädten Lateinamerikas, Afrikas, wohl auch Asiens gilt dieses Vorrecht für manche FES-Vertreter immer noch.

Nach Rosenbergs Angaben war auch die Einrichtung der Position von Sozialreferenten an deutschen Botschaften letztlich dem Wirken der Hauptabteilung Ausland und seinen zahlreichen Gesprächen mit Bundeskanzler Adenauer zu verdanken, »und wenn der Sozialreferent längst ein fester, fast selbstverständlicher Bestandteil des Auswärtigen Dienstes geworden ist, so ist das nur ein Beweis dafür, wie notwendig und zeitgemäß diese Einrichtung ist, die damals nicht ohne Widerstand traditioneller Gruppen im Auswärtigen Dienst geschaffen wurde«.[108] Mit politischem Hintersinn hob Rosenberg aber besonders hervor:

> »Es waren vor allem die amerikanischen Gewerkschaften der American Federation of Labor (AFL) und des Congress of Industrial Organizations (CIO), die die neuen deutschen Gewerkschaften in ihrem Bestreben unterstützten, im Rahmen der internationalen Gewerkschaftsbewegung einen gleichberechtigten und einflussreichen Platz wiederzugewinnen. Darüber hinaus war ihre offene Unterstützung gewerkschaftlicher Anliegen gegenüber der amerikanischen Besatzungsmacht von nicht zu unterschätzender Bedeutung angesichts der Tatsache, dass sie einen nicht unwesentlichen Einfluss auf die Entscheidungen der US-Regierungen in diesen Fragen auszuüben in der Lage waren.«[109]

Diese nachdrückliche Betonung der amerikanischen Gewerkschaftssolidarität ist in Bezug auf die Zeit der Abfassung dieses Textes 1977 wichtig, denn in den deutschen Gewerkschaften verbreitete sich die Kritik an der zweifelhaften Rolle der Führung der AFL-CIO beim Putsch in Chile, während des Vietnamkrieges und schließlich – im Jahr 1969 – beim Austritt aus dem IBFG wegen dessen Tolerierung der Ostkontakte der westeuropäischen Gewerkschaften.[110]

---

108 Ebd., wobei Rosenberg besonderen Wert auf den Hinweis legt, dass als erste Sozialreferenten in London und Paris mit Hans Gottfurcht ein Emigrant in England und mit Albert Preuss ein Emigrant und Kämpfer der Résistance in Frankreich betraut wurden.

109 Ebd.

110 Als formellen Anlass für den Austritt nahm AFL-CIO-Präsident George Meany die nicht vorbehaltlose Ablehnung des Aufnahmeantrags der konkurrierenden UAW (United Automobile, Aerospace and Agricultural Implement Workers of America) durch den IBFG-Vorstand. Vgl. *Kurt P. Tudyka*, Internationaler Bund Freier Gewerkschaften, in: *Siegfried Mielke* (Hg.), Gewerkschaftshandbuch, a. a. O., S. 7.

Eindringlich beschreibt Rosenberg das Konzept gewerkschaftlicher Außenpolitik des DGB aus der in bitterer Vergangenheit entstandenen Wertentscheidung, die darauf fußt:

> »dass die Spaltung Deutschlands das Werk Hitlers und seiner fanatischen Anhänger war. Dass sie es waren, die dafür die unabweisliche Verantwortung trugen, dass die Russen an der Elbe standen und dass Deutschland geteilt ist und mitten hindurch die Mauer und der Todesstreifen führen [...]. Und dass es deshalb eine falsche Alternative war und ist zwischen westlicher Allianz und möglicher Wiedervereinigung in Freiheit eine Wahl zu haben. Diese Wahl gibt es nicht [...]. Es galt nun, diesen Platz auszufüllen mit einer Konzeption, die der tatsächlichen politischen und wirtschaftlichen Lage entsprach und die gleichzeitig in der nahen Zukunft zu verwirklichen ist, wie in der ferneren Zukunft Bestand haben kann. Die politische Teilung der Welt in zwei große Lager ist eine Tatsache, an deren Bestehen und Auswirkungen für lange Zeit nicht zu zweifeln ist. Eine gewerkschaftliche Politik, die frei über Ziel und Aufgabenstellung zu entscheiden in der Lage war, hatte also nur die Wahl, sich freiwillig in die völlige Abhängigkeit einer sowjetischen Diktatur zu begeben oder den alten Vorstellungen einer freien Gewerkschaftsbewegung treu zu bleiben. Es war nicht schwer, hier die Entscheidung zu bestätigen, die bereits in den Jahren vor, während und nach der Hitler-Diktatur von den deutschen Gewerkschaften getroffen worden war. Die gehörten in die Reihe derer, die an die alten unveräußerlichen Traditionen einer freien und unabhängigen Arbeiterbewegung anknüpften. Diesen Weg hatten sie bereits von jener Stunde an unwiderruflich beschritten, von der der DGB überhaupt nach 1945 tätig werden konnte.«[111]

Bei der Lektüre dieses Essays von Ludwig Rosenberg, beim Manifestcharakter dieser und der folgenden Textpassage muss man sich stets vergegenwärtigen, dass sie eine Art Vermächtnis sind, der letzte von dem 74-Jährigen verfasste Text, veröffentlicht unmittelbar vor seinem Tod in Düsseldorf am 23. Oktober 1977. Implizit kann aus dem Folgenden herausgelesen werden, dass Rosenberg kein glühender Anhänger der Verlaufsformen der Brandt'schen Ostpolitik und Egon Bahrs These vom »Wandel durch Annäherung« war:

111 *Ludwig Rosenberg*, Die Westbindung der deutschen Gewerkschaften, a. a. O., S. 563 f.

> »Die Verbundenheit mit dem Westen und seinen Grundidealen hatte indessen Konsequenzen, die man vor dem Ende der Hitler-Diktatur noch nicht abzusehen vermochte. Die Trennung der Welt in Blöcke führte oft genug bis hart an den Rand dessen heran, was man als eine politische Katastrophe mit militärisch unvoraussehbaren Konsequenzen hätte bezeichnen können. Die deutschen Gewerkschaften der Bundesrepublik und diese selbst waren gerade in solchen Situationen in einer Lage, die sie als geteiltes Land am Schnittpunkt der Gegensätze besonderen Belastungen aussetzte. Es war das Bestreben der Gewerkschaften, hier einen Kurs zu verfolgen, der die Politik der Bundesrepublik insofern unterstützte, als man die engen Verbindungen mit unseren westlichen Freunden nicht durch politische Unzuverlässigkeit aufs Spiel setzte und doch versuchte, die Gegensätze insoweit zu mildern, dass man nicht direkt an einer Verschärfung der Spannung zwischen West und Ost in einer Weise schuldig werden konnte, deren Konsequenzen unabsehbar gewesen wären. Das hatte und hat nichts, aber auch gar nichts mit irgendwelchen Konzessionen oder falscher Anbiederei gegenüber dem Osten zu tun. Es hat aber sehr viel damit zu tun, aus Fakten, die wenigstens für absehbare Zeit unabänderlich erscheinen, die nüchternen Konsequenzen zu ziehen.«[112]

Ludwig Rosenberg, der als Achtzehnjähriger SPD-Mitglied und vier Jahre später Mitglied einer Angestelltengewerkschaft geworden war, nicht etwa des ADGB, diktiert die nächsten Sätze förmlich ins Stammbuch einiger seiner Parteifreunde:

> »Auf der anderen Seite war und ist es die Erkenntnis der deutschen Gewerkschaften, dass jede Politik in einer mit Konflikten belasteten Welt nur von einem unzweideutigen und klaren Standpunkt aus geführt werden kann, die auch beim Gegner keine Unklarheiten darüber zulässt, wo man steht, wozu man sich bekennt und wo die Grenzen irgendwelcher zeitbedingter Konzessionen sein könnten.«[113]

Bereits 1968 hatte der DGB-Vorsitzende eine Delegationsreise deutscher führender Gewerkschafter in die Sowjetunion vorbereitet. Deren Erfahrungen fasste er in folgender Analyse zusammen:

112 Ebd., S. 564.
113 Ebd.

> »Die Gesetze, die über die Verpflichtungen der Arbeitnehmer zur Erfüllung von Partei und Staat gewollten Aufgaben erlassen werden, werden von diesen Gewerkschaften, deren Führer zugleich Funktionäre des Staates und der Partei sind, meist bedenkenlos durchgeführt. Wenn der Deutsche Gewerkschaftsbund und seine Gewerkschaften trotzdem Kontakte aufnahmen, so taten sie es, weil sie dazu beitragen wollten, Menschen aus jenen Ländern – gerade auch Funktionären – zu zeigen, dass in der Bundesrepublik Deutschland der Wille nach Frieden, nach einem vernünftigen Zusammenleben, nach möglichst normalen Beziehungen zu allen Völkern lebendig ist und dass die offiziellen Schablonenvorstellungen nicht zutreffen. Das ist weder Verbrüderung noch Unterwerfung.«[114]

Die ausführlichen Zitate in diesem Abschnitt wurden ausgewählt und angeführt, um das politische Umfeld beim Partner der internationalen Gewerkschaftskooperation, der Friedrich-Ebert-Stiftung, zu verdeutlichen. Der eigentliche Auftraggeber DGB war zum einen von den innenpolitischen Auseinandersetzungen wie dem Kampf um die Notstandsgesetze in den 60er-Jahren, den Problemen beim Umgang mit der aufkeimenden Studentenbewegung, schließlich den sozialpolitischen Anstrengungen dank der Reformen der Ära Willy Brandt und anschließend im Streit um das gewerkschaftliche Kernthema Mitbestimmung weitgehend absorbiert, sodass inhaltliche oder gar strategische Impulse und Vorgaben seitens der deutschen Gewerkschaften für die internationale Gewerkschaftsarbeit der FES kaum zu verzeichnen waren.

Die Ausgestaltung der Westbindung der Gewerkschaften, die Ausrichtung der eigenen gewerkschaftlichen Zusammenarbeit auf die Entwicklung in der Europäischen Wirtschaftsgemeinschaft (EWG) bis zur Gründung des Europäischen Gewerkschaftsbundes, dessen Vorsitz Heinz Oskar Vetter von 1974 bis 1979 übernahm, bildeten die eigentlichen Prioritäten in der gewerkschaftlichen »Außenpolitik« dieser Jahre.

Für die internationale Solidarität – vorangegangen war schon 1957 die Initiative von Ludwig Rosenberg zur Einrichtung eines Internationalen Solidaritätsfonds im IBFG – genügte nun der Hinweis auf die Programme der FES zur Gewerkschaftsberatung und die Vertretung deutscher Gewerkschafter in

114 *Ludwig Rosenberg*, Internationale Gewerkschaftspolitik, in: ders., Entscheidungen für morgen – Gewerkschaftspolitik heute, Düsseldorf 1969, S. 242. Vgl. *Klaus von Beyme*, Die Entwicklung der sozialistischen Länder und die Ostpolitik der deutschen Gewerkschaften, in: *Ulrich Borsdorf u. a.* (Hg.), Gewerkschaftliche Politik, a. a. O., S. 597-613.

den Internationalen Berufssekretariaten und im IBFG selbst, dessen Präsident Ludwig Rosenberg von 1963 bis zu seiner Pensionierung 1969 war.

4.2 Postkoloniale und andere Hegemonialansprüche und ihre Gewerkschaftsmodelle

Die personalpolitische Auffrischung vor allem der Internationalen Abteilung des DGB durch ehemalige Gewerkschaftsberater der FES förderte dort die Professionalität in der Pflege internationaler Beziehungen, half der Stiftungsarbeit zugleich aber bei der Absicherung gegen im internationalen Gewerkschaftssystem gelegentlich aufkommende Kritik an der Arbeit von manchen FES-Gewerkschaftsberatern im Feld. Solche Kritik gab es vor allem wegen der allfälligen Erstkontakte zu noch nicht im IBFG eingehegten Organisationen oder wegen der Zusammenarbeit mit konkurrierenden Strukturen zulasten des gewerkschaftlichen Klientelwesens vor Ort. Die Friedrich-Ebert-Stiftung als autonome »Agentur« im Gewande einer Politischen Stiftung, weltweit nahezu flächendeckend vertreten, in enger Kooperation mit dem DGB, aber unabhängig von ihm, personell glänzend bestückt mit uneinholbarer Expertise vor Ort, all dies galt in der aufkommenden »community« der gewerkschaftlichen Hilfs- und Solidaritätsorganisationen als ein viel bewunderter, oft beneideter, aber auch von außen unkontrollierbarer Sonderfall.

Als erste Institutionen der »Gewerkschaftsförderung« außerhalb der Strukturen des IBFG und der Internationalen Berufssekretariate traten Anfang der 60er-Jahre kurz hintereinander die beiden künftigen »big player« mit Aktivitäten auf, die die sogenannte Freie Welt umspannten: das American Institute for Free Labor Development (AIFLD, seit 1995 politisch umstrukturiert und dann umbenannt in Solidarity Center) und von Beginn an ein wenig Gegenpart der Friedrich-Ebert-Stiftung; zugleich kamen in Afrika mit dem Entkolonisierungsprozess entlang der Trennlinien der Anglo- und Frankofonie der britische TUC und die französischen Richtungsgewerkschaften ins Spiel, in der Regel als direkte Vertreter ihrer Verbände ohne eigene Mittlerorganisationen; die Verdichtung und Zuspitzung des Kampfes gegen die Apartheid in Südafrika brachte ferner die skandinavischen und niederländischen Gewerkschaften in Aktion, teils direkt als Verbandsvertreter, teils als Vertreter von Unterstützungsfonds, im Fall des holländischen FNV (Federatie Nederlandse Vakbeweging) später als eigenes Institut FNV Mondiaal. In Asien zeigten europäische Gewerkschaften mit ihren Instituten erstaunlich wenig Präsenz, sodass AIFLD und FES ohne eigene Berührungspunkte (unter japanischer Beobachtung) in Süd- und Südostasien nebeneinander existierten, abgesehen von gelegentlich demonstriertem Interesse des FNV an den Entwicklungen in Indonesien. Ebenso zeigen im Nahen Osten und in Nordafrika neben IBFG/IGB und den IBS/GUF einzig FES und Solidarity Center dauerhaft Präsenz, lediglich im Rahmen des Barcelona-Prozesses der EU seit 1998 entwickelten die spanischen Gewerkschaften punktuelle Projekte im Maghreb. In Lateinamerika blieben AIFLD und FES über zwei Jahrzehnte mit regelmäßiger »Feindbeobachtung« unter sich, bis Mitte der 80er-Jahre die italienische CISL (Confederazione Italiana Sindacati dei Lavoratori) mit vom italienischen Staat wohlgefülltem Portefeuille auf dem Plan erschien. In den 90er-Jahren kamen erst die Comisiones Obreras (CC.OO.) und dann die UGT (Unión General de Trabajadores) aus Spanien, die mit eigenen Landesbüros auf dem Kontinent arbeiteten. Nach dem Mauerfall traten in Mittel- und Osteuropa neben den deutschen Gewerkschaften auch skandinavische Verbände an, um die vielfältige Gewerkschaftslandschaft zu strukturieren. Während die britischen Gewerkschaften mehr durch ihren personellen Einfluss auf die Internationalen Berufssekretariate wirkten, vermehrten die Geldkoffer von AIFLD die Unübersichtlichkeit und baute die FES ihre regionalen Gewerkschaftsprogramme aus.

4.2.1 Die deutsch-amerikanische Freundschaft und der Kleinkrieg mit dem American Institute for Free Labor Development (AIFLD)

Das bei Weitem schwierigste Nicht-Verhältnis in der internationalen Gewerkschaftsarbeit der Friedrich-Ebert-Stiftung entwickelte sich zum American Institute of Free Labor Development (AIFLD). Gegründet 1962 – ein Jahr bevor sich die FES anschickte, Gewerkschaftsberater in die Welt zu schicken – als eine weitere US-amerikanische Antwort auf die kubanische Revolution, getragen von der AFL-CIO im Bündnis mit 95 international tätigen US-Firmen, sorgte AIFLD für die dunkle, untergründige Seite der internationalen Gewerkschaftsförderung, mit einem bemerkenswerten Geschick, regelmäßig auf die obskursten und korruptesten Figuren und Organisationen in der sogenannten »Freien« Gewerkschaftswelt zu setzen. Ursprünglich auf die Aktivitäten in Lateinamerika gerichtet, weitete AIFLD mit den Ablegern AALC (African-American Labor Center) und mit dem Asian-American Free Labor Institute (AAFLI) 1964 für Afrika und 1967 für Asien seine Aktionsfelder entsprechend den offenen und den verborgenen Prioritäten der US-Außenpolitik aus, immer von dem Gerücht begleitet, nicht nur gelegentlich in enger Abstimmung mit der CIA, wenn nicht gar in deren Umfeld zu handeln. Wenn dabei auch manches an Verschwörungstheorien im Umlauf war und ist – weder AFL-CIO noch AIFLD, AALC oder AAFLI haben je Rechenschaftsberichte oder gar Jahresberichte zugänglich gemacht, sodass weder die Finanzausstattung noch konkrete Aktionen transparent wurden. Analysen und sonstige Darstellungen entstammen folglich keinem sehr freundlichen wissenschaftlichen oder journalistischen Umfeld.[115]

Der Geburtsfehler, entstanden aus einer »merkwürdigen Ehe«[116] von Gewerkschaften und Großkapital, blieb an AIFLD während seiner gesamten Tätigkeit haften und machte eine gedeihliche Zusammenarbeit in der internationalen Gewerkschaftskooperation unmöglich, solange jedenfalls die Gefahr bestand, sich am schlechten Ruf des Instituts zu kontaminieren. Immer wieder gern zitiert werden einige Kernaussagen von Peter W. Grace, dem Vorstandsvorsitzenden des Chemiekonzerns W. R. Grace Corporation, der mit George Meaney, dem AFL-CIO-Vorsitzenden, AIFLD gegründet hat. Ihm zufolge fördert AIFLD »die Zusammenarbeit zwischen Arbeiterschaft und Management und ein Ende des Klassenkampfes« und »lehrt, wie Arbeitnehmer zum Ertrag ihrer Firmen beitragen«. Ziel von AIFLD sei es, »die kommunistische Infiltration zu verhindern und wo es sie gibt [...], loszuwerden«.[117]

---

115 Vgl. *Beth Sims,* Workers of the World undermined: American Labor's Role in U. S. Foreign Policy, Boston 1999, S. 54 ff.; ähnlich die Artikelserie *Harry Kelber*, AFL-CIO's Dark Past, The Labor Educator, November/Dezember 2004 >http://www.laboreducator.org/darkpast2htm<; *Kim Scipes*, Labor imperialism redux? The AFL-CIO's foreign policy since 1995, Monthly Review, May 1, 2005; freundlicher wird seit 1997 die Nachfolgeorganisation Solidarity Center gesehen. Vgl. *Sanford Gottlieb*, AFL-CIO's Forcign Policy: Labor Finds a New Public Enemy One, Pacific News Service, San Francisco, 1997-08-27; ebenso: *Simon Rodberg*, The CIO without the CIA: Inside the AFL-CIO's Solidarity Center, The American Prospect Magazine, Summer 2001.

116 »Dróle de ménage!« *Arthur Rimbaud,* Délires I, L'époux infernal, deutsch aus: *Arthur Rimbaud*, Sämtliche Dichtungen, Fieberphantasien I, Der höllische Gemahl, Heidelberg 1960, S. 296/297.

117 Hier zit. n. >*wikipedia.American_Institute*<. Dieselben Sätze werden auch immer wieder unter Berufung auf einen Bericht des US-Rechnungshofes ohne genaue Quellenangabe in den in Anm. 115 aufgeführten Aufsätzen zitiert. Daraus lässt sich schließen, dass auch Kritiker wie der oben erwähnte Harry Kelber trotz jahrelanger Feldforschung über die CIA-Kontakte von AIFLD etc. kaum zitierfähiges Belegmaterial im Sinne eines »rauchenden Colts« gefunden haben. Ansonsten fehlt bei keinem Autor der Bezug auf *Philip Agee*, Inside the Company: CIA Diary, London 1975, deutsch: CIA Intern. Tagebuch 1956–1974, Hamburg 1979. Philip Agees Aufklärungswerk wurde zwar durch den juristischen Verfolgungsdruck aus den USA ähnlich geadelt wie jüngst Wikileaks-Gründer Julian Assange für seine Demaskierung der US-Diplomatie, bleibt aber bei der Frage von CIA-Operationen mit und durch AIFLD bei Vermutungen und Allgemeinplätzen ohne faktenbezogene Aussagekraft.

Der antikommunistische Furor blieb Wesensmerkmal der Arbeit des AIFLD, hinterließ aber außer gelegentlichen Geldschwemmen nur wenige sichtbare Spuren eines ideologischen Erfolgs. Zwar genossen die Friedrich-Ebert-Stiftung und so mancher ihrer Mitarbeiter in Lateinamerika, Afrika und Asien hin und wieder die Ehre, ins Feindbildregister des Instituts und seiner Ableger aufgenommen zu werden, die öffentliche Wirksamkeit blieb aber dank der naturwüchsigen Geheimhaltungspraxis von AIFLD sehr eingeschränkt. Hin und wieder bei Tischgesprächen zwischen AFL-CIO-Präsidenten mit ihrem deutschen Pendant wurde der Unmut polternd laut, die DGB-Vorsitzenden reagierten ausnahmslos mit kommentarlosem Schulterzucken oder – seltener – mit einem nonchalanten Verweis auf die Unabhängigkeit und Personalhoheit in der Arbeit der Stiftung. Bei vielen FES-Mitarbeitern, die AIFLD noch erleben durften, löste allein die Namensnennung seines etwas barocken Geschäftsführers »Bill« William C. Doherty einen Anekdotenschatz von jahrzehntealter Tiefe aus. Mit Doherty ist die Geschichte von Aufstieg und Auflösung des AIFLD über mehr als drei Jahrzehnte verknüpft, er diente George Meany und Lane Kirkland während ihres AFL-CIO-Vorsitzes und verlor sein Amt als Exekutivdirektor von AIFLD mit Amtsantritt des neuen AFL-CIO-Präsidenten John Sweeney 1996. Mit ihm verschwand eine Figur aus der internationalen Gewerkschaftsszene, die eher den Romanen von Graham Greene als aus der Welt des John le Carré zu entstammen schien, obwohl Doherty Letzteres wohl vorgezogen hätte.[118]

118 Es entbehrt nicht der Ironie, dass das einzige öffentlich bekannte Schriftstück Dohertys aus einem Leserbrief an die New York Times vom 6. November 1994 besteht: >www.query.nytimes.com<. Der Geschichte zuliebe sei es hier im Original zitiert:

»William C. Doherty*:* Labor Development Institute Has Never Taken C.I.A. Money.

To the Editor:

Your Oct. 30 news article on United States involvement 30 years ago in British Guyana mentions the A.F.L.-C.I.O.'s American Institute for Free Labor Development. It says that ›in the 1950's and early 1960's, former United States intelligence officers say, the C.I.A. slipped money to the institute‹.

Yet the institute did not begin operating until June 1962. It has never been offered, nor has it ever taken or distributed, any funds from the Central Intelligence Agency. It has always been financed from United States foreign aid funds appropriated by Congress and from union dues money, and its record of accountability, as detailed in numerous Government audits, including the General Accounting Office, is exemplary.

During most of the 1961–62 period discussed in the article, I served as the Western Hemisphere director of the Postal, Telegraph and Telephone International. Like many international trade union secretariats, we responded to numerous calls for assistance from Guyanese trade unions that

Ohne der Arbeit von AIFLD eine legitime Interessenlage absprechen zu wollen, boten dessen Ansätze und Partnerwahlen keine Berührungsfelder für gewerkschaftspolitische Kooperation. So richteten sich FES-Vertretung und AIFLD-Residenten in freundlich-distanzierter Koexistenz ein, was örtliche Grabenkämpfe gelegentlich nicht ausschloss. Dank der sozialdemokratischen Ost- und Entspannungspolitik seit den 70er-Jahren stand jeder FES-Vertreter von vornherein unter dem Generalverdacht, ein Kommunistenfreund zu sein, der unter dem Deckmantel des gesellschaftspolitischen Engagements nur darauf aus sei, US-Interessen zu schaden.

AIFLD und seine afrikanischen und asiatischen Ableger, AALC und AAFLI, stützten sich bei ihren Versuchen der Eindämmung kommunistischer und linker Einflüsse auf relativ simple, immer wieder genutzte Instrumentarien: zum einen die Spaltung von Organisationen, in denen der »Kommunismus« bereits die Mehrheit übernommen hatte[119], zum anderen, wenn das nichts half, die Gründung von Konkurrenzgewerkschaften. In beiden Fällen kamen im-

---

were fearful that the Government was attempting to take over their organizations in the style of Fidel Castro's Cuba and the Soviet Union. In our case the assistance was mostly moral support, as the P.T.T.I. was not affluent.

When the American Institute for Free Labor Development held its first Caribbean-wide training course in the United States in 1962, eight Guyanese unionists were among the trainees. After they returned to their country, these unionists, along with thousands of their compatriots, participated in an ongoing successful general strike to protest the Government's attempt to pass repressive new labor legislation they feared would undermine democracy.

Hard as it may be for some to accept, these Guyanese workers needed no sinister outside agitators to understand the threat against them and to mobilize themselves to defeat that threat.

The institute's role, which continues to this day, was to provide trade union education, funds for social development projects such as construction of homes for workers and vocational training, and minor help for administrative overhead and office expenses. The notion that the institute has the power to overthrow governments is in some ways a flattering one, but not one supported by reality.

William C. Doherty, Executive Director American Inst. For Free Labor Development Washington, Nov. 1, 1994.«

Zum schnellen Gegenlesen zu dieser reizvollen Akteursprosa und der anderen Interpretation der guyanischen Wirklichkeit vgl. *Harald Sellin*, Guyana, in: *Siegfried Mielke* (Hg.), Gewerkschaftshandbuch, a. a. O., S. 533.

119 Dies war eine Taktik, die in Frankreich und Italien bereits in der Nachkriegszeit vom FTUC (Free Trade Union Committee) erfolgreich umgesetzt worden war. Leiter des FTUC war Irving Brown, der im Dezember 1947 mit der Gründung der CGT-Force Ouvrière in Paris den Erfolg seiner Arbeit gegenüber der nun kommunistischen CGT (Confédération Générale du Travail) und am 1. Mai 1950 in Rom mit der Gründung der Confederazione Italiana Sindacati dei Lavoratori (CISL) gegenüber der jetzt rein kommunistischen Confederazione Generale Italiana del Lavoro (CGIL) einholen konnte.

mense Geldflüsse ins Spiel. Der ideologischen Vertiefung dienten seit 1969 Langzeitkurse für Gewerkschaftsführer in der Bildungsabteilung der AFL-CIO, dem späteren George Meany Center for Labor Studies, heute National Labor College (George Meany Campus) in Silver Spring, Maryland, in der Nähe von Washington D. C., wobei strukturelle Ähnlichkeiten mit den Lehrgängen für ausländische Gewerkschafter an den Bildungsstätten der FES in den 60er-Jahren nicht von der Hand zu weisen sind. Während die FES aber die Bildungsmaßnahmen für außereuropäische Gewerkschafter damals bereits in die Regionen der Herkunftsländer verlagerte, zentralisierte AIFLD die Qualifikation ihrer Gewerkschaftseliten immer stärker im George Meany Center for Labor Studies, was mit der amerikanischen Collegekultur, mit entsprechenden Abschlussfeierlichkeiten und Auszeichnungen verbunden war.[120] Selbst eine ganze Reihe linker Gewerkschaftsführer, vor allem in Lateinamerika, sind mit gutem Recht stolz, erfolgreiche Absolventen des George Meany Centers zu sein.[121]

Die Politik von AIFLD 1964 in Brasilien, 1968 in Vietnam, 1973 in Chile, seit 1983 bei der Unterstützung der Marcos-Diktatur[122] in den Philippinen oder bei der Iran-Contra-Affäre in Nicaragua, auch die Verleihung des George Meany Human Rights Award an den Apartheidkollaborateur Gatsha Buthelezi 1982, all dies gehört nicht unbedingt zu den Ruhmestaten der amerikanischen Gewerkschaftsgeschichte. Gewiss mag William C. Dohertys gerichtsfeste Einlassung, AIFLD habe nie von der CIA Gelder erhalten (Anm. 118), im strengen Wortsinn zutreffen, denn der Mittelfluss von der USIA (US-Informationsdienst) und vom Entwicklungsfonds USAID, später von der Nationalstiftung zur Demokratieförderung NED (National Endowment for De-

120 Seit 1997 kann das National Labor College (NLC) einen formellen Collegeabschluss erteilen, und seit März 2004 ist das NLC durch die Middle States Commission on Higher Education auch als höhere Lehranstalt mit universitärem Charakter akkreditiert. Vgl. >www.nlc.edu/about/who-we-are<.

121 Ein prominenter Vertreter der lateinamerikanischen Gewerkschaftslinken aus Panama, Pable Arosemena, lange Jahre Lateinamerikarepräsentant des Internationalen Bundes der Bau- und Holzarbeiter (IBBH), verwies in Gesprächen immer gern darauf, dass er seine ersten Informationen über die deutsche Gewerkschaftsbewegung aus spanischsprachigen FES-Publikationen in der Bibliothek des George-Meany-Centers bezog und damit begriff, dass es auch ein anderes Gewerkschaftsverständnis geben kann.

122 Zwischen 1983 und 1989 erhielt der Marcos verbundene Gewerkschaftsbund TUCP (Trade Union Congress of the Philippines) aus Mitteln des AAFLI mehr Unterstützung als jede andere Gewerkschaft in der Welt, Polens Solidarność eingeschlossen. Vgl. *Kim Scipes*, Labor imperialism, a. a. O., Monthly Review, May 1, 2005, S. 1/3 – über >www.highbeam.com<.

mocracy), reichte sicher hin, um Operationen aus dunkleren Kanälen in einem spezifischen Vorfeld, genannt Unterstützung Freier Gewerkschaften, fördernd zu begleiten. Die Doppelgleisigkeit, um nicht zu sagen: Doppelbödigkeit, der internationalen Politik von AFL-CIO unter den Langzeitpräsidenten George Meany[123] und Lane Kirkland[124] blieb nie ohne innergewerkschaftliche Kritik aus den eigenen Reihen, mal überhörbar, wenn sie von irgendwelchen »Locals« an Ost- oder Westküste kam, manchmal aber auch machtvoller von außen, wenn sich zum Beispiel ein Walter Reuther, Präsident der mächtigen UAW (United Auto Workers, die er 1968 aus der AFL-CIO geführt hatte), gegen die Ausweitung des Krieges in Indochina wandte.[125] Dennoch konnte sich in allen diesen Fällen sowohl die Führungsspitze der AFL-CIO wie ihre Internationale Abteilung, International Affairs Department, intern auch als Department für Internationale Affären bezeichnet, gegen jede Kritik von innen wie von außen erfolgreich abschotten.

Es bedurfte des Wahlsieges von John J. Sweeny 1995, um die Außenpolitik der AFL-CIO zu reformieren, die Internationale Abteilung mit neuen Personen wie der Bürgerrechtsanwältin Barbara Shailor als Leiterin zu besetzen, das AIFLD aufzulösen und William C. Doherty als dessen langjährigen Geschäftsführer abzusetzen. An Stelle des AIFLD, des Asian-American Free Labor Institute, des African-American Labor Center und des in Mittel- und Osteuropa aktiven Free Trade Union Institute, die 1996 ebenfalls liquidiert wurden, trat als neue Einrichtung das American Center for International Labor Solidarity, ACILS, besser bekannt als Solidarity Center, das ausdrücklich mit der Kalter-Krieg-Vergangenheit der Vorgängerinstitute brach und den Focus auf die sozialpolitische Zivilisierung multinationaler Unternehmen richtete. Das heißt in Zeiten der Globalisierung: die weltweite Anerkennung der grundle-

123 George Meany, geboren am 16. August 1894 in New York, war im November 1952 zum Präsidenten der AFL gewählt worden. Dieses Amt behielt er nach der Fusion mit dem CIO im Dezember 1955 rund 24 Jahre bis zum 15. November 1979, als er todkrank sein Amt an seinen Vize und Schatzmeister Lane Kirkland übergab. Meany starb nur Wochen später am 10. Januar 1980 in Washington D. C.

124 Lane Kirkland, am 12. März 1922 in Camden, South Carolina, geboren, wurde am 19. November 1979 zum Präsidenten der AFL-CIO gewählt. Von diesem Amt trat er im August 1995 nach Konflikten mit einigen Einzelgewerkschaften zurück. Sein Vize und Schatzmeister Thomas R. Donahue übernahm bis zum Kongress im November 1995 die Interimspräsidentschaft und verlor dort gegen seinen Gegenkandidaten John. J. Sweeny, der sich als Alternative zu den bis dahin vorherrschenden Machtstrukturen zur Wahl gestellt hatte.

125 Vgl. Lexikonartikel aus: Encyclopedia of the New American Nation: Organized Labor – Cold war in the international labor movement, S. 4 >www.americanforeignrelations.com<.

genden Normen der Internationalen Arbeitsorganisation (IAO) zum Schutz der Arbeitnehmerrechte; die Verteidigung der Menschen- und Gewerkschaftsrechte und die Durchsetzung einer neuen Weltwirtschaftsordnung. Mit dieser Agenda ist das Solidarity Center durchaus ein respektabler Partner auch für die Gewerkschaftskooperation der Friedrich-Ebert-Stiftung geworden, selbst wenn nach bald fünfzehn Jahren immer noch Annäherungs- und wechselseitige Lernprozesse erforderlich sind.

Von AIFLD wusste man, dass es überall zugegen war, aber nie, wo genau. Man wusste, dass es über viel Geld verfügte, aber nie, über wie viel. Beim Solidarity Center wissen wir, dass es 2008 über ein Budget von 30.564.015 US-$ verfügte, davon waren 28.475.408 US-$ direkte Bundeszuschüsse, sowie 1.080.361 US-$ sogenannte Federal Matching Funds, Zuschüsse des Bundes, denen in gleicher Höhe Eigenbeteiligungen der geförderten Institution gegenüberstehen müssen. Der Staatsanteil am Haushalt des Solidarity Centers lag damit 2008 bei 96.70 Prozent.[126]

Das Solidarity Center unterhält Büros, sogenannte »field offices«, in folgenden Ländern, die nach Kontinenten und Regionen geordnet sind:

Afrika:	Demokratische Republik Kongo, Kenia, Nigeria, Südafrika, Simbabwe;
Amerika:	Brasilien, Kolumbien, Dominikanische Republik und Haiti, Ecuador, Guatemala, Mexiko;
Asien:	Bangladesch, Kambodscha, Indonesien, Pakistan, Sri Lanka, Thailand;
Europa u. Zentralasien:	Georgien, Kirgistan, Ukraine;
Mittlerer Osten u. Nordafrika:	Algerien, Jordanien, Kuweit, Marokko, Palästina, Katar.[127]

Seit 2007 werden – zumindest in der MONA-Region der FES – zu den jährlichen Gewerkschaftsfachkonferenzen Vertreter des Solidarity Centers aus der Region eingeladen, so findet ein regelmäßiger Informationsaustausch statt. Auch wenn es bei der Projektarbeit nur selten direkte Zusammenarbeit gibt, ist bei den Partnerstrukturen ein gewisser Abstimmungsprozess im Interesse

126 *Solidarity Center:* 2009 Annual Report: Consolidated Statement of Activities, Years Ended December 31, 2008 and 2007, >www.solidaritycenter.org/files/pubs annual _report_2009<.

127 Vgl. >www.American_Center_for_International_Labor_Solidarity.com<.

beider Seiten in Gang gesetzt. Auch in den anderen Kontinenten ist ein steter Erfahrungsaustausch möglich geworden, der gegenüber der früheren Abschottung einen Kulturwandel in der internationalen Gewerkschaftskooperation seitens der US-amerikanischen Gewerkschaften darstellt.

4.2.2 Das britische Labour Congress-Modell als Partner in der Anglofonie Afrikas und Asiens und das angelsächsische Element in der internationalen Gewerkschaftswelt

Die britischen Gewerkschaften haben keine traditionellen Beziehungen zu den lateinamerikanischen Gewerkschaften, sieht man von einigen Sumpfblüten gewerkschaftlicher Solidarität mit Kuba ab; die afrikanische frankofone Gewerkschaftswelt bleibt ihnen im Kern unverständlich; selbst die anglofonen Gewerkschaften Asiens in Malaysia, Singapur, Hongkong, Indien und Pakistan sind ihnen zwar befreundet verbunden, bleiben ihnen aber weitgehend fremd; das südpazifische Inselreich überlassen sie eher den australischen Gewerkschaften als Betreuungsfeld. In dieser Aufzählung von Vorurteilen und Allgemeinplätzen steckt ein Körnchen Wahrheit, wenn auf die objektiven Beschränkungen Bezug genommen wird, denen die britischen Gewerkschaften aufgrund ihrer Stellung im Vereinigten Königreich unterworfen sind. So wird internationale Solidarität beim britischen TUC immer aus Mitgliedsbeiträgen gespeist und damit von der großen Spendenbereitschaft der Mitglieder. Das ermöglichte und ermöglicht ihnen bewundernswerte Kampagnen zur Unterstützung von Streiks und Widerstandsaktionen von Gewerkschaften in aller Welt, bietet aber keine hinreichende Nachhaltigkeit bei der Finanzausstattung einer kontinuierlichen internationalen Gewerkschaftskooperation.

Der Vorbildcharakter der britischen Gewerkschaftsbewegung und -entwicklung für die übrige freie Gewerkschaftswelt hat in den mehrheitlich anglofonen Ländern Afrikas und Asiens mit ihrem gewerkschaftlich pluralen Trade-Union-Congress-Typ – schon von weitem erkennbar am Akronym TUC im Namen – dauerhaft erfolgreiche Gewerkschaftsstrukturen etwa in Ghana, Sambia, Simbabwe, Indien, Malaysia und Singapur geprägt, die in ihrer pragmatischen Ausrichtung, ihrem innergewerkschaftlichen Demokratieverständnis und ihrer Organisation und Kommunikation nach als Einheitsgewerkschaften dem deutschen Gewerkschaftsverständnis am ehesten kompatibel erscheinen.

Auf keinen Fall zu unterschätzen ist der imposante Beitrag der britischen – im geringeren Maße auch der irischen – Gewerkschaften zur Personalausstattung der internationalen Gewerkschaftsorganisationen, nicht nur weil Englisch zur faktischen »lingua franca« der internationalen Gewerkschaftskooperation geworden ist. Das gilt für das Führungspersonal und für personelle Kompetenzen innerhalb des IBFG, heute IGB, der Internationalen Berufssekretariate, heute Global Unions, für das gewerkschaftliche Beratungskomitee TUAC der OECD und schließlich auch für den Arbeitnehmersektor innerhalb der IAO/ILO. Vor allem das in den letzten beiden Jahrzehnten sehr in Mode gekommene Kampagnenwesen innerhalb all dieser Organisationen wäre ohne das Know-how besonders geschulter »campaigning officers«[128] aus Großbritannien wohl wirkungslos geblieben. Zwar ist das Ringen um Kampagnenfähigkeit den deutschen Gewerkschaften keineswegs wesensfremd, doch ist ihre Arbeit eher auf Verhandlungsmacht und -fähigkeit, auf gesellschaftspolitische Präsenz und Mitbestimmung ausgerichtet, auf deren Förderung wiederum die gewerkschaftliche Beratungsarbeit der Friedrich-Ebert-Stiftung vermehrt hinzielt. Beide strategischen Konzepte schließen einander nicht aus und widersprechen sich nicht. Nur die Akzentsetzungen – mobilisierend die eine, nachhaltig die andere – verschieben sich. Fatal wird das anfangs eindrucksvolle Strohfeuer einer Kampagne nach der anderen aus Gewerkschaftssicht aber dann, wenn keine gestärkte gewerkschaftliche Organisation zurückbleibt. Fatal wird es ferner für mit öffentlichen Mitteln geförderte Projekte wie die internationale Gewerkschaftskooperation der britischen Gewerkschaften, wenn der Mittelgeber keine institutionalisierte Projektorganisation zulassen will, indem er sich weigert, sogenannte »Overhead-Kosten« zu übernehmen, also Personal- und Verwaltungskosten als erstattungsfähig anzuerkennen.

Zwar stellte die Labour-Regierung unter Tony Blair den Gewerkschaften seit 1998 – nach der politischen Quarantäne des Thatcherismus – erstmals öffentliche Mittel für die internationale Gewerkschaftskooperation des TUC zur Verfügung, mit denen dessen Internationale Abteilung eine Reihe anspruchsvoller Themen mittels internationaler Konferenzen aufgreifen konnte. Ebenso konnten mit Unterstützung des TUC in einer Reihe anglofoner Länder südlich der Sahara örtliche Bildungsmaßnahmen angeboten werden, vorausgesetzt, sie ließen sich thematisch auf die Themen Frauenförderung, Gesundheitspolitik oder Armutsbekämpfung eingrenzen, wobei Letzteres als allgemeine Messlatte in den Förderrichtlinien diente. Förderung der Demokratie durch Stärkung von Gewerkschaften war darin explicit nicht inbegriffen, was den TUC-Kol-

128 Google wirft unter dem Stichwort »campaigning« derzeit über siebeneinhalb Millionen Ergebnisse aus.

legen bei Beantragung von Mitteln oder Projektberichterstattung nicht nur gelegentlich einiges an sprachlichen Eiertänzen gegenüber dem britischen Außenministerium abverlangte.[129]

1988 hatte der Vorstand des TUC einen Fonds »TUC Aid«, eingerichtet, der als gemeinnützige Einrichtung aus Beiträgen der Gewerkschaften und Spenden der Mitglieder vor allem bei humanitären Notfällen eingreifen konnte, aber zugleich für langfristige Bildung in Entwicklungsfragen und Maßnahmen der beruflichen Bildung in Entwicklungsländern eingesetzt werden konnte. Mit Fondsmitteln wurden u. a. Flutopfer in Bangladesch, Hurrikangeschädigte in Mittelamerika (1999) und Erdbebenopfer in der Türkei (1999) unterstützt. In Zusammenarbeit mit örtlichen Gewerkschaften wurden Unterkünfte für Flutopfer in Mosambik errichtet, genauso wie Behelfsschulen nach dem Erdbeben in Gujarat/Indien (beides 2001). Nach der Tsunamikatastrophe in Südasien wurden für Gewerkschafter in Sri Lanka Berufsschulen eingerichtet und ausgestattet (Oktober 2005), ebenso in Aceh/Indonesien; in Phuket/Thailand wurde eine Schule für Kinder burmesischer Arbeitsmigranten errichtet. Mit Mitteln des Department for International Development (DFID) des britischen Außenministeriums wurden Frauen in Gewerkschaften Nigerias gefördert und der Wiederaufbau der Gewerkschaftsstrukturen nach dem Bürgerkrieg in Sierra Leone in Gang gesetzt. In vielen dieser Projekte wurden von den TUC-Vertretern vor Ort der Kontakt, der Ratschlag und der Informationsaustausch mit den jeweiligen Landesbüros der Friedrich-Ebert-Stiftung gesucht und gefunden. Mit Amtsantritt der konservativ/liberalen Regierung in Großbritannien 2010 lief die Unterstützung der Projekte aus Mitteln des DFID unter Verweis auf das Sparprogramm aus, und die gut angelaufenen Programme hängen in der Luft. Vorsichtigen Anfragen, ob die FES einige dieser Projekte übernehmen würde, konnte aus rechtlichen Gründen nicht entsprochen werden. Aus dem Spendenaufkommen der Mitglieder und den Beiträgen der Gewerkschaften des TUC werden sich diese Projekte der britischen internationalen Gewerkschaftskooperation wohl nicht weiter unterhalten lassen.[130]

Damit bleibt die internationale Arbeit des britischen Gewerkschaftsbundes TUC weiter hervorstechend in der Dynamik und Ausdauer seiner Solidaritätskampagnen, aber er ist nach erfolgreichem, zu kurzem Zwischenspiel

129 Owen Tudor, pers. Mitteilung. Owen Tudor übernahm 2003 die Leitung der Internationalen Abteilung des TUC. Er arbeitete dort zuvor in Bereichen der Gesundheitspolitik und Arbeitssicherheit, sodass er in der Anfangszeit im Kreis der internationalen »Profis« ein wenig fremdelte.

130 Reiner Radermacher, pers. Mitteilung. Vgl. >www.tuc.org.uk< zur Struktur und Entwicklung von TUC Aid.

zurückgeworfen auf seine Rolle als Bereitsteller einer schier unerschöpflichen Personalreserve für internationale Gewerkschaftsorganisationen.[131]

4.2.3 Die Aufteilung der Frankofonie entlang den französischen Richtungsgewerkschaften: Filtrierung der Kooperationsmöglichkeiten und Wuchern der Gewerkschaftsvielfalt

Alle drei großen Gewerkschaftsbünde Frankreichs weisen die Etikettierung als Richtungsgewerkschaften zurück und verkünden nachdrücklich, sie seien selbstverständlich Einheitsgewerkschaften und die Trennung von Gewerkschaft und Partei sei fest in der Satzung verankert. Traditionell blieb aber ihre Nähe zu politischen Parteien wesentliches Merkmal ihrer Zersplitterung und Konkurrenzsituation. So blieb die ehemals größte Organisation, die CGT (Confédération Générale du Travail), bis zur Wahl des Reformers Bernard Thibault 1999 eng mit der Führungsspitze der Kommunistischen Partei verbunden, galt die ehemals christliche CFDT (Confédération Française Démocratique du Travail), seit 1968 als wacker linkssozialistisch, inzwischen aber als moderat reformistisch, während die vom strikten Antikommunismus ihres Abspaltungsprozesses geprägte CGT-FO (CGT-Force Ouvrière) trotz enger Kontakte mit den Parteispitzen des französischen Sozialismus stets ihre personelle Autonomie betonte und bis heute einen spannenden Spagat zwischen trotzkistischen, anarchistischen und rechtssozialdemokratischen Strömungen versucht.[132] Obwohl sie kaum Arbeiter und Angestellte organisieren, sondern ihre Aktivisten unter Staatsfunktionären, Angehörigen des öffentlichen Dienstes oder aus staatlich kontrollierten Unternehmen rekrutieren, sind sie im Vergleich zu den Gewerkschaften in den Nachbarländern erstaunlich mobilisierungsfähig, wenngleich ihre Verhandlungsmacht gegenüber einem strukturkonservativen Patronat recht eingeschränkt ist. Sie sind extrem mitgliederschwach und damit finanziell abhängig von ihren Verwaltungspfründen in den sozialen Sicherungs- und Kontrollsystemen und in den betrieblichen Interessenvertretungen.[133] Innerhalb der Gewerkschaftsbünde erschwert eine nie zur Balance kommende Doppelstruktur von nationalen Branchenorgani-

131 So sah sich Michael Sommer in seinem ersten Jahr als DGB-Vorsitzender 2003 im internationalen Gewerkschaftsbetrieb scherzhaft »überall umstellt von Walisern«.

132 *Jean-Marie Pernot*, Die Gewerkschaften in Frankreich. Geschichte, Organisation, Herausforderungen, FES – Internationale Politikanalyse, Bonn, Berlin, Oktober 2010, S. 4. Er spricht mit gutem Grund von einer »zerstückelten Gewerkschaftsbewegung«.

133 Ebd., S. 6.

sationen und regionalen, respektive lokalen Verbänden (union départamentale oder régionale und union locale) die innergewerkschaftliche Koordination, was den Zentralen die eigentliche Entscheidungshoheit zuspricht, die wiederum maßgeblich von der größten Branche bestimmt wird, bei CGT und CFDT sind dies die Metallgewerkschaften, bei CGT-FO die Gewerkschaften im öffentlichen Dienst.[134]

Es ist verständlich, dass bei diesen Strukturmerkmalen der französischen Gewerkschaften bislang keine Institutionen der internationalen Gewerkschaftskooperation geschaffen werden konnten, die eine kontinuierliche Arbeit von Gewerkschaftsberatern im frankofonen Afrika südlich der Sahara ermöglicht hätten. Bis weit in die Phase des algerischen Befreiungskrieges hinein, nämlich bis 1957, ließ zum Beispiel die tonangebende CGT in den Kolonien lediglich Sektionen der Mutterland-Gewerkschaft zu. Auch sonst exportierte die Vierte Französische Republik das Schema der den Fronten des Ost-West-Konflikts angepassten Richtungsgewerkschaften in ihre afrikanische Kolonien.[135] In Charles de Gaulles Fünfter Republik war das nicht anders, sodass die Zersplitterung der Gewerkschaften in den zur sogenannten Frankofonie gehörenden Staaten Westafrikas sich bis heute erhalten hat, auch wenn die ideologischen Gegensätze längst keine Rolle mehr spielen.

Die französischen Gewerkschaften sandten in wechselnder Intensität Sekretäre ihrer internationalen Abteilungen zu den Vorständen ihrer jeweiligen Partnergewerkschaften – mehr zur Kontaktpflege denn zur Beratung im eigentlichen Sinn, dafür aber oft ausgestattet mit nennenswerten Spenden zur Finanzierung der gewerkschaftlichen Infrastruktur. Während der Präsidentschaft Mitterrands hatte sich zwischen den drei Bünden eine Art von territorialer Arbeitsteilung eingependelt, eine schiedliche Aufteilung von Einflusssphären, die wechselseitig weitgehend respektiert wurde.[136] Berührungen mit der FES-Arbeit gab es lediglich in Mali und Senegal aus gewissermaßen nostalgischen Gründen, da sie zu den ersten Einsatzländern von FES-Gewerkschaftsberatern gehörten.

Die französischen Gewerkschaften, unbeschadet ihrer ideologischen Ausrichtung, waren nie Mitgliederorganisationen im gleichen Sinne wie die deut-

134 Vgl. *Peter Jansen/Gerhard Kiersch*, Frankreich, in: *Siegfried Mielke* (Hg.), Gewerkschaftshandbuch, a. a. O., S. 444.

135 Vgl. *Franz Ansprenger*, Gewerkschaften in Afrika, in: *Siegfried Mielke* (Hg.), Gewerkschaftshandbuch, a. a. O., S. 106.

136 Quelle dafür sind informelle Gespräche mit Vertretern der CFDT und CGT-FO auf gemeinsamen Missionen des IBFG in Algerien in den Jahren 1994 und 1995.

schen, angelsächsischen oder skandinavischen Gewerkschaften, sondern definierten ihre Stärke am Grad ihrer öffentlichen Mobilisierungsfähigkeit. Die Agenda dazu aber wird nahezu ausschließlich von den Themen der französischen Innenpolitik bestimmt und kann gelegentlich in eine stark nationalistische Tonart umschlagen.

Die damals KP-treue CGT betrieb während der Ära Mitterrand noch Mitte der 90er-Jahre eine Kampagne mit dem peinlichen Slogan »Kauft Französisch!«[137] Diese eigenwillige Spielart des proletarischen Internationalismus änderte sich erst ab 1999 mit der bereits erwähnten Wahl des Reformers Bernard Thibault zum Generalsekretär der CGT. Unter seiner Führung verließ die CGT den kommunistischen Weltgewerkschaftsbund (WGB), wurde Mitglied im Europäischen Gewerkschaftsbund (EGB) und trat im November 2006 dem in Wien neu gegründeten Internationalen Gewerkschaftsbund (IGB) bei.

Um diese Annäherung der CGT an die freie Gewerkschaftswelt für den Vereinigungsprozess der in Lateinamerika konkurrierenden Gewerkschaftsverbände produktiv zu nutzen, lud der FES-Gewerkschaftskoordinator in Lateinamerika, Achim Wachendorfer, zu dem von ihm entwickelten »Forum progressiver Gewerkschaften in Lateinamerika« jeweils einen Repräsentanten der postkommunistischen Arbeiterkommissionen Comisiones Obreras (CC. OO.) aus Spanien und eben der CGT aus Frankreich ein. Ziel war jeweils, diejenigen bisher international ungebundenen Gewerkschaftszentralen in Lateinamerika, die über einen gewichtigen kommunistischen Flügel verfügten, am spanischen und französischen Beispiel für den Vereinigungsprozess der Weltgewerkschaftsverbände zu gewinnen. Das gelang vielleicht auch deshalb besonders gut, weil die Vertreterin der CGT auf dem Forum im März 2006 in Santiago de Chile, Hélène Bouneaud, Internationale Sekretärin für den Bereich Europa und Internationales, durchaus den Eindruck zu erwecken verstand, es handele sich um den Beitritt des IBFG zur CGT. Die Strategie, mit dem Beistand von CC.OO., Mitglied im IBFG seit 1996, und der CGT, bereit, bei der Gründung des IGB Ende 2006 mitzumachen und die noch schwankenden lateinamerikanischen Bünde vom historischen Sinn der Neugründung zu überzeugen, wurde von FES, DGB und den Vertretern der CUT-Brasilien (Central Única de Trabalhadores) mit dem weiteren Ziel verknüpft, die vorhandenen Vorbehalte gegen eine künftige gemeinsame Regionalorganisation mit der US-

137 Vgl. *Iris Bauer,* Frankreich und Lateinamerika in der Ära Mitterrand (1981–1995). Vom Tiermondisme zur »Realpolitik de Gauche«, Dokumente und Materialien, Nr. 25, Mainz 1997, S. 34.

amerikanischen AFL-CIO abzubauen.[138] Auch hier gab die CGT-Vertreterin, bei allem Widerspruch im Einzelnen, symbolisch ihr Bestes.

4.2.4 Das Auftauchen der italienischen Gewerkschaftstriade: Vorübergehende Erhöhung des Cashflows bei der internationalen Gewerkschaftsfinanzierung zum Bau von gewerkschaftlichen Bildungsstätten

Mitte der 80er-Jahre erschienen alle drei italienischen Dachverbände – plötzlich mit riesigen Finanzmitteln ausgestattet – in der internationalen Gewerkschaftsszene, als das italienische Außenministerium, das Ministero Affari Esteri, sich anschickte, massiv in entwicklungspolitische Projekte zu investieren. Den Anfang machte 1983 die christdemokratische CISL (Confederazione Italiana Sindacati dei Lavoratori) mit der Gründung des ISCOS, des »Istituto Sindacale per la Cooperazione allo Sviluppo«[139], ihr folgte die sozialdemokratische UIL (Unione Italiana del Lavoro), die 1984 das »Istituto Progetto Sud«[140] gründete, im gleichen Jahr schuf sich die bereits postkommunistische CGIL (Confederazione Generale Italiana del Lavoro) ihr »Progetto Sviluppo-CGIL«[141].

Allen dreien war gemeinsam, dass sie so schnell wie möglich enorme Mittelzuweisungen unterzubringen hatten, und zwar vorzugsweise in Projekten der Aus- und Fortbildung. Die Folge war – bis Ende der 80er-Jahre – ein regelrechter Boom beim Bau und der Einrichtung von gut ausgestatteten Gewerkschaftsschulen in den besten Lagen einiger Hauptstädte ausgewählter Länder Asiens, Afrikas, vor allem aber Lateinamerikas. Den Häusern konnte unterschwellig eine gemeinsame Eigenschaft zugeordnet werden: Sie entstanden an Orten, die einmal Ziele nennenswerter italienischer Auswanderung Ende des 19. und Anfang des 20. Jahrhunderts gewesen waren.

Allerdings war die Einrichtung dieser Bildungsstätten nach Fertigstellung nicht mit einem speziellen Bildungsprogramm verbunden. Dafür mussten

138 Vgl. *Achim Wachendorfer:* ¿Hacia una nueva arquitectura sindical en América Latina?, in: Nueva Sociedad, Nr. 211, September–Oktober 2007, S. 32-49.

139 Die mittlerweile abgespeckten Programme können auf den jeweiligen websites noch eingesehen werden: >www.iscos.it<. Demnach hat ISCOS noch Vertretungen in Argentinien, Brasilien, Burundi, Indien und in Brüssel und führt allgemeine Hilfsprogramme in Burkina Faso, Mosambik, Mali, Eritrea, Guatemala, El Salvador, Pakistan, Sri Lanka und Thailand ohne ausdrücklichen Gewerkschaftsbezug durch.

140 Nach >www.progettosud.org/it/chi-siamo< hat dieses Institut nur noch Außenstellen in Brasilien und Montenegro.

141 Das CGIL-Projekt hat heute keine eigene Website mehr, vgl. >www.cgil.it<.

bei der Einweihung die Gebernation, das italienische Außenministerium, das übermittelnde Institut und sein gewerkschaftlicher Träger gebührend gefeiert werden. Anschließend wurden die fertiggestellten und eingerichteten Häuser den Empfängern übergeben, sei es an eine Gewerkschaft oder mehrere Gewerkschaften, also die Arbeiterklasse im Allgemeinen, oder sei es an den Ort oder die Bevölkerung im Besonderen. Trotz in der Regel gut und komplex ausgefertigter Verträge zur Übernahme der Verantwortung für den Unterhalt, die Nutzung und Pflege der Installation durch gebendes Institut und empfangende Nutznießer versprühten einige dieser Bauten bereits nach fünf Jahren den eigenwilligen Charme tropischen Verfalls und nicht vertragsgemäßen Gebrauchs.

In Erinnerung bleibt nach einem Gespräch mit Vertretern der CISL die Erwartung von Uwe Optenhögel im Sommer 1988: »Das kann gut laufen, die CISL liefert die ›Hardware‹, Gebäude, Installationen, Computer et cetera, und wir von der FES stellen die ›Software‹, Themen, Referenten, Programme, Expertise.« Ganz so ist es mangels Masse dann nicht gekommen, immerhin aber konnte der regionale Gewerkschaftsberater der FES in Quito, nachdem ihm 1991 der operative Teil seines Budgets wegen Mittelverlagerung herb gekürzt worden war, dank Absprache mit dem CISL-Vertreter in Mexiko Stadt, Guiseppe Solomita, mit Themenstellung, Referenten und Programmplanung die inhaltliche Präsenz der FES in lateinamerikanischen Gewerkschaftskonferenzen, gefördert durch die CISL, gewährleisten. Offensichtlich mit Amtsantritt der ersten Regierung Berlusconi wurden seit 1994 die Mittel für Entwicklungspolitik radikal gekürzt, vor allem bei den Zuweisungen an die drei Gewerkschaftsinstitute.[142] Gewerkschaftsförderung im eigentlichen Sinne taucht in den Förderrichtlinien des italienischen Außenministeriums danach nicht mehr auf.

4.2.5 Nach Francos Tod: Die spanischen Gewerkschaften begleiten die iberische Wiederentdeckung Lateinamerikas und der arabischen Welt

Als zu Beginn der 90er-Jahre die ersten beiden Vertreter der spanischen Gewerkschaften Comisiones Obreras (CC.OO.) und Unión General de Trabajadores de España (UGT) unabhängig voneinander zu einer langen Erkundungsmission durch Lateinamerika aufbrachen, waren für Francisco Mellado von der CC.OO.-Stiftung Fundación Solidaridad y Paz und für Maite Nuñez vom UGT-Institut ISCOD die Büros der FES auf der Länge des Kontinents die

142 *Cecilia Brighi* (CISL), persönliche Mitteilung.

ersten Anlaufstellen. Beide Organisationen der gewerkschaftlichen Solidarität waren erst kurz zuvor per Kongressbeschluss gegründet worden, Fundación Paz y Solidaridad Serafin Aliaga[143] im Jahr 1989, das Gewerkschaftsinstitut für die Entwicklungszusammenarbeit Instituto Sindical de Cooperación al Desarrollo der UGT folgte ein Jahr später; beide funktionierten fast ein Jahrzehnt lang auf der Basis eines Solidaritätsbeitrags ihrer jeweiligen Mitglieder in Höhe von 0,7 Prozent ihres Einkommens, verstanden als eine Art Ausgleich für ihre während der Franco-Diktatur erhaltene Unterstützung durch die Gewerkschaften der Welt.

Während der Kollege der CC.OO. in den ersten Jahren seiner Kontaktaufnahmen noch die Restbestände der kommunistischen Gewerkschaften in Lateinamerika außerhalb Kubas suchte und nur in Peru mit der Confederación General de Trabajadores del Peru (CGTP)[144] einen repräsentativen Dachverband fand, erweiterte sich das Spektrum der Kooperationspartner der Arbeiterkommissionen mit deren Aufnahme in den IBFG auf dessen Weltkongress in Brüssel 1996. ISCOD konzentrierte sich hingegen auf die Zuarbeit zur ORIT (Organización Regional Interamericana de Trabajadores), einer Regionalorganisation des IBFG, und fand damit ein festes Standbein und einen Partner in deren Mitgliedsorganisationen auf dem Kontinent. Aber noch konnten beide nur ein bescheidenes Kooperationsprogramm anbieten, da sie über keine Infrastruktur in Form von Auslandsbüros in der Region verfügten. In dieser Phase erhielten die beiden »Reisekader« in mannigfaltiger Weise Hilfestellung durch FES-Vertretungen vor Ort. Das reichte von nicht unwichtiger Beratung in Fragen der Mittelverwendung bis hin zur Bereitstellung von Expertise und Referenten. Die Vertrauensbasis war hier vor allem auf dem Wirken einer Person gegründet, die als FES-Vertreter in Spanien beim langen Übergang zur Demokratie unschätzbare Hilfe geleistet hatte, Dieter Koniecki[145].

Beide spanischen Bünde leisteten in den 90er-Jahren u. a. Hervorragendes bei schwierigen Missionen des IBFG in Algerien und Kolumbien. Als die

143 Serafin Aliaga Lledó (1915–1990), Gründer der Stiftung, die nach seinem Tod seinen Namen erhielt, war der erste Internationale Sekretär der Arbeiterkommissionen nach Francos Tod (1975). Vgl. >www.SerafinAliaga.es< vom 2.4.2011.

144 Zu deren Entstehungsgeschichte vgl. *Achim Wachendorfer*, Peru, in: *Siegfried Mielke* (Hg.), Gewerkschaftshandbuch, a. a. O., S. 895 ff.

145 Zur politischen Leistung von Dieter Koniecki als Leiter des FES-Büros Madrid vgl.: *Patrik von zur Mühlen*, Die internationale Arbeit, a. a. O., S. 214 ff. Eine ebenso lebendige wie genaue Analyse der damaligen Prozesse aus erster Sicht gibt *Dieter Koniecki*, Spanien – ein erfolgreicher politischer Demokratisierungsprozess – erneut auf dem Prüfstand, Referat im Rahmen des internationalen Symposiums der Korea Democracy Foundation und Friedrich-Ebert-Stiftung zum

spanische Außenpolitik und das Königshaus Ibero-Amerika als Partner wiederentdeckten, blieb das auch auf die Stiftung der CC.OO. und das Gewerkschaftsinstitut der UGT nicht ohne positive Auswirkung, da sie seit 1998 im Dreijahresrhythmus Abkommen mit der spanischen Agencia de Estado para la Cooperación Internacional y el Desarrollo (AECID, Staatsagentur für internationale Zusammenarbeit und Entwicklung) unterzeichnen, die ihnen einen sicheren Finanzrahmen und eine im Vergleich immer noch bescheidene Infrastruktur für die Gewerkschaftsförderung in Entwicklungsländern gewährleisten.

Obwohl beide Institutionen in ihrem Wesenskern gleich sind, vermeiden sie bei den Einsatzorten weitgehend Überschneidungen, und zwar unbeschadet davon, ob sie – wie Fundación Paz y Solidaridad – immer Regionalbüros oder – wie ISCOD – immer »nur« Landesbüros eingerichtet haben. So ist im Abkommen der Stiftung der CC.OO. mit der AECID ausdrücklich die Ausrichtung auf subregionale Gewerkschaftsformationen festgehalten. Dies sind die Andenregion mit dem Regionalbüro in Lima/Peru, die Region des Cono Sur[146] mit dem Büro in Montevideo/Uruguay, Zentralamerika mit dem Büro in Managua/Nicaragua, Westafrika mit einem Regionalbüro in Dakar/Senegal und der Maghreb mit einem Büro in Tunis/Tunesien.[147] ISCOD wiederum verweist im Abkommen mit AECID darauf, in jedem Einsatzland Gewerkschaftspartner zu haben, mit denen jeweils angepasste Arbeitsprogramme entwickelt werden. Die Einsatzländer mit Außenstellen des ISCOD sind Bolivien, Kolumbien, Guatemala, Peru, Ecuador, Dominikanische Republik, Costa Rica, El Salvador, Nicaragua, Marokko, Bosnien und Serbien.[148] Interessant ist in diesem Zusammenhang, dass die »Big Five« ausgespart sind: Es gibt keine Vertretungen in Argentinien, Brasilien, Chile, Mexiko und Venezuela.

In all den vorher aufgelisteten Einsatzländern ist das Verhältnis der spanischen Gewerkschaftsvertreter zu den örtlichen FES-Vertretungen entspannt und kooperativ. Vor allem die entsandten Mitarbeiter der CC.OO. in den Regionalbüros der Stiftung Paz y Solidaridad betonen in Gesprächen, dass ihre

20. Jahrestag des Juni-Aufstandes, »Politische Entwicklung nach der Demokratisierung: Die Erfahrungen und Erinnerungen von Korea, Spanien, Portugal und Griechenland«, Seoul, 18. Juni 2007 (s. >www.library.fes.de<).

146 Cono Sur (deutsch: Südkegel) umfasst die Länder Argentinien, Brasilien, Chile, Paraguay und Uruguay, damit zugleich die Gründerstaaten (mit Ausnahme des nur assoziierten Chile) der Wirtschaftsgemeinschaft MERCOSUR.

147 Aktuelle Angaben (3.4.2011) entnommen >www.pazysolidaridad.ccoo.es<.

148 Aktuelle Angaben (3.4.2011) entnommen >www.iscod.org<.

Arbeit erst durch die kleinen und großen logistischen und politischen Hilfestellungen und Informationen durch die FES-Mitarbeiter in der Region funktionieren konnte.

In den letzten Jahren gab es lediglich 2006 und 2007 eine vorübergehende Unstimmigkeit mit der UGT, konkret mit ihrem Internationalen Sekretär Manuel Bonmati, der sich durch die Einladungspolitik des Gewerkschaftskoordinators in Lateinamerika, Achim Wachendorfer, zu den von der FES organisierten »Foren der progressiven Gewerkschaften« in Santiago de Chile und Uruguay ausgeschlossen fühlte, die der Vorbereitung auf den Zusammenschluss zu einer Regionalorganisation in den Amerikas dienten. Es blieb dem DGB dann überlassen, Bonmati den taktischen Sinn dieser Einladung an CC.OO. und die französische CGT zu erläutern, dadurch einen Zugang mithilfe eindeutig postkommunistischer Gewerkschaftsvertreter zu den immer noch kommunistischen Sektoren in wichtigen unabhängigen Gewerkschaften in Südamerika zu öffnen. Es wurde festgehalten, dass nichts die unverbrüchliche Freundschaft zwischen UGT, DGB und FES beeinträchtigen könne, dürfe und werde.

4.2.6 Die skandinavischen Gewerkschaften: Wahrung der Neutralität durch Förderung der internationalen Gewerkschaftsorganisationen

Alle skandinavischen Länder, einschließlich Finnland, sind bis heute bei ihren Leistungen für Entwicklungshilfe immer noch an der Spitzenposition weltweit, sowohl relativ in Bezug auf ihre Bevölkerungsgröße wie auch in absoluten Zahlen. Schweden ist da das leuchtende Beispiel: Im Haushaltsjahr 2010 stehen vom Gesamtetat des schwedischen Außenministeriums in Höhe von 31,4 Mrd. Schwedischer Kronen (SEK) etwa 27 Mrd. SEK für Entwicklungszusammenarbeit zur Verfügung. Von diesem globalen Entwicklungshaushalt gehen wiederum 17,5 Mrd. SEK an die Schwedische Entwicklungsagentur Styrelsen for internationellt Utvecklingssamarbete (SIDA), davon stehen für 13 schwedische NGOs 1,2 Mrd. SEK bereit, unter denen den schwedischen Gewerkschaften im Verteilerschlüssel 17 Prozent zustehen, etwa 200 Mio. (aktueller Stand 1 € = 8,9 SEK).[149]

Selbst nach FES-Maßstäben sind etwas mehr als 20 Millionen Euro für gewerkschaftliche Projekte der Entwicklungspolitik ein beträchtlicher Betrag. Mit diesen Mitteln unterstützt das von den beiden schwedischen Gewerkschaften LO (Landesorganisationen i Sverige) und der Angestelltengewerk-

149 Angaben zusammengestellt nach >www.sida.se< vom 5.4.2011.

schaft TCO (Tjänstemännens Centralorganisation) gebildete Sekretariat für die internationale Kooperation zur Gewerkschaftsentwicklung, LO-TCO Biståndsnämnd, 165 Projekte in mehr als 60 Ländern. Dazu kommt entwicklungspolitische Budgethilfe für den Internationalen Gewerkschaftsbund (IGB) und seine Regionalorganisationen in Afrika, Asien und Amerika sowie die in den Global Unions zusammengeführten Internationalen Berufssekretariate. Diese Unterstützung aus Schweden und den übrigen nordischen Ländern, die ohne sonderlich einengende Auflagen an die aufgeführten internationalen Gewerkschaftsorganisationen verteilt wird, hat für die Nehmenden durchaus existenzielles Gewicht.

Die Unterstützung begann Ende der 70er-Jahre – zu einem Zeitpunkt, als der damalige IBFG aufgrund des Austritts der US-amerikanischen AFL-CIO in einer veritablen Finanzkrise steckte, denn damit war der größte Beitragszahler ausgefallen und hatte sich das strukturelle Defizit in existenzbedrohende Dimensionen aufgeschaukelt. Es entbehrt nicht des politischen Hintersinns, dass ein erstes Dreijahresabkommen zwischen der staatlichen Entwicklungsagentur SIDA mit den schwedischen Gewerkschaften zur Oppositionszeit Olof Palmes[150] 1977 abgeschlossen und fortan immer fristgemäß erneuert wurde.

Der Beitrag der schwedischen und in ihrem Gefolge der anderen nordischen Gewerkschaften hat das internationale Gewerkschaftssystem entscheidend gestärkt und wirkt sich nicht nur indirekt bis heute positiv auf die Rahmenbedingungen für die Gewerkschaftskooperation der Friedrich-Ebert-Stiftung aus. Ein Großteil der bilateralen Unterstützung der schwedischen Gewerkschaften richtet sich auf das subsaharische anglofone Afrika, wo der Kooperationsbedarf am größten und am stärksten nachgefragt ist.

Eine Besonderheit prägt die nordische Gewerkschaftskooperation, die sie zu einem zwar finanzkräftigen, zugleich aber auch bequemen Partner macht: Es fehlt ihr als Durchführungsinstanz an einer professionellen, gefestigten Infrastruktur vor Ort; es fehlen die Auslandsmitarbeiter; es fehlt die logistische Nachhaltigkeit durch eigene Vertretungen in den Entwicklungs- und Schwellenländern; es fehlt, was bei dem enormen Mittelzufluss nicht nur gelegentlich

150 Olof Palme (30.1.1927–28.2.1986), Ministerpräsident seit 1969, hatte 1976 die Wahlen zum schwedischen Reichstag krachend in den Sand gesetzt und eine 44-jährige sozialdemokratische Vorherrschaft beendet; sein breitgespanntes internationales Profil gewann er in der Oppositionszeit, um 1982 mit einem strikt atomkraftkritischen Wahlkampf – munitioniert durch den Beinahe-GAU 1979 von Three Mile Island in den USA – bei den Wahlen 1982 ein glänzendes Comeback zu erleben, bis er am 28. Februar 1986 ermordet wurde.

sträflich ist, an lokalen Kontroll- und Steuerungsinstrumenten. Dafür gibt es ein schon byzantinisch anmutendes System sich ständig wiederholender Evaluierungen, deren spezieller Jargon der Eigentlichkeit ebenso pleonastisch wie nichtssagend ist; da gibt es als Dauertätigkeit eine Abfolge von Planungsverfahren, deren Logik ihre Stringenz nur am Reißbrett erschließt; es gibt sogenannte Partnerdialoge, die von fast missionarischer Einfalt und sozialem Pflichtgefühl erfüllt sind.[151]

Diese Kritik gilt weder den Gewerkschaften in Schweden und in den anderen nordischen Ländern, vor allem nicht den hoch motivierten, hervorragend qualifizierten und engagierten Mitarbeiterinnen und Mitarbeitern in den verantwortlichen Sekretariaten, sondern einem System der Zuteilung und Konditionierung von öffentlichen Mitteln, das ihnen wesentliche Instrumente der Durchführung versagt. Das gilt zum einen wohl dem einer speziellen Auslegung der protestantischen Ethik geschuldetem Prinzip, grundsätzlich keine sogenannten »Overhead«-Kosten zu finanzieren, das heißt keine Personal- und Verwaltungskosten – offenbar in der wohlmeinenden, aber intellektuell etwas bescheidenen Absicht, keine »bürokratischen« Strukturen in der Heimat und in der Fremde aufzubauen. Ergebnis ist, dass der eigene Auswärtige Dienst zur wichtigsten Referenzstelle neben der kleinunternehmerisch strukturierten Evaluierungsindustrie wird.[152]

---

151 Kennzeichnend für diese epistemologische Schlichtheit sind die gemeinsam von den niederländischen und nordischen Gewerkschaften erarbeiteten Richtlinien, die in zwei Teilen als Handbuch erschienen sind. Beteiligt waren FNV Niederlande, LO/FTF Dänemark, LO-TCO Schweden, LO Norwegen, SASK Finnland, herausgeben wurde es stellvertretend von der Norwegian Agency for Development Cooperation (Norad), die dem norwegischen Außenministerium untersteht. *Norad* (Hg.), Handbook Of Participatory Project Planning, Part 1, Part 2, Oslo., 1999. Es basiert auf der vor zehn Jahren aktuellen Lehre von »Logical Framework Approach« (LFA), was wiederum eine Neuübersetzung des von GTZ-Meisterdenkern entwickelten ZOPP, der Zielorientierten Projekt Planung, Eschborn 1997, versuchte. Dem entsprechenden Link auf >www.norad.no< zufolge ist es heute noch bindend und aktuell.

152 Auch hier bietet die Website von Norad umfangreiches Anschauungsmaterial, weil exemplarische Evaluierungen ins Netz gestellt sind, beginnend mit bilateralen Projekten vom Beginn des Abkommens zwischen LO Norge und der Staatsagentur Norad von 1980 bis 1985, damals mit Gewerkschaften in Tansania, Ägypten, Portugal und Jamaika. Außerdem liegen noch Auswertungen der Zusammenarbeit mit dem kubanischen Gewerkschaftsbund CTC von 1999 bis 2005 mit Fortsetzungsempfehlung vor und eine Auswertung von 2006 über die Zusammenarbeit seit 2001 mit der kolumbianischen CUT, Letzteres seit 2003 ein gemeinsames Projekt mit den schwedischen, finnischen und niederländischen Gewerkschaften. Bei den Empfehlungen eines peruanischen Arbeitsexperten fällt eine peinlich paternalistische Tonlage mit 14-mal »CUT should […]« unangenehm auf, gipfelnd in dem Eingangssatz: »However Cut's current structure should be changed to reflect the country's new economy.« Diese seltsame Empfehlung für die

Erschwerend kommt hinzu, dass seit der breiten internationalen Zustimmung zu den acht Millenniumszielen eine bei den nordischen Geberländern zunehmend verschärfte Verengung der Entwicklungsstrategien auf Maßnahmen zur Armutsbekämpfung erfolgt, bei der Programmpunkte wie Demokratie- und Gewerkschaftsförderung nur noch mit argumentativen Verrenkungen einzugliedern sind.

Auch hier sei Norad stellvertretend für die anderen skandinavischen Entwicklungsagenturen zitiert:

> »Norad's strategy towards 2010 states that Norad:
> - aims to be the centre of expertise for evaluation, quality assurance and dissemination of the results of Norwegian development cooperation, jointly with partners in Norway, developing countries and the international community
> - will ensure that the goals of Norway's development policy are achieved by providing advice and support to the Ministry of Foreign Affairs and Norwegian service missions
> - will administer the agency's grant schemes so that development assistance provided through Norwegian and international partners contributes effectively to poverty reduction.«[153]

Das ehrenwerte Ziel der Armutsbekämpfung wird dadurch zu einer Art Totempfahl, dem alle anderen Entwicklungsziele und -vorstellungen Tribut zollen müssen – bei Strafe, von der entwicklungspolitischen Agenda zu verschwinden. Das liegt sicher zuallerletzt im Sinne derer, die die Millenniumsziele aufgestellt, für sie gerungen und sie schließlich im allgemeinen Konsens durchgesetzt haben. Die skandinavischen Gewerkschaften, die sich lange Zeit in der internationalen Solidaritätsarbeit selbst genug waren und sich im Zweifelsfall immer nur untereinander gleich gesinnt fühlten und sich gut abgestimmt haben, sehen sich bei der Entwicklung der Rahmenbedingungen für die eigene Arbeit mittlerweile schon auf die Position einer Notfall-Hilfsorganisation gedrängt,

---

einzige wirklich repräsentative Massenorganisation in Kolumbien, ist zu finden unter >www.norad.no/en< (Tools and publications → Publications → Project Cooperation between LO and CUT-Colombia). Immerhin wird auch eine engere Koordination mit dem DGB, gemeint ist das Bildungswerk, und den spanischen Comisiones Obreras empfohlen. Das funktioniere laut Anmerkung von LO bereits gut, weil alle drei Monate Telefonkonferenzen zwischen Oslo, Düsseldorf und Madrid laufen.

153 Ebd., >www.norad.no/en< (about Norad).

gegenüber anderen dadurch begünstigt, dass Gewerkschaften über Kontakte in aller Welt verfügen oder zumindest wissen, wie man sie findet.

So wird der drängende Ton erklärlich, mit dem in Dänemark das für Internationales zuständige Vorstandsmitglied Marie-Louise Knuppert bei der LO ein Umsteuern der dänischen Entwicklungshilfe einfordert:

> »Wenn Dänemark Entwicklungshilfe vergibt, ist es entscheidend, dass diese Hilfe Mittel zur Verbesserung der Arbeitnehmerrechte in Entwicklungsländern einschließt. Nur durch die Sicherung von menschenwürdigen Arbeitsbedingungen und eine gerechte Einkommensverteilung wird die lokale Bevölkerung in Entwicklungsländern erfahren, dass unsere Hilfe ihr zugutekommt. Wir in der dänischen Gewerkschaftsbewegung kämpfen dafür, dass Arbeitnehmerrechte und gerechte Verteilung des Reichtums Teil der dänischen Entwicklungshilfe werden. Mit anderen Worten, wir glauben, dass die großen Anstrengungen der ILO auf dem Feld der menschenwürdigen Arbeit ein integraler Bestandteil der dänischen Regierungspolitik werden müssen.«[154]

Knuppert bezieht die regierungsamtliche Eingrenzung auf Armutsbekämpfung ein und argumentiert:

> »Für die LO gibt es keinen Zweifel, dass ein auf [das Problem der] Armut gerichtetes Wirtschaftswachstum eine Vorbedingung für Entwicklung ist. Um zu verhindern, dass Wachstum nicht bei einer sehr kleinen und überreichen Minderheit endet, muss notwendig gesichert werden, dass es auf menschenwürdigen Jobs gründet, die verankert sind in einem nachhaltigen Arbeitsmarkt mit sozialem Dialog und Respekt für die grundlegenden Arbeitnehmerrechte.«[155]

Zwar spricht Knuppert in ihrer knappen, aber sehr pointierten Denkschrift nur für die Arbeitergewerkschaft LO-Landesorganisationen Dänemark, zugleich aber ist sie Vorstandmitglied des 1987 gegründeten gemeinsamen Gewerkschaftsrates für internationale Entwicklungszusammenarbeit mit der Angestellten- und Akademikergewerkschaft FTF (Fællesrådet for Danske Tjenes-

154 *Marie-Louise Knuppert*, Workers' rights must be part of the development policy, Denkschrift o. O. (Kopenhagen), o. J. (2010), S. 1 (zu erreichen über: >www.lo.dk<).

155 Ebd., S. 2.

temands – og Funktionœrorganisationer), der sich vier Arbeitsfelder für seine Strategie zu Schaffung eines nachhaltigen Arbeitsmarkt zur Aufgabe gemacht hat:

- Demokratie – sozialer Dialog im Arbeitsmarkt
- Arbeitsrechte
- Armutsbekämpfung, Verteilungspolitiken und informelle Beschäftigung
- Arbeitssicherheit und Gesundheitsschutz, HIV/AIDS-Kampagne.[156]

Die dänischen Gewerkschaften wehren sich gegen die Kürzungen der Entwicklungshilfe und deren Reduktion auf Maßnahmen zur Armutsbekämpfung durch die konservative Regierung unter Einfluss und Tolerierung der rechtspopulistischen Dänischen Volkspartei. Umso stärker haben sie sich in der jüngeren Vergangenheit in den Verbund der übrigen nordischen Gewerkschaften und der niederländischen FNV (Federatie Nederlandse Vakbeweging) eingebracht, in dem jetzt die finnische SASK, das Gewerkschaftliche Solidaritätszentrum, die Sprecherrolle übernommen hat.

SASK ist mit dem Gründungsjahr 1986 im skandinavischen Kontext die zwar jüngste Organisation, zugleich aber als Entwicklungsorganisation eine Institution sui generis im Gegensatz zu den Sondersekretariaten bei den Bünden Dänemarks, Norwegens und Schwedens. Die Trägerschaft übernahm ursprünglich allein die SAK, die Zentralorganisation der finnischen Gewerkschaften (Suomen Ammattiliitojen Keskusjärjesto), später kamen die Angestelltengewerkschaft STTK (Suomen Teknisten Toimihenkilöjäjestöjen Keskusliitto) sowie 30 nationale Branchen- und Berufsgewerkschaften hinzu. Dank des hohen Organisationsgrades der finnischen Arbeitnehmer und der beeindruckenden Solidaritätsbeiträge ihrer Mitglieder hat SASK eine solide Basis an Eigenmitteln und ist nicht so abhängig von der staatlichen Finanzierung ihrer Projekte wie die anderen nordischen Gewerkschaften. Vor allem aber gelang es SASK, das Netzwerk eines gewerkschaftlichen Freiwilligendienstes in Entwicklungsländern aufzubauen, das sich angesichts der Herausforderungen der Arbeit vor Ort zunehmend professionalisierte, ohne den Charme seines ursprünglichen Voluntarismus aufzugeben.[157]

Damit ist noch keine Vergleichbarkeit mit Organisation und Methodik der Gewerkschaftskooperation der Friedrich-Ebert-Stiftung gegeben, aber seit der Etablierung des Globalen Gewerkschaftsprojekts unter Leitung von Erwin Schweißhelm in der FES wurde über gemeinsame Wirksamkeitsanalysen seit

156 Vgl. >www.ulandssekretariatet.dk< (/print/694).

157 Vgl. dazu >www.sask.fi/english< (/strategy_of_sask).

2004 eine lose Form der Zusammenarbeit mit den nordischen Gewerkschaften aufgebaut. Erst die regelmäßigen Nordic Dutch German Guf Ituc Meetings begründen eine junge Tradition, die zumindest die Abstimmung und wechselseitige Information erleichtert. Dabei eint die Nordic-Dutch-German-Gruppe die gemeinsame Abwehr aller Versuche des IGB-Sekretariats, Koordination mit Kontrolle durch die Zentrale zu verwechseln.

5 Internationale Gewerkschaftsorganisationen: Kontinentale Entwicklungen und regionale Integration bei nicht nur gelegentlicher Mitwirkung der FES

> »Jacques: Die ganze Welt ist Bühne,
> und alle Frau'n und Männer bloße Spieler.
> Sie treten auf und gehen wieder ab […].«[158]

5.1 Höhen und Tiefen im Verhältnis zum IBFG

Mit dem Internationalen Bund Freier Gewerkschaften (IBFG), dem nahezu gleichzeitig mit dem DGB 1949 entstandenen Weltverband der nicht kommunistischen Gewerkschaftsbünde, der sich in scharfer Abgrenzung zum kommunistisch dominierten Weltgewerkschaftsbund befand, verband den DGB als quasi Gründungsmitglied eine besonders ausgeprägte Loyalitätsbindung und kritikfeste Liebesbeziehung. Der IBFG war die erste internationale Institution, die eine westdeutsche Organisation nach Ende des 2. Weltkriegs und der Nazidiktatur ohne Einschränkung als Mitglied in ihre Reihen aufnahm und anerkannte. Der DGB wurde so dank seiner vergleichsweise hohen Mitgliederzahlen, aber vor allem durch seinen millionenschweren jährlichen Beitrag zum Internationalen Solidaritätsfonds des IBFG zu einem der politischen Schwergewichte unter dessen Mitgliedsbünden. Ohne deshalb besonders aufzutrumpfen, aber – dank der Leistung der deutschen Gewerkschaften beim westdeutschen Wiederaufbau – durchaus selbstbewusst, spielte der DGB stets auf gleicher Augenhöhe mit den angelsächsischen und skandinavischen Mitgliedern im Konzert der in eigener Selbsteinschätzung freien Gewerkschaftswelt, wobei die

158 *William Shakespeare*, Wie es Euch gefällt, zweiter Aufzug, 7. Szene, Übersetzung: A. W. Schlegel.

gelegentlichen Misstöne im Verhältnis zu der US-amerikanischen AFL-CIO bei den europäischen Bruderorganisationen manchen Sturm im Wasserglas aufblähten. Immerhin musste der ursprünglich von den Amerikanern unterstützte erste Generalsekretär des IBFG, der niederländische Linkssozialdemokrat Jakobus Hendrik Oldenbroek (geb. in Amsterdam am 10.11.1897, gest. in London am 9.3.1970), obwohl gerade wiedergewählt, 1960 sein Amt aufgeben, weil er bei einer heftigen Auseinandersetzung zwischen George Meany und dem britischen TUC über die Gewerkschaftsarbeit in Afrika zwischen die Fronten geraten war und in Meanys Augen eine klar antikommunistische Linie verlassen hatte. Bei der Drohung Meanys, den IBFG zu verlassen, sodass ein Drittel der Beiträge zum IBFG entfallen wäre, kuschten auch die übrigen europäischen Mitgliedsorganisationen, die eigentlich mit Oldenbroek sympathisiert hatten.[159]

Auch der von der AFL-CIO zu Beginn mit paternalistischem Wohlgefallen gehätschelte DGB und – in dessen Windschatten – die Friedrich-Ebert-Stiftung leisteten zum Dauerkonflikt mit der AFL-CIO trotz Westbindung[160] ihren konstruktiven Beitrag. Schon die DGB-Kampagnen der 50er-Jahre gegen die Wiederbewaffnung und ihr »Kampf dem Atomtod« konnten in der durch Senator McCarthy gereinigten AFL-CIO auf keinen positiven Widerhall stoßen, vor allem nicht bei einem antikommunistischen Urgestein wie George Meany, seit 1952 Präsident der AFL und seit 1955 Präsident der AFL-CIO. Gemeinsame Bestrebungen von FES und DGB, ins bis dato uramerikanische Geschäft der internationalen Gewerkschaftsberatung vorzustoßen, trafen bei ihm auf erbitterte Ablehnung (vgl. Abschnitt 2.2), von der auch der IBFG nicht unberührt bleiben konnte, dessen Generalsekretär und Nachfolger Oldenbroeks, der Belgier Omer Becu[161], um diese Konfliktlage nicht zu beneiden war. Bereits bei den nötigen Absprachen zur Ausbildung der künftigen Gewerkschaftsberater von DGB und FES, die auch Studienaufenthalte beim IBFG vorsah, kam es zu Bremsversuchen aus den Untiefen der Macht in dessen Brüsseler Zen-

159 Ausführlich zur »Oldenbroek-Affäre«: *Anthony Carew*, Conflict Within the ICFTU: Anti-Communism and Anti-Colonialism in the 1950s, in: International Review of Social History, Amsterdam 1996, Vol. 41, S. 147-181. Zu den Erfahrungen eines Insiders im IBFG: *ders.*, Charles Millard, a Canadian in the international labour movement: a case study of the ICFTU 1955–61, in: Labour/Le Travail, Spring 1996, Canadian Committee on Labour History.

160 Vertieft durch den 1962 in Berlin/West abgehaltenen 7. Weltkongress des IBFG, der auch eine Solidaritätsdemonstration gegen den Mauerbau war.

161 Der Belgier Omer Becu war wie sein Vorgänger Generalsekretär der International Transport Workers' Federation gewesen und auf dem 4. Weltkongress des IBFG am 20. Mai 1955 zum Präsidenten des IBFG gewählt worden.

trale. Beim vorgesehenen Ersteinsatz von Kollegen in Nigeria und im Kongo blockierten IBFG-Strukturen vor Ort unter Verweis auf die komplizierte politische Situation, was einsichtig war, aber auch wegen angeblich fehlender Weisung aus Brüssel bereits deren Anreise.

Um die Probleme und Missverständnisse mit dem IBFG endgültig auszuräumen, trafen sich auf Einladung von Ludwig Rosenberg am 15. April 1964 Generalsekretär Omer Becu und der schwedische IBFG-Präsident Arne Geijer mit Alfred Nau und Günter Grunwald zu einer Art Friedensgespräch in der Heimvolkshochschule Bergneustadt unter Moderation des DGB-Vorsitzenden. Am Schluss der Aussprache stand eine Art Abkommen:

> »Es wurde vereinbart:
> 1) Die gewerkschaftlichen Organisationsberater werden vor ihrer Abreise in die jeweiligen Einsatzländer für etwa eine Woche im Hauptbüro in Brüssel verweilen, um sich dort über die vom IBFG in der Vergangenheit in den Entwicklungsländern geleistete Arbeit sowie die zur Zeit vom IBFG verfolgten gewerkschaftlichen Ziele zu informieren.
> 2) Die gewerkschaftlichen Organisationsberater werden in den jeweiligen Einsatzländern jede mögliche Unterstützung von Seiten des IBFG erhalten.
> 3) Zukünftige Programme, die Ausbildung und Einsatz von gewerkschaftlichen Organisationsberatern betreffend, sollen so früh wie möglich zwischen Vertretern des DGB, des IBFG und der Friedrich-Ebert-Stiftung abgesprochen werden.
> 4) Zur besseren Koordinierung der gewerkschaftlichen Schulungsarbeit sollen technische Kontakte zwischen der Friedrich-Ebert-Stiftung und dem Sekretariat des IBFG in Brüssel geschaffen werden.
> 5) Die Mittelsperson zwischen der Friedrich-Ebert-Stiftung und dem IBFG ist in Bezug auf gewerkschaftspolitische Angelegenheiten Kollege Ludwig Rosenberg in seiner Eigenschaft als Vize-Präsident des IBFG.«[162]

Mit dieser schlichten Protokollnotiz, die von den drei beteiligten »Vertragspartnern« stillschweigend und ohne öffentliche Bekanntmachung akzeptiert wurde, war nicht nur die Einrichtung eines FES-Büros in Brüssel beschlos-

162 *Harald Simon,* Gespräch mit Vertretern der Friedrich-Ebert-Stiftung am 15. April 1964 in Bergneustadt, Düsseldorf, 5. Mai 1964, in: Dok. 5/DGA000181.

sene Sache, das sich später zur EWG/EU-Vertretung der Stiftung ausweitete, sondern die grundlegenden Voraussetzungen für eine dauerhafte und gedeihliche Kooperation der FES mit der repräsentativen, freiheitlichen und demokratischen gewerkschaftlichen Weltorganisation geschaffen, ohne dass die gewerkschaftspolitischen Aktivitäten der FES in die Verfügungsmasse des IBFG eingingen oder dessen zensierender Einmischung ausgesetzt wurden. Der DGB-Vorsitzende und de facto seine Internationale Abteilung waren damit als eine Art heimlicher Lordsiegelbewahrer der Vereinbarung als hilfreicher Puffer installiert, um künftige Fehler auf beiden Seiten abzufedern und aufzufangen, wobei auf allen Seiten die Unschuldsvermutung zum Tragen kommen sollte.

Dieses auf den ersten Blick sehr einfache System der Zu- und Zusammenarbeit hat bis heute allen Anfechtungen durch Verschwörungstheoretiker, Kommunistenjäger, Koordinierungs- und Kontrollfreaks, Politkommissare aus befreundeten Organisationen, Justiziare, Spitzelwesen, Verächtern der Gewerkschafts- und Menschenrechte, Inquisitoren und Schnellrichtern, Unternehmensverbänden und gelben Gewerkschaften letztendlich erfolgreich getrotzt und seine kluge, manchmal auch klug verspätete Anpassungsfähigkeit bewiesen. Beim Wandel des IBFG von einer Organisation der reichen Gewerkschaften des Westens für die armen Gewerkschaften des Südens über die Rolle eines Sprachrohres und Dolmetschers der Südgewerkschaften bis hin zur gemeinsamen internationalen Interessenvertretung in Zeiten der Globalisierung war da eine lange und gemeinsame Wegstrecke zurückzulegen.

Für den DGB war bis zum Beginn der 70er-Jahre keine eigene entwicklungspolitische Initiative mehr vonnöten. »Auf multilateraler Ebene sieht er sich durch den IBFG vertreten. Auf bilateraler Ebene tritt er seine Entscheidungskompetenz an die Friedrich-Ebert-Stiftung ab, die für ihn die Projektdurchführung und Projektgestaltung übernimmt [...]. Standortbestimmung erfolgt durch den IBFG.«[163] Diese relative Passivität des DGB endete 1969 mit der Entspannungspolitik während der sozialliberalen Koalition und dem damit zwar zeitlich, aber weniger inhaltlich zusammenhängenden Austritt der AFL-CIO aus dem IBFG.[164] Für den DGB, der eng mit der AFL-CIO ver-

163 *Helga Uckermann*, Gewerkschaften und Dritte Welt, Sinzheim 1996, S. 75 f.

164 »Als die Mehrheit des IBFG-Vorstandes ein Aufnahmegesuch der amerikanischen Automobilarbeitergewerkschaft United Automobile, Aerospace and Agricultural Implement Workers of Amerika (UAW), einer partiellen Konkurrenzorganisation zu AFL-CIO, nicht vorbehaltlos ablehnt, sieht sich die AFL-CIO veranlasst, den IBFG 1969 zu verlassen und alle Beitragszahlungen einzustellen. Damit verliert der IBFG indirekt 15 Mio. Mitglieder und sieht sich zugleich einem verstärkten Einsatz der IBS konfrontiert, in denen die amerikanischen Branchengewerkschaften

bunden war, war deren Austritt ein Schock, aber man teilte die eigentlichen Beweggründe nicht, jeden Kontakt mit den Gewerkschaften des Ostblocks verhindern zu wollen. So versuchte sich der neue DGB-Vorsitzende Heinz Oskar Vetter erfolgreich an dem Spagat, sowohl die Verbindung zur AFL-CIO nicht abreißen zu lassen als auch zugleich den IBFG bei seinen ostpolitischen Lockerungsübungen zu unterstützen. So hob der IBFG 1970 die Kontaktsperre seiner Mitglieder zu Gewerkschaften des Weltgewerkschaftsbundes (WGB) auf und gestattete in der Folgezeit gemeinsame internationale Konferenzen im Rahmen des UN-Systems. Vetter selbst unterstützte die Kandidatur seines Internationalen Sekretärs Otto Kersten für die Position des Generalsekretärs des IBFG, wohl auch in der Hoffnung, dass dieser in der Lage sein werde, die »Amerikaner« wieder ins Boot zurückzuholen.[165] Dessen zähe Bemühungen waren schließlich von Erfolg gekrönt, den Otto Kersten leider nicht mehr erleben durfte, da er kurz vor der Rückkehr der AFL-CIO in den IBFG verstarb.

Der DGB-Vorsitzende selbst internationalisierte seine Internationale Abteilung, indem er 1972 den Asienkenner Erwin Kristoffersen von der FES abwarb und zum Leiter bestellte, der zusammen mit dem Lateinamerikaexperten Dieter Wagner, der 1971 aus Chile zum DGB zurückgekehrt war, ein Team bildete, das die Zusammenarbeit mit FES und IBFG geräuschlos und höchst effektiv gestaltete. Schon seit der Zeit des DGB-Vorsitzenden Willi Richter Ende der 50er-Jahre arbeitete der vielsprachige Harald Simon in dieser Abteilung, der sich unter Kristoffersen zum Spezialisten für die internationale Arbeitsorganisation IAO entwickelte und vor allem die zentrale Zuarbeit für den DGB-Vize Gerd Muhr von 1970 bis 1990 in dessen leitenden Funktionen im Verwaltungsrat der IAO leistete.[166] Später kam zu diesem Team als Euro-

der AFL-CIO ihr Engagement verstärken. Auch in der interamerikanischen Regionalorganisation des IBFG, Organización Regional Interamericana de Trabajadores (ORIT), bleiben AFL-CIO aktiv und satzungswidrig Mitglied, was die Tätigkeit des IBFG in Lateinamerika erheblich erschwert […]. 1982 kehren AFL-CIO, inzwischen mit der UAW vereinigt, zurück und nehmen ihre Mitgliedsrechte wahr.« *Kurt. P. Tudyka*, Internationaler Bund Freier Gewerkschaften (IBFG), in: *Siegfried Mielke* (Hg.), Gewerkschaftshandbuch, a. a. O., S. 5.

165 Kerstens Vorgänger, der Niederländer Harm G. Buiter (geb. in Tubbergen am 8.1.1922, gest. in Groningen am 22.2.2001), der 1967 das Amt von Omer Becus übernommen hatte – zuvor war er erfolgreich beim Aufbau der europäischen Gewerkschaftsstrukturen beteiligt –, hatte sich im Konflikt mit AFL-CIO derart aufgerieben, dass er es vorzog, 1972 das Amt des Oberbürgermeisters von Groningen anzutreten, das er bis 1985 ausfüllte. Seine Verdienste für den IBFG bestanden laut der jetzigen Generalsekretärin Sharon Burrow darin, dass er den IBFG für die Themen der Wirtschafts- und Sozialpolitik geöffnet habe. Vgl. ITUC, Nachruf 25.2.2011.

166 Vgl. >www.fes.de/archiv/adsd/neu/inhalt/gewerkschaften/dgb-muhr.htm<.

pasekretär ein weiterer ehemaliger FES-Mitarbeiter, der in Tunesien und im Libanon gearbeitet hatte, nämlich Heinz Mathiesen, hinzu.

Diese Jahre brachten dem IBFG unter Beibehaltung der Gründungslosung »Brot, Freiheit und Frieden« eine neue Aufstellung. So gelang es dem IBFG unter Leitung Otto Kerstens, den militanten Antikommunismus der ersten zwei Jahrzehnte als Leitmotiv nach und nach in den Hintergrund zu verbannen. Geschickt bemaß der Generalsekretär dabei »die internationale Gewerkschaftsbewegung« an ihrer »historischen Rolle, die Interessen der Arbeitnehmer – gleichgültig in welchem Land oder unter welcher Gesellschaftsordnung – zu vertreten und für soziale und wirtschaftliche Gerechtigkeit in der Welt zu kämpfen.«[167] Daraus folge, so Kersten weiter, eine doppelte Aufgabenstellung in der Entwicklungspolitik: »Einmal ist es die aktive Unterstützung, Förderung und Verteidigung der Arbeiterbewegung – vor allem in den Ländern der Dritten Welt, wo sich die Gewerkschaftsstruktur noch oft im Anfangsstadium befindet oder durch autoritäre Maßnahmen unter Druck gesetzt wird. Zweitens ist es die Vertretung der Rechte und Interessen der Arbeitnehmer in den verschiedenen Gremien der UNO, und hier ganz besonders innerhalb der IAO, FAO, des IWF und der UNCTAD sowie bei anderen internationalen Organisationen und Verhandlungen, sei es im Rahmen der GATT-Vereinbarungen oder in Bezug auf die Maßnahmen der Europäischen Gemeinschaft und ähnlicher regionaler Verbände.«[168]

Damals war der Begriff der »Globalisierung« noch nicht im Umlauf, dafür aber waren es die multinationalen Konzerne mit ihrer Macht und weithin ungebremstem Einfluss, gäbe es da nicht den IBFG, wie Otto Kersten stolz verkündete: »Das einzige effektive Gegengewicht zu den multinationalen Konzernen ist deshalb die internationale Gewerkschaftsorganisation. Organisation auf nationaler Ebene, zum Beispiel durch den DGB, oder selbst auf regionaler Ebene, wie durch den Europäischen Gewerkschaftsbund, genügt nicht.«[169] Hier sprach der IBFG-Generalsekretär nicht nur vom IBFG selbst, sondern schloss die Internationalen Berufssekretariate als weltweite Branchenorganisationen ein.

Über die Jahrzehnte war es das Dilemma des IBFG, über wohlformulierte Satzungen und Grundsatzpapiere zu verfügen, in teils pathetischer Prediger-

167 *Otto Kersten*, Die Bedeutung internationaler Gewerkschaftsorganisationen für die Entwicklungspolitik, in: *Gerhard Leminsky/Bernd Otto* (Hg.), Gewerkschaften, a. a. O., S. 88.

168 Ebd., S. 89.

169 Ebd., S. 90. Das war natürlich eine Aussage, deren Wirkmächtigkeit eine große IG Metall oder ein noch nicht von der Neuen-Heimat-Affäre gebeutelter DGB in höchste Zweifel zogen und die sie als eine gewisse Unbotmäßigkeit einstuften.

sprache auf allen Weltkonferenzen und zu allen Weltereignissen Stellung zu beziehen, aber gerade in den Ländern seiner mächtigsten Mitgliedsorganisationen weitgehend tonlos zu bleiben. So blieb auch die folgende Aussage eines der gewerkschaftsfreundlichsten Referenten im BMZ 1977 ohne Widerspruch der Gewerkschaften, aber auch ohne sichtbare Folgen:

> »Als Mitarbeiter des zuständigen Ministeriums erhalte ich offizielle, umfassende Ausarbeitungen der Spitzenverbände der Wirtschaft, BDI, DIHT, und zahlreiche Stellungnahmen von Firmen und Verbänden zu allen aktuellen Fragen der Nord-Süd-Problematik, zumeist sehr wirksam aufgemacht. Sicher gibt es zu UNCTAD, zum Common Fund, zum europäisch-arabischen Dialog, zur UNESCO-General-Konferenz 76 in Nairobi, vor allem zu allen Forderungen und Gegenargumenten in Sachen neue Weltwirtschaftsordnung offizielle gewerkschaftliche Stellungnahmen, Kommentare, Analysen usw., man muss diese Äußerungen aber zumeist suchen. Einfluss auf die Politik haben sie bisher kaum gehabt. Ob hier nicht erst noch der Beweis zu erbringen ist, dass DGB und IBFG nicht nur ihren guten Namen, sondern auch ihre Macht einzusetzen bereit sind?«[170]

---

170 *Winfried Böll*, Gewerkschaften und Dritte Welt, in: *Ulrich Borsdorf u. a.* (Hg.), Gewerkschaftliche Politik, a. a. O., S. 630. Es ist bezeichnend, dass Bölls Beitrag in dieser voluminösen Festschrift im umfangreichen Schlagwortverzeichnis nicht unter »Internationale Gewerkschaftsbewegung«, sondern unter »Dritte Welt« ausgewiesen wird. Dort findet sich auch eine bemerkenswerte Aussage aus berufenem Mund vom damaligen WDR-Intendanten und späteren Präsidenten des Goethe-Instituts:
»Die Entwicklungspolitik beschäftigt die einzelnen Industriegewerkschaften offensichtlich nur wenig. Angesichts der strukturellen und deshalb auch langfristigen Arbeitslosigkeit macht sich der Wunsch breit, zunächst die Probleme im eigenen Haus zu lösen und sich erst dann der internationalen sozialen Frage zu stellen. Doch zu dem, was wir aus der Ölkrise lernen konnten, gehört ganz sicher auch die Erfahrung, dass die ungelösten internationalen Probleme erhebliche Auswirkungen auf unsere Binnenwirtschaft haben. Wer die internationalen Probleme nicht oder nur halbherzig angeht, wird damit auch nicht seiner eigenen Interessenlage gerecht. Aus Solidarität mit sich selbst dürfen die Gewerkschaften ihre Solidarität nicht an den nationalen Grenzen beenden. Aber wenn man mit einzelnen Arbeitnehmern etwa im Ruhrgebiet spricht, wenn man Verlautbarungen der Industriegewerkschaften zur Kenntnis nimmt, so ist eben ›das Hemd immer noch näher als der Rock‹. Und es scheint so, als bestünde nur bei wenigen Neigung, sich des Interessenkonfliktes voll bewusst zu werden, der durch das Nord-Süd-Gefälle und damit durch eine internationale Verantwortung der Arbeitnehmersolidarität in der Tat gegeben ist. Das gilt auch dann, wenn H. O. Vetter nicht nur auf Grund seiner internationalen Funktionen, sondern auch auf Grund seiner persönlichen ethischen Einstellung seit Jahr und Tag in dieser Sache international verantwortlich engagiert ist. Es gilt, auch wenn viele Vorsitzende der Industriegewerk-

Das sind Aussagen aus einer seligen Zeit, in der mit Unterstützung der Friedrich-Ebert-Stiftung noch vierteljährlich ein »DGB-Report« in drei Sprachen erschien und im Monatsrhythmus die IBFG-Zeitschrift »Freie Gewerkschaftswelt« in deutscher Sprache. Ihre glücklichen Bezieher in der deutschen Gewerkschaftswelt erreichte sie in einer Auflage von 1000 Exemplaren. Der »DGB-Report« verschied Mitte der 80er-Jahre, Wiederbelebungsversuche durch Siegfried Bangert und einen Mitarbeiter der Internationalen Abteilung blieben mangels Finanzen und öffentlichen Interesses erfolglos. Zehn Jahre später wurde 1997 die deutsche Ausgabe der »Freien Gewerkschaftswelt« wegen einer Finanzkrise im IBFG eingestellt. Proteste gab es keine, und der damalige DGB-Vorsitzende Dieter Schulte wurde in seiner internen Auffassung bestätigt: Das lese eh keiner und wer doch, könne auch Englisch oder Spanisch oder Französisch. Als einziges Aushängeschild des IBFG/IGB in deutscher Sprache verblieb, und zwar seit 1987, dank der Finanzierung durch die FES der »Jährliche Bericht über die Verletzung der Gewerkschaftsrechte«, bei dem die Stiftung in den letzten Jahren auch das öffentliche »Monitoring« in der Bundesrepublik übernahm.

Als Nachfolger für den im Amt gestorbenen Otto Kersten setzte sich 1982 der Belgier John Vanderveken durch, nachdem Erwin Kristoffersen von einer aussichtslos gewordenen Gegenkandidatur Abstand genommen hatte, was fortan zwischen beiden zu Spannungen führte. Der neue DGB-Vorsitzende Ernst Breit steuerte nicht nur den DGB mit Dithmarscher Gemütsruhe und Pflichtgefühl durch die Stürme des Skandals um die Neue Heimat und weitere Sumpfblüten der Gemeinwirtschaft, sondern unterstützte den neuen Generalsekretär nach Kräften als Vorsitzender des zentralen Finanzausschusses des IBFG[171], des eigentlichen Machtgremiums, aus dem später der Lenkungsausschuss hervorging.

Unter dem Skandal litt das Ansehen des DGB in der internationalen Öffentlichkeit weniger, als anfangs zu befürchten stand. Dazu beigetragen hat auch und in erster Linie die intensive, aber unaufdringliche Aufklärungsarbeit der Auslandsbüros der FES und ihrer loyalen Mitarbeiter. Ihren Anteil hatten auch die CTV Venezuelas und die CTM Mexikos durch ihre Unterstützung bei der stillen und ordentlichen Liquidierung der in den Sog geratenen Auslands-

schaften der Bundesrepublik heute zugleich Vorsitzende der internationalen Gewerkschaften ihres Produktionszweiges sind.« *Klaus von Bismarck:* Gewerkschaften und Massenmedien, in: ebd. S. 188.

171 1967 war die Finanzkommission mit der Kommission für den Solidaritätsfonds zusammengefasst worden zum »Finance and General Purposes Committee«.

verbindlichkeiten der Neuen Heimat. Im IBFG stieg sogar die Bewunderung für den DGB wegen dessen deutlicher Bereitschaft, unverzüglich die Verantwortung zu übernehmen und die finanziellen Konsequenzen zu tragen.

Bis zur Wahl Otto Kerstens auf dem 10. Weltkongress des IBFG im Juli 1972 in London galt als ungeschriebenes Gesetz, dass für die Bestallung des Generalsekretärs kein Kandidat aus den Reihen der großen Vier unter den Beitragszahlern, AFL-CIO, TUC, Nordischer Gewerkschaftsrat und DGB, infrage kommen sollte, ebenso wenig sollte ein stellvertretender Generalsekretär seinen vorherigen »Chef« beerben. Deswegen konnte auch Harm G. Buiters Stellvertreter, der Österreicher Heribert Maier, obwohl er nach dessen Rücktritt 1971/72 als »geschäftsführender« Generalsekretär fungierte, nicht erfolgreich gegen Kersten antreten. Mit der Wahl John Vandervekens war die traditionelle Gesetzmäßigkeit wieder in ihr Recht gesetzt.[172]

Seine »weitgehend undankbare Aufgabe an der Spitze einer der globalen Gewerkschaften«[173] erfüllte John Vanderveken mit verbindlicher Diplomatie und Verhandlungsgeschick, aber auch mit Nachdruck und Durchhaltevermögen, und das in einem Jahrzehnt tief greifender Veränderungen – eine »Herausforderung durch Wandel«, wie der 14. Weltkongress des IBFG im März 1988 in Melbourne mit seiner Losung »Challenge of Change« herausgestellt hatte. In seiner Ägide wurden die IBFG-Kampagnen zu Chile, zu Südafrika und zu Polen intensiviert, zugleich aber leitete er eine vom UN-Generalsekretär Javier Pérez de Cuéllar als »Messenger of Peace« beauftragte IBFG-Delegation, darunter Ernst Breit und Erwin Kristoffersen vom DGB, welche 1987 die Führer

---

172 »Friction can arise if an organization such as ICFTU draws its senior officials from well-known leaders of major affiliates. Hence after the first years of Oldenbroek and Becu, both already highly regarded as general secretaries of the International Transportworkers' Federation (ITF), the Confederation has chosen its general secretaries from the ranks of highly qualified, highly competent international specialist, no longer from the top leadership positions of the world labour movement: a pattern that varied only with the accession of Bill Jordan in 1995, reverting to the previous practice in the nomination earlier this year (2002 !) of Guy Ryder as acting general secretary. This appointment reflects an interesting phenomenon over the last decade or so: the growing proportion of British and other English-speaking staff at the ICFTU and the ITSs, including a number of general secretaries. Today the ICFTU and several of the largest ITSs (including ITF, UNI, ITGLWF, ICEM and IUF) are headed by native English speakers. This may indicate that the international labour movement has now become more attractive than national-level trade unionism in the English-speaking world […]. No doubt it also reflects the steadily increasing role of English as the lingua franca of the international trade unionism.« *Rebecca Gumbrell-McCormick*, The role of Nordic trade unions in the international labour movement, Paper für IREC (Industrial Relations in Europe Conference), Aalborg, Dänemark, 29.–31.8.2002, S. 5.

173 »The largely thankless task of heading one of the global unions«. Ebd.

der Blöcke Michail Gorbatschow und Ronald Reagan von den Gewerkschaftsforderungen nach Frieden und Abrüstung zu überzeugen suchte und damit durchaus erfolgreich das Ihrige zu den allgemeinen Entspannungsbemühungen beitrug.

Trotz der Absprache zum Verfahren in der Kooperation zwischen FES und IBFG vom April 1964 sorgte ein Scheinproblem zwischen den Partnern für ständige Missverständnisse, hinter dem sich ein reales Problem des IBFG verbarg, das mit der an sich begrüßenswerten Rückkehr der AFL-CIO als größte Beitragszahlerin und finanzstärkste Organisation der internationalen Gewerkschaftsarbeit wieder virulent wurde: Seit dem Zweiten Weltkrieg hatten die beiden amerikanischen Gewerkschaftsbünde ihre eigenen Programme zur internationalen Gewerkschaftsförderung mit einer engen Ausrichtung an der außenpolitischen Interessenlage der USA entwickelt, was eine Koordinierung oder gar Steuerung mit den IBFG-Politiken bzw. durch sie ausschloss. Dabei blieb die Politik von AFL-CIO und ihres AIFLD in Strukturen und Zielsetzungen immer etwas sehr dem Undurchsichtigen verhaftet, vorhersehbar zwar, aber eigentlich so unberechenbar wie ihre Finanzierungsquellen.[174] Zugleich war ihnen damit jeder multilaterale Ansatz zum Mindesten suspekt, der aber war wiederum für den IBFG nach Satzung und überwiegendem Verständnis seiner Mitgliedsorganisationen das eherne Grundgesetz seines Handelns.

In den gestrengen Augen der britischen und nordischen IBFG-Mitglieder folgte der DGB mit »seiner« Friedrich-Ebert-Stiftung einem ähnlich verderblichen Ansatz wie die Amerikaner, weil sie ihre Projektmittel nicht über den IBFG kanalisierten und damit in multilaterale Programme einspeisten, bei denen der IBFG die Koordination übernommen, die Mittelverwendung kontrolliert und damit aber auch mit seinem Gütesiegel versehen hätte. Obwohl dies die offizielle Politik sei, hätten die Amerikaner und unmittelbar danach die Deutschen aus nichtgewerkschaftlichen Quellen Mittel bezogen, um ihre eigenen unilateralen Programme zu entwickeln, an denen der IBFG nur unzureichend beteiligt sei. »From the 1970s onwards this issue became a major area of controversy within the confederation. Concerns were expressed by many representative of the Nordic affiliates and by other progressive leaders of the confederation, that the ICFTU's principle of multilateralism would be endangered. Indeed, it was hard to avoid the association of particular development

174 Das Spannungsverhältnis IBFG versus AFL-CIO in den Anfangsjahren der breiten, aber unkoordinierten Gewerkschaftsförderung untersuchte *Åke Wedin*, International Trade Union Solidarity, ICFTU 1957–1965, Stockholm LO, 1974.

projects with the resources from particular unions or countries, the best intention of all concerned.«[175]

Aber gute Grundsätze sind das eine, die lebenspraktische Realität einer internationalen Großorganisation das andere, wenn zwei Drittel der Mitglieder lediglich reduzierte oder symbolische Beiträge zahlen.[176]

Laut Satzung finanziert sich der IBFG – wie heute der IGB – im Prinzip aus den Beiträgen seiner Mitglieder. Das aber reichte gerade so für die Personal- und Bürokosten in Brüssel und Genf. Alle darüber hinausgehenden Aktivitäten, Maßnahmen und Programme wurden durch freiwillige Zuwendungen der reicheren Mitglieder ermöglicht. Es waren seit den 60er-Jahren, als die amerikanischen Mitgliedsbeiträge ausfielen, immer dieselben fünf Gewerkschaften, die damals den allgemeinen Fonds des IBFG speisten und 1969 über 20 Prozent des Gesamthaushalts des IBFG durch ihre freiwilligen Zuschüsse neben dem Mitgliedsbeitrag trugen: Schwedens LO und TCO, Dänemarks LO, Norwegens LO und der DGB.[177] Im Laufe der Zeit legte sich der IBFG mehrere Sonderfonds für bestimmte Länder, thematische Kampagnen, Soforthilfen im Katastrophenfall zu. Der wichtigste ist der bereits 1957 ins Leben gerufene ISF, der Internationale Solidaritätsfonds, der zu einer Art Schirmherr für die Sonderfonds wurde. Konflikte brachen immer dann auf, wenn Fondsmittel aus gegebenem Anlass für plötzliche Lücken im Kernhaushalt des IBFG in Anspruch genommen werden mussten, was fast regelmäßig zu einer Verstetigung des Mittelabflusses führte, der erst dann »gestoppt« oder ausgeglichen wurde, wenn eine generelle Erhöhung des Mitgliedsbeitrags durchgesetzt werden konnte. Dies stieß oft auf heftigsten Widerstand gerade bei den nicht nordischen und nicht deutschsprachigen Mitgliedsorganisationen, deren Beitrag zum Internationalen Solidaritätsfonds oft nur ein symbolisches Quäntchen war. Die von Vanderveken 1986 initiierte Revision des Internationalen Solidaritätsfonds legte im Prinzip fest, dass seine Mittel strikt auf humanitäre Unterstützung und Bildungsarbeit beschränkt bleiben müssten und keinesfalls für die regulären Verwaltungskosten verwendet werden dürften. Dieser Grundsatz, für den sich vor allem Ernst Breit als Vorsitzender des Finanzausschusses stark gemacht hatte, wurde zwar in den folgenden Jahren durchgehalten, musste aber doch regelmäßig nach selbstkritischen Debatten auf den Weltkongressen des IBFG

175 *Rebecca Gumbrell-McCormick*, The role of Nordic trade unions, a. a. O., S. 4.

176 Dieses Verhältnis hat sich auch über die Jahrzehnte nur graduell verschoben, wenn man die Finanzberichte des IBFG am Ende jeder Wahlperiode vor den entsprechenden Kongressen zurate zieht. *ICFTU*, Financial Reports, verschiedene Jahrgänge.

177 *Rebecca Gumbrell-McCormick*, The role of Nordic trade unions, a. a. O., S. 3.

erneuert werden, weil sich immer wieder gewisse Unschärfen bei der Zuordnung von Personalkosten eingespielt hatten.[178]

Der Streit um den Einsatz von Fremdmitteln und mangelnden Multilateralismus verflüchtigte sich Mitte der 80er-Jahre, als endlich auch die nordischen und die holländischen Gewerkschaften in großem Maßstab Finanzmittel von ihren Regierungen oder aus anderen Quellen erhielten. Andere europäische Regierungen folgten. Auslöser für die neue Großzügigkeit gegenüber den Gewerkschaften waren in den meisten Fällen die Ausweitung der internationalen Kampagnen gegen die Apartheid in Südafrika und – damit verbunden – die wachsende Bereitschaft zur materiellen Unterstützung der südafrikanischen schwarzen Gewerkschaften.[179]

Mit der Gründung eines Projektkomitees durch die wichtigsten Geberorganisationen und die Internationalen Berufssekretariate, an dem jeweils auch DGB und/oder FES teilnahmen, wurde 1987 eine Reihe von Prioritäten und Kriterien für die Projektauswahl entwickelt. Zumeist verfasst im abgehobenen Jargon der Bildungsarbeiter, versandeten diese Papiere in der Lebenswirklichkeit des wohlverstandenen Eigeninteresses der beteiligten Organisationen und deren dahinter wirkenden Gewerkschaftskulturen. Zwar war man sich stets im simplen Grundprinzip des »pro bono contra malum« einig und versprach sich gegenseitig, Doppelungen bei der Förderung zu vermeiden sowie Korruption auszuschalten, doch die Suche nach Partnern und Projekten blieb der internationalen Schönheitskonkurrenz unter den Gebern und den Zwängen der ordnungsgemäßen Mittelabflüsse verhaftet.

Das Sekretariat des IBFG beanspruchte zwar die Kompetenz zur Koordinierung der Projektarbeit, doch die Beziehungen zu den um die Fördermittel konkurrierenden Internationalen Berufssekretariaten blieben geprägt von

178 Vor allem in den Regionalorganisationen in Afrika und Lateinamerika wurde aus naheliegenden Gründen des Öfteren versucht, bei neuen Themenstellungen und der Ausweitung von Kampagnen die Einstellung weiterer Mitarbeiter aus Projektmitteln des ISF auszugleichen, was nicht bösem Willen geschuldet war, sondern aus unterschiedlichen Logiken bei der Verwaltungskosten- und Personalpolitik resultierte. Schließlich entwickelten die jeweiligen Kongressbeschlüsse immer neue Politikansätze, ohne dass die lautesten Befürworter die entsprechenden Folgekosten berücksichtigt oder gar bewilligt hatten. Da war immer auch bewusste Blauäugigkeit im Spiel – vorzugsweise bei den nordischen Geberorganisationen. Der DGB-Vertreter konnte sich bei diesen oft unschönen, mit der moralischen Keule geführten Auseinandersetzungen eingedenk des politischen, inhaltlichen und finanzstarken Rückhalts bei der Friedrich-Ebert-Stiftung vornehm zurückhalten.

179 Vgl. *Volker Vinnai:* Den Wandel begleiten. Die Arbeit der Friedrich-Ebert-Stiftung in Südafrika, a. a. O., S. 180 ff.

deren Kampf um die Sicherung der je eigenen Existenz. Der Begriff »Global Unions«, der die Internationalen Berufssekretariate unter einem Schirm zusammenfassen sollte, entstand zwar bereits im Umfeld des IBFG-Weltkongresses in Durban im Jahr 2000, es sollte jedoch bis Januar 2007 dauern, bis endlich dieser Begriff unter Einschluss von IGB und TUAC, des gewerkschaftlichen Beratungsausschusses bei der OECD, institutionell Gestalt angenommen hatte. Selbst hier blieb der Internationale Metallarbeiterbund (IMB) zwar nicht der Gründung, dafür aber der Mitgliedschaft fern, da ihr Generalsekretär, Marcelo Malentacchi, befürchtete, seine Autonomie zu verlieren. Erst seit dem Wechsel im Generalsekretariat auf dem IMB-Kongress in Göteborg 2009 taucht der Metallarbeiterbund auf der Mitgliederliste der Global Unions auf. Bezeichnend ist, dass auf den IMB-Websites nirgendwo ein Hinweis auf die Global Unions zu finden ist, im Gegenteil: Der Internationale Metallarbeiterbund baut seine starke internationale Gewerkschaftsbewegung ganz allein.[180]

Die Geber wiederum müssen ihrer extensiven Berichtspflicht gegenüber ihren meist regierungsamtlichen Zuwendern nachkommen, was zur Folge hat, dass allzu viel Selbstkritik in ihrer freiwilligen Berichterstattung gegenüber internationalen Partnern als unprofessionell gekennzeichnet werden würde. Zum Glück standen die damaligen Bemühungen, untereinander zu ersten informellen Abstimmungen und Ansätzen eines bescheidenen wechselseitigen Informationsflusses zu kommen, noch nicht im Banne eines Begriffsungeheuers wie TUSSO, Trade Union Solidarity Support Organizations, dessen Übersetzung ins Deutsche sich bei Bewahrung eines auch nur minimalen Sprachgefühls verbietet.[181] Die Friedrich-Ebert-Stiftung ist ausdrücklich keine TUSSO, arbeitet aber mit einigen Institutionen, die sich als solche bezeichnen, zusammen.[182]

Die Zusammenarbeit der Friedrich-Ebert-Stiftung mit dem IBFG nahm Anfang der 60er-Jahre konkrete Gestalt an, als sie bereits zu dessen 7. Weltkongress 1962 in Berlin durch begleitende Seminarmaßnahmen die Anreise einer Reihe von Delegierten aus der Dritten Welt ermöglichte. Fortan sorgte die

180 Vgl. >www.imb.org<.

181 Der Begriff hat sich wohl aus der Unterstützungskampagne für die polnische Solidarność heraus entwickelt: In den USA hatte sich eine Conference of »Solidarity« Support Organisations zusammengefunden, womit beim Übergang vom AIFLD zum Solidarity Center der AFL-CIO eine Begriffskette zur Selbstidentifikation bereitstand, die dann bei Liebhabern des »Trade Union Pidgin English« jenseits des Atlantiks Aufnahme fand. Ergebnis unautorisierter epistomologischer (nicht etymologischer) Analysen mit Jerry Zellhofer und Penny Schantz (AFL-CIO) in Genf, Juni 2008.

182 Auskunft von Reiner Radermacher.

FES dank ihres wachsenden weltweiten Netzwerkes dafür, dass nicht nur bei DGB-Kongressen in der Bundesrepublik, sondern auch bei IBFG-Kongressen in anderen Weltteilen Delegierte aus Afrika, Asien und Lateinamerika, später auch aus Zentral- und Osteuropa sich vor Ort durch Vorbereitungsseminare auf Themen und erwartete Debatten vorbereiten konnten. Zugleich konnten damit ihre Anreise gesichert und ihre Mitwirkung bei Entscheidungen gewährleistet werden, während die internationalen Begegnungen auf den Kongressen und der Meinungsaustausch durch sachkundige Begleitung und parallele Konferenzen befördert wurden. Solche Unterstützung drängt nicht in den Vordergrund, bleibt diskret, ist aber unerlässlich, um auch den repräsentativen Charakter solcher Ereignisse im internationalen Gewerkschaftsleben herausstellen zu können. Die Unterstützung hat aber auch hohe operative Bedeutung für den gewerkschaftspolitischen Charakter und die innere Demokratie, wenn nach vorheriger Absprache und Festlegung die Teilnahme von Frauen und jüngeren Gewerkschaftern besonders begünstigt wird. Die Teilnahme von internationalen Gästen oder Delegierten an nationalen und internationalen Kongressen hat prägende Wirkung auf die demokratische Entwicklung von Gewerkschaften, sie hat oftmals eine Langzeitwirkung, die nicht hoch genug bemessen werden kann. Gerade für verfolgte, bedrohte und bedrängte Gewerkschafterinnen und Gewerkschafter bietet die Einladung und Teilnahme an Kongressen die erste und einzige Möglichkeit, ihr Schicksal zur Sprache zu bringen und Unterstützung sowie Ermutigung zu erfahren. Wirksame Solidaritätskampagnen werden oft erst durch Präsenz und Zeugenschaft dieser internationalen Teilnehmer in Gang gesetzt. Das galt von Chile bis Guatemala, von Südafrika bis Tunesien, von Polen bis zur Türkei, das gilt von Indonesien bis China, das wird von Burma bis Nordkorea gelten. Dieses im Verlauf der letzten fünfzig Jahre immer wieder ermöglicht zu haben, hat der Friedrich-Ebert-Stiftung zahlreiche Freunde geschaffen, zugleich aber auch einige unappetitliche Feinde eingebracht.

Der Beitrag der FES, besser ihr Anteil an den vom IBFG bzw. (seit November 2006) vom IGB direkt verwalteten oder kanalisierten Projekten der gewerkschaftlichen Bildungsarbeit hielt sich stets in bescheidenen Grenzen: Er blieb bescheiden in absoluten Zahlen – im Vergleich zu den Bildungsmaßnahmen, die innerhalb des IBS-Programms mit einzelnen Internationalen Berufssekretariaten jährlich zentral verabredet wurden –, er blieb aber auch bescheiden im Verhältnis zu den Ausgaben für gewerkschaftliche Bildungs- und Fördermaßnahmen, die weltweit in den Landes- und Regionalprojekten der Stiftung in die Haushalte eingestellt wurden.

Die verschiedenen Kanäle für den Einsatz der Mittel für die internationale Gewerkschaftskooperation mündeten dank der engen Abstimmung mit dem DGB immer in einen gemeinsamen Zielhafen, ohne dies jeweils gesondert benennen zu müssen. Dies war die demokratische, freie und autonome Weltgewerkschaftsbewegung. Der IBFG war – nach dem Zusammenbruch der Sowjetunion und dem Verschwinden des politischen Wettbewerbers WGB in der historischen Versenkung – zur einzig wirklich repräsentativen internationalen Gewerkschaftsorganisation in der globalisierten Welt geworden, bereit, mit seiner Eigeninitiative dafür zu sorgen, nationale intergewerkschaftliche Konkurrenzsituationen durch die Vereinigung mit dem Weltverband der Arbeit (WVA) abzufedern und zugleich für aus Zeiten der Systemkonkurrenz neutral und unabhängig agierende Bünde in aller Welt eine Einladung zum Beitritt in das neue Projekt auszusprechen.

Vor der Vereinigung bildete der IBFG mit 236 Mitgliedsorganisationen in 154 Ländern und einem Gesamtmitgliederstand von 156 Millionen, 40 Prozent davon Frauen, gemeinsam mit dem gewerkschaftlichen Beratungsausschuss bei der OECD (TUAC/Trade Union Advisory Committee to the Organization for Economic Cooperation and Development) und den damals noch zehn globalen Gewerkschaftsföderationen (GUF/Global Union Federations), in denen nationale Branchen- oder Industriegewerkschaften auf internationaler Ebene zusammengeschlossen sind, die bis dahin größte Sozialorganisation der Welt.[183]

Der WVA, der für sich 20 Millionen Mitglieder, aber davon nur 4 Millionen Beitragszahler, reklamierte, blieb nach der Wende zwar auf seine Unabhängigkeit bedacht, war aber in den letzten Jahren zunehmend Allianzen und Kooperationsformen mit dem IBFG eingegangen. Das reichte von der Erstellung gemeinsamer Listen für die Wahlen in die Arbeitnehmergruppe im Verwaltungsrat der IAO, gemeinsamen Auftritten bei den jährlichen Begegnungen mit den internationalen Finanzinstituten, Währungsfonds und Weltbank, bis hin zur Abstimmung der gemeinsamen Lobbyarbeit in den Organisationen des Systems der Vereinten Nationen. Die Zusammenarbeit der Mitglieder im Europäischen Gewerkschaftsbund (EGB) aus beiden Organisationen schuf eine weitere Vertrauensbasis, sodass schließlich der Zusammenschluss von IBFG und WVA nahe lag. Eine Sonderrolle spielten die polnische Solidarność und die baskische ELA/STV als gelegentlich eigenwillige Mitglieder in beiden Dachverbänden. Keine Nebenrolle spielte die miniaturisierte Finanzbasis des WVA,

183 Vgl. hierzu und zu dem im Folgenden beschriebenen Vereinigungsprozess *Jürgen Eckl*, Internationale Gewerkschaftskooperation vor neuen Herausforderungen, Bonn 2007, S. 7 ff.

der nur noch im belgischen christsozialen Gewerkschaftsbund CSC über einen solventen Beitragszahler verfügte.

Auf seinem 18. Weltkongress im Dezember 2004 in Miyazaki/Japan beschloss der IBFG denn auch einstimmig die Gründung eines neuen internationalen Gewerkschaftsbundes gemeinsam mit dem WVA. Für Mitglieder ohne nationale Konkurrenten wie den Deutschen Gewerkschaftsbund (DGB) bestand – und dies wurde schon bald die Lesart für die Gewerkschaftsexperten der FES – der Mehrwert dieser Neugründung vor allem darin, dass es sich hierbei nicht nur um die Fusion zweier internationaler Dachverbände, die sich im Lauf der Jahrzehnte in Inhalten, Praxis und Wertvorstellungen immer ähnlicher geworden waren, handelte, sondern dass mit diesem Vereinigungsbeschluss die ausdrückliche Einladung an unabhängige, demokratische und repräsentative Gewerkschaftsdachverbände auf nationaler Ebene, die keiner internationalen Organisation angeschlossen waren, verbunden worden war, sich am Prozess der Gründung des wieder entstehenden Internationalen Gewerkschaftsbundes IGB zu beteiligen.

Diese Öffnungsperspektive einer ausdrücklichen Neugründung löste in der Folgezeit in den verschiedenen Erdteilen eine beträchtliche Dynamik aus, vor allem in Lateinamerika. Die von der Friedrich-Ebert-Stiftung in langen Jahren gegen so manchen Widerstand aus den hinteren Reihen des IBFG aufgebaute Zusammenarbeit und Vertrauensbildung mit unabhängigen Gewerkschaften konnte der DGB in mehreren Missionen in Lateinamerika und Europa nutzen, um die potenziellen Neumitglieder mit den politischen Dimensionen des Vorhabens vertraut zu machen und für das gemeinsame Projekt zu gewinnen. Das Mitgliederpotenzial dieser »neuen« Gründungsmitglieder entsprach recht genau den tatsächlich vom WVA eingebrachten zahlenden Mitgliedern. Zugleich stärkten die Neuen das linke Profil des alten IBFG und bildeten damit den strategischen Mehrwert des Vereinigungsprozesses.[184]

In Wien kam es so zum Zusammenschluss von 308 Dachverbänden aus 155 Ländern mit zusammen 108 Millionen Mitgliedern. Der Blick auf die Zahlen

184 Dank der Lobby- und Pressearbeit von FES und DGB fand die Neugründung des Internationalen Gewerkschaftsbundes in den ersten Novembertagen 2006 in Wien einen bemerkenswerten Widerhall in der deutschen Öffentlichkeit. Als einzige ausländische Regierungschefin übermittelte Bundeskanzlerin Angela Merkel eine emphatische Grußbotschaft an den Kongress, in der sie die Kernforderungen der internationalen Gewerkschaftsbewegung aufgriff und unterstützte. Die damalige sozialdemokratische Entwicklungsministerin Heidemarie Wieczorek-Zeul nahm als einzige ausländische Regierungsvertreterin mit einem zentralen Debattenbeitrag am Kongress teil.

zeigt, dass der Nettozuwachs eher bei der Anzahl der Organisationen denn bei den Mitgliedern lag. Die mit Abstand größten Mitgliedsorganisationen stellte der alte IBFG mit der russischen FNPR (10 Millionen), der US-amerikanischen AFL-CIO (9 Millionen), dem DGB, der japanischen JTUC-Rengo und dem britischen TUC mit jeweils um die 6,5 Millionen sowie den drei italienischen Bünden mit zusammen 5 Millionen beitragszahlenden Mitgliedern. Die Gewerkschaftsbünde in Brasilien vertreten 4 Millionen, in Argentinien 3 Millionen, in Indien und Südafrika je 2,7 Millionen und in Nigeria 2,5 Millionen Mitglieder. Bislang keinem Weltverband hatten angehört u. a. die CUT Kolumbien, die CTA Argentinien, die CGT Frankreich, OPZZ Polen und GEFONT Nepal.[185]

Der internationale Vereinigungsprozess von IBFG und WVA verzichtete ausdrücklich darauf, das Vereinigungsgebot auch auf der nationalen Ebene durchzuexerzieren. Unterschwellig wurde auf die Signalwirkung und Dynamik des internationalen und regionalen Zusammenschlusses gehofft, die in Verbindung mit dem Leidensdruck rückläufiger Mitgliedszahlen, der heilsamen Wirkung gemeinsamer Aktionen und Plattformen, dem erzieherischen Beispiel von Runden Tischen und den gleichmacherischen Folgen der Globalisierung den Anstoß für einen rationelleren Gebrauch der eigenen – meist bescheidenen und überschaubaren – menschlichen und materiellen Ressourcen geben sollte. Für die Arbeit der FES in den Ländern und Regionen, in denen sich die Partnerwünsche sprunghaft erhöht haben, war damit ein mehr traditionelles Modell klassischer Gewerkschaftsberatung nachgefragt, bis sich erträgliche Zwänge im zwischengewerkschaftlichen Verkehr so eingespielt hatten, dass sich auch die finanziellen Wünsche der alltäglichen sparsamen Realität annäherten.

Dennoch reicht die strategische Wirkung der FES-Kooperation mit dem Weltbund für dessen politischen Zusammenhalt weit über die finanzielle Dimension hinaus. Eine konkrete Anschauung dafür liefert der Bericht 2010[186] aus dem intern sogenannten »Globalen Gewerkschaftsprojekt« der Stiftung, der zwar die Zusammenarbeit in einem »Kongress«-Jahr erfasst, deren Strukturen aber ohne Weiteres auf mehr als ein Vierteljahrhundert der reibungslosen Zuarbeit für die Ziele von IBFG/IGB rückprojiziert werden kann. Schließlich gilt auch in der internationalen Gewerkschaftsbewegung das Motto: »Nach dem Kongress ist vor dem Kongress«.

185 Angaben zusammengestellt nach der Mitgliederliste des IGB, Brüssel, Januar 2007.

186 *Reiner Radermacher*, Förderung von Gewerkschaften in Entwicklungsländern in Zusammenarbeit mit internationalen Gewerkschaftsorganisationen. Jahresbericht 2010, Teil 2: Projektentwicklung, Berlin, März 2011, S. 4 ff.

Zentralen Raum nimmt in diesem Bericht der 2. Weltkongress des IGB vom 21. bis 25. Juni 2010 in Vancouver ein. Die Wahlen zu den Führungsgremien sind dabei kein Thema, wohl aber die Festlegung der Leitlinien der Politik für die kommenden vier Jahre in Form eines Grundsatzdokuments sowie weiterer 13 Resolutionen.

> »Indessen wurden auf dem Kongress selbst nur noch letzte (wenngleich teilweise entscheidende) Details der Texte diskutiert, deren Tenor in einem längeren Prozess im Vorfeld des Kongresses entwickelt worden war. Die Beteiligung der Vertreter des globalen Südens an diesem Prozess wurde vom [FES-]Projekt unterstützt, und zwar zunächst mit einer Bestandsaufnahme der anstehenden Themen, die im Rahmen einer internationalen Konferenz im Oktober 2009 vorgenommen wurde. Daran anknüpfend wurden unmittelbar vor Beginn des eigentlichen Weltkongresses Vorkonferenzen der regionalen Strukturen des IGB (ITUC-Asia/Pacific, ITUC-Africa, CSA sowie PERR) durchgeführt, auf denen sich die Delegierten aus diesen Regionen mit dem Stand der Debatte vertraut machen sowie gemeinsame Positionen abstimmen konnten.«

Finanziert wurde – wie seit Jahrzehnten – die Erarbeitung und Erstellung des IGB-Berichts »Jährliche Übersicht über die Verletzung von Gewerkschaftsrechten«. Ebenfalls langfristig wurde mit der Abteilung für Wirtschafts- und Sozialpolitik des IGB ein Kooperationsprogramm vereinbart,

> »die Sachkompetenz ausgewählter Mitgliedsverbände zu zentralen Aktionsfeldern von ›Global Governance‹ zu verbessern und deren Handlungsfähigkeit zu stärken. Auch 2010 wurden daher wieder Fortbildungs-Seminare zu den Themen ›Lobbyarbeit gegenüber Weltbank und Weltwährungsfonds‹ (Singapur, 26.–27.10.2010) und ›Bedeutung von ISO 26000 für Gewerkschaften‹ (Johannesburg, 28.–29.1.2010) durchgeführt.«[187]

Als relativ neues Arbeitsfeld unterstützt das Projekt den 2007 neu geschaffenen »Pan-Europäischen Regionalrat« (PERR) des IGB, der die Gewerkschaftszentralen im gesamten Europa außerhalb wie innerhalb der EU umfasst. Hier wird u. a. eine bereits seit 2004 laufende Veranstaltungssequenz beim Netzwerk von Gewerkschaften in der sogenannten EuroNeman-Region fortgesetzt (Litau-

187 Ebd.

en, Weißrussland, Polen, Gebiet Kaliningrad/Russland), die einen Beitrag zur Verbesserung der politischen Beziehungen in dieser komplexen Region leistet.

Ohne auf die Zusammenarbeit mit den anderen Regionalorganisationen des IBFG/IGB einzugehen, wird aus dieser Auflistung im Bericht deutlich, dass hier die politische Durchsetzungsfähigkeit der gewerkschaftlichen Weltorganisation gefördert wird und nicht mehr die traditionellen Dienstleistungen in Bildungsarbeit und Organisationsentwicklung. Damit verfügt die Friedrich-Ebert-Stiftung in den Augen ihres Partners über ein Alleinstellungsmerkmal von beträchtlicher Flexibilität und Kompetenz, das vor allem im letzten Jahrzehnt vom charismatischen IBFG/IGB Generalsekretär Guy Ryder[188] für die von ihm angestrebte Neupositionierung und politische Gewichtung der gewerkschaftlichen Weltorganisation genutzt werden konnte. In Vancouver wurde die Australierin Sharan Burrow als erste Frau zur Generalsekretärin des IGB gewählt, sie steht mit dem neuen Präsidenten des IGB, dem DGB-Vorsitzenden Michael Sommer, an der Spitze einer Weltorganisation, die 175 Millionen Arbeitnehmerinnen und Arbeitnehmer in 305 Mitgliedsorganisationen aus 151 Ländern und Hoheitsgebieten vertritt. Die Friedrich-Ebert-Stiftung hat mit ihrer internationalen Gewerkschaftskooperation in 60 Jahren ihr Scherflein dazu beigetragen.

188 Das soll nicht die Leistung seiner beiden Vorgänger schmälern: Der Italiener Enzo Friso, der 1992 auf dem Kongress in Caracas/Venezuela gewählt wurde, hat sich vor allem um die lateinamerikanische und südafrikanische Gewerkschaftsbewegung verdient gemacht. Wegen seiner Offenheit gegenüber linken und auch exkommunistischen Gewerkschaften und wegen vorgeblich antiamerikanischer Umtriebe eckte er bei Lane Kirkland und dessen damaliger noch fromm antikommunistischer AFL-CIO regelmäßig an, bis sie ihn 1995 zur Resignation zwangen. Die Mittel von AFL-CIO waren ebenfalls wieder altbewährt: die Drohung mit Austritt und Beitragsentzug. Diese Drohung wiederholten die Amerikaner sofort gegen die aussichtsreiche Kandidatur des ORIT-Generalsekretärs Luis Anderson, Panama, der seinen gewichtigsten Unterstützer DGB durch diese Erpressung verlor. So kam Bill Jordan 1995 als Vorsitzender einer Metallgewerkschaft des britischen TUC zum Zuge, der tapfer gegen seine Kommunikationsschwäche und den Makel, der amerikanische Kandidat gewesen zu sein, ankämpfte. Ihm war der Beitritt der spanischen CC.OO. und der algerischen UGTA zu verdanken, er kümmerte sich um die kolumbianischen Gewerkschaften und nahm 2001 Kontakte mit dem Allchinesischen Gewerkschaftsbund auf, um kurz darauf vorzeitig und erschöpft zurückzutreten. Heute sitzt Lord Jordan im britischen Oberhaus.

5.2 Regionalorganisationen des IBFG/IGB als Partner der FES-Kooperation

»Es gibt kein größeres Privileg, als für und mit arbeitenden Menschen zu arbeiten, und die Männer und Frauen in den Gewerkschaften, die sich entscheiden, jeden Tag im Streben nach Rechten, Freiheit und Gerechtigkeit aufzustehen, sind Menschen, mit denen zusammenzuarbeiten ich stolz bin.«[189]

5.2.1 Von AFRO zu ITUC-Africa: Vom Kuckucksei in der Region zur Verfestigung einer Regionalen

Afrika, vor allem das Afrika südlich der Sahara, ist gewerkschaftspolitisch das schwierigste und zugleich dankbarste Terrain. Die Rolle von Gewerkschaften in den sehr uneinheitlichen Prozessen der Dekolonisierung bestand in einer massiven Beteiligung an Protesten und Streiks. Oft waren Gewerkschaften mehr als nur Keimzellen für Parteien und Bewegungen des Übergangs.

»Zusammenfassend kann konstatiert werden, dass in der Phase des Unabhängigkeitskampfes der Beitrag der organisierten Lohnarbeiter erstrangig war. Der relativ frühe Anstoß zu um sich greifender Politisierung der Bevölkerung und die Militanz der antikolonialen Befreiungsbewegungen sind ohne ihr aktives Engagement nicht denkbar. Allein durch die Drohung mit dem Generalstreik (vor allem seitens der Verkehrs- und Bergwerksarbeiter) verkörperten sie die empfindlichste Waffe gegen die kolonialen Unterdrücker.«[190]

Gewerkschaftsführer fanden sich in leitenden politischen Rollen der jungen Staaten wieder und übernahmen z. B. die Ämter von Arbeitsministern. Die kurzen Momente des politischen Erfolgs bezahlten die afrikanischen Gewerkschaften teuer mit dem Verlust ihrer Autonomie. Mit ihrer Einbindung in das Herrschaftssystem der afrikanischen Einparteienstaaten wurden sie domestiziert und um die noch vorhandenen Reste ihrer innergewerkschaftlichen Demokratie beraubt, da ihre Führer nun in der Regel per Dekret von oben bestimmt wurden. Zum Ausgleich mussten sie sich nicht mehr um freiwillige Mit-

189 *Sharan Burrow*, Antrittsrede am 25. Juni 2010 in Vancouver, nachzulesen unter: >www.ituc-csi.org<.

190 *Rainer Tetzlaff*, Die Gewerkschaften in Afrika, in: *Gerhard Leminsky/Bernd Otto* (Hg.), Gewerkschaften, a. a. O., S. 123.

gliedsbeiträge bemühen, sondern die Beiträge wurden automatisch vom Lohn abgezogen und damit de facto der Schritt zur Zwangsmitgliedschaft vollzogen. Die Folgen dieser Entwicklung beschreibt ein kritischer Beobachter:

> »Die Rücksicht der Gewerkschaftsführer auf Empfindungen ihrer ›Untertanen‹ scheint immerhin so weit zu gehen, dass man die Gewerkschaftsbeiträge nicht im Rhythmus der Inflation anhebt, vielerorts wohl nicht einmal im gleichen Tempo, in dem die Reallöhne steigen. Man ist insoweit konsequent, als man auch die Finanzierung der Gewerkschaften von dort erwartet, wo die politischen Direktiven herkommen. Das sind in erster Linie wiederum die afrikanischen Regierungen. Es gilt aber auch zu bedenken, dass in Afrika schon seit langem der Brauch eingerissen ist, Gewerkschaftsarbeit im Wesentlichen von außen zu finanzieren. Diese Fremdfinanzierung, d. h. die in den 60er-Jahren regelmäßig fließenden Zuschüsse an afrikanische Gewerkschaftskassen von Gewerkschaften der Industriestaaten und ihren Gewerkschafts-Internationalen, war natürlich ein weiterer Nagel zum Sarge der afrikanischen Gewerkschaftsdemokratie. [...] Man scheute sich in Afrika oft, die Herkunft der Subsidien und damit die Abhängigkeit von fremden Partnern offen zuzugeben, man scheute ebenso die Klarstellung, an wen genau diese Hilfen gezahlt wurden, wer über sie verfügte und wie dieses Vertrauen ausländischer Geldgeber mit der offiziellen Funktion der Betreffenden in der eigenen Gewerkschaft zusammenhing. Ein Element mehr war das, um Kongresse und sogar Vorstandssitzungen zur Farce zu machen.«[191]

Hieraus entstand nun das Betätigungsfeld[192] des IBFG und seiner 1960 gegründeten Regionalorganisation AFRO – an seiner Seite die Gewerkschaften aus den kolonialen Mutterländern England und Frankreich. Hinzu kamen als

191 *Franz Ansprenger*, Gewerkschaften in Afrika, in: *Siegfried Mielke* (Hg.), Gewerkschaftshandbuch, a. a. O., S. 112 f.

192 Eine der klarsichtigsten Analysen des Dilemmas der afrikanischen Gewerkschaften lieferte bereits 1961 ein Diplomat der Nationalen Befreiungsfront Algeriens: »Die jetzt unabhängigen Arbeiter bewegen sich im Leerlauf. Unmittelbar nach Erreichung der Unabhängigkeit erkennen die Gewerkschaften, dass die sozialen Forderungen, offen ausgesprochen, das übrige Land empören würden. Die Arbeiter sind ja die Günstlinge des Regimes. Sie stellen die wohlhabendste Fraktion des Volkes dar. Eine Agitation, die darauf zielte, die Lebensbedingungen der Arbeiter und Docker zu verbessern, wäre nicht nur unpopulär, sondern würde auch die Feindschaft der völlig mittellosen Massen der Landbevölkerung hervorrufen. So treten also die Gewerkschaften auf der Stelle, da ihnen jede gewerkschaftliche Tätigkeit versperrt ist.« *Frantz Fanon*, Die Verdammten dieser Erde, Reinbek 1969, S. 95.

wichtigste Förderinstitutionen 1964 die Friedrich-Ebert-Stiftung im Namen des DGB und seit 1965 das African-American Labor Center (AALC) im Auftrag der AFL-CIO.

Die Nachfrage war groß und ist bis heute mit gelegentlichen politischen Schwankungen beständig. Die Bereitschaft von FES-Mitarbeitern, sich aus vollem Herzen begeistert auf die Gewerkschaften als wichtige Akteure in afrikanischen Entwicklungsprozessen zu konzentrieren, ist auch noch nach Jahrzehnten ungebrochen. Das gilt trotz enttäuschter Erwartungen, vergeblicher Liebesmühen, veritabler Niederlagen, strategischer Zweifel, partnerschaftlicher Fehleinschätzungen und taktischer Fehlgriffe. Und doch gibt es immer wieder auch kleine und große Erfolge: Durchbrüche bei Organisationsreformen, Widerstandskraft und Streikerfolge, Stopp bei den Mitgliederverlusten, Vereinigungsprozesse und Neuaufbau. Die Erinnerungen von Erich Holtze, Fiete Grän, Kurt Häsemeyer, Gerhard Wendler, Peter Häussler, Rudolf Traub-Merz, Werner Rechmann, Hubert Schillinger und vieler anderer Gewerkschaftsexperten der Stiftung in und für Afrika lassen sich mit Blick auf ihr Lebenswerk in einem berühmten Satz zusammenfassen: »Wir müssen uns Sisyphos als einen glücklichen Menschen vorstellen.«[193]

Beflügelt vom deutschen Modell der Einheitsgewerkschaft – dem DGB und seinen Einzelgewerkschaften –, konnten die FES-Mitarbeiter in ihrer Beratungsarbeit im ehemals britischen Einflussbereich nahezu flächendeckend den Übergang von den berufsständischen Organisationsformen hin zu betriebsübergreifenden Branchengewerkschaften befördern. Die häufige Bevorzugung von nationalen Gewerkschaftszentralen als formelle Kooperationspartner verband sich ungewollt jedoch oft mit den Bestrebungen der Regierungen, die Gewerkschaften über kontrollierte nationale Dachverbände einzubinden, um so den »Arbeitsfrieden« zu sichern.[194]

> »Nach der Unabhängigkeit ging der Trend in Afrika hin zu einer meist erzwungenen Kooperation zwischen Regierungen und Gewerkschaften. Der Grund hierfür muss vor allem in dem (mit der Dekolonisierung entstandenen) Sanktions- und Machtmonopol des nach innen relativ starken Staates

193 *Albert Camus*, Der Mythos des Sisyphos, Reinbek 1960, S. 160.

194 Vgl. eine Studie aus dem Forschungsinstitut der FES, die für diese Strategie recht viel Verständnis entwickelt: *Rainer Gries*, Afrika. Gewerkschaften. Zum Handlungsspielraum einer gesellschaftlichen Gruppe, Arbeiten aus der Entwicklungsländerforschung Nr. 38, Bonn, August 1976, S. 20 f.

gesucht werden. Dieser Prozess ist in Westeuropa oft als autoritäre ›Gleichschaltung‹ missverstanden worden.«[195]

Trotz vielfältiger Anstrengungen und immer neuer Anläufe gelang es den FES-Gewerkschaftsberatern in Afrika faktisch nirgendwo, das Lebenselixier freier Gewerkschaften zu befördern, nämlich das Recht durchzusetzen, in Kollektivverhandlungen Verbesserungen der Einkommens- und Arbeitsbedingungen zu erreichen.

> »In den meisten afrikanischen Ländern gibt es praktisch keine Kollektivverhandlungen für den Abschluss und die Erneuerung von Tarifverträgen, nicht nur infolge von Beschränkungen der Gewerkschaftsfreiheit, sondern weil die Regelung der Arbeitsbedingungen der willkürlichen Entscheidung ausländischer und einheimischer Arbeitgeber überlassen bleibt. In den Ländern des französischsprachigen Afrikas, deren Arbeitsgesetze weitgehend durch das französische Vorbild bestimmt sind, ist das Recht auf Tarifverhandlungen zwar überall ausdrücklich anerkannt, in der Praxis wird dieses Recht fast niemals ausgeübt. Das ganze System der Löhne und Gehälter beruht ausschließlich auf dem allgemeinen garantierten Mindestlohn (SMIG). [...] Mit anderen Worten verkörpert SMIG, statt ein Mindesteinkommen zu sichern, tatsächlich ein Maximum oder eine obere Grenze, die nicht überschritten werden kann. [...]«[196]

Volker Vinnai beschreibt in einer sehr abwechslungsreichen Darstellung der Arbeit der FES in Tansania, einem afrikanischen Muster- und Problemobjekt der deutschen Entwicklungszusammenarbeit, anschaulich die Schwierigkeiten bei der Suche nach gemeinsamen Arbeitsfeldern der Gewerkschaftskooperation.[197] Zu den Versuchen einer themenbezogenen Beratung gibt er ein eindeu-

195 *Rainer Tetzlaff*, Die Gewerkschaften in Afrika, a. a. O., S. 128. Der Autor zitiert dann den kenianischen Gewerkschaftsführer Tom Mboya, der, nachdem er Justiz- und Arbeitsminister geworden war, äußerte: »Wenn die Gewerkschaften ihre Macht missbrauchen, wird man das Streikrecht unvermeidlich auf dem Gesetzesweg einschränken müssen.« *Tom Mboya*, Freedom and After, Boston 1963, S. 250.

196 *Rainer Tetzlaff*, Die Gewerkschaften in Afrika, a. a. O., S. 137.

197 *Volker Vinnai*, Die Arbeit der Friedrich-Ebert-Stiftung in Tansania – 40 Jahre Zusammenarbeit mit Parteien, Gewerkschaften, Zivilgesellschaft und Regierung, in: *Norbert von Hofmann/Volker Vinnai/Hermann Benzing*, Die Arbeit der Friedrich-Ebert-Stiftung in Indonesien, Tansania und Zentralamerika seit den 1960er-Jahren, Bonn 2010, S. 105-202; zu Problemen der Gewerkschaftskooperation in den letzten zwei Jahrzehnten vgl. ebd., S. 174 ff.

tiges Fazit: »Die Strategie, den Dachverband in eine wirtschaftspolitische Diskussion einzubinden, war gescheitert.«[198] Auch das Globale Gewerkschaftsprojekt konnte keine Wurzeln schlagen: »Die Gewerkschaften in Tansania haben sich an Debatten zu Fragen der Globalisierung kaum beteiligt.«[199] Aber auch für den ehemaligen Leiter des Afrika-Referats der Stiftung (1993–2001) gibt es immer Hoffnung: »Bei der Beseitigung dieser Defizite werden die Gewerkschaften für die FES ein wichtiger Partner bleiben.«[200]

Das Beispiel Tansania markiert zwar – noch – keine Erfolgsgeschichte, kennzeichnet aber auch die ausdauernde Beharrlichkeit, die vonnöten ist, um bei der Unterstützung und Beratung afrikanischer Gewerkschaften, die in ihren Ländern immer nur die Minderheit der formell Beschäftigten vertreten können, deren trotzdem positive Entwicklung voranzubringen. Überall gibt es verheißungsvolle Bewegung, die traditionellen Schwächen – als da sind Überalterung, männliche Dominanz, Konkurrenz und Zersplitterung, Mitgliederschwund, unzureichende Selbstfinanzierung und mangelnde Kompetenzen in politischer Ökonomie, rudimentäre innergewerkschaftliche Demokratie – zu beheben und der Rolle als Machtfaktor in den Gesellschaften gerecht zu werden.[201]

Stark sind die Gewerkschaften in Südafrika (mit einem Organisationsgrad von 60 Prozent), in Simbabwe (führend in der Opposition gegen Robert Mugabe), in Sambia, in Nigeria, in Ghana, in Kenia, in Tunesien (stärkste säkulare Organisation in der Demokratiebewegung) und in Algerien (ebenfalls als wichtige säkulare Bewegung). Anderswo hat die Ablösung von den früheren Einheitsparteien – vor allem im frankofonen Afrika – zu einer Vielzahl konkurrierender Verbände und Einzelgewerkschaften geführt.[202]

Bisher war wenig von der Kooperation mit der IBFG-Regionalorganisation für Afrika AFRO die Rede. Das liegt daran, dass über lange Jahrzehnte die AFRO nicht als eigenständiger und verlässlicher Partner mit belastbarer Infrastruktur wahrgenommen werden konnte. Zwar brachte der IBFG ab 1960 die Regionalorganisation in Gang, sie sah sich aber von Beginn an den Anwürfen seitens der panafrikanisch gestimmten Staatsführungen ausgesetzt, eine Organisation des »weißen« Nordens und damit der ehemaligen Kolonialherren und

198 Ebd., S. 178.

199 Ebd., S. 179.

200 Ebd.

201 Entsprechend die Analyse von *Renate Tenbusch*, Schwach in der Interessenvertretung, doch weiterhin ein politischer Machtfaktor: Gewerkschaften in Afrika, Arbeitspapier FES, Berlin, Januar 2009, S. 1.

202 Vgl. >www.fes.de/in_afrika/af_gew.htm<.

der USA zu sein.[203] Während sich die AFRO im ersten Jahrzehnt eher durch ihren Abstand zu den »progressiven« Gewerkschaften und deren diffuse Vorstellungen vom afrikanischen »Sozialismus« definierte und damit die Zahl der Mitgliedsorganisationen überschaubar hielt, war im April 1973 in Addis Abeba die Gründung der OATUU, der Organisation für afrikanische Gewerkschaftseinheit, durch die afrikanischen Arbeitsminister für die IBFG-Regionalorganisation eine existenzielle Herausforderung, die sie nur mit Mühen bestand.

Stand hinter der Absicht dieser Gründung und der permanenten Agitation afrikanischer Regierungen gegen die Mitgliedschaft im IBFG das Ziel, die Gewerkschaften unter Kontrolle zu halten – das alles unter dem Motto der Verteidigung der afrikanischen Gewerkschaften gegen unheilvolle ausländische Einflüsse –, so beförderten AFRO und IBFG ihre Abwehr durch Ausweitung der finanziellen Zuflüsse an ihre verbliebenen Mitglieder und entsprechende Zusagen an potenzielle Neumitglieder. Damit nahm eine lange Jahre währende unheilvolle Entwicklung ihren Lauf, die entscheidend zur weiteren Schwächung der afrikanischen Gewerkschaftsbewegung beitrug. Während das Patronat der afrikanischen Arbeitsminister über die OATUU personalpolitisch zur politischen Korruption ausartete, gewöhnten sich afrikanische Gewerkschaftsführer daran, finanziell von der Gewerkschaftsinternationale ausgehalten zu werden.

Der AFRO ist nicht vorzuwerfen, dass sie über Jahrzehnte die Schwächen der afrikanischen Gewerkschaftsbewegung widerspiegelte. Auch geht der Vorwurf ins Leere, sie habe nie Ansätze zur Eigenfinanzierung entwickelt, sondern habe immer am Tropf des Solidaritätsfonds des IBFG gehangen. APRO hat lange Jahre und schließlich erfolgreich um das Überleben einer gewerkschaftlichen Alternative gekämpft, die aus Überzeugung für die Werte einer freien Gewerkschaftsbewegung eintrat, auch wenn sie selbst und ihre Mitglieder den eigenen Maßstäben nicht immer gerecht werden konnten.

Aus ihren Reihen entwickelte sich auf Initiative der sambischen Gewerkschaften und deren Vorsitzendem Frederick Chiluba seit 1983 der SATUCC, der Southern Africa Trade Union Coordination Council, als gemeinsame Plattform der Gewerkschaften des südlichen Afrika in ihrem Kampf gegen die Apartheid. Nach langen Auseinandersetzungen mit der OATUU, welcher der SATUCC anfänglich untergeordnet war, wurde auf dem 2. Kongress des

---

203 »Schon als 1963 die Organisation der Afrikanischen Einheit (OAU) gegründet wurde, in der sich alle unabhängigen Regierungen Afrikas auf das Prinzip der Blockfreiheit einschworen, begann der dringende Appell an die Gewerkschaften laut zu werden, sie möchten ihre Bindungen an die rivalisierenden Welt-Organisationen kappen und zu panafrikanischer Einheit zusammenfinden.« *Franz Ansprenger*, Gewerkschaften in Afrika, a. a. O., S. 113.

SATUCC in Maseru, Lesotho, im Dezember 1984 der Malawier Chakafuwa Chihana zum ersten Generalsekretär gewählt, der dem IBFG und APRO nahe stand, aber ob seiner politischen Ambitionen umstritten blieb, auch wenn er als begeisternder Redner brillant zwischen APRO und OATUU zu balancieren versuchte. Jedenfalls erreichte SATUCC damit einen autonomen Status. Die FES unterstützte – über die Büros in der Region – den SATUCC seit Mitte der 80er-Jahre, da er neben seiner politischen Funktion als gewerkschaftliche Solidaritätsorganisation zur Unterstützung der Gewerkschaften in Südafrika auch zu einem Pilotprojekt für die Regionalisierung der Gewerkschaftsarbeit im gesamten Afrika südlich der Sahara werden sollte.[204]

Die Jahre des Kampfes und der IBFG-Kampagne gegen die Apartheid in Südafrika stärkten die Repräsentanz der AFRO auf dem Kontinent, obwohl ihre Infrastruktur weiter von Brüssel verwaltet wurde. Das änderte sich erst 1993 nach einer Änderung der Geschäftsordnung des IBFG, die jetzt für die afrikanische Regionalstruktur eine eigene professionelle Organisationsform mit einem gewählten Generalsekretär an der Spitze vorsah. Durch eine geschickte Förderungspolitik gerade der zersplitterten, aber dadurch stimmstarken frankofonen Gewerkschaften Schwarzafrikas konnte der dafür verantwortliche tansanische Büroleiter für Afrika im IBFG, Andrew Kailembo, im Dezember 1993 seine Bestallung zum gewählten Generalsekretär der AFRO durchsetzen.

Andrew Kailembo, kein begnadeter Redner, dafür aber ein glänzender Pfadfinder im Gestrüpp internationaler und afrikanischer Gewerkschaftsbürokratie, wurde in den langen Jahren seines Wirkens nie ein enger Freund der Friedrich-Ebert-Stiftung, weder in der Zentrale noch vor Ort. Sein Finanzgebaren wurde trotz mehrerer Feuerwehreinsätze der Rechnungsprüfer und Buchhalter aus der IBFG-Zentrale nicht transparenter, blieb aber, an afrikanischen Maßstäben gemessen, immer noch im bescheidenen Rahmen. Von den starken anglofonen Verbänden aus Ghana, Kenia, Sambia, Simbabwe, später Nigeria und COSATU/Südafrika wurde er intern abschätzig beurteilt, weil er nie in einer afrikanischen Gewerkschaft eine Führungsrolle oder gar ein Wahlmandat besessen hatte. Andererseits konnte er dank seines unbestreitbaren Einflusses auf die frankofonen Gewerkschaften Westafrikas und wegen seiner Mehrsprachigkeit bei keinem Abstimmungsprozess international und regional

204 Vgl. die von SATUCC nicht autorisierte, aber von der FES-Südafrika finanzierte historische Studie *Herbert Jauch*, Building a Regional Labour Movement. The Southern African Trade Union Coordinating Council (SATUCC), Labour Resource and Research Institute (LaRRI), Windhuk/Namibia, Mai 2001.

übergangen werden. An Stiftungsvertreter in Afrika und den DGB trat er immer wieder mit Wünschen nach Kooperation heran, ohne dass entsprechende Programm- und Arbeitsvorschläge nachfolgten, sodass beide Seiten ohne Gesichtsverlust ihre freundliche Distanz beibehalten konnten.

Nach der Vereinigung der beiden Weltverbände im November 2006 in Wien und der im November 2007 in Accra/Ghana folgenden Vereinigung der entsprechenden Regionalorganisationen in Afrika, AFRO und DOAWTU (Democratic Organisation of African Workers' Trade Unions, des vormaligen Weltverbands der Arbeit), wurde Andrew Kailembo durch den Ghanaer Kwasi Adu-Amankwah als Generalsekretär von ITUC-Africa abgelöst. Nach einem Zwischenspiel in Lome/Togo wanderte das Hauptquartier wieder zurück in Kenias Hauptstadt Nairobi und zog in einen funktionsgerechten bescheidenen Neubau, allerdings mit einem erweiterten Team, das sich entsprechend seiner Homepage eine schlichte Mission zum Ziel gesetzt hatte[205]:

> »ITUC-Africa hat sich der Mission verpflichtet, die Gewerkschaften in Afrika zu stärken und eine gemeinsame Stimme für alle afrikanischen Arbeiter anzubieten, um ein gesundes und sicheres Arbeitsumfeld herzustellen und menschenwürdige Arbeit für alle zu verwirklichen im Kampf gegen alle Formen von Ausbeutung und Diskriminierung, Menschen- und Gewerkschaftsrechte zu verteidigen, soziale Gerechtigkeit, Frieden, Demokratie zu fördern und entschieden den Schutz der Umwelt voranzubringen.«

Pragmatisch fasst der Projektbericht der FES die Erwartungen und Hoffnungen wie folgt zusammen:

> »Die Gewerkschaftsbewegung in Afrika weist [...] erhebliche Schwächen auf. Eine der Ursachen ist die organisatorische Zersplitterung auf nationaler Ebene sowie die Existenz paralleler, zum Teil konkurrierender regionaler bzw. sub-regionaler Strukturen. Der IGB ist seit seiner Gründung darum bemüht, diese Situation durch eine ebenso behutsame wie hartnäckige Politik zu überwinden. Der Zusammenschluss von AFRO und DOAWTU zu ITUC-Africa (November 2007) war ein wichtiger Schritt in diese Richtung. Aktuell geht es um die Verbesserung der Kooperation dieser neuen Regionalstruktur des IGB mit den anderen, unabhängigen regionalen Verbänden, vor allem OTUWA (Organization of Trade Unions in West

205 Vgl. >www.Ituc-africa.org<.

Africa), EATUC (East African Trade Union Confederation) and SATUCC (South(ern) African Trade Union Coordination Council). In diesem Kontext wurde vom Projekt eine Konferenz unterstützt, die der Analyse der Situation der Gewerkschaften im südlichen Afrika sowie der Konkretisierung von gemeinsamen Arbeitsansätzen diente (Botswana, 26.–27.10.2010)«[206]

Es entbehrt nicht der Logik, dass sich subregionale Strukturen, nicht zuletzt befördert durch die Beratungsarbeit und Expertise der FES-Vertretungen vor Ort, verfestigen und im günstigsten Fall ein gesundes Eigenleben entwickeln, weil sie zugleich rationale Antworten der Gewerkschaften auf politische und ökonomische Kooperationsversuche der Länder dieser Subregionen darstellen, vergleichbar den Entwicklungen in anderen Weltregionen, vor allem in den Regionen Amerikas.[207]

Gewerkschaftspolitisch folgenreicher sind da eher informelle Treffen der »big shots« der afrikanischen Gewerkschaftswelt wie die südafrikanisch-nigerianisch-ghanaischen Treffen der COSATU-NLC-GTUC Trilateral Leaders meetings. Die Schlussfolgerungen ihres Treffens vom 15. bis 16. Februar 2011 in Johannesburg wurden auf der Website der ITUC-Africa veröffentlicht.[208] Hier zeigen die stärksten Gewerkschaften Afrikas nachdrücklich ihren Weg zu engerer Kooperation, den die schwächeren nur bei Strafe völliger Einflusslosigkeit verlassen können.

Ein bei allen Schwierigkeiten positives Fazit der weiteren Gewerkschaftsarbeit der FES in Afrika zieht die zuständige Referentin Renate Tenbusch:

»Dennoch, in den von vielfältigen Konflikten geprägten Ländern und Regionen Afrikas sind die Gewerkschaften häufig die einzigen tatsächlich oder zumindest potenziell machtvollen Akteure im Kampf gegen autoritäre Regime. In politischen Umbruchsituationen und bei zunehmenden staatlichen Repressionen sind es in vielen Fällen einzig die Gewerkschaften, die durch Aktionen und Proteste gegen die Verschlechterung der Lebensbedingungen der breiten Bevölkerung angehen. Dadurch sind ihre Funktionäre und Mitglieder, wie zuletzt in Zimbabwe, häufig lebensbedrohlichen staat-

206 *Reiner Radermacher*, Jahresbericht 2010, a. a. O., S. 6.

207 Befördert wurde diese Entwicklung auch durch die Politik der EU, etwa durch den Barcelonaprozess für die MONA-Region, vor allem aber im letzten Jahrzehnt durch die subregionale Verhandlungsstruktur der sogenannten EPAs, der Economic Partnership Agreements, die durch die EU gleichsam erzwungen wurde.

208 COSATU-NLC-GTUC Trilateral Leaders meetings statement, documents: >www.ituc-africa<.

lichen Übergriffen ausgesetzt. Die Gewerkschaften in diesem Kampf für mehr Demokratie zu unterstützen ist ein wichtiger Ansatzpunkt für die internationale Gewerkschaftsarbeit der FES. Gleichzeitig gilt es ernsthafte Ansätze, die darauf zielen, die Aufgabe der Interessenvertretung, die Organisationsfähigkeit und die politische Interventionsfähigkeit der Gewerkschaften zu stärken, aufzugreifen und zu unterstützen. Hier könnte der von ITUC-Afrika verabschiedete Aktionsplan einen wichtigen Ansatz für eine kontinentweite FES-Afrikastrategie bilden.[209]

5.2.2 APRO: Für die Gewerkschaftsarbeit der FES in Asien nicht mehr als ein befreundeter Gesprächspartner

Für den Deutschen Gewerkschaftsbund und seine Einzelgewerkschaften blieb die asiatische Gewerkschaftswelt immer ein fernes, etwas unsicheres und undurchsichtiges Terrain, während die FES mit hohem Personaleinsatz und breitgefächertem Programmangebot im asiatisch-pazifischen Raum ihre Akzente setzen konnte. Bisher liegen in der vorliegenden Buchreihe »Geschichte der internationalen Arbeit der FES« drei Studien zu asiatischen Ländern vor: zu Indien, Indonesien und China.[210] Sie beschreiben Begegnungen, Intrigen, Abenteuerreisen in fremden Bürokratien, dauerhafte Beziehungen (Indien), Geduldsspiele, Hoffnungen, Enttäuschungen, immer wieder Aufbauarbeit (Indonesien), bizarre Größenordnungen, Diplomatie und nochmals Diplomatie, intensive Begleitung, Vermittlungsarbeit, Verständigung, erfolgreiche Dialoge, Rückschläge und den Umgang mit den Empfindlichkeiten einer Supermacht (China). In allen Fallbeispielen nimmt die Zusammenarbeit mit den Gewerkschaften umfangreichen Raum ein. Dabei zeigt sich, dass gerade der Versuch einer Begegnung auf Augenhöhe oft nicht frei von Missverständnissen erfolgt, die nicht nur Ergebnis von Sprachschwierigkeiten und Übersetzungsfehlern sein müssen, sondern dem freundschaftlichen Zusammenprall von Mentalitäten geschuldet sind.

---

209 *Renate Tenbusch*, Schwach in der Interessenvertretung, a. a. O., S. 2.

210 *Klaus-Peter Treydte*, Die Zeiten ändern sich und wir uns mit ihnen. Die Arbeit der Friedrich-Ebert-Stiftung in Indien 1964–2009, in: *Andreas Wille/Klaus-Peter Treydte/Volker Vinnai*, a. a. O., S. 69-154; *Norbert von Hofmann*, 40 Jahre Friedrich-Ebert-Stiftung in Indonesien – Der lange Weg zur Demokratieförderung, in: *Norbert von Hofmann/Volker Vinnai/Hermann Benzing*, a. a. O., S. 17-103; *Bernd Reddies*, Reformen und Öffnung begleiten: Die internationale Arbeit der Friedrich-Ebert-Stiftung in der Volksrepublik China, in: *Hans-Joachim Spanger/Bernd Reddies*, a. a. O., S. 157-299.

Zu einer Zeit, als die Asian-Pacific-Regional-Organisation APRO des IBFG noch ARO[211] hieß, zog ein ehemaliger FES-Mitarbeiter, der 1975 schon seit zwei Jahren Abteilungsleiter Internationales des DGB war, eine durchaus erfolgreiche Zwischenbilanz für die Arbeit dieser Organisation:

> »Besonders in Asien neigt man oft dazu, die nationalen Eigenheiten so hoch zu bewerten, dass man daneben nur wenig Sinn für die im regionalen Rahmen bestehenden Gemeinsamkeiten und Übereinstimmungen zeigt. Diese ergeben sich nicht allein aus relativ verwandten Problemen, sondern auch aus den Ansätzen regionaler Kooperation. Das gilt gleichermaßen für den zwischenstaatlichen Bereich wie aber auch für den engeren gewerkschaftlichen Bereich, wo selbst unter den größten Schwierigkeiten und unter weitgehender Beachtung der nationalen Eigenständigkeiten die Asiatische Regionalorganisation (ARO) des Internationalen Bundes Freier Gewerkschaften (IBFG) in bemerkenswerter Weise verstanden hat, die divergierenden Strömungen der Gewerkschaftsbewegung in Asien zusammenzuhalten und wenigstens Rudimente einer gemeinsamen Politik zu entwickeln. Die volle Bedeutung dieser Regionalorganisation der freien Gewerkschaftswelt wird erst dadurch voll erkennbar, dass sie als einzige der ursprünglich 4 Regionalorganisationen auch nach 25 Jahren IBFG noch voll funktionsfähig besteht. [...]
> Trotz der erheblichen nationalen Unterschiede konnte sich die ARO besonders auf regionaler Ebene zu einer Institution entwickeln, die überall, wo es um die Stellungnahme der Arbeitnehmer zu wichtigen Fragen der wirtschaftlichen und sozialen Entwicklung in Asien geht, als Interessenvertretung Anerkennung und Beachtung findet.«[212]

211 1951 als Asiatische Regionalorganisation gegründet, änderte sie erst 1984 ihren Namen in APRO und verlegte ihren Sitz von Neu-Delhi nach Singapur. Sie erweiterte damit ihren Vertretungsanspruch. Gleichzeitig folgte sie dem UN-Gebrauch, der die UN-Wirtschaftskommission für Asien und den Fernen Osten ECAFE schon 1974 in eine ESCAP (Economic and Social Commission for Asia and Pacific) umgewandelt hatte. Seit dem 4. September 2007 fungiert die APRO nach der Vereinigung von IBFG und WVA als ITUC-Asia Pacific.

212 *Erwin Kristoffersen*, Die Gewerkschaften in Asien, in: *Gerhard Leminsky/Bernd Otto* (Hg.), Gewerkschaften, a. a. O., S. 179. Im Gedenken an glückliche Dozentenjahre von 1968–1970 im Auftrag der FES darf ein weiteres Zitat nicht fehlen: »In diesem Zusammenhang ist besonders zu erwähnen die sich nunmehr 22 Jahre kontinuierlich fortsetzende Arbeit des IBFG-Asian Trade College in New Delhi, aus dem viele der heute führenden Gewerkschafter der Region als Absolventen hervorgingen.« Ebd.

Während in diesen Anfangsjahrzehnten die ARO-Führungspersonen, abgesehen vom indischen Generalsekretär V. S. Mathur, noch häufiger wechselten, geriet die Regionalorganisation in den 80er-Jahren nahezu vollständig unter japanisches Patronat – sowohl was die Finanzen als auch was die Person des amtierenden Generalsekretärs betraf. Nach zwei Jahrzehnten unter Führung von Takashi Izumi übernahm im Oktober 1999 Noriyuki Suzuki das Amt, das er auch nach dem Fusionsprozess 2007 von APRO mit der WVA-Organisation BATU (Brotherhood of Asian Trade Unions), für die nunmehr als ITUC-Asia Pacific firmierende Regionalorganisation des IGB fortführte.

So prominent Erwin Kristoffersen in seinem Essay aus dem Jahr 1975 die Rolle der Regionalorganisation darstellte, umso mehr fällt auf, dass zwanzig Jahre später in den thematisch ähnlich gelagerten Essays zweier mit der FES in engster Verbindung stehender Autoren die APRO nicht einmal mehr Erwähnung findet.[213] Die Erklärung ist einfach, denn zu dieser Zeit beschränkte sich die Zusammenarbeit bereits auf regelmäßige Kontakte zwischen den Büros von FES und APRO in Singapur selbst, gemeinsame Projekte standen nicht mehr auf der Tagesordnung, dafür aber stets fruchtbare Informationsgespräche beim Zwischenstopp von deutschen Gewerkschaftern in der Löwenstadt.

Als sich im Frühjahr 1997 Rüdiger Sielaff, Erwin Schweißhelm und der DGB daran machten, zu einer ersten Gewerkschaftskonferenz einzuladen, um mit Blick auf ASEM 2 1998 in London gewerkschaftliche Forderungen an den Regierungsgipfel zu erarbeiten, fand das bei asiatischen Gewerkschaften bis hin zu Vietnam und Kambodscha eine große Resonanz, während APRO diplomatisch blockte und der mögliche Gegenpart EGB, der Europäische Gewerkschaftsbund, massiv fremdelte, wohingegen der damalige strategische Kopf des IBFG, Stephen Pursey, das Thema intensiv aufgriff und mit erarbeitete. Im zweijährigen Rhythmus dieser ASEM-Gipfeltreffen hat sich die Zusammenarbeit nach und nach verbessert, sodass die gewerkschaftlichen Standpunkte auf immer repräsentativerer Basis erstellt werden und über das Forum der Arbeitsminister der ASEM-Mitgliedsländer in die Gipfelerörterungen Eingang finden können. Nach längerem Lernprozess haben mittlerweile EGB und ITUC-Asia Pacific in diesem Gipfelkarussell die sogenannte Federführung übernommen,

213 In einer Spezialausgabe der Gewerkschaftlichen Monatshefte unter dem Thema: »Impulse aus dem Osten? Gewerkschaften in Asien« taucht weder bei *Jürgen Eckl*, Sieben falsche Thesen über Asien und seine Gewerkschaften, in: Gewerkschaftlichen Monatshefte, H. 8/97, S. 456-466, noch bei *Rüdiger Sielaff*, Gewerkschaften in Asien. Ein Überblick, ebd., S. 467-474, noch in den allgemeinen oder Länderartikeln anderer FES-Autoren wie *Bernd Reddies* über Korea oder *Gerd Botterweck* über Indien das Akronym auf.

und die Initiatoren, FES und DGB, können sich unangestrengt den Spätfolgen widmen. Dennoch gilt auch noch für das Jahr 2010: »Im asiatisch-pazifischen Raum hat sich ITUC-AP zwar organisatorisch gefestigt, ist bisher aber als politisches Sprachrohr seiner Mitglieder kaum in Erscheinung getreten.«[214]

Die eingeschränkte politische Artikulationsfähigkeit von APRO/ITUC-AP steht im umgekehrten Verhältnis zu der zunehmenden Stärkung, welche ihre nationalen Verbände in den letzten anderthalb Jahrzehnten aufgebaut haben. 1997 heißt es noch etwas abwartend:

> »Die Gewerkschaftsentwicklung in Korea ebenso wie die zahlreichen Aktionen der internationalen Gewerkschaften haben gezeigt, dass die asiatischen Gewerkschaften zu ihrer weiteren Entwicklung beträchtliche Eigenkräfte entwickeln, aber weiterhin der internationalen Solidarität und Unterstützung bedürfen. Mehr Toleranz und Vertrauen bei den europäischen Gewerkschaften können die asiatischen Gewerkschaften zu ihrem Schutz, als Hilfe für ihre Reformen und letztlich für einen Erfolg der gewerkschaftlichen Arbeitnehmervertretung unter schwierigen politischen Rahmenbedingungen brauchen.«[215]

Vieles an dieser Entwicklung ist der lokalen Arbeit der FES in Schlüsselländern wie Südkorea, Indonesien, den Philippinen, Vietnam, Thailand, Indien, Pakistan, aber auch in Nepal, Thailand und selbst Kambodscha zu verdanken. International hat die Kooperation mit den Berufssekretariaten in Asien auch das Ihre zu einer zunehmend länderübergreifenden Zusammenarbeit der Gewerkschaften beigetragen.

In der Frage der Wiederaufnahme von Arbeitsbeziehungen zu den chinesischen Gewerkschaften nach dem Massaker auf dem Tiananmen 1989 operierte die FES-Vertretung in China mit dem gebotenen diplomatischen Pragmatismus angesichts eines rigiden Boykottbeschlusses des IBFG-Vorstandes im gleichen Jahr, der alle Kontakte mit dem ACGB auf unbestimmte Dauer auszusetzen trachtete. Der DGB hatte den Beschluss zwar mitgetragen, war sich aber in der internen Diskussion der symbolischen Form solcher Politik durchaus bewusst, zumal sich die Einzelgewerkschaften, allen voran die IG Metall, ganz selbstverständlich darum besorgen mussten, dass in den deutsch-chinesischen

---

214 *Reiner Radermacher*, Jahresbericht 2009, Teil 1: Rahmenbedingungen und gewerkschaftliche Entwicklungen, Berlin, Februar 2010, S. 2.

215 *Rüdiger Sielaff*, Gewerkschaften in Asien, a. a. O., S. 474.

»Joint Ventures«, besonders im Raum Shanghai, keine »no go areas« für deutsche Betriebsräte und Gewerkschafter entstanden. Diese Interessen verbanden sich trefflich mit den Anstrengungen der FES-Vertretungen in China, nach und nach die unterbrochenen Beziehungen zu den deutschen Gewerkschaften wieder herzustellen, wobei der DGB aus gutem Grund lange sehr zurückhaltend agierte, um nicht vorschnell und prinzipienlos eine Vorreiterrolle zu übernehmen. Hier bewährte sich einmal mehr die auf tiefem Respekt vor der jeweiligen Autonomie der Partner FES und DGB beruhende Arbeitsteilung.

Bereits im März 1993 organisierte die FES gemeinsam mit Vorstandssekretären und Betriebsräten der IG Metall Seminare in Beijing, Shanghai und Chengdu zur »Rolle der Gewerkschaften in einer funktionierenden Marktwirtschaft«. Dies wiederum wurde zum Gegenstand eines Berichts des APRO-Generalsekretärs Izumi im Mai 1993 an die IBFG-Zentrale in Brüssel, die FES führe trotz IBFG-Boykottbeschlusses Bildungsprogramme mit dem ACGB durch. Dies traf nun nicht den Sachverhalt, und Rüdiger Sielaff konnte klarstellen, dass seit 1989 keine eigenständige Gewerkschaftskooperation der FES mit dem ACGB stattfinde, allerdings gewerkschaftliche Aspekte in die gesellschaftspolitische Kooperation integriert würden. Der DGB sei selbstverständliche über alle diese Maßnahmen informiert.[216] Nach einer gewissen Schamfrist nahm im Frühjahr 1996 ein Vertreter der Internationalen Abteilung des DGB gemeinsam mit Fachsekretären der IG Metall und der damaligen Textilgewerkschaft GTB an einem Arbeitsbesuch in China unter Leitung von Ernst J. Kerbusch teil. Der Schwerpunkt der Treffen und Seminare lag in Shanghai, die Begegnung mit der ACGB-Spitze beschränkte sich auf die Arbeitsebene.[217]

APRO selbst – mit der beharrlichen Lobbyarbeit des Neubekehrten – bemühte sich erst in den späten 90er-Jahren, durchaus im Sinne gerade der japanischen Gewerkschaften, das Verhältnis der westlichen Gewerkschaften zum Allchinesischen Gewerkschaftsbund zu entkrampfen und der mühsamen Kontaktaufnahme des IBFG mit dem ACGB nicht mehr im Wege zu stehen.

Selbst nach dem Besuch des DGB-Vorsitzenden Dieter Schulte in China im Frühjahr 2000 blieb das Verhältnis zum ACGB noch von politischer Distanziertheit geprägt, aber im anschließenden Schreiben des Vorsitzenden an den Geschäftsführer der FES wird eingeräumt:

216 Der Hinweis auf diese Vorgänge ist einer persönlichen Mitteilung von Bernd Reddies zu verdanken.

217 Zur weiteren Entwicklung des Neubeginns zwischen den deutschen Gewerkschaften und dem ACGB vgl. *Bernd Reddies,* Die internationale Arbeit der Friedrich-Ebert-Stiftung in der Volksrepublik China, a. a. O., S. 290 f.

»Aus Sicht des Deutschen Gewerkschaftsbundes übernimmt die Friedrich-Ebert-Stiftung eine wichtige Brückenfunktion zwischen den chinesischen Gewerkschaften und dem DGB.«[218]

Einen Rückschlag erlitt der aufkommende Frühling im Verhältnis von DGB und IBFG zum Allchinesischen Gewerkschaftsbund durch ein der eigenen Unsicherheit geschuldetes Fehlverhalten des chinesischen »Scheinriesen«[219] in der internationalen Gewerkschaftsbewegung. Über mehr als ein Jahr wurde für 2004 vom gewerkschaftlichen Beratungsausschuss bei der OECD, TUAC, mit Unterstützung des FES-Büros Beijing und in engster Absprache mit dem ACGB und dem chinesischen Arbeits- und Sozialministerium ein internationales Seminar zu den OECD-Richtlinien für multinationale Unternehmen vorbereitet. Es sollte im direkten Anschluss an den 19. Weltkongress des IBFG im japanischen Miyazaki Mitte Dezember 2004 in Beijing durchgeführt werden.

In Hintergrund- und Tischgesprächen mit chinesischen Delegationen in Deutschland und anderswo wurde von beiden Seiten immer auf die Bedeutung dieser Konferenz in Beijing hingewiesen, die eine Annäherung an die US-amerikanischen AFL-CIO und an die übrige Führungsspitze des IBFG einleiten sollte. Anstandslos wurden von den chinesischen Konsulaten die rechtzeitig beantragten Visa ausgestellt. TUAC, DGB und FES betrachteten sich als Katalysatoren eines intergewerkschaftlichen Integrationsprozesses zur gemeinsamen sozialen Gestaltung der Globalisierung.

Auf der dem Weltkongress des IBFG vorgelagerten Gewerkschaftsfachkonferenz der FES in Hanoi/Vietnam in den letzten Novembertagen ereilte den Büroleiter der FES-Beijing, Roland Feicht, fernmündlich die Nachricht, das internationale Seminar müsse ohne Angabe von Gründen ausfallen. Er kehrte sofort nach Beijing zurück, um zu retten, was nicht mehr zu retten war. Die DGB-Delegation reiste weiter nach Miyazaki, Japan, wo der Kongress seinen Verlauf nahm, ein Teil der Delegierten immer noch in vorfreudiger Erwartung eines Anschlussaufenthalts in China. Am dritten Kongresstag trafen die ersten telegrafischen Rücknahmen der ausgestellten Visa ein.

218 Schreiben vom 28.6.2000, zit. n. *Bernd Reddies*, ebd.

219 Entsprechend der wunderbar einprägsamen Figur in dem Kinderbuch von *Michael Ende:* Jim Knopf und Lukas der Lokomotivführer, Stuttgart 1960, S. 126 ff. Herr Tur Tur, der Scheinriese, erscheint, je ferner man ihm ist, umso gewaltiger und furchteinflößender, je näher aber man ihm kommt, umso schwächer, ja zerbrechlich, und schließlich tritt er ganz freundlich und hilfsbereit auf.

Kurioserweise waren die ersten Betroffenen der kanadische CLC und der neuseeländische Gewerkschaftsbund, Organisationen, die als besonders chinafreundlich galten und sich ihrer guten Beziehungen zum ACGB bewusst waren. Im Laufe des Tages waren immer mehr präsumtive Teilnehmer des internationalen OECD-Seminars betroffen, schließlich wurde auch den bekennenden ACGB-Kritikern der AFL-CIO und der italienischen CISL die Annullierung ihrer Visa übermittelt. Aber auch für die Delegierten, die noch keine Absage erhalten hatten, war damit klar, dass eine Reise nach Beijing unter solchen Umständen unmöglich geworden war. Um den diplomatischen Amoklauf[220] komplett zu machen, wurde den beiden DGB-Delegierten für das Beijing-Seminar, Jürgen Eckl und Wolfgang Lutterbach, per mail mitgeteilt, ihre Visa seien selbstverständlich gültig, sie würden dringend in China erwartet und ein hochklassiges Programm mit lauter Spitzenbegegnungen sei für sie vorbereitet worden. Verlorene Liebesmühe auf beiden Seiten, und auch wenn für den ACGB die Unschuldsvermutung gelten konnte[221], so würde dieser doch international eine politische Antwort erhalten, die auch für die eigentlichen Verursacher ein Stück weit einen Gesichtsverlust bedeuten würde.

Es sollte aber kein Rachefeldzug in »China-Bashing« folgen, sondern ein schmerzhafter Denkzettel mit symbolischer Note auf die Brüskierung zahlreicher IBFG-Mitglieder wegen der Suspendierung des lang verabredeten Seminars und wegen der Ausladung. Diese Gelegenheit bot sich am 6. Juni 2005 auf der 93. Jahreskonferenz der IAO in Genf bei den allfälligen Wahlen der Arbeitnehmergruppe zum Verwaltungsrat, zum sogenannten Governing Body der Weltorganisation. Den Vertreter des ACGB, der seit seiner Wahl 2002 nur als »steinerner Gast« den Sitzungen des Gremiums beigewohnt hatte, aus dieser Funktion herauszuwählen, war taktisches Ziel des IBFG. Erleichtert wurde diese Operation durch das Ungeschick der chinesischen Seite, ausgerechnet im ehemaligen Völkerbundpalast eine Art Straßenwahlkampf für den gefährdeten ACGB-Kandidaten mithilfe von Botschaftsmitarbeiterinnen durchzuführen.

220 Es gibt auch wesentlich verständnisvollere Einschätzungen der Vorgänge: »Vermutlich irritierte das ständig wachsende Teilnahmeinteresse von immer mehr westlichen Organisationen.« *Bernd Reddies:* Die internationale Arbeit der Friedrich-Ebert-Stiftung in der Volksrepublik China, a. a. O., S. 295. Das Kapitel zu »Allchinesischer Gewerkschaftsbund und Arbeitsministerium« (S. 280-299) ist eine sehr umfassende und von klugem Verständnis für die Schwierigkeiten der chinesischen Seite geprägte Darstellung.

221 Nach den eingehenden Recherchen von Roland Feicht war der ACGB an der Absage tatsächlich unbeteiligt gewesen, sie sei sogar gegen dessen ausdrücklichen Willen von »ganz oben« verfügt worden.

Daraufhin verlor der chinesische Kollege nacheinander in drei Wahlgängen. Den anschließenden Eklat wegen der Unbotmäßigkeit des DGB mussten als Erste in Genf Erwin Schweißhelm als Asien-Referent der Stiftung und Bernd Reddies, der neue Büroleiter in Bejing, auffangen, der über die Kollateralschäden vermeldete: »Die Entscheidung des DGB, auf der Jahrestagung der ILO Anfang Juni gemeinsam mit dem IBFG ausdrücklich gegen die Wiederwahl des ACGB in den Verwaltungsrat zu stimmen, belastete das Verhältnis der chinesischen zu den deutschen Gewerkschaften zumindest vorübergehend und führte zur Verschiebung einiger FES-Gewerkschaftsaktivitäten auf chinesischen Wunsch. Der Besuch des Vorsitzenden der IG Metall, Jürgen Peters, mit großer Delegation im August trug maßgeblich zur Entspannung der Atmosphäre bei.«[222]

Für den IBFG bedeutete der Vorgang eine erfolgreiche Demonstration seiner Stärke und einen bedeutsamen Prestigegewinn in Hinblick auf die in Miyazaki getroffene Entscheidung, den Zusammenschluss mit dem WVA und mit unabhängigen Gewerkschaften voranzubringen. Entsprechend las sich denn auch die Kampfansage der Chinesen, die sie einen Tag nach der Wahl als Flugblatt in Verkehr brachten, das hier in seinem speziellen Englisch zitiert wird:

> »However, the end-result of the elections prove that some people still embraced the confrontional and antagonistic mentality of the Cold War, manipulated the election process through arbitrary, undemocratic and unfair means and excluded a workers' organization with a membership of over 100 million from the ILO Governing Body. Toward this end, we express the greatest indignation. We strongly feel that, if an international organization fails to recognize its own unfair practices or to earnestly democratize itself, it will be neither able to deal effectively with the challenges of the global economy, nor become a body that is trusted by workers of various countries as broadly recognized by the international community. We strongly urge progressive trade union organizations to unite and make joint efforts

222 *Bernd Reddies,* Die internationale Arbeit der Friedrich-Ebert-Stiftung in der Volksrepublik China, a. a. O., S. 280-299. Jürgen Peters, seinerzeit Vorsitzender der IG Metall, hat sich keineswegs auf Wunsch des DGB als eine Art Sühneprinz nach China aufgemacht, sondern glaubte, sich auf eigene Rechnung für die Sicherung der Arbeitsplätze von Wolfsburg bis Sindelfingen bedanken zu müssen.

to oppose hegemonism in the international labour movement and strive for materialization of the ILO's lofty objective of decent work.«[223]

In den nächsten anderthalb Jahren nutzte der ACGB die Tradition der »Peking-Foren«, seit 2004 auch »Forum of Globalization« genannt, als jährliche Veranstaltung, wohl in der Hoffnung, mögliche Spalterorganisationen aus aller Herren Länder anzulocken, wobei die meisten der Eingeladenen zwar nicht prominent, aber doch auf den Mitgliederlisten des IBFG/IGB zu finden waren. Nach der Genfer Konferenz, aber noch vor dem Vereinigungskongress des IGB im Dezember 2006 in Wien, entwickelten die größeren Mitglieder des IBFG in unterschiedlicher Intensität ihre bilateralen Beziehungen mit den chinesischen Gewerkschaften, um die eingetretene Konfrontation nicht weiter zu vertiefen – letztlich auch mit Erfolg, weil der ACGB einsehen musste, dass er diesen Prozess trotz aller Störmanöver nicht aufhalten konnte.

Die Tonlage entschärfte sich derart, dass bei den nächsten Wahlen zum Verwaltungsrat der IAO auf der 96. Jahreskonferenz 2008 die Rückkehr eines chinesischen Delegierten in die Arbeitnehmergruppe sogar auf dem Ticket der IGB-Liste möglich wurde. In der letzten Sitzungswoche wurde daher der Leiter Internationales des ACGB, Jiang Guangping, ohne viel Aufhebens als stellvertretendes Mitglied ohne eigenes Stimmrecht in die Arbeitnehmergruppe des Verwaltungsrats mit einer gesichtswahrenden Stimmenzahl gewählt.

Ohne ein entkrampftes Verhältnis zu den chinesischen Gewerkschaften, ohne eine gewisse Zweckrationalität in der Beziehungspflege, vor allem aber ohne den Respekt dafür, dass die chinesischen Gewerkschaften auch Teil des Prozesses der Verrechtlichung der politischen Strukturen Chinas und damit einer realistischen Reformperspektive sind, kann auch eine Weltgewerkschaftsbewegung von der Stärke und dem Selbstbewusstsein des IGB in der asiatischen Gewerkschaftswelt nicht wirksam und auf Dauer regionales Gewicht gewinnen und behalten.

---

223 Communication of all-China Federation of Trade Unions to Members of the ILO Workers Group at 93rd Session of International Labour Conference, auch abgedr. in: *World Federation of Trade Unions,* 20. Juni 2005. In dem Text fällt eine Aussage ob ihrer Ehrlichkeit ins Auge, es ist dies die seit Jahrzehnten niedrigste Angabe zur Mitgliederzahl mit 100 Millionen. Der IBFG schätzte im gleichen Jahr 2005 noch 134 Millionen, der Economist 2008 sah schon wieder 193 Millionen, im Jahr 2010 ist man dank der offiziellen Website des ACFTU bereits bei 239 Millionen angelangt >www.acftu.org<. Die Website von FES-Beijing hat noch ein Scherflein draufgelegt und weist am 23.5.2011 für den ACGB 242 Millionen Mitglieder aus.

Mittlerweile klappt es mit der Verständigung zwischen IGB und ACGB immer besser, sowohl in den Arbeitsfeldern und spezifischen Themen im Rahmen der IAO als auch in der ersten Ausarbeitung eines gemeinsamen Aktionsplans von IGB und ACGB für das Jahr 2011. All dies wird vorangetrieben durch das persönliche Engagement der IGB-Generalsekretärin Sharan Burrow und des IGB-Präsidenten Michael Sommer, denen vor allem auch an der Einbindung der chinesischen Gewerkschaften in das Lobbying der IGB-Familie bei den internationalen Treffen der G 20, der APEC[224] und des ASEM-Prozesses der asiatischen und europäischen Staaten liegt. Außerdem hat endlich wieder der Expertenaustausch für eine breite Palette gewerkschaftlicher Themen von und nach China an Intensität gewonnen. Auch der vom ACGB so sehnlichst gewünschten Aufwertung der chinesischen Mitgliedschaft in der Arbeitnehmergruppe des Verwaltungsrates der IAO in eine Titularstelle mit vollem Stimmrecht dürfte schon bald nicht mehr allzu viel Widerstand aus den Reihen der IGB-Mitglieder entgegenstehen.

Auch hier sind es wieder die in der Region aufgefächerten Strukturen der FES und die Verkoppelung von internationalem mit regionalem und nationalem Ansatz, die der Präsenz der internationalen und regionalen Gewerkschaftsorganisationen zugutekommen, wenn sie bereit sind, diese – und sei es aus purem Eigeninteresse – zu nützen.

5.2.3 ORIT: Neuanfang in den Amerikas nach über drei Jahrzehnten Distanz

Ein erster Anlauf zur Zusammenarbeit mit der ORIT im Januar 1965 durch Günter Grunwald und Alfred Nau scheiterte an der notorischen Arroganz und Anmaßung des damaligen Generalsekretärs der ORIT, Arturo Jáuregui Hurtado, der einen Besuchswunsch der beiden Mexiko-Reisenden schlichtweg abwimmelte. Günter Grunwald schildert in einem Brief an Ludwig Rosenberg die eigentlichen Gründe des Konflikts, der sei »eigentlich darin zu sehen, dass Jáuregui nur ausschließlich im Namen der ORIT Seminare durchführen möchte und dass die Friedrich-Ebert-Stiftung lediglich das Geld dazu übersenden sollte.«[225]

Keine andere Regionalorganisation des IBFG stand so lange in einem extrem schlechten Ruf wie ORIT (Organización Regional Interamericana de

224 Forum der Asiatisch-Pazifischen Wirtschaftlichen Zusammenarbeit oder Asia-Pacific Economic Cooperation.

225 Schreiben von *Günter Grunwald* an Ludwig Rosenberg vom 12.3.1965, in: Dok. 5/DGA000181.

Trabajadores). 1951 in Mexiko-Stadt gegründet, wurde das erste Generalsekretariat in Havanna eingerichtet und aus noch nachzuvollziehenden Gründen 1961 nach Mexiko-Stadt verlagert. In den Augen vieler lateinamerikanischer Gewerkschaften, auch von Mitgliedern im IBFG, war ihr ein Geburtsfehler eingebaut, da ORIT Gewerkschaften aus unterentwickelten Ländern mit der damals reichsten und übermächtigsten Gewerkschaft eines Industrielandes zusammenband, die nicht nur unverhohlen ihre Finanzkraft ausspielte, sondern sie unter das Banner eines militanten Antikommunismus zwang, der mit der eher pluralen inneren Konsistenz der Partnergewerkschaften Lateinamerikas immer wieder kollidierte. Vor allem nach dem Triumph der kubanischen Revolution fanden unter der Beratung des AIFLD und anderer Dienste immer wieder Säuberungsaktionen gegen eine sogenannte »kommunistische Infiltration« statt, um das Modell einer »unpolitischen« Gewerkschaft durchzusetzen, deren Daseinszweck sich auf tarifliche Verbesserungen konzentrieren und beschränken sollte. Jede Form gesellschaftspolitischen Engagements von Gewerkschaften sollte damit unterbunden werden, es sei denn, es ging um den Sturz missliebiger Regierungen wie der von Guatemala 1954, wo die ORIT im Vorfeld des Putsches 1953 eigens eine Gegengewerkschaft mit dem Namen Unión Nacional de Trabajadores Libres de Guatemala (UNTL) gegründet hatte.[226] Ähnliches lief 1962 in Guyana, 1964 in Brasilien, 1965 in der Dominikanischen Republik und schließlich 1973 in Chile ab.[227]

1968 weist ein Bericht des US-Senats auf die traurige Auswirkung dieser Politik der Unterstützung militärischer Interventionen für die ORIT hin: »To many Latin Americans it looks like ORIT is an instrument of the U. S. State Department.«[228] Das ungeschmälerte Verdienst an dieser Einschätzung und Entwicklung kommt dem langjährigen peruanischen Generalsekretär der ORIT, Arturo Jáuregui Hurtado, zu, dem zum Glück verhinderten Gesprächspartner der FES-Spitze, der von 1961 bis 1974 sein einnehmendes Wesen in der

226 Vgl. *Dietmar Kneitschel*, Guatemala, in: *Siegfried Mielke* (Hg.), Gewerkschaftshandbuch, a. a. O., S. 522.

227 Vgl. *Hobart A. Spalding*, U. S. and Latin American Labor: The Dynamics of Imperialist Control, in: Latin American Perspektives, Vol. 3, Nr. 1, 1976, S. 45-68. So schrieben die *Freigewerkschaftlichen Nachrichten* (Organ der AFL-CIO in deutscher Sprache) am 27. Februar 1972 bereits: »Die Frage ist heute nicht, ob Allende sein Programm retten kann; vielmehr ist zu fragen, wie Chile vor Allendes Politik gerettet werden kann.«

228 *Committee on Foreign Relations, United States Senate*, Survey of the Alliance of Progress, Labor policies and Programs. A study prepared at the request of the Subcommittee on the American Republics Affairs, 15.7.1968, 90th Congress, 2nd Session, Washington 1968, S. 8 f.

ORIT entfaltete und vom 3. Stock im festungsartigen Gewerkschaftshaus der Confederación de Trabajadores de Mexico (CTM) aus wirkte.

Von hier aus versandte Arturo Jáuregui Hurtado am 11. September 1973 eine ORIT-Presseerklärung, in der er den Putsch in Chile willkommen hieß. Gleichzeitig war der ORIT-Generalsekretär in den Kampf um das von IBFG/ORIT getragene interamerikanische Arbeitsinstitut (Instituto Interamericano del Trabajo) in Cuernavaca/Mexiko verwickelt, das zwar dem IBFG unterstand, aber durch Jáuregui im Wesentlichen der AIFLD für deren Schulungsarbeit zur Verfügung gestellt worden war. Diese wiederum wurde geleistet vom ehemaligen kubanischen Arbeitsminister unter Batista, Raúl Valdivia, und zwar vorzugsweise zum Training von chilenischen Lastwagenfahrern, Dockern und Kupferarbeitern für deren Blockadeaktionen gegen die Regierung der Unidad Popular. Pikant daran war zusätzlich, dass dies zu der Zeit geschah, als AFL-CIO aus dem IBFG ausgetreten war (1969–1981), aber seine Mitgliedschaft in der ORIT beibehalten hatte. Für die nordischen Gewerkschaften, den holländischen FNV und den kanadischen CLC, die das Institut hauptsächlich finanzierten, war dies der Beleg, dass die ORIT unter Kontrolle einer Organisation »außerhalb des IBFG« stand.

Die Friedrich-Ebert-Stiftung war in diesen Konflikt direkt mit einbezogen, weil ihr Mitarbeiter Dietmar Kneitschel seit 1971 als Studiendirektor vom IBFG an das Institut beordert worden war. Er wurde nun unfreiwillig Zeuge all der politischen und finanziellen Machenschaften des ORIT-Generalsekretärs. Dementsprechend wurde er in seiner Arbeit behindert und drangsaliert. Sein mit ihm vom IBFG als Verwaltungsdirektor eingesetzter kanadischer Kollege Craigs warf bereits nach einem halben Jahr entnervt den Bettel hin, während Dietmar Kneitschel bis Sommer 1973 durchhielt und unter widrigsten Umständen Seminare für lateinamerikanische Gewerkschafter mit IBFG/DGB-konformen Inhalten abhielt. Schließlich hatte die FES ein Einsehen und versetzte ihn als pädagogischen Leiter an die CEDAL nach Costa Rica.[229]

Gleichzeitig wurde die Finanzierung des Instituts durch den IBFG eingestellt und die Einrichtung wegen »missbräuchlicher Mittelverwendung durch Jáuregui und Konsorten«[230] geschlossen. Der ORIT-Generalsekretär wurde abgelöst, zu seinem Nachfolger wurde der Kolumbianer Julio Etcheverry Espi-

229 Interview mit Dietmar Kneitschel vom 25.5.2011. Bestätigt werden die Vorgänge bei dem Institut und der ORIT auch durch die Untersuchungen von *Rebecca Gumbrell-McCormick*, The role of Nordic trade unions, a. a. O., S. 7 f.

230 Ebd.

nola benannt. Eine IBFG-Mission wurde im März 1975 nach Mexiko entsandt, darunter Wim Kok, Vorsitzender des niederländischen FNV, und Kjelld Aakjer von der LO Dänemark. Während Letzterer in seinem Bericht eine Auflösung der ORIT und den Aufbau einer neuen lateinamerikanischen Regionale forderte, beließ es der offizielle Bericht des IBFG-Sekretariats bei der Aufforderung nach einer »durchgreifenden Reform«, um die ORIT »dynamischer« zu gestalten. Der DGB verhielt sich während dieser ganzen Auseinandersetzung eher wachsweich und unterstützte den deutschen IBFG-Generalsekretär in seinem Oberziel, die Amerikaner nicht weiter zu vergrätzen und wieder ins gemeinsame Boot zu holen. Immerhin wurde die ORIT bis zu einem Reformkongress unter Kuratel gestellt, das Institut in Guernavaca an das mexikanische IBFG-Mitglied CTM verkauft und ein außerordentlicher Kongress der ORIT mit Repräsentanten aus der Region für 1977 zur Überarbeitung der Satzung festgelegt. Die Mitgliedschaft der AFL-CIO in der Regionalorganisation wurde nur für den Fall akzeptiert, dass sie dazu »beiträge, die IBFG-Politiken in der Region zu fördern«.[231] Die Wächterrolle der nordischen Gewerkschaften in dieser Auseinandersetzung führte immerhin zur Reform der ORIT und zur Neuorientierung ihrer Politik. Der Venezolaner Juan José Delpino als neuer Generalsekretär begann diesen langen Weg struktureller Reformen gegen den nunmehr eher verdeckten Widerstand der AFL-CIO, den erst sein Nachfolger, Luis Anderson aus Panama, 1989, ein Dutzend Jahre später, auszuhebeln vermochte.

Nach den Erfahrungen von Dietmar Kneitschel in Cuernavaca war die ORIT für die FES als Partner in der Gewerkschaftskooperation für ebenso lange Zeit obsolet geworden. Der damalige Lateinamerika-Referent des Forschungsinstituts der Stiftung schrieb daher 1975 mit voller Inbrunst:

> »Die schon aus finanziellen Gründen bestehende Übermacht der US-Gewerkschaften in dieser Organisation sowie die von ihr auf Betreiben der US-Gewerkschaften verfolgte Politik der Partnerschaft mit dem Kapitalismus nordamerikanischer Prägung in Lateinamerika, des sturen Antikommunismus und der gleichzeitigen Stützung von Diktatoren wie Batista in Kuba sowie die Billigung von US-Aktionen des »dicken Knüppels« gegenüber Lateinamerika zur Wahrung nordamerikanischer Kapitalinteressen, wie im Falle der US-Invasion in Santo Domingo im Jahre 1965, haben dieser Organisation in Lateinamerika das Image eines Handlangers des nordame-

231 Ebd., S. 9.

rikanischen Imperialismus verschafft, sodass ihr auf lange Zeit hin jegliche Möglichkeit, die Zustimmung der heute im Wesentlichen anti-nordamerikanisch ausgerichteten arbeitenden Massen Lateinamerikas und ihrer Führer zu erlangen, verbaut sein dürfte. Erst in letzter Zeit scheint sich bei dieser Organisation eine Besserung anzubahnen, nachdem sich auch europäische Gewerkschaften (vor allem der DGB), aber auch kanadische, mehr für die Tätigkeit dieser Regionalorganisation des IBFG interessieren.«[232]

Es dauerte dann bis Februar 1989, als ausgerechnet der Nachfolger von Dietmar Kneitschel als Gewerkschaftskoordinator in Lateinamerika in El Salvador eine erste Verabredung zur Zusammenarbeit mit dem Generalsekretär der ORIT vereinbaren konnte. Luis Anderson hatte es gemeinsam mit der Sozialistischen Internationale (SI) geschafft, auf dem Höhepunkt des salvadorianischen Bürgerkriegs eine Friedenskonferenz von Gewerkschaften und sozialdemokratischen Parteien Lateinamerikas nach San Salvador einzuberufen, und zwar einschließlich der US-Demokraten und der AFL-CIO. Geleitet wurde die Konferenz gemeinsam von Enzo Friso, stellvertretender Generalsekretär des IBFG, und Luis Ayala, Generalsekretär der SI. Auf der Konferenz wurde es immerhin geschafft, die salvadorianischen Gewerkschaften, die an den verschiedenen Fronten postiert waren, an einen Tisch zu bringen, eine friedliche Demonstration im Zentrum der Hauptstadt durch ausländische Präsenz abzusichern und in den komplexen Beziehungen des Bürgerkriegs Signale in alle Lager auszusenden.

Luis Anderson, geb. am 9. Februar 1941 in Colón, Panama, Gewerkschaftsführer, Arbeitsminister in der Regierung von Omar Torrijos, wurde als erster Afro-Latino 1983 zum Generalsekretär der ORIT gewählt. Er hatte den festen Willen, dieser verbrauchten, politisch anrüchigen Organisation neue Inhalte, Strategien und Ziele vorzugeben. Es gelang ihm in wenigen Jahren, im Wesentlichen aus ehemaligen lokalen Mitarbeitern der FES oder aus deren unmittelbarem Umfeld ein Team brillanter Gewerkschaftsexperten, Ökonomen und Soziologen, allesamt glänzende Intellektuelle, zusammenzubringen, die für die ORIT die Zielvorstellung einer soziopolitischen Gewerkschaftsbewegung entwickelten. Angespornt vom Charisma Andersons, erfanden der Bildungs- und Kommunikationsexperte Gerardo Castillo, Costa Rica, der Wirtschaftsprofessor Beethoven Herrera, Kolumbien, die Ökonomin Hilda Sanchez, Mexiko,

232 *Hans-Ulrich Bünger*, Die Gewerkschaften in Lateinamerika, in: *Gerhard Leminsky/Bernd Otto* (Hg.): Gewerkschaften, a. a. O., S. 238 f.

der Sozialhistoriker Julio Godio und der Ökonom und Planungsexperte Alvaro Orsatti, beide aus Argentinien, aber auch der Israeli Miguel Frolich von der Histradut, Experte für Gemeinwirtschaft, Genossenschaften und informellen Sektor, die lateinamerikanische Gewerkschaftsbewegung gleichsam aufs Neue; dies geschah gleichzeitig mit der Ausbildung des »novo sindicalismo« in Brasilien. Die neue Konzeption eines »sindicalismo sociopolítico« wurde den Delegierten des XII. Kongresses der ORIT in Caracas vom 10.–12. April 1989 als Leitantrag vorgelegt, diskutiert und zur Überraschung aller ohne Einwände verabschiedet. Als einzige Vertreter aus Europa waren der FES-Gewerkschaftskoordinator aus Quito für den DGB und Luigi Cal für die italienische CISL als Berater auf dem Kongress zugegen, was den gleichfalls anwesenden William Doherty von AIFLD von den »Achsenmächten« rumoren ließ.

Der Generalsekretär sprach von einem »neuen Typ von Gewerkschaft« und führte das Konzept ein »als aktualisierte Antwort der amerikanischen und karibischen Arbeiterbewegung auf die Herausforderung, Plattform und Stil des gewerkschaftlichen Handelns zu erneuern, um den negativen Folgen für die Arbeitswelt durch die aktuelle wirtschaftliche und soziale Krise, die alle Länder der Region betroffen hat, entgegenzutreten«.[233]

Ausgehend von einer vernichtenden Kritik an den Fehlern der Vergangenheit und der Kennzeichnung der jetzigen Situation in Lateinamerika im Spannungsverhältnis von schwachen politischen Demokratien und autoritären Regimen, bot das Konzept der soziopolitischen Gewerkschaftsbewegung:

- eine Verbindung von historischen (Löhne, Beschäftigung, Gewerkschaftsfreiheit usw.), spezifischen (arbeitende Frauen, Jugendliche usw.) und lebenswichtigen Forderungen (Arbeitsbedingungen und Umwelt, neue Technologien, Mitbestimmung der Arbeitnehmer);
- eine Stärkung der gewerkschaftlichen Organisationsformen (Ausdehnung des Schutzes von Tarifverträgen, Mitgliedergewinnung und Bildung von starken Branchengewerkschaften);
- eine klassenbewusste und modernisierte Gewerkschaftsbewegung im Bündnis mit politischen Parteien und sozialen Bewegungen für eine Transformation der Gesellschaften und Staaten der Region;
- ein Angebot zur sozialen Konzertation zwischen Gewerkschaften, modernen und zivilisierten Unternehmern, demokratisch verfassten Parteien, neuen sozialen Bewegungen und fortschrittlichen Regierungen für eine

233 *Luis Anderson*, Presentación: El desafio del cambio. Nuevos rumbos del sindicalismo, Caracas 1989.

angestrebte Politik wirtschaftlichen Wachstums mit sozialer Gerechtigkeit und

- eine Verpflichtung zur gewerkschaftlichen Autonomie gegenüber Parteien, Regierungen und Unternehmern, um politische Allianzen eingehen zu können, ohne die historischen Interessen der Arbeitnehmer und ihrer Organisationen zu beeinträchtigen.

Damit reklamierte die ORIT für sich ein Modell für die gewerkschaftliche Erneuerung in Lateinamerika, das ausdrücklich das politische Mandat und die soziopolitische Kompetenz für sich in Anspruch nahm. Unter dem Motto des 14. Weltkongresses des IBFG in Melbourne 1988 »Die Herausforderung des Wandels« wurde eine »Neue Kursbestimmung« (Nuevos Rumbos del Sindicalismo) für die Gewerkschaftsbewegung Lateinamerikas vorgelegt, deren programmatischer Text nach dem Kongress nicht ohne Hintersinn bei Nueva Sociedad in Caracas verlegt wurde. Die Schrift wurde zu einem Auflagenrenner, wie es gewöhnlich gewerkschaftlichen Grundsatztexten nicht zuteilwird.

Damit war ohne offene Kampfansage der Bruch mit dem überkommenen Modell der AFL-CIO – der sogenannten »unpolitischen Gewerkschaftsbewegung« – vollzogen. Zwar wurde die traditionelle Besetzung des Schatzmeisterpostens im Vorstand der ORIT mit einem Vertreter der US-Gewerkschaft auch nach Caracas noch einmal bestätigt, und zwar auf dem 13. Kongress in Toronto 1993, die Abhängigkeit von außerbudgetären Finanzzuwendungen aus US-amerikanischen Quellen wurde aber derart schnell abgebaut, dass auf dem 14. ORIT-Kongress in Santo Domingo 1997 auch beim Amt des Schatzmeisters ein Wechsel in lateinamerikanische Verantwortung vollzogen werden konnte. Mittlerweile war die interamerikanische Regionalorganisation durch die Unterstützung seitens der italienischen Gewerkschaften, der FES, später der spanischen Gewerkschaften, ferner aber auch durch den Zuwachs an beitragsehrlichen Organisationen wie der mitgliederstarken brasilianischen CUT sowie die entsprechenden Mittelzuteilungen aus dem ordentlichen Haushalt des IBFG so weitgehend auch finanziell stabilisiert, dass der größte Beitragszahler im Norden sich auf die ordnungsgemäße Überweisung der fälligen Mitgliedsbeiträge beschränken konnte.

In den riskanten Jahren des politischen Umbruchs in der ORIT kam dem Beitrag der FES – und, damit identifiziert, des DGB – zur Neuorganisation der programmatischen Arbeit eine symbolisch ungleich höhere Bedeutung zu, als es dem direkten Einsatz von Geldmitteln entsprach. Der FES-Regionalvertreter in Quito wurde zwanglos als integraler Teil des ORIT-Teams angesehen und in die interne Arbeitsplanung einbezogen. Ein erstes Fazit nach drei

Jahren lautete: »Die ideologische Verunsicherung nach dem Zusammenbruch der ›realsozialistischen‹ Turmbauten hält an, auch wenn die Programmatik des ›Neuen Kurses‹ der ORIT bei den nationalen Zentralen, gleich ob Mitglieder der Regionalorganisation oder nicht, mittlerweile verbales Allgemeingut geworden ist.«[234]

Unterstützt von den Lateinamerika-Repräsentanten des Internationalen Bundes der Bau- und Holzarbeiter IBBH/FITCM Pablo Arosemena, Panama, und der Lebensmittelarbeiter IUL/UITA Enildo Iglesias, Uruguay, begann die FES 1989 mit einer Initiative, die regionalen Berufssekretariate nach 25 Jahren Kontaktsperre wieder mit der ORIT ins Gespräch zu bringen, um Abstimmungsprozesse und Kooperationsmöglichkeiten in Gang zu setzen. Diese Jahrestreffen in Quito wurden in den Folgejahren mit der Teilnahme der lokalen Gewerkschaftsmitarbeiter in den FES-Büros der Region ausgeweitet und boten dem Team der ORIT die Möglichkeit, mit ihrer neuen politischen Strategie Eingang in die thematische Arbeit fast aller Berufssekretariate in Lateinamerika zu finden. Zugleich wurden so auch die zentralen Elemente des soziopolitischen Gewerkschaftsmodells in den nationalen Projekten der Gewerkschaftskooperation der FES auf ihre Realitätstauglichkeit überprüft. Das dadurch entstandene Netzwerk horizontaler Beziehungen der Gewerkschaftsexperten auf dem Kontinent überstand dann auch den Weggang, schließlich den vorübergehenden Wegfall der Funktion des regionalen Gewerkschaftskoordinators der FES.[235]

Als um die Jahrtausendwende das alte Förderprogramm der IBS, der Internationalen Berufssekretariate, als Globales Gewerkschaftsprojekt mit veränderter Stoßrichtung unter der Ägide von Erwin Schweißhelm in der FES-Zentrale wiederbelebt wurde, kehrte mit Achim Wachendorfer der regionale Gewerkschaftskoordinator wieder auf den Kontinent zurück, diesmal aber in den Cono Sur, den »Südkegel« Lateinamerikas, und zwar nach Montevideo/ Uruguay wohin sich mittlerweile Schwerpunkt und Dynamik der Gewerkschaftsbewegung Interamerikas verlagert hatten.

Hier hatte sich auf Betreiben der ORIT bereits 1985 die CCSCS, die Coordinadora de las Centrales Sindicales del Cono Sur (die Koordination der

234 *Jürgen Eckl*, Jahresbericht Gewerkschaftsprojekt IBS, Quito 1992, S. 1 f.

235 Das schmälert nicht die Leistung von Manfred Wanöffel in Mexiko und Yesko Quiroga in Caracas, die in den Übergangsjahren von 1993 bis 1996 mit der Abwicklung dieses Projektes befasst waren, das sich bereits 1992 – nach dem Wegfall eines Großteils der operativen Mittel des IBS-Projekts – einem verschärften Wettbewerb mit dem Aufbau der Gewerkschaftskooperation in Mittel- und Osteuropa ausgesetzt sah. Das setzte recht hohe Anforderungen an die jeweiligen Improvisationskünste. Ebd., S. 6.

Gewerkschaften des Cono Sur) mit dem ursprünglichen Ziel gegründet, die chilenischen Gewerkschaften in ihrem Kampf gegen die Pinochet-Diktatur aus der Region selbst zu unterstützen. Mit dem Ende der chilenischen Diktatur schien dieser lose Abstimmungsprozess zwischen den Gewerkschaften aus Argentinien, Bolivien, Brasilien, Chile, Paraguay und Uruguay schon seinem natürlichen Ende nahe, als sich durch die Gründung des MERCOSUR, Mercado Común del Sur (Gemeinsamer Markt des Südens), mit dem Vertrag von Asunción vom 26. März 1991 ein neues strategisches Operationsfeld auftat, zumindest für die Gewerkschaften der vier Gründernationen Argentinien, Brasilien, Paraguay und Uruguay. Dies gilt vor allem, weil den Gewerkschaften – mit der Unterzeichnung des Protokolls von Ouro Preto am 9. Dezember 1994 – über die institutionelle Struktur des MERCOSUR ausdrückliche Konsultations- und Mitwirkungsrechte bei der sozialen Ausgestaltung des Staatenbundes eingeräumt wurden. Als Antwort auf diese Herausforderungen entwickelte sich so die CCSCS zu einer immer besser funktionierenden Subregionale mit wachsender Verhandlungskompetenz und Initiative, vor allem auch im Zusammenspiel mit dem EGB, dem Europäischen Gewerkschaftsbund, als sich die Verhandlungen über ein Freihandelsabkommen mit der EU seit der Jahrtausendwende intensivierten.[236]

Für die ORIT ist der CCSCS nicht nur wichtig, weil ihre führenden Organisationen in diese Arbeit eingebunden sind – vor allem die CUT Brasiliens –, sondern weil hier auch Wunschpartner vom PIT-CNT Uruguays bis hin zur COB Boliviens beteiligt sind, die ihren inneren Ost-West-Konflikt immer noch aufarbeiten. Sie werden aber in die praktische Arbeit einbezogen, in der Hoffnung, dass sie irgendwann einmal ihre Organisationszugehörigkeit regeln.[237]

236 »Auch im südlichen Lateinamerika, wo Gewerkschaften noch eine vergleichsweise wichtige Rolle spielen, hat sich eine kompetente Regionalorganisation, welche sich stark auf den Integrationsansatz MERCOSUR orientiert, entwickeln können. Nach anfänglichen Problemen gibt es heute zwischen ORIT und diesem Regionalverband, der Coordinadora de Centrales Sindicales del Cono SUR (CCSCS), eine enge Zusammenarbeit, welche darauf ausgerichtet ist, die lateinamerikanischen Gewerkschaften international besser und kompetenter zu positionieren. In diesem Sinne hat die CCSCS auch tragfähige Arbeitsbeziehungen zu dem Europäischen Gewerkschaftsverband (EGB) entwickelt.« *FES*, Fortführungsantrag 2006–2008. Gesellschafts- und wirtschaftspolitische Beratung im Cono Sur. Teilprojekt Regionale Gewerkschaftspolitik Lateinamerika, Bonn 2005, S. 6.

237 Das kann auch – wie bei Uruguays PIT-CNT – dazu führen, dass nicht nur sein Freundeskreis der kubanischen Gewerkschaft CTC, sondern auch die dortigen Freunde der ORIT/CSA ganz glücklich über ihren ungebundenen Status sind, weil sie die Vorteile der Zusammenarbeit genießen können, ohne zugleich Verantwortung tragen und dazu auch noch der Beitragspflicht unterliegen zu müssen.

Am 15. November 2003 verstarb plötzlich und unerwartet der charismatische Generalsekretär Luis Anderson im Alter von 62 Jahren in seinem Büro bei der Arbeit an einer kritischen Rede zu der von den USA angestrebten amerikanischen Freihandelszone ALCA, zu deren Gipfeltreffen in Miami am darauf folgenden Tag er eingeladen war – ein Zeichen für den Respekt, den Luis Anderson für die ORIT errungen hatte. Aus dem Stand musste sein Stellvertreter, der Paraguayer Victor Baéz, nun die Verantwortung übernehmen, um die ihn nach einer so überragenden Führungsperson wie Luis Anderson keiner beneidete. Ohne dessen naturwüchsige Autorität, dafür aber mit einem hervorragenden Verhandlungsgeschick und verbindlichem Auftreten ausgestattet, gelang es Victor Baéz rasch, für seine Arbeit Vertrauen zu gewinnen und das schwierigste Problem im internationalen Gewerkschaftsgeschäft zu lösen: eine widerborstige, kleine, ehemals christliche Regionalorganisation, die CLAT, Central Latinoamericana de Trabajadores, für die gemeinsame Gründung der neuen Regionalorganisation CSA zu gewinnen und zugleich diese Fusion um den Beitritt zuvor unabhängiger und einflussreicher linker Gewerkschaften zu erweitern. FES und DGB leisteten das Ihre, um dem neuen Generalsekretär politisch und mit ihrer Infrastruktur beizustehen.

Nach nur drei Jahren konnte Achim Wachendorfer eine positive Bilanz ziehen:

> »In seiner kurzen Laufzeit hat das Projekt einige Erfolge erzielen können. So hat es sich im regionalen internationalen Gewerkschaftsumfeld solide vernetzen und eine hohe Akzeptanz erarbeiten können. Dies gilt vor allem in Bezug auf die beiden wichtigsten gewerkschaftlichen Regionalorganisationen, die IBFG-Regionalorganisation ORIT und die CCSCS. Mit beiden Organisationen wurden die zentralen Themen der lateinamerikanischen Gewerkschaftsagenda bearbeitet sowie Fragen der organisationspolitischen Erneuerung angegangen. Mit anderen Regionalorganisationen (Andenraum und Zentralamerika) sind die Arbeitsbeziehungen weniger ausgeprägt, doch hat das Projekt einen wichtigen Beitrag zur Vernetzung der verschiedenen Organisationen untereinander geleistet. Weiterhin ein wichtiger Ansprechpartner bleiben die *Global Union Federations*, von denen einige jedoch nur noch begrenzt in der Region funktionieren. Bei den Aktivitäten wird großer Wert darauf gelegt, nach Möglichkeit europäische und deutsche Organisationen einzubeziehen.
>
> Zu einem Markenzeichen des Projekts hat sich eine Eigenveranstaltung, das sogenannte *Forum für progressive Dachverbände*, als informelle Plattform

> zur Behandlung kritischer Gewerkschaftsthemen entwickeln können. An diesem Forum nehmen Spitzenvertreter von 9 Dachverbänden, welche auf der Basis diverser Kriterien ausgewählt wurden, und von verschiedenen Regionalorganisationen teil.«[238]

Die Organisation dieses Forums der progressiven Dachverbände, an dem die ORIT und der DGB sich von Beginn an beteiligt hatten, stieß bei anderen IGB-Mitgliedern und auch dessen Generalsekretär Guy Ryder auf Unbehagen, das nur durch das politische Gewicht des DGB und seines Vorsitzenden Michael Sommer als stellvertretendem Präsidenten des IGB abgefedert werden konnte. Die Überzeugungsarbeit des Forums bei präsumtiven linken Neumitgliedern bescherte der CSA, der Confederación Sindical de Trabajadores y Trabajadoras de las Americas, bei ihrer Gründung in Panama am 27. März 2008, und damit dem IGB das Vielfache an beitragszahlenden Neumitgliedern, als die CLAT beizusteuern vermochte.[239]

Auf dem Kongress kam es wegen eines Sturms künstlicher Empörung der CLAT-Führung gegen den Ehrengast des Kongresses, Achim Wachendorfer, zu einem Eklat. Wachendorfer hatte in einem Artikel für die Septemberausgabe der Nueva Sociedad unter dem Titel »Hacia una nueva arquitectura sindical en America Latina?« unter anderem folgende Wahrheiten über die CLAT notiert: Sie sei klein, ja irrelevant in den großen Ländern des Kontinents wie USA, Kanada, Brasilien, Mexiko und Argentinien, sie habe erst zwei Jahre nach der Mutterorganisation die Referenz auf das Christentum aus dem Namen gestrichen und sie habe im Laufe ihrer Geschichte wichtige finanzielle Zuwendungen von katholischen Institutionen in Europa erhalten. Laut CLAT sei dies alles die

238 *FES*, Fortführungsantrag 2006–2008, a. a. O., S. 6.

239 Die CSA vereint nunmehr 50 Millionen Mitglieder in 59 nationalen Organisationen aus 27 Ländern der Hemisphäre, vgl. >www.csi-csa.org<. Das heißt: AFL-CIO stellt derzeit weniger als ein Fünftel der Gesamtmitglieder, die CLAT benannte bei Gründung 2.000.000 Mitglieder, was bei wohlwollender Schätzung auf 150.000 Beitragszahler hinausläuft. Dennoch wurde ihr bei der Fusion »gleiche Augenhöhe« zugesichert. Sie stellte beim Gründungskongress mit 78 Delegierten 40 % aller Delegierten, während ORIT lediglich über 102 Delegierte von insgesamt 196 stimmberechtigten Kongressteilnehmern verfügte, der bescheidene Rest (16) entfiel auf zuvor unabhängige Organisationen wie CTA Argentinien und CUT Kolumbien, die gemeinsam mit 2,4 Millionen Mitgliedern mehr als die ganze CLAT repräsentieren. »Das Geheimnis dieser seltsamen Mathematik gründet darin, dass den 35 anwesenden Organisationen der CLAT ein Minimum von zwei Delegierten zugestanden wurde – um Geschlechterparität zu ermöglichen.« *Jürgen Eckl*, Kurzbericht vom Auflösungskongress der ORIT und dem Gründungskongress der neuen Regionalorganisation CSA für die Amerikas, Panama, 27.–29. März 2008 (Manuskript), Berlin, April 2008, S. 2.

schiere Unwahrheit, Wachendorfer müsse mitsamt dem Artikel vom Kongress verschwinden, sonst würde man den Kongress platzen lassen. Victor Baéz und sein politischer Sekretär, der Brasilianer Rafael Freire, verstanden, dass dieser Angriff ihnen direkt galt, und konterten ihn geschickt und direkt: »Der Autor ist ein ausgezeichneter Kenner der Gewerkschaftssituation und -geschichte in Lateinamerika. Jeder zieht sich den Schuh an, der ihm passt. Er ist und bleibt Ehrengast des Kongresses. Außerdem ist die FES eine befreundete Organisation und sehr geschätzt.«[240] Der Kongress ging weiter und bestätigte seinerseits den Erfolg der Arbeit der FES.

5.2.4 Von der gewerkschaftlichen Transformation in Mittel- und Osteuropa (MOE) zur Förderung des Paneuropäischen Gewerkschaftsrates (PERR/PERC) durch die FES-Regionalprojekte »Arbeitsbeziehungen und Sozialdialog in Ostmitteleuropa und Südosteuropa«

Die gewerkschaftliche Transformation – und nicht nur diese – begann mit einem lang nachhallenden Paukenschlag, der Gründung des »Überbetrieblichen Streikkomitees« am 17. August 1980 in Danzig und der damit entstandenen unabhängigen Gewerkschaft »Solidarność«. »Zu ihr nahm die Friedrich-Ebert-Stiftung frühzeitig Kontakte auf und unterstützte sie in der Folgezeit tatkräftig. Dies wurde dadurch erleichtert, dass der bisherige Leiter des Europa-Referats, Klaus Reiff, für die Jahre 1980–83 von der Stiftung beurlaubt wurde und als Presseattaché an die deutsche Botschaft in Warschau ging. In dieser Stellung hielt er die Verbindung mit der Friedrich-Ebert-Stiftung aufrecht und unterstützte von seiner Seite deren Hilfsaktionen zugunsten der neuen Gewerkschaft.«[241] Mit Verhängung des Kriegsrechts am 13. Dezember 1981 beendete die FES zwar ihr offizielles Arbeitsprogramm in Polen, führte aber unter der Hand – im Verein mit dem DGB und hier vor allem dessen Leiter der Internationalen Abteilung, Erwin Kristoffersen – die nunmehr heimlichen Verbindungen zur Solidarność weiter, auch gegen massiven Widerstand der SPD/FDP-Regierung unter Helmut Schmidt und des Parteivorstands, die ihre Ostpolitik nicht gefährdet sehen wollten. »Hier offenbarte sich ein in der Geschichte von Partei und Stiftung seltener Fall von Dissens, in dem beide unter-

240 Ebd., S. 3 f.

241 *Patrik von zur Mühlen*, Die internationale Arbeit, a. a. O., S. 234.

schiedliche, ja sogar entgegengesetzte Wege gingen.«[242] Umso besser gestaltete sich auch auf diesem heiklen Feld die enge Zusammenarbeit von FES und DGB bei allen letztlich auch erfolgreichen Anstrengungen, die Untergrundgewerkschaft politisch, materiell und finanziell zu unterstützen.

Unbeschadet des weiteren Werdegangs von Solidarność als Gewerkschaft, dann als Partei im Gewand einer Gewerkschaft, dann wieder in der Rückkehr als Gewerkschaft in die polnische Normalität, bleibt eines unbestreitbar. Dank ihr brach der erste Stein aus der Berliner Mauer.[243] Nach ihrem Muster wurden nach dem Ende der Sowjetunion neue Gewerkschaften gegründet, aber der Erfolg von Solidarność ließ sich auch mit viel Geld, meist aus amerikanischen Quellen, nirgends wiederholen.[244]

Obwohl die neuen Verbände als eindeutige Alternative zu den transformierten monolithischen Gewerkschaften und nicht Teil des staatssozialistischen Systems gewesen waren, konnten sie den strukturellen Vorsprung der reformierten Gewerkschaften nicht ausgleichen, da diese auf funktionelle Organisationsformen, einen großen Mitgliederstamm und entsprechende Ressourcen zurückgreifen konnten. Zwar halbierten sich diese aus der Zwangsmitgliedschaft überkommenen Vorteile im ersten Jahrzehnt nach der Wende, reichten aber immer noch aus, damit sich die transformierten Gewerkschaften als Mehrheitsorganisationen auch dort verfestigten, wo die konkurrierenden Neugründungen den politischen, ökonomischen und sozialen Umschwung vorangetrieben hatten – wie in Polen, Ungarn, Slowenien oder Litauen.[245] Dabei kam es teils aus politisch-ideologischen, oft auch persönlichen Gründen zu immer weiteren Neugründungen bis in jüngste Zeit, was einen Pluralismus der jeweiligen Gewerkschaftslandschaft bewirkte. Diese Freund-Feind-Konstellation in ein zivilisiertes Konkurrenzverhältnis zu überführen, aus dem ein

242 Ebd., S. 237, wo auch berichtet wird, dass sogar Günter Grunwald vom Parteivorstand massiv bedrängt wurde, bei seiner Polenreise keine Kontakte mit der polnischen Opposition aufzunehmen. Der hielt sich nicht daran und reiste nach Danzig zur verbotenen Solidarność. Den Dank für diese Haltung und Unterstützung durch die FES bekundete Lech Wałęsa persönlich bei seinem ersten Besuch in der Bundesrepublik im September 1989 in Bonn. Ebd., S. 239 f.

243 *Klaus Reiff*, Thanks to Solidarity, the first Stones fell out of the Berlin Wall, in: *Marcin Fyrbes/ Andrzej Jagodziński*, Solidarność and Solidarity, Warschau 2005, S. 128 ff.

244 Die einzige Ausnahme bildet die LIGA in Ungarn, die bis heute im ungarischen Gewerkschaftspluralismus eine Rolle spielt. Vgl. *Ildikó Krén*, Thesen zur Standortbestimmung der Gewerkschaften in Ungarn, FES Budapest, Januar 2011, S. 2 f.

245 *Heribert Kohl*, Wo stehen die Gewerkschaften in Osteuropa heute? Eine Zwischenbilanz nach der EU-Erweiterung. Friedrich-Ebert-Stiftung – Internationale Gewerkschaftskooperation, Kurzberichte Gewerkschaftspolitik, Nr. 5, 2008, S. 5.

gemeinsames Auftreten beim Sozialdialog bis hin zu gemeinsamem Handeln erwachsen konnte, blieb Aufgabe der Beratung durch den EGB, die internationalen Branchenverbände der GUFs, den IBFG/IGB, die IAO und nicht zuletzt durch die FES-Vertreter vor Ort, gestützt auf das Mandat der deutschen Gewerkschaften und die einigermaßen nachhaltige Vorbildfunktion des DGB und einiger seiner Mitgliedsgewerkschaften.

Der DGB hatte im Gefolge der Ostpolitik Willy Brandts, verstärkt noch nach der Helsinki-Konferenz über Sicherheit und Zusammenarbeit in Europa, nach 1975 durch eine intensive Abfolge von wechselseitigen Delegationsbesuchen die Kontakte zu den Staatsgewerkschaften in der Sowjetunion und den übrigen Ostblockstaaten massiv ausgebaut. So kam auf dem letzten DGB-Kongress vor dem Mauerfall 1986 in Hamburg bereits mehr als ein Drittel der Gäste aus dem Ostblock, aus Jugoslawien und aus der VR China, und die Gästebücher des FDGB in der DDR strotzten von Verbrüderungstiraden und Lobeshymnen ihrer westdeutschen Gäste aus dem Gewerkschaftsbereich. Aber diese Form gewerkschaftlicher Ostpolitik blieb, außerhalb des Sonderfalls Polen, auf die Beibehaltung eines Status quo fixiert und hielt sich streng an die diplomatischen Verkehrsformen der Nichteinmischungspolitik bei allen Begegnungen mit der gewerkschaftlichen Nomenklatura.

Die FES hingegen hatte vor 1989/90 keine Aktivitäten einer Gewerkschaftskooperation mit dem Ostblock entwickelt, sodass sie nach der Wende mit unerwartet sauberen Händen dastand. Mehr noch, die Friedrich-Ebert-Stiftung verfügte über geeignete und erprobte Instrumente: »Da vielfach die bisherigen Strukturen des öffentlichen Sektors zusammengebrochen waren, ähnelten die neuen Aufgaben der Friedrich-Ebert-Stiftung denen in der Dritten Welt.«[246] Folgerichtig holte sich die Stiftung daher in der Anfangsphase Expertise bei der Besetzung der Landesbüros vor allem aus dem Arbeitsfeld der internationalen Kooperation der Stiftung. Seltsamerweise rekrutierte die Personalabteilung aber für den Aufbau der Gewerkschaftskooperation in MOE nicht Gewächse aus der eigenen Produktion, sondern besorgte sich die Kollegen durch »Zukauf« aus dem DGB ohne Verbindung mit den gewerkschaftlichen Netzwerkern innerhalb der Stiftung.

Im DGB selbst herrschte angesichts dieser verwirrenden Entwicklung in den meisten Staaten Mittel- und Osteuropas eine untergründige Vorliebe für

246 *Patrik von zur Mühlen*, Die internationale Arbeit, a. a. O., S. 241, wobei diese Aussage auf den Bereich Medien und Kommunikation zielt. Aber auch bei dem in scheinbarer Auflösung befindlichen Gewerkschaftssystem im Osten war die Perspektive ähnlich.

übersichtliche Verhältnisse. Nicht von ungefähr waren nach der Wende die runderneuerten Bünde in der Tschechoslowakei, in Ungarn und Russland bevorzugte Gesprächspartner. Solidarność wurde respektiert, ungeklärt blieb aber, ob als Partei oder als Gewerkschaft oder als katholischer Zweckverband. Mit der plötzlichen Gewerkschaftsvielfalt in anderen Ländern konnte die stolze Einheitsgewerkschaft DGB nicht viel anfangen, Konkurrenzgewerkschaften galten als Gräuel. Den »eigenen« FDGB der untergegangenen DDR in die Selbstauflösung getrieben zu haben wurde in einigen Gewerkschaftskreisen schon als mittelschwerer Geburtsfehler im Wiedervereinigungsprozess ausgemacht. Der millionenschwere Mitgliederverlust in den neuen Bundesländern galt als ein Einbruch, der im weiteren Osten und Südosten nicht unbedingt nachahmenswert sein und als bittere Lehre in den Beratungszielen reflektiert werden sollte. Dies war unterschwellig auch ein Grund, warum jemand wie der damalige DGB-Vorsitzende Heinz-Werner Meyer das Beratungsmonopol der Stiftung vorübergehend infrage stellen wollte.[247]

Als Mitte der 90er-Jahre Rainer Girndt, vom DGB kommend[248], für die Stiftung sein erstes Gewerkschaftsprojekt in Budapest begann, lag daher sein Hauptaugenmerk auf einer Förderung der aus dem Landesrat der Gewerkschaften SZOT, der Einheitsgewerkschaft im ungarischen Sozialismus von 1948–1989, hervorgegangenen Dachgewerkschaft MSZOSZ[249]. Zugleich vermochte er dank seiner ausgleichenden Art Kontakte zur neugegründeten Gewerkschaft LIGA[250] aufzubauen. Durch eine geschickte Einladungspolitik gelang es ihm allmählich, ein Nebeneinander in eine Art Miteinander zu überführen, sodass beide als Mitglieder in den Europäischen Gewerkschaftsbund EGB und den IBFG eintraten. Aus der pluralen Gewerkschaftslandschaft Ungarns wirkten in diesem internationalen Zusammenhang noch die ATUC (Autonomous Trade Union Confederation) und die rechtskatholische Nationale Föderation der Arbeiterräte MOSZ als weitere Mitglieder im heutigen IGB mit. Rainer Girndts Pionierarbeit der 90er-Jahre führte dazu, dass das Referat Mittel- und Osteuropa unter dem Stichwort »Die Friedrich-Ebert-Stiftung in Ungarn« heute anführen kann:

247 Vgl. Abschnitt 3.4.1.

248 Eigentlich Geschäftsführer von Arbeit und Leben NRW, war Rainer Girndt, ausgestattet mit Erfahrungen in der gewerkschaftlichen Entspannungs- und Ostpolitik, seit 1975 häufig in Ungarn unterwegs gewesen.

249 MSZOSZ, Magyar Szakszervezetek Országos Szövetsége, annähernd zu übersetzen mit: Nationaler Bund der ungarischen Gewerkschaften.

250 LIGA steht für Demokratische LIGA unabhängiger Gewerkschaften.

> »In Ungarn arbeitet die FES vor allem mit dem Ungarischen Gewerkschaftsbund MSZOSZ, dessen Jugendverband SZISZ und der Gewerkschaft LIGA und deren Ausschüssen für Chancengleichheit zusammen. Die FES in Ungarn organisiert seit einigen Jahren das ›Forum Sozialer Dialog‹. [...] Mit diesem Forum hat die FES eine etablierte und anerkannte Plattform geschaffen, die wichtige Impulse für den Prozess der organisatorischen und programmatischen Erneuerung und Positionierung der ungarischen Gewerkschaften zu gemeinsamen gesellschafts- und wirtschaftspolitischen Herausforderungen in Europa liefert.«[251]

In den fünfzehn sehr knapp gefassten Länderartikeln aus dem MOE-Bereich in dieser Übersicht über die »Gewerkschaftsarbeit der Friedrich-Ebert-Stiftung in Europa«, für die Ernst Hillebrand, Referatsleiter Mittel- und Osteuropa, verantwortlich zeichnete, fällt das sehr enge Raster auf, mit dem die verbleibenden Arbeitsaufgaben und Ziele aufgelistet werden, reduziert auf drei Stereotypen: sozialer Dialog, Arbeitsbeziehungen, europäisches Wirtschafts- und Sozialmodell. Gelegentlich werden noch Jugend und Frauen als Arbeitsfelder aufgezählt. Das klingt alles sehr spröde und beliebig dazu, allzu sehr nach nicht sehr motivierender Pflichtübung, aber hinreichend für die Sprachebenen von Projektanträgen. Auf dem Vorblatt dieser Ausarbeitung wird die Arbeit der Stiftung bündig so zusammengefasst:

> »Die Arbeit der FES konzentriert sich auf die Förderung organisatorischer Handlungskapazitäten der Gewerkschaften, die Beratung bei der Positionierung zu aktuellen sozial-, wirtschafts- und beschäftigungspolitischen Debatten und auf die Stärkung der Diskursfähigkeit von Gewerkschaften im Rahmen des Sozialdialogs.«[252]

Als Aussage über die Inhalte und Ziele der Gewerkschaftsarbeit innerhalb der gesellschaftspolitischen Beratung der FES-Landesbüros, die 2008 von den nun »autonomen« Regionalprojekten abgekoppelt wurde, macht die Beschränkung auf drei Arbeitsebenen zwar Sinn, nur steckt wie so oft der Teufel manchmal im Detail. Die Formulierung »Förderung der organisatorischen Handlungskapazitäten« klingt zwar technisch wortgewandt und arg umfassend, vor allem aber sehr großspurig im strategischen Ansatz, wenn das Oberziel in den Regional-

---

251 *N. N.*, Die Gewerkschaftsarbeit der Friedrich-Ebert-Stiftung in Europa, Mai 2011, S. 4 f.

252 Ebd. Auch folgende Zitate sind aus dem Vorblatt entnommen.

projekten als »Organisationsentwicklung« mit den Projektzielen Beteiligung von Jugendlichen und Frauen wesentlich bescheidener ausfällt. Schließlich ist Handlungsfähigkeit eine existenzielle Grundvoraussetzung für Gewerkschaften, sonst wäre jede beratende Förderung obsolet. Hingegen ist eine »Beratung bei der Positionierung zu aktuellen [...] Debatten« eine recht verschwommene Zielgebung, wenn es – wie bei der Öffnung der Beitrittsperspektive im Westbalkan – ganz konkret um die Respektierung der sozialen Dimension des »acquis communautaire« der EU geht oder in der Gesamtregion – auch bei den EU-Mitgliedsstaaten – um die Durchsetzung und Ausgestaltung der sozialen Grundfreiheiten, bei der die Defizite der sozialen Dialoge zu Tage treten.[253] Ob dazu die »Stärkung der Diskursfähigkeit der Gewerkschaften« das vordringlichste Ziel sein sollte, lässt sich angesichts des dort vorliegenden rhetorischen Überflusses tunlichst bestreiten. Was aber in dieser »konzentrierten« Arbeitsbeschreibung fehlt, ist die beständige Orientierung an der internationalen Einbindung und grenzüberschreitenden Zusammenarbeit der Gewerkschaften in der Region, deren Zustandekommen der größte Erfolg der FES-Arbeit gewesen ist, für deren Nachhaltigkeit und Dauerhaftigkeit gerade auch die gesellschaftspolitische Beratung in den Länderbüros einstehen müsste.

Das verwundert umso mehr, wenn man sich die Differenzierungslust, die kritischen Analysen und die Freude am Gelingen vor Augen führt, welche die Jahresberichte von Frank Hantke, Clemens Rode und neuerdings Roland Feicht über die Projektentwicklungen in ihrer regionalen Gewerkschaftsarbeit aufweisen.[254] Wenn diese Sachstandsberichte über fast ein Jahrzehnt miteinander abgeglichen werden, dann schält sich bei beiden Regionalprojekten eine Erfolgsgeschichte heraus, wie sie die Stiftung sonst nur unter ganz anderen Umständen in Lateinamerika erzielt hat. Zwar sind die Reform- und Transformationsprozesse in beiden Fällen zeitlich miteinander verquickt – dort das Ende einer Ära von Militärdiktaturen, hier der Zusammenbruch des »realsozialistischen« Systems, während aber die Gewerkschaften – zumindest im Süden

253 Vgl. hierzu die FES-Studie von *Heribert Kohl*, Koalitionsfreiheit, Arbeitnehmerrechte und sozialer Dialog in Mittelosteuropa und im westlichen Balkan, Berlin, September 2009.

254 Dieser Bewertung zu Grunde lagen von *Frank Hantke*: die Jahresberichte 2001 bis 2003 (Büro Warschau) »Regionale Gewerkschaftsberatung in Ostmitteleuropa/Gewerkschaftskooperation für Mittel- und Osteuropa« sowie die Jahresberichte 2004 bis 2008 (Büro Belgrad) »Regionalprojekt Südosteuropa. Arbeitsbeziehungen und Sozialdialog«; von *Clemens Rode*: der Jahresbericht 2003 (Büro Budapest) »Regionalprojekt für Gewerkschaften und Arbeitsbeziehungen in Südosteuropa« sowie die Jahresberichte 2004 bis 2008 (Büro Warschau) »Regionalkoordination Mittel- und Osteuropa. Arbeitsbeziehungen und Sozialdialog«.

Lateinamerikas – einen entscheidenden Anteil beim Übergang zur Demokratie hatten und institutionell und politisch gefestigt aus dem Widerstand hervorgingen, wirkten die Gewerkschaften in MOE, mit Ausnahme der polnischen Solidarność, zunächst wie die Verlierer im historischen Systemwechsel, um sich aber nach einiger Zeit wieder als die wichtigsten Massenorganisationen in ihren zum Teil neuen Ländern zu konsolidieren.

Zum Erfolg und zur Reformierung der Gewerkschaften in diesem Transformationsprozess trug das FES-Gewerkschaftsprojekt in Warschau zugleich durch die Mitverantwortung für die gewerkschaftliche Entwicklung in den baltischen Staaten, der Slowakischen und Tschechischen Republik bei. Ungarn wurde im Zuge der EU-Mitgliedschaft 2003 zugeordnet. Die Projektarbeit wurde nacheinander von zwei IG Metall-Kollegen aufgebaut, Klaus Plumberger (seit 1993) und Hardy Koch (seit 1995), später dann personifiziert durch Frank Hantke von der Internationalen Abteilung im DGB-Bundesvorstand (seit Ende 1998) und schließlich durch Clemens Rode aus der FES-IEZ (Ende 2003), der das Projekt heute von Bratislava aus leitet.

Das von Rainer Girndt seit 1995 in Budapest aufgebaute Gewerkschaftsprojekt für Südosteuropa steuerte die Gewerkschaftskooperation in den Ländern des ehemaligen Jugoslawien, mit Ausnahme des Sonderfalls Slowenien[255], in Albanien, Bulgarien und Rumänien. 1999 übernahm Clemens Rode die Nachfolge von Rainer Girndt und bereitete 2003 mit den serbischen FES-Kolleginnen die Verlagerung des Südeuropaprojektes nach Belgrad vor. Nach

255 Slowenien war immer anders und meist vorneweg, ob als erstes neues EU-Mitglied, als Land mit stabilen sozialpartnerschaftlichen Verhältnissen, einem hohen gewerkschaftlichen Organisationsgrad (43 % der Beschäftigten). »Slowenien stellt eine auffallende Abweichung dar, weil hier die Deckungsrate von Tarifverträgen 90 % ausmacht. Das ist auf die bisherige Praxis der Allgemeinverbindlichkeitserklärung für die gesamte Branche bzw. auf die geringe Größe des Landes mit 2 Millionen Einwohnern und 900.000 Beschäftigten zurückzuführen. […] Auf der Arbeitgeberseite dominieren bis heute die Kammern mit obligatorischer Mitgliedschaft. Daneben existieren auch Arbeitgeberverbände, die sich auf Freiwilligkeit der Mitgliedschaft gründen.« *Clemens Rode*, Jahresbericht 1.1.–30.12.2003, Teil 1: Gewerkschaftspolitische Entwicklung in Südosteuropa, Budapest, Dezember 2003, S. 7 f. Die Auflösung des dortigen verbindlichen Systems der Sozialpartnerschaft (Pflichtmitgliedschaften insbesondere der Arbeitgeber) war Ziel eines teuren EU/DGB-»Reformprojekts« aus dem Jahre 2003 unter Leitung von Karl Feldengut, dem früheren Leiter der Internationalen Abteilung des DGB, um dem bestens organisierten slowenischen Sozialpartner ein »freiwilliges«, eher neoliberales Modell aufzudrücken. Es scheiterte am gemeinsamen Widerstand von Gewerkschaften und Arbeitgebern. In Slowenien hatte die FES nie ein eigenes Büro eingerichtet, aber der slowenische Gewerkschaftsbund ZSSS (Bund freier Gewerkschaften Slowenien) war ein stets verlässlicher Partner bei den regionalen, grenzüberschreitenden Aktivitäten beider Partner (Clemens Rode, pers. Mitteilung).

einem Tausch der territorialen Zuständigkeit übernahm Frank Hantke die Projektleitung in Belgrad bis 2008, wo er 2009 von Roland Feicht (vorher Landesbüro Beijing/China) abgelöst wurde, um danach in der FES-Vertretung in Kabul/Afghanistan tätig zu werden. Das Regionalprojekt umfasst die Länder Albanien, Bosnien und Herzegowina, Bulgarien, Kosovo, Kroatien, Mazedonien, Montenegro, Rumänien, Serbien und Slowenien und ist mit den FES-Landesbüros in Zagreb, Sarajewo, Tirana, Skopje, Sofia, Bukarest, Banja Luka und Pristina vernetzt.

Die lange personelle Kontinuität in beiden Projekten zusammengenommen erklärt sich durch die erfolgreiche Arbeit der Projektleiter auf der einen Seite, lässt aber auch den Rückschluss auf die nicht überbordenden gewerkschaftspolitischen Kapazitäten in der federführenden Abteilung Internationaler Dialog (ID) zu.

Bei all den messbaren Erfolgen in der Gewerkschaftsentwicklung in MOE und Südosteuropa haben die beiden Regionalprojekte – vor allem im Verein mit den lokalen FES-Mitarbeitern in den Landesbüros der Stiftung und ihren engagierten Verbindungsleuten in den Gewerkschaften – dazu beigetragen, dass bei den inneren Reformen, bei den Fusionsprozessen der beiden internationalen Weltverbände, bei der Eingliederung in die internationalen Strukturen von IGB, EGB und vor allem auch bei der Bildung des Paneuropäischen Regionalrates PERC (Pan-European Regional Council)[256] die Gewerkschaften aus den EU-Beitrittsländern und vom Balkan eine selbstbewusste und gewichtige Rolle zu übernehmen vermochten und wieder einigermaßen stabil, respektiert und handlungsfähig aus den Krisen des Systemwandels, der Reformen und Transformationen hervorgegangen sind. Das ergänzte sich mit der Arbeit der Landesbüros der FES in der Russischen Föderation und der Ukraine, wo es etwa Stefan Chrobot, abgehärtet durch jahrelange Entwicklungsarbeit in einem gewerkschaftlichen Niemandsland wie Thailand, vermochte, die einander spinnefeinden Konkurrenten – zum einen die übermächtige transformierte »alte«

256 Der IGB-Regionalorganisation für den europäischen Raum PERR gehören 89 nationale Dachverbände aus 55 Ländern an, die rund 85 Millionen Mitglieder vertreten. Der Sitz von PERR befindet sich in Brüssel, Belgien. Seit seiner Gründung im Februar 2007 in Rom stand in Personalunion der Generalsekretär des EGB, der Brite John Monks, auch dem ITUC-PERC vor. Dessen Präsident ist Mikhail Shmakov, Vorsitzender der Föderation der Unabhängigen Gewerkschaften von Russland (FNPR) mit 27,8 Millionen Mitgliedern. »Indessen gab es seit der Gründung des PERR erhebliche Skepsis gegenüber dieser Konstruktion, die sich bis zum heutigen Tag nicht verflüchtigt hat, da die duale gewerkschaftliche Repräsentanz in Europa durch PERR als Regionalorganisation des IGB und dem EGB als Dachverband der EU-Gewerkschaften zu Überschneidungen führt.« *Reiner Radermacher*, Jahresbericht 2010, a. a. O., Berlin 2011, S. 20.

Föderation der Gewerkschaften der Ukraine FPU mit ihren 8,7 Millionen Mitgliedern, zum anderen die »neue«, kleine, aber selbstbewusste Allukrainische Union der Arbeitersolidarität VOST mit ihren 150.000 Mitgliedern – für eine zumindest internationale Koexistenz durch die gemeinsame Mitgliedschaft in IGB und PERC zu gewinnen.

In den von Gewerkschaftspluralismus geprägten Ländern Ost- und Südosteuropas bedeutete die Zusammenführung verfeindeter Gewerkschaften in internationalen Organisationen jahrelange mühsame Klein- und Überzeugungsarbeit, geschickte Einladungspolitik und arbeitsintensive diplomatische Mühewaltung. Erfolgreich wird eine solche Arbeit nur in der ständigen Abstimmung mit den Vertretern der internationalen Verbände, seien es der EGB, der IGB oder die Globale Gewerkschaftsföderation GUF, wo die verantwortlichen Regionalkoordinatoren der FES und die Stiftung selbst bei den jeweiligen Generalsekretären von IGB, Guy Ryder, und EGB und IGB-PERR, John Monks, über einen beträchtlichen Vertrauensvorschuss verfügten. In die Arbeit der Regionalprojekte waren zugleich ständige Partner von außen, d. h. von deutschen Gewerkschaften und internationalen Organisationen, eingebunden, die für den Erfolg ihrer Arbeit und Initiativen auf die Unterstützung der FES ebenso angewiesen waren, wie umgekehrt die FES-Projekte ohne deren Beiträge nicht so erfolgreich hätten bewerkstelligt werden können. Aus eineinhalb Jahrzehnten der Zusammenarbeit in und für Mittel- und Ost-Südosteuropa – das heißt einer Zeitspanne im regulären Gewerkschaftsleben, die von einem Grundsatzprogramm zum nächsten reicht – seien im Folgenden einige dieser Partner ohne Anspruch auf Vollständigkeit erwähnt. Dies auch deshalb, weil hier Personen aus der deutschen Gewerkschaftsbewegung genannt werden können, die sich in diesem besonderen Fall von gewerkschaftlicher Nachbarschaftspolitik durch unverzichtbaren Einsatz ausgezeichnet haben.

Da drängt sich als Erstes eine dynamische Persönlichkeit wie Peter Seideneck auf, der sich, nachdem er sich im März 1993 aus der Internationalen Abteilung des DGB zum EGB nach Brüssel verabschiedet hatte, dort der Beziehungen nach Ost- und vor allem nach Südosteuropa annahm. Als begnadeter Netzwerker widmete er sich als Berater und später als Beauftragter des EGB-Generalsekretärs für den Westbalkan dieser extrem komplexen Gewerkschaftslandschaft bis weit über sein Rentenalter hinaus. Auf Branchenebene bauten die Generalsekretäre des Europäischen Metallarbeiterbundes, Rainer Kuhlmann und sein Nachfolger Peter Scherrer, die Kooperation von Branchen- und Betriebsgewerkschaften in der Metall- und Automobilindustrie Südosteuropas aus. Ergänzt wurde dies dank des Engagements der bayrischen

IG Metaller Werner Neugebauer und Siegfried Hörmann bei der Bildung der Wiener Memorandum-Gruppe als Netzwerk der Metallgewerkschaften auf der Donau-Schiene. Unersetzliche Arbeit leistete Maria Scholz von der IG Metall Berlin-Brandenburg bei der Annäherung der polnischen und deutschen Metallgewerkschaften, aber auch zwischen den verfeindeten Gewerkschaften in Polen. Eberhard Beck vom DGB Bildungswerk Hessen betreute über ein Jahrzehnt die Gewerkschaften in Mazedonien. Von 2001 an unterstützte die Osteuropaexpertin des DGB-Bundesvorstandes, Karin Alleweldt, die baltischen Gewerkschaften bei ihrer Einbindung in den EGB und kümmerte sich bis kurz vor ihrem zu frühen Tod am 19. Februar 2008 unermüdlich um die Gewerkschaften in den östlichen Ländern aus der Hinterlassenschaft der Sowjetunion. Die vom DGB initiierten Interregionalen Gewerkschaftsräte (IGR) brachten grenzüberschreitend Gewerkschafterinnen und Gewerkschafter über regelmäßige Seminare und Konferenzen zusammen; so gründete der DGB-Landesbezirksvorsitzende von Sachsen, Hanjo Lucassen, den IGR Elbe-Neisse zwischen Nordost-Tschechien, Südwest-Polen und Sachsen; andere IGR greifen von Tschechien über Ostdeutschland und Polen bis ins Baltikum aus. Das spannendste Projekt in diesem Reigen der Kooperation von Grenzregionen im weitesten Sinne organisierte der Litauer Sergejus Glavackas, IGR-Beauftragter des PERR, mit dem IGR Memel, der Gewerkschafter aus dem russischen Kaliningrad mit ihren Partnern aus Nordost-Polen, Südlitauen und Nordwest-Weißrussland verbindet. Alle diese Initiativen, Kooperationen und handelnden Personen stützten sich auf die logistische Hilfestellung, die inhaltliche Vorbereitung und Durchführung von gemeinsamen Maßnahmen durch die beiden Regionalprojekte der Friedrich-Ebert-Stiftung.

Damit sind aus praktischen Arbeitsansätzen umfangreiche Netzwerke von Arbeitnehmern entstanden, teils konventionelle im Rahmen der Europäischen Betriebsräte EBR auf der Basis der entsprechenden Richtlinien der EU, teils auf eher unkonventionellerer Art der Zusammenarbeit über Themen wie Arbeitsrechtsreformen, Krisenbewältigung, Chancen und Regeln der Freizügigkeit, Frauenarbeit, Wirtschafts- und Sozialpolitik, Jugendprogramme.

Beide Regionalprojekte sind in den letzten Jahren gründlich wissenschaftlich evaluiert worden, die Ergebnisse liegen seit dem 27. Februar 2011 in Manuskriptform vor und werden hier in einigen Zentralaussagen zitiert[257]:

257 *Manfred Wannöffel/Stephan Seifen*, Endbericht zur Evaluierung der Regionalprojekte: »Arbeitsbeziehungen und Sozialdialog in Ostmitteleuropa und Südosteuropa« im Rahmen der internationalen Gewerkschaftszusammenarbeit der Friedrich-Ebert-Stiftung (Manuskript), 27.2.2011.

»Für die Vertreter der Europäischen Gewerkschaftsorganisationen sind Netzwerke die konkretesten Formen der grenzüberschreitenden, gewerkschaftlichen Zusammenarbeit, um Kontakt zu den gewerkschaftlichen Partnerorganisationen auf der Ebene international operierender Unternehmen [zu] halten.«[258]

»Experten gehen davon aus, dass das FES-Regionalprojekt hier ganz entscheidend an der Aufrechterhaltung der Aktivitäten der GUF's in der Region beteiligt ist. Für die Vertreter des Europäischen Gewerkschaftsbundes (EGB), ausgewählter Branchenorganisationen wie dem EMB und das Europäische Gewerkschaftsinstitut stellt das Regionalprojekt Ostmitteleuropa einen integralen Bestandteil der strategischen Zielsetzung beim Aufbau und der Verstetigung konzernbezogener, grenzüberschreitender gewerkschaftliche Netzwerke dar [...]. Die europäischen Partnerorganisationen sind auch an den interregionalen Aktivitäten beteiligt, so bei der Weiterentwicklung der Euregios und des Wiener Memorandums, das nach 10-jährigem Bestehen eine große Bedeutung für die grenzübergreifende, tarifpolitische Koordinierung genießt. Insbesondere bei den bundesdeutschen Kooperationspartnern, dem DGB, seinen Einzelgewerkschaften und Betriebsräten ausgewählter deutscher Unternehmen, aber auch bei den gewerkschaftsnahen Stiftungen Hans-Böckler und Otto-Brenner verfügt das Regionalprojekt Ostmitteleuropa über eine überaus hohe Anerkennung. Es ist wichtiger Wissensträger über arbeitspolitische Entwicklungen in der Projektregion und entscheidender Akteur bei der Stabilisierung grenzüberschreitender, gewerkschaftlicher Netzwerke.[...] In der Gesamtschau ist das Regionalprojekt Ostmitteleuropa auf allen vier Ebenen der Netzwerktextur der Arbeitsbeziehungen erfolgreich verankert und stellt einen wichtigen Knotenpunkt bei der Herausbildung von grenzüberschreitenden Arbeitsbeziehungen in Mittelosteuropa dar. Diese Vernetzung auf allen vier Ebenen des FES-Regionalprojektes stellt nach Expertenaussagen ein zentrales Alleinstellungsmerkmal in der internationalen Gewerkschaftszusammenarbeit dar und ein herausragendes Beispiel für die besondere Kooperation zwischen DGB-Gewerkschaften und der Friedrich-Ebert Stiftung.«[259]

Ein einziger, aber schwerwiegender Kritikpunkt bleibt:

258 Ebd., S. 38.
259 Ebd., S. 41 f.

»Im Kontext einer FES-Gesamtstrategie kommt die Evaluierung zu dem Ergebnis, dass nach der formalen Trennung zwischen den regionalen und nationalen Projekten der Gewerkschaftszusammenarbeit in Ostmitteleuropa eine systematische Kooperation in der Zielfindung, bei den Vor- und Nachbereitungen der Maßnahmen zwischen dem Regionalprojekt und den FES-Länderbüros noch nicht wirklich gelungen ist.«[260]

Die im Gesamturteil ebenso überaus positive Evaluierung des Regionalprojekts für die Teilregion Südosteuropa kommt beim einzigen kritischen Punkt zur gleichen Folgerung:

»Nach der strukturellen Trennung zwischen nationalen und regionalen Projekten im Themenfeld Arbeitsbeziehungen und Sozialdialog findet zwar ein Informationsaustausch, aber noch keine systematische Kooperation statt, weder bei Vor- noch Nachbereitung der Maßnahmen des Regionalprojekts. Wichtige Initiativen des Regionalprojektes, die seit 2009 mit dem EMB und der IGM zum Thema Industriepolitik durchgeführt werden, sind im Rahmen der nationalen FES-Projekte bislang unzureichend nachbereitet worden.«[261]

Über mangelnde Arbeit und fehlende Mittel wird sich das Regionalprojekt Arbeitsbeziehungen und Sozialdialog in Südosteuropa auch in Zukunft nicht beklagen können, denn:

»In Kooperation mit dem EGB wurde im Jahr 2010 das EU-Projekt ›Verbesserung der Europakompetenz der Gewerkschaften in Bosnien & Herzegowina, der ehemaligen Jugoslawischen Republiken Mazedonien, Montenegro und Serbien zur Unterstützung und sozialverträglichen Begleitung des Beitritts und der Integration der vier Länder in die Europäische Union‹ erfolgreich akquiriert. Die Projektleitung hat der EGB übernommen, während das FES-Regionalprojekt für Arbeitsbeziehungen und Sozialdialog in Südosteuropa in Belgrad die Projektkoordination übernommen hat. […] Dieses EU-Projekt wird in den nächsten Jahren die Zusammenarbeit mit

260 Ebd., S. 46.
261 Ebd., S. 63 f.

dem FES-Büro vertiefen und die Rolle der FES ›als Ohr des EGB in der Region SOE‹[262] weiter stärken.«[263]

Mittlerweile stehen die beiden Regionalprojekte in engem Austauschverhältnis zum Globalen Gewerkschaftsprojekt der Stiftung und gelten als wichtige Themengeber für alle Arbeitsbereiche der internationalen Gewerkschaftskooperation. Die globale Gewerkschaftswelt ist nicht einfacher geworden und vielfältig geblieben, aber die alten Grenzziehungen zwischen Ost und West, Nord und Süd sind längst hinfällig geworden. Die FES und die deutschen Gewerkschaften haben das Ihre dazu beigetragen, dass auch die Grenzen in den Köpfen zwischen Ost- und Westeuropa von gestern sind.

6 Von der Förderung der Internationalen Berufssekretariate durch das IBS-Programm über das Globale Gewerkschaftsprojekt zur internationalen Gewerkschaftsarbeit der FES

»Es sieht so aus, als seien manche Finanzinstitute zu groß, um zu scheitern, während viele Menschen zu klein sind, um eine Rolle zu spielen.«[264]

6.1 Die Vorteile des IBS-Programms: Pragmatische Verknüpfung von internationaler Solidarität, nationaler Umsetzung und branchenspezifischer Orientierung

Aus einem griffigen Titel für die Förderrichtlinien des Bundesministeriums für wirtschaftliche Zusammenarbeit und Entwicklung (BMZ) entwickelte sich in den 70er-Jahren ein aufgefächertes IBS-Programm der FES zur Förderung der Internationalen Berufssekretariate in ihren historischen Aufspaltungen und eifersüchtigen gegenseitigen Abgrenzungsanstrengungen. Das Projekt »Förderung von Gewerkschaften in Entwicklungsländern in Zusammenarbeit mit internationalen Gewerkschaftsorganisationen« wurde von Rüdiger Sielaff

262 Diese freundschaftliche, wenn auch leicht missverständliche Charakterisierung, eigentlich »Ohr des EGB im Westbalkan«, stammt vom EGB-Sonderbeauftragten Westbalkan, Peter Seideneck.

263 Ebd., S. 65.

264 So der Generaldirektor der IAO, *Juan Somavia*, Die Welt ist ein sehr ungleiches Land, zit. n. Frankfurter Rundschau vom 7. Juni 2011, S. 12.

entworfen, der auch den raffiniert formulierten Erstantrag an das BMZ stellte und damit in der Arbeit der Stiftung seit 1978 eine eigene Arbeits- und Finanzierungslinie installierte. Das Projekt folgte zunächst sehr eng den Prioritätenkatalogen der Internationalen Berufssekretariate und des IBFG, die durch Beratung, Erfahrungsaustausch und Schulung ihren Mitgliedsorganisationen im globalen Süden Beistand leisten wollten. Die Maßnahmen waren darauf gerichtet, höhere und mittlere Führungskräfte in den Gewerkschaften zu befähigen, ihre Funktionen effektiver zu erfüllen. Außerdem wurden als Zielvorgaben festgehalten, die Unabhängigkeit der Gewerkschaften gegenüber Regierungen und Parteien zu sichern sowie die innergewerkschaftliche Demokratie durch die Partizipation der Mitglieder an der innerorganisatorischen Entscheidungsfindung zu fördern. Immer wiederkehrende Themen in den folgenden anderthalb Jahrzehnten waren: Organisationsentwicklung, Tarifverhandlungstechniken, Mitgliederwerbung, Gewerkschaftsfinanzen, Arbeitnehmerrechte, gewerkschaftliche Autonomie. Vorerst noch am Rande tauchten Themenfelder wie die zunehmende Macht transnationaler Unternehmen und die Bedeutung der gewerkschaftlichen Mitwirkung bei der Normensetzung und Überwachung im Rahmen der IAO auf.

Die Suche nach dem jeweiligen Alleinstellungsmerkmal führte zu charmanten Sonderfällen wie den zumeist jüdischen Diamantschleifern im ehemaligen Weltbund der Diamantenarbeiter UADW (Universal Alliance of Diamond Workers), der sich schließlich am 1. November 2000 der ICEM, der Internationalen Föderation der Chemie-, Energie-, Bergbau- und Fabrikarbeitergewerkschaften anschließen musste und nunmehr in deren Sektor DGOJP, Diamond, Gems, Ornament and Jewellery Production (Diamanten, Edelsteine, Ornamente und Schmuckproduktion) als kleine, aber finanzstarke Struktur überlebt. Diese besondere »Universelle Allianz« hatte bereits mehrere Wiederauferstehungsfeiern hinter sich, als sie in den 90er-Jahren immer mal wieder bei lokalen FES-Büros in Argentinien, Israel oder anderswo um logistische Unterstützung, vor allem für ihre Weltkongresse, mit meist recht bescheidenen Bitten einkam, die leicht erfüllt werden konnten.

Im sogenannten Mailänder Abkommen zwischen den IBS und dem IBFG finden sich bis heute vier gültige Sätze von derart salomonischer und zeitloser Qualität, dass bis heute lediglich die Akronyme ausgetauscht werden mussten:

> »Der IBFG erkennt die Autonomie der Berufssekretariate an.
> IBFG und Berufssekretariate arbeiten in allen Fragen von gemeinsamem Interesse zusammen.

Der IBFG und die Berufssekretariate stellen fest, dass sie ein und dieselbe Gewerkschaftsbewegung verkörpern.
Dies bedeutet die Übernahme der allgemeinen Politik des IBFG durch die Berufssekretariate.«[265]

Die nachdrückliche Unterstreichung der Autonomie von mehr als einem Dutzend Partnern mit je eigener Agenda und Arbeitskultur ließ im IBS-Programm von Anfang an den FES-Gewerkschaftsberatern – aber auch den übrigen FES-Vertretern, die in Teilbereichen ihrer Arbeit darin verwickelt waren – bei der Umsetzung der mit den Zentralen verabredeten Maßnahmen den größtmöglichen Spielraum, wenn es um die Entwicklung von Zielen, Inhalten und Methoden ging. Die Vorgaben der Zentralen bezogen sich mehr auf die Teilnehmerzahlen und die angestrebte Zielgruppe: jüngere Gewerkschaftsmitglieder, Frauen, betriebliche Interessenvertreter, Führungsmitglieder, Fachgruppen, Multiplikatoren oder welche Kategorie auch immer gerade angesagt war, während die inhaltlichen und organisatorischen Festlegungen meist vor Ort in schöpferischer Freihändigkeit verabredet werden konnten. Da bei den Gewerkschaftsberatern der FES davon ausgegangen werden konnte, dass sie mit den gängigen Methoden gewerkschaftlicher Bildungsarbeit vertraut waren, bei den übrigen Kollegen zumindest grundlegende Erfahrungen mit politischer Erwachsenenbildung vorausgesetzt werden konnten, war den messbaren Lehr- und Lernerfolgen keine Grenze gesetzt.

Da in den jeweiligen Internationalen Berufssekretariaten in der Regel Generalsekretäre mit skandinavischer oder angelsächsischer Sozialisation den Ton angaben, die außer ihren in der Regel deutschsprachigen Weltpräsidenten keine höheren Mächte über sich kannten, verfügten die FES-Repräsentanten in jedem Fall über einen Vorsprung an Ortskenntnis, Sprachvermögen, Hintergrundwissen und pädagogischer Kompetenz, der ihnen in der sich entwickelnden internationalen Kooperationsszene den Ruf von Alleskönnern und Geheimnisträgern[266] einbrachte. Für die deutschen Gewerkschaften, Einzelgewerkschaften

265 Zit. n. *Kurt P. Tudyka*, Internationale Berufssekretariate (IBS), in: *Siegfried Mielke* (Hg.), Gewerkschaftshandbuch, a. a. O., S. 33.

266 Dazu trugen aber auch Signale aus der Zentrale bei, wo gelegentlich deutliche Aufträge formuliert wurden: »Wenn wir davon überzeugt sind, dass unsere eigenen gesellschaftspolitischen Grundvorstellungen richtig sind, dann ist ihre Übertragung auf andere Gesellschaften oder Regionen keine Grundsatzfrage, sondern eine Frage der außenpolitischen Möglichkeiten der Anpassung an andere Bedingungen und Notwendigkeiten und eine Frage der politischen Toleranz.« *Horst Heidermann*, in: Alfred Nau zum 65. Geburtstag, Bonn 1971, S. 102.

und Dachverband, erschloss das IBS-Programm zudem die Möglichkeit, mit FES-Unterstützung im Umfeld der nationalen und internationalen Kongresse Gastdelegierte von Partnerorganisationen in Lateinamerika und der Karibik, in Asien und Pazifik, in Gesamtafrika und im Nahen Osten sowie in Mittel- und Osteuropa einzuladen, die zuvor an themenorientierten internationalen Seminaren der Friedrich-Ebert-Stiftung in Deutschland teilgenommen hatten.

Da die Vorgaben der institutionellen Auftraggeber sich in der Regel auf technische Rahmenbedingungen beschränkten, konnten die FES-Gewerkschaftsberater die eigenen soziopädagogischen Agenden weitgehend uneingeschränkt entfalten. Fast jeder Kollege entwickelte Manuale zur gewerkschaftlichen Bildungsarbeit oder ließ sie von einheimischen Experten erstellen, oft mit wunderbarer grafischer Aufbereitung und einprägsamen Karikaturen ausgestattet. Getreu dem Grundsatz, dass jedem neuen Einsatzland der Zauber des Neubeginnens anhaften sollte, sind die meisten dieser Erzeugnisse im Laufe der Zeit und der Personalwechsel verschollen oder kursieren als eine Art Samisdatliteratur in irgendwelchen Gewerkschaftszirkeln, um dort mit bewusstseinsbildender Langzeitwirkung zu überdauern. Ein prägnantes Beispiel für die Spruchweisheit des Terenz, »Bücher haben ihre Schicksale«[267], liefert das schöne, von Dietmar Kneitschel für die lateinamerikanische Region der Internationale der Bau- und Holzarbeiter IBBH/FITCM erstellte Handbuch der Gewerkschaftsbildung mit dem noch schöneren Titel: »Die Solidarität kennt keine Grenzen«[268]. Das von Cristian Hernández und Osiris Perez mit eindringlichen Illustrationen versehene Werk wurde zwar 1987 noch gedruckt, kam aber erst 1989 in die Auslieferung. Mittlerweile war aber der in der Region unbeliebte Generalsekretär des IBBH, der Schwede John Löfblad, durch seinen in der Region beliebten Stellvertreter und Landsmann Ulf Asp nach heftigem Wahlkampf abgelöst worden. Das behinderte die Weiterverbreitung des mit Löfblads Bild und Geleitwort versehenen Buches vorübergehend. Seine eher allgemeinverbindliche, im Kern eigentlich zeitlose Darstellung von Sinn und Zweck gewerkschaftlichen Handelns sicherte die Weiterverbreitung dieser Publikation zumindest in der Form der auszugsweisen Kopien, auch außerhalb der ursprünglichen Zielgruppe der Bau- und Holzarbeiter in Lateinamerika.

Als in der Friedrich-Ebert-Stiftung nach der Zeitenwende die Debatte um die Einführung des »Kursbogens« ersten Höhepunkten entgegen rollte, kam auch

267 *Terentianus Maurus*, »Pro captu lectoris habent sua fata libelli«, in: Carmen Heroicum, Rom 258, Vers 1286.

268 *Dietmar Kneitschel*, La Solidaridad no tiene fronteras, Santo Domingo 1987.

das in der GTZ bewährte Planungsinstrument ZOPP, die Zielorientierte Projektplanung, wieder zu Ehren, vor allem wenn es darum ging, Gewerkschaftsführungen von dem Spiel mit den bunten Kartons zu begeistern. Da sich die neue Zielorientierung der FES-Geschäftsführung nunmehr – nach zwei Jahrzehnten Graswurzelförderung durch das IBS-Programm – auf die Führungsebenen von Gewerkschaften richten sollte, wurde eine strategische Neuausrichtung auch der Gewerkschaftskooperation der Stiftung zwingend erforderlich, die sich der als neu empfundenen Herausforderung der Globalisierung annahm.

Durch die zunehmende regionale wirtschaftliche Integration in vielen Teilen der Welt flossen damit regionale und subregionale Fragen verstärkt in die Projektarbeit ein. Dafür musste bei den Partnergewerkschaften – vor allem in Asien und Afrika – erst einmal Verständnis für die Notwendigkeit regionaler Zusammenarbeit der Gewerkschaften geweckt werden, wobei entsprechende Instrumente und Strategien eher über die Schiene der Internationalen Berufssekretariate erarbeitet werden konnten als über die dortigen Regionalorganisationen des IBFG.

Diese Entwicklung verdeutlicht auch einer der heimlichen »Bestseller« unter den zahlreichen Broschüren der Stiftung zu Gewerkschaftsthemen, das von Heinz Bendt 1995 erarbeitete Handbuch zu Geschichte und Struktur der Internationalen Berufssekretariate, damals unter dem Titel: »Eine Welt – eine Stimme – Solidarität – Die Arbeit der Internationalen Berufssekretariate«, das in der zweiten Auflage 2003 mit einem den jüngsten Entwicklungen angepassten Titel erschien: »Weltweite Solidarität. Die Arbeit der Globalen Gewerkschaftsorganisationen im Zeitalter der Globalisierung«. Der anschließende Vereinigungsprozess sowohl beim IBFG/IGB wie bei den Global Unions erforderte schon 2006 eine neue Textbearbeitung durch Annette Brinkmann und Jürgen Eckl, die zwar einige künftige Entwicklungen vorwegnahm, aber 2011 nach einigen Zusammenschlüssen und Sitzverlagerungen bei den Global Unions wiederum aktualisierungs- und ergänzungsbedürftig erscheint.[269]

269 Zur Bibliografie der derzeit noch kursierenden Ausgabe: *Heinz Bendt*, Weltweite Solidarität. Die Arbeit der Globalen Gewerkschaftsorganisationen im Zeitalter der Globalisierung, Bonn 2006.

6.2 Förderung der Vereinheitlichung der internationalen Gewerkschaftsbewegung und Stärkung der Rolle der Internationalen Arbeitsorganisation (IAO)

Die Neubestimmung der Gewerkschaftskooperation durch das Globale Gewerkschaftsprojekt unter der intellektuellen Federführung von Rüdiger Sielaff und Erwin Schweißhelm, Hubert Schillinger und Achim Wachendorfer folgte einem Diskussionsprozess auf mehreren Fachkonferenzen und setzte auf Themen wie die Lobbyarbeit der Gewerkschaften in internationalen Organisationen, die Durchsetzung elementarer Sozialstandards im internationalen Handel sowie die Entwicklung von Internationalen Rahmenabkommen (IFA) und Verhaltenskodizes als Regelwerke für multinationale Unternehmen. Es galt das Projekt nunmehr auf genuin globale Fragestellungen auszurichten, um den Ohnmachtsgefühlen in der nationalen und internationalen Gewerkschaftsbewegung angesichts der globalen Herausforderung entgegenzuwirken.

Globalisierung vor der Finanzkrise hieß nach der herrschenden Lehrmeinung: Grenzenlosigkeit für Finanz-, Handels- und Investitionsströme. Dieser Prozess, der in seinen Grundzügen so neu nicht war, wurde von Arbeitnehmern und ihren Gewerkschaften überall in der Welt vorab erst einmal als Bedrohung wahrgenommen. Es herrschte berechtigte Angst, einer zerstörerischen Spirale nach unten ausgeliefert zu sein, der Konkurrenz auf einem Weltmarkt der Arbeit ausgesetzt zu sein, auf dem Arbeit »billig wie Dreck« geworden sei.

Hinzu kam, dass soziale Normen, die national wie international bereits zum verbrieften Standard zu gehören schienen, weltweit infrage gestellt wurden. Statt endlich die Bedingungen für einen Ausgleich der Interessen im Zeichen von mehr sozialer Gerechtigkeit herzustellen, einte die Länder der Welt nach dem Ende der Systemkonkurrenz eine Standortdiskussion mit ebenso hysterischen wie repressiven Zügen. Beim allgemeinen Wettlauf nach dem billigsten Angebot wirkten Gewerkschaften wie Spielverderber in der schönen neuen Welt der Märkte, obwohl die Gewerkschaften nichts anderes als die Einhaltung einfacher Spielregeln einforderten.

Mit ihren Forderungen nach dem weltweiten Respekt der Kernarbeitsnormen der IAO bezogen sich die Gewerkschaften auf folgende elementare, bereits von mehr als zwei Dritteln der Mitgliedsstaaten der IAO ratifizierte Menschenrechtskonventionen:

- Verbot der Zwangsarbeit (Übereinkommen 29 und 105);
- Schutz der Vereinigungsfreiheit (Übereinkommen 87);
- Recht auf Kollektivverhandlungen (Übereinkommen 98);

- Verbot der Kinderarbeit (Übereinkommen 138 und 182);
- Verbot der Diskriminierung in Beschäftigung und Beruf (Übereinkommen 111);
- Anspruch auf Gleichheit des Entgelts männlicher und weiblicher Arbeitskräfte für gleichwertige Arbeit (Übereinkommen 100).

Diese acht Konventionen bilden das Minimum bindender Regeln für die globale Wirtschaft. Die Respektierung dieser Kernarbeitsnormen ist die Voraussetzung für gleichberechtigte Teilhabe und eine nicht diskriminierende Praxis in den Prozessen regionaler und internationaler Integration. Mit der Erklärung der IAO zu den grundlegenden Prinzipien und Rechten bei der Arbeit, die auf der IAO-Jahreskonferenz 1998 einstimmig von Regierungen, Gewerkschaften und Arbeitgebern verabschiedet wurde, erhielt die IAO ein grundsätzliches Mandat, das Verhalten der Mitgliedsstaaten bei der Respektierung der sozialen Grundrechte zu überwachen, und zwar in allen Staaten, auch wenn sie die betreffenden Übereinkommen nicht ratifiziert haben.[270]

Somit blieb mit dem Projektziel der Stärkung der IAO und der Förderung der Arbeit der Gewerkschaften in der IAO ein weiterer Ansatz in der Gewerkschaftskooperation der Stiftung verankert, denn hierin liegt der zentrale Hebel bei der weiteren sozialen Gestaltung der Globalisierung. »Bei aller Kritik am gelegentlich schwerfälligen Gebaren der IAO darf eins nicht vergessen werden: Eine Weltorganisation mit tripartiter Verfassung[271] und maßgeblicher Mitbestimmung der Gewerkschaften, wie sie 1919 unter dem Eindruck des Ersten Weltkriegs in Genf gegründet worden ist, käme in der heutigen Weltlage unter keinen Umständen mehr zustande.«[272]

270 Vgl. *Jürgen Eckl*, Internationale Gewerkschaftskooperation vor neuen Herausforderungen, Bonn 2007, S. 11 f.

271 Die tripartite Besetzung des Verwaltungsrates der IAO regelt Artikel 7 der Verfassung der IAO: »1. Der Verwaltungsrat setzt sich aus sechsundfünfzig Personen zusammen, und zwar aus achtundzwanzig Regierungsvertretern, vierzehn Arbeitgebervertretern, vierzehn Arbeitnehmervertretern. 2. Von den achtundzwanzig Regierungsvertretern werden zehn durch die Mitglieder ernannt, denen wirtschaftlich die größte Bedeutung zukommt, und achtzehn durch die Mitglieder, die zu diesem Zweck von den zur Konferenz abgeordneten Regierungsdelegierten unter Ausschluss der Delegierten der erwähnten zehn Mitglieder bezeichnet worden sind. […] 4. Die Arbeitgebervertreter und die Arbeitnehmervertreter werden von den Arbeitgeberdelegierten beziehungsweise von den Arbeitnehmerdelegierten auf der Konferenz gewählt. […]« (zit. n. dem deutschen Text *IAA, Internationales Arbeitsamt*, Verfassung der Internationalen Arbeitsorganisation und Geschäftsordnung der Internationalen Arbeitskonferenz, Genf 2003, S. 10 f.).

272 *Jürgen Eckl*, ebd., S. 16.

Die Kernarbeitsnormen und eine Reihe weiterer zentraler IAO-Konventionen bilden in ihrer Gesamtheit die Eckpunkte für die Gestaltung menschenwürdiger und annehmbarer Arbeitsbedingungen, in den Begriffen der IAO: der Strategie für decent work.[273] Dennoch bleibt noch ein langer Weg, bis dessen vier Elemente und das Normengerüst der IAO, das im tripartiten Prozess zwischen den Vertretern von Regierungen, Unternehmern und Gewerkschaften in langen Jahren ausgehandelt wurde und daher über eine hohe Legitimität verfügt, auch weltweit umgesetzt wird.[274]

Die Förderung der Arbeit der IAO ist ein weites Feld. Deshalb konzentriert sich das Globale Gewerkschaftsprojekt auf »einige wenige Arbeitslinien, deren Aktivitäten in direkter Kooperation mit den Projektpartnern umgesetzt werden können. Ziel ist es dabei, sie in die Lage zu versetzen, einerseits bestehende Instrumente besser zu nutzen und andererseits neue Instrumente zu entwickeln. Zur Erreichung dieses Oberziels werden daher Aktivitäten unterstützt, die sich folgenden Arbeitslinien zuordnen lassen:

- Stärkung des Monitoring-Systems der Internationalen Arbeitsorganisation (IAO);
- Verbesserung der Implementierung von Internationalen Rahmenabkommen in transnationalen Konzernen (IFA);
- Ausbau und Festigung gewerkschaftlicher Netzwerke in transnationalen Konzernen;
- Umsetzung von strategischen Kampagnen der internationalen Gewerkschaftsorganisationen zur »Decent Work Agenda« der Internationalen Arbeitsorganisation (IAO);

---

273 »Das seit der Annahme der IAO-Erklärung über die grundlegenden Prinzipien und Rechte bei der Arbeit 1998 schrittweise entwickelte Konzept der menschenwürdigen Arbeit für alle als globales Ziel umfasst eine Agenda von vier strategischen Feldern: 1. Kernarbeitsnormen; 2. Beschäftigungspolitik; 3. Soziale Sicherheit; 4. Sozialer Dialog. Es verlangt eine grundsatzpolitische Kohärenz im internationalen System, um die besonderen sozialen Probleme anzugehen, die durch die Globalisierung und die Liberalisierung des Welthandels geschaffen werden.« *Jürgen Eckl*, Ein neuer Internationaler Gewerkschaftsbund, in: werden. Jahrbuch für die Gewerkschaften, Berlin 2007, S. 49.

274 Der jährliche Bericht der IAO über den Stand der Anwendung der Konventionen belegt, wie weit selbst »ehrenwerte« Mitglieder noch zurückliegen. Vgl. >http://www.ilo.org/ilolex/gbe/ceacr2010.htm<, ferner die jährliche Übersicht über die Verletzung von Gewerkschaftsrechten des IGB: >http://survey10.ituc-csi.org/<.

- Unterstützung der Bemühungen zur internationalen Kodifizierung der Arbeitsrechte von Hausangestellten (Domestic Workers).«[275]

Auf der 99. Internationalen Arbeitskonferenz der IAO stand die Erarbeitung einer Konvention zur Regulierung der Arbeitsbedingungen von Hausangestellten auf der Tagesordnung, die 2011 auf der 100. IAK abgeschlossen wurde.

> »In enger Abstimmung mit dem IGB […] wurde die direkte Beteiligung von Vertreterinnen gewerkschaftlicher Organisationen von Hausangestellten aus Afrika, Asien und Lateinamerika an den Debatten organisiert. Dazu wurde zunächst eine vorbereitende Konferenz durchgeführt (Genf, 15.–16.4.2010), die es den Repräsentantinnen möglich machte, sich mit den einzelnen Schritten des Verfahrens sowie dem Stand der Debatte innerhalb der tripartiten IAO-Struktur vertraut zu machen. Dies schuf eine gute Grundlage für die aktive Beteiligung von Vertreterinnen der Hausangestellten an den Beratungen auf der Internationalen Arbeitskonferenz selbst sowie an verschiedenen side events (Genf, 29.5.–17.6.2010). Dieses konstruktive Engagement der direkt Betroffenen hat ganz entscheidend zu dem erzielten ›Etappensieg‹ beigetragen, d. h. zu der Entscheidung, der IAK 2011 nicht nur eine unverbindliche Empfehlung, sondern eine völkerrechtsverbindliche Konvention zur Beschlussfassung vorzulegen.«[276]

In mittelbarem Zusammenhang mit der Stärkung der IAO steht seit dem Jahr 2004 die Förderung der FES für den Masterstudiengang der Global Labour University (GLU). Es gibt Stipendien für junge Gewerkschaftsführer und Organisationshilfen, damit die Studierenden fundiertes Wissen über industrielle Beziehungen im Zusammenhang mit der Globalisierung sowie der gegenwärtigen Wirtschafts-, Sozial- und Entwicklungspolitik erwerben können, wobei ihnen zugleich Strategien für eine zeitgemäße und global orientierte Gewerkschaftsarbeit vermittelt werden. Sie sollen außerdem eigenständig Forschungsarbeit zum Themenkomplex »Soziale Dimension der Globalisierung« leisten.

Die Globale Universität der Arbeit war im Jahr 2004 gemeinsam von der IAO, der Universität Kassel, der Fachhochschule für Wirtschaft Berlin, der Hans-Böckler-Stiftung, dem DGB und der Friedrich-Ebert-Stiftung gegründet worden. Sie arbeitet eng mit den Globalen Gewerkschaftsorganisationen

---

275 *FES*, Fortführungsantrag 2009–2013, a. a. O., S. 28. Vgl. >http://www.ilo.org/global/topics/domestic-workers/lang-en/index.htm<.

276 *Reiner Radermacher*, Jahresbericht 2010, a. a. O., S. 6.

und nationalen Gewerkschaftsverbänden sowie verschiedenen Universitäten zusammen. Inzwischen sind mit der Witwatersrand University in Johannesburg/Südafrika, der Universität Campinas in Brasilien und dem Tata Institute for Social Studies in Indien weitere Partner hinzugekommen. Mittlerweile sind schon ein halbes Dutzend Studiengänge erfolgreich beendet worden, und die GLU ist ein Selbstläufer geworden, betreut vom unermüdlichen Frank Hoffer von ACTRAV, dem Büro für Arbeitnehmeraktivitäten der IAO, das aber immer noch der Unterstützung durch die FES bedarf, die sich vor allem mit Workshops zur Konsolidierung der bestehenden Standorte und zur Harmonisierung der Curricula beteiligt.[277]

Das Globale Gewerkschaftsprojekt der Stiftung beteiligte sich von Beginn an (2001 in Porto Alegre) an der globalisierungskritischen Bewegung der Weltsozialforen, die auch von der internationalen Gewerkschaftsbewegung genutzt werden, um eigene Positionen in diesen zivilgesellschaftlichen Diskurs einzubringen. Die offene Form des Weltsozialforums (WSF) bietet eine undogmatische Diskussions- und Aktionsplattform der globalen Zivilgesellschaft an, die sich als anti-neoliberale Gegenveranstaltung zu den WTO-Ministerkonferenzen, den G-8- und G-20-Gipfeltreffen der Regierungschefs und dem jährlichen Weltwirtschaftsforum in Davos versteht. Die Formate und Veranstaltungsorte wechseln von Jahr zu Jahr, das Motto »Eine andere Welt ist möglich« bleibt immer gleich. Das Angebot und die Beteiligung der Friedrich-Ebert-Stiftung am jeweiligen WSF mobilisiert und erleichtert die Teilnahme von Gruppen der Jugendverbände der deutschen Gewerkschaften und deren Abstimmung mit den Programmen und Auftritten des IGB auf diesen Welttreffen. In seiner Charta der Prinzipien aus dem Jahr 2001 verlangt das Weltsozialforum von den Teilnehmern zwar etwas sehr schwülstig, »sich für den Aufbau einer planetarischen Gesellschaft [zu] engagieren, in der der Mensch im Mittelpunkt steht«, versteht sich selbst aber »als ein offener Treffpunkt für reflektierendes Denken, für die demokratische Debatte von Ideen, für die Formulierung von Anträgen, für freien Austausch von Erfahrungen und zum Vernetzen effektiver Aktionen […]«.[278] Das Weltsozialforum ist eine Art von Jugendbewegung des 21. Jahrhunderts, als die sich die Weltgewerkschaftsbewegung früher selbst einmal sah. Und die FES, selbst jung geblieben, kann älteren Kritikern entgegenhalten, dass ihre Themen selbst im buntesten Wettbewerb nicht verloren gehen.

277 Ebd., S. 21.

278 Vgl. >http://weltsozialforum.org/prinzipien/index.html<.

Die Rückschau auf die Jahresberichte zur Projektentwicklung der letzten zehn Jahre verdeutlicht, dass der Hauptanteil der Projektaktivitäten – ähnlich den Partnerorganisationen – bei Internationalen Berufssekretariaten (IBS), heute Globale Gewerkschaftsföderationen (GUFs) benannt, liegt. Deren aktuellste Auflistung umfasst[279]:

- Bau- und Holzarbeiterinternationale (BHI)/Building and Woodworkers' International (BWI);
- Bildungsinternationale (BI)/Education International (EI);
- Internationale Föderation von Chemie-, Energie-, Bergbau- und Fabrikarbeiterverbänden (ICEM)/International Federation of Chemical, Energy, Mine and General Workers' Unions (ICEM);
- Internationale Journalistenföderation (IJF)/International Federation of Journalist (IFJ);
- Internationaler Metallgewerkschaftsbund (IMB)/International Metalworkers' Federation (IMF);
- Internationale der Öffentlichen Dienste (IÖD)/Public Services International (PSI);
- Internationale Textil-, Bekleidungs- und Lederarbeiter-Vereinigung (ITBLAV)/International Textile, Garment and Leather Workers' Federation (ITGLWF);
- Internationale Transportarbeiter-Föderation (ITF)/International Transport Workers' Federation (ITF);
- Internationale Union der Lebensmittel-, Landwirtschafts-, Hotel-, Restaurant-, Café- und Genussmittelarbeiter-Gewerkschaften (IUL)/International Union of Food, Agricultural, Hotel, Restaurant, Catering, Tobacco and Allied Workers' Association (IUF);
- Dienstleistungsinternationale (UNI)/Union Network International (UNI).

Dazu kommen noch der Internationale Gewerkschaftsbund (IGB)/International Trade Union Confederation (ITUC) und seine Regionalorganisationen, die IAO in Gestalt ihres Büros für Arbeiteraktivitäten (ACTRAV)/Bureau for Workers' Activities und ihres Internationalen Trainingszentrums (ITC) in Turin sowie der Gewerkschaftliche Beratungsausschuss TUAC (Trade Union Advisory Committee) bei der OECD in Paris. Als weitere Partnerorganisation

279 Entnommen: *Reiner Radermacher*, Jahresbericht 2009, a. a. O., S. 4.

wird noch der DGB mit seinen Mitgliedsgewerkschaften erwähnt, unter besonderer Betonung der IG Metall.[280]

Das Verschwinden einer Gewerkschaftsberatung mit dem Stallgeruch einer besonderen Kompetenz der FES markiert eine lakonische Aussage im Projektentwicklungsbericht des Jahres 2009, wonach »der größte Teil von rund 130 Maßnahmen von den Partnern inhaltlich gestaltet und organisatorisch durchgeführt [wurde] – Letzteres in aller Regel in enger Kooperation mit den Landesbüros der FES«.[281] Enge Kooperation heißt dann aber nicht nur, lediglich Logistik und Finanzabwicklung bleiben noch in der Verantwortung der FES vor Ort, sondern immer auch die intensive inhaltliche Beteiligung der lokalen FES-Mitarbeiter und -Mitarbeiterinnen, deren allgemein anerkannte Kompetenz, Expertise und loyales Engagement mittlerweile auch zu einem Alleinstellungsmerkmal der Stiftung geworden sind. Die Themen selbst umreißen die Handlungsentwürfe der internationalen Gewerkschaftsbewegung zur Globalisierung im letzten Jahrzehnt: Strategien zur sozialen Gestaltung der Globalisierung, Durchsetzung internationaler Kernarbeitsnormen, gewerkschaftliche Netzwerkbildung in multinationalen Unternehmen. Das mag angesichts der nicht nur während des letzten Jahrzehnts nachgewiesenen Kompetenz in politischer Analyse, Forschung und seriöser Politikberatung innerhalb der Friedrich-Ebert-Stiftung ein wenig sparsam wirken, zielt aber nach wie vor in der internationalen Gewerkschaftsarbeit auf das Machbare, Umsetzbare und Überprüfbare.

Das Unspektakuläre, dafür aber umso Wirkmächtigere, wie die unternehmensbezogene Arbeit des Globalen Gewerkschaftsprojekts im letzten Jahrzehnt gezeigt hat, ist damit nur angedeutet. Auf dem Tätigkeitsfeld der Internationalen Rahmenabkommen (IFA) – vom Globalen Gewerkschaftsprojekt und wenigen deutschen Industriegewerkschaften sowie einer Reihe von Globalen Gewerkschaftsföderationen, vor allem IMB, IUL, ICEM, ITBLAV und BHI, früh entdeckt und intensiv bearbeitet – kommt bei den gewerkschaftlichen Partnern ein quasi existenzsicherndes Zwangsverhalten zum Tragen, alle Lorbeeren im Erfolgsfall für das eigene Haupt zu beanspruchen und den

280 Der entsprechende Jahresbericht für 2007 hat immerhin auch noch die IGBCE, Industriegewerkschaft Bergbau, Chemie, Energie, sowie ver.di, die Vereinigte Dienstleistungsgewerkschaft, aufgeführt. *Dietmar Kneitschel*, Förderung von Gewerkschaften in Entwicklungsländern in Zusammenarbeit mit internationalen Gewerkschaftsorganisationen. Jahresbericht 2007. Teil 2: Projektentwicklung, Bonn 2008, S. 2. Dies kann zugleich auch als Indiz für das schwindende Profil der internationalen Arbeit in manchen Einzelgewerkschaften des DGB gewertet werden.

281 *Reiner Radermacher*, Jahresbericht 2009, a. a. O., S. 2.

unterstützenden Hilfsmotor völlig im Hintergrund verschwinden zu lassen. So taucht der Beitrag des FES-Programms lediglich in einigen Bibliografien durch Verweise auf von der Stiftung selbst in Auftrag gegebene Studien auf.[282] In den einschlägigen Publikationen der unterstützten GUFs findet die FES nirgends Erwähnung. Die eigentliche Anerkennung erfolgt mehr im Verborgenen, so bei einer Strategiekonferenz »Internationale Rahmenabkommen« am 18.5.2009 in Berlin, die mit den Vertretern aller Globalen Gewerkschaftsföderationen (GUFs) sowie dem Koordinator des Globalen Gewerkschaftsrates durchgeführt wurde und bei welcher der Kreis der direkt für die Steuerung der internationalen Rahmenabkommen zuständigen Mitarbeiter der GUFs nach einer Diskussion über die allgemein bekannten, aber nie gemeinsam aufgearbeiteten Probleme übereinkamen, »der FES ein ausdrückliches Mandat« zu erteilen, »die weitere Debatte zu fördern«.[283]

Das klassische Berufsbild des Gewerkschaftsberaters in der Stiftung ist angesichts der »Konzentration des Projekts auf genuin globale Fragen«[284] in der Versenkung verschwunden, denn jetzt gilt: »Themen wie Lobbyarbeit der Gewerkschaften in internationalen Organisationen, die Durchsetzung elementarer Sozialstandards im internationalen Handel sowie die Entwicklung von internationalen Rahmenabkommen und Verhaltenskodizes als Regelwerke für multinationale Unternehmen wurden in den Katalog der Veranstaltungen aufgenommen.« Das sind genau die aktuellen Strategien, die sich die internationale Gewerkschaftsbewegung auf ihren letzten Kongressen ins Handbuch geschrieben hat, operationell aber bieten diese Strategien nur Spielflächen für die »happy few« der Vorstände und Generalsekretäre, die manchmal in ihrem Leben bis an die Runden Tische der Mächtigen vorgelassen werden. Lobbyarbeit auf höchster Ebene ist schwierig und nur gelegentlich von Erfolg gekrönt, die Entfernung aber zum Gewerkschaftsalltag bedingt, dass Erfolge nur in den

282 So in dem Arbeitspapier der IAO von *Dimitris Stevis*, International framework agreements and global social dialogue, Employment Working Paper No. 47, Genf 2010, S. 20, wo die Kurzstudie von *Torsten Müller/Hans-Wolfgang Platzer/Stefan Rüb*, International Framework Agreements – Opportunities and Limitations of a New Tool of Global Trade Union Policy, Briefing Paper No. 8/2008, Global Trade Union Programme, Friedrich-Ebert-Stiftung, in die Bibliografie aufgenommen wurde.

283 *Reiner Radermacher*, Jahresbericht 2009, a. a. O., S. 20.

284 *FES*, Fortführungsantrag Förderung von Gewerkschaften in Entwicklungsländern in Zusammenarbeit mit internationalen Gewerkschaftsorganisationen (Projekt »Globale Gewerkschaftspolitik«), 2011–2013, o. O., o. J., S. 24. Aus diesem Non-Paper wird auch im Folgenden mehrfach zitiert, weil darin sehr klar der Paradigmenwechsel in der Gewerkschaftskooperation der Stiftung sowohl in thematischer wie in organisatorischer Hinsicht dargestellt wird.

Spitzenzirkeln der internationalen Dachverbände überhaupt wahrgenommen werden. Bei der Durchsetzung der Sozialstandards stellt sich die Frage, ob entsprechende Demonstrationstechniken mit eingeübt werden können, um der WTO die Aufnahme derselben ins eigene Regelwerk zu erleichtern. Bei den Rahmenabkommen steht weniger das Aushandeln, dafür aber ihre konkrete und unmittelbar spürbare Anwendung zur Debatte und damit deren Brauchbarkeit im Konfliktfall für die betroffene Gewerkschaft und ihre Mitglieder. Das aber impliziert die pädagogische Nachbereitung vor Ort, was wiederum den klassischen Gewerkschaftsberatern Handlungsoptionen eröffnen würde, wenn es sie dann noch gäbe.

Die globale Ausrichtung des Projekts hatte zuerst die Wege ein wenig verlängert, so »öffnete sich zwischen der Aktionsebene der internationalen Gewerkschaftspolitik – die von der FES-Zentrale gesteuert wird – und der Aktionsebene der lokalen bzw. nationalen Gewerkschaftsarbeit – die von den Landesbüros der FES in Afrika, Asien, Lateinamerika, im Mittleren bzw. Nahen Osten und in Nordafrika sowie in Europa und den ehemaligen Sowjetrepubliken durchgeführt wird – eine organisatorische Lücke. Diese wurde seit dem Ende der 90er-Jahre sukzessive durch regionale Gewerkschaftsprojekte geschlossen, die eine engere Verzahnung der Arbeitslinien möglich machten: Themen können in ihrer globalen Allgemeinheit behandelt, zugleich aber in ihrer regionalen Besonderheit bearbeitet und schließlich mit spezifischen Aktivitäten auf nationaler Ebene unterfüttert werden.«[285]

Der scheinbaren Logik der Globalisierung folgend, wird »die sukzessive Verlagerung der Projektziele und -themen von der nationalen über die subregionale und regionale hin zur globalen Ebene als adäquate Reaktion auf veränderte Rahmenbedingungen, Probleme und Bedürfnisse beurteilt«. Mit dieser Verlagerung wird wohl eher das lastende Gefühl lokaler Ohnmacht angesichts der Zwänge der Globalisierung befördert, ohne dass im Gegenzug ein Vertrauen in die Stärke einer die Grenzen überschreitenden Solidarität entsteht. Die gewerkschaftliche Alltagserfahrung ist nun einmal eher bodenständig und sie ist sich ihrer Begrenzungen bewusst. Dadurch aber ist sie auch immer weniger bereit, sich immer entfernteren Abstraktionsebenen auszuliefern, deren Angebote zur Problemlösung immer unfassbarer werden.

Da beruhigt es nicht sonderlich, wenn in der Stiftung altvertraute Wege einer pragmatischen Gewerkschaftsarbeit innerorganisatorisch durch ein etwas bizarres techno-bürokratisches Konstrukt abgelöst werden, das am Reißbrett

285 Ebd.

sicher eindrucksvoller wirkt als in der praktischen Erprobung: »Die konzeptionelle Integration der verschiedenen Elemente der internationalen Gewerkschaftsarbeit der FES in eine dreigliedrige Organisationsstruktur macht die Anpassung von Planungs-, Steuerungs- und Durchführungsverfahren auf allen Aktionsebenen und bei allen beteiligten Arbeitseinheiten notwendig.« Das Austarieren der richtigen Balance zwischen Arbeitsteilung und Verzahnung und die daraus folgende Festlegung der Abläufe standen auch im Mittelpunkt einer Strategiekonferenz, die im September 2009 in Berlin stattfand. Ein Ergebnis der Beratungen war die Entscheidung, »zum einen die bereits eingeleitete Akzentverschiebung von der Nachfrageorientierung zur Angebotsorientierung weiterzuentwickeln und zum anderen die bisherige Maßnahmenplanung durch eine Zielplanung zu ersetzen«.[286]

7 Rückblick und Ausblick

> Wie, wenn der Nebel langsam sich verteilt,
> das Auge Stück für Stück erfasst und kennt,
> was alles hinter Schwaden sich verbirgt […].[287]

Beim Rückblick auf ein halbes Jahrhundert einander folgender Ansätze erfolgreicher Gewerkschaftskooperation der Friedrich-Ebert-Stiftung fällt auf, dass es nichts gibt, was es nicht schon einmal gegeben hat. Das ist beruhigend, wie auch jedem neuen Anlauf ein altbekannter Zauber innewohnt. Nichts kann die pragmatische, gleichwohl von miterlebender Leidenschaftlichkeit geprägte Arbeit der FES-Vertreter vor Ort ersetzen, ebenso wenig die umfassende, immer wieder neu aufgerichtete strategische Planung in der Zentrale. Die Alleinstellungsmerkmale der Gewerkschaftsarbeit der Stiftung haben ihre Qualität nicht eingebüßt, weder gegenüber dem DGB und seinen Gewerkschaften noch gegenüber der internationalen Gewerkschaftsbewegung, erst recht nicht gegenüber den internationalen Partnerorganisationen, am allerwenigsten gegenüber ihren Partnern vor Ort, den Gewerkschafterinnen und Gewerkschaftern in

286 Ebd., S. 25. Fast zwanzig Jahre nach der berühmten Kursbogen-Diskussion ist Letzteres freilich eine überraschende Entdeckung.

287 *Dante Alighieri*, Die Göttliche Komödie, Inferno, XXXI. Gesang, Verse 34-36 (Übersetzung: *Karl Vossler*), München 1962, S. 137.

einer globalisierten Welt, die gelernt haben und wissen: Es gibt keinen besseren Weg, ihre Rechte durchzusetzen und zu verteidigen, als sich zu organisieren.

Der unerwartete Tod von Günter Grunwald am 6. November 2011 rief – wenn auch schmerzhaft – die zentrale Bedeutung dieses Mannes für den Aufbau, die Ausgestaltung und die Festigung der Grundlagen der Auslandsarbeit der Friedrich-Ebert-Stiftung ins Gedächtnis zurück, vor allem aber auch die Bedeutung und das Gewicht der internationalen Gewerkschaftskooperation als eines Wesenskerns dieser Arbeit. Alles, was das Besondere der Friedrich-Ebert-Stiftung im nachkriegsdeutschen Sonderfall der Politischen Stiftungen ausmachte und fortwirken wird, wurzelt in der Lebensleistung dieses Mannes.

Seinem Verhandlungsgeschick und seiner strategischen Ausdauer war es zu verdanken, dass praktisch aus dem Nichts in kürzester Zeit ein Netzwerk aufgebaut wurde, welches dem DGB, obwohl anfangs zögerlich, ermöglichte, die Früchte internationaler Gewerkschaftskooperation gerade deshalb auch für sich zu verbuchen, weil er die sich zunehmend professionalisierende Auslandsarbeit der Stiftungsvertreter für das eigene Ansehen nutzen konnte. Günter Grunwald achtete dabei mit der ihm eigenen Beharrlichkeit und dem nötigen Nachdruck darauf, dass in den drei Jahrzehnten seines Wirkens von 1956 bis 1986 an der Loyalität zur Notwendigkeit gewerkschaftlichen Handelns auch bei den Mitarbeitern nie Zweifel aufkamen.

Die so geschaffene Vertrauensbasis und die eingespielte Arbeitsteilung auf internationalem Feld zwischen der Friedrich-Ebert-Stiftung und den deutschen Gewerkschaften überstand auch die Phase der Irritationen und Missverständnisse nach dem Fall der Mauer, als neue Prioritätensetzungen auf der Gewerkschafts- und die Organisationsreform auf der Stiftungsseite in gelegentlicher Disharmonie korrelierten. Manche Zeitgenossen meinten, der Konflikt zwischen DGB und FES hätte eher in persönlichen als in inhaltlichen Gründen gelegen, denn der neue DGB-Vorsitzende habe es nicht verwunden, dass sein Vorgänger den ihm aus Tradition zustehenden Platz als stellvertretender Vorsitzender der Friedrich-Ebert-Stiftung nicht frei gemacht habe. Der Sachverhalt war ein anderer: Nach seiner Wahl zum DGB-Vorsitzenden wurde Heinz-Werner Meyer die Position mehrfach nachdrücklich angeboten, auch von seinem Vorgänger Ernst Breit. Neu im Amt, hatte Meyer dieses Angebot jedoch unter Verweis auf seine Arbeitsbelastung und seine Konzentration auf die Aufgabe der Zusammenführung der Gewerkschaften im vereinten Deutschland vehement abgelehnt; ob er darüber hinaus Vorbehalte gegen die Stiftung hatte, behielt er wohlweislich für sich. Jedenfalls beendete er damit eine Praxis, die sich seit Willi Richter und Ludwig Rosenberg eingespielt hatte, eröffnete damit aber sogleich der Stiftung auf ganz andere Weise die Chance, mit dem Erfahrungsschatz und der Einsatzbereitschaft eines noch sehr rüstigen, weltweisen ehemaligen DGB-Vorsitzenden zu wuchern. Die neue Praxis wurde von den Nachfolgern Meyers bereitwillig fortgesetzt, öffnete sie doch die Aussicht auf eine gleichwohl spannende und befriedigende, von persönlichem Engagement getragene Zukunft nach dem »mörderischen« Amt des DGB-Vorsitzes.

Der eingehende Blick auf die anderen gewerkschaftlichen Helferorganisationen im vergleichsweise immer wieder neuen »Geschäft« der internationalen Gewerkschaftsberatung und -kooperation in diesem Beitrag hat gezeigt, dass die FES ihre komparativen Vorteile auch gegenüber neuen internationalen Akteuren beibehalten konnte. Das gilt für die Stabilisierung des Arbeitsfeldes Gewerkschaften im gesamten Netzwerk der Auslandsbüros der Stiftung. Sie lässt die Freiräume für das Eingehen auf örtliche Bedingungen, wobei bei allem Respekt für die Grenzziehungen der internationalen Gewerkschaftsorganisationen es zumeist gelungen ist, sich gegenüber neuen Bewegungen und Strukturen nicht von vornherein blind zu machen. Dazu verhalf der in den Landesvertretungen gebündelte Reichtum an »einheimischer« Kapazität und lokalem wie regionalem Erfahrungswissen ebenso wie die Verknüpfung mit den anderen Arbeitsbereichen der Stiftungsprogramme vor Ort. Der plurale Ansatz im Programm zur Förderung der Internationalen Berufssekretariate half viele Klippen und Hindernisse im Kalten Krieg der internationalen Gewerkschaftsbewegungen zu umgehen, ohne die grundsätzliche Loyalität zur freien und demokratischen Weltgewerkschaftsbewegung zu beschädigen.

Das aus dem IBS-Programm heraus entwickelte Globale Gewerkschaftsprojekt ermöglichte die inhaltliche Aufarbeitung der Probleme der Globalisierung aus gewerkschaftlicher Perspektive, und zwar mit Blick auf deren menschengerechte Gestaltung und mit dem Ziel, dem Respekt für menschenwürdige Arbeit zum Durchbruch zu verhelfen. In diesem sehr anspruchsvollen Ansatz verband sich die Beteiligung an der Bewegung der Weltsozialforen einerseits mit der Förderung gewerkschaftlicher Partizipation an den Prozessen regionaler Integration und interregionaler Dialoge auf Staats- und Regierungsebene andererseits, schließlich auch mit der nachdrücklichen Unterstützung des Vereinigungsprozesses der internationalen Gewerkschaftsverbände, ihrer regionalen Strukturen und der Bildung der Globalen Gewerkschaftsföderationen. In Verbund damit steht, wenn auch vielfältig und meist indirekt, die Stärkung der Internationalen Arbeitsorganisation (IAO) im Konzert des globalen Weltsystems der Vereinten Nationen.

Als vor fünfzig Jahren auf Initiative von Günter Grunwald und Ludwig Rosenberg die ersten gewerkschaftlichen »Sozialhelfer« in die kaum erforschten Gewerkschaftswelten Afrikas, Asiens und Lateinamerikas ausgesandt wurden, ging der DGB-Vorsitzende von einer Art Pilotprojekt des DGB und seiner Gewerkschaften aus; die Erwartung erfüllte sich erst ein Jahrzehnt später, als Heinz Oskar Vetter seine Internationale Abteilung mit ehemaligen FES-Gewerkschaftsexperten ausbaute. Beim FES-Geschäftsführer ist davon auszugehen, dass er von Anfang an den nachhaltigen Aufbau eines breit gefächerten Netzes für die gesellschaftspolitische Auslandsarbeit der Stiftung als strategisches Ziel vor Augen hatte, für dessen Personaltableau die soziale Kompetenz von überzeugten Gewerkschaftern bestens geeignet schien. Während der ersten Jahre blieb es bei diesem relativ schmalen Pool, der dann aber bald ausgeweitet wurde auf Umsteiger mit einiger Welterfahrung und Bewerber mit akademischem Hintergrund, die über entwicklungspolitische Interessen und Erfahrungen verfügten, weil die Angebote und Bewerbernachfragen aus den hauptamtlichen Gewerkschaftsapparaten allmählich ausblieben. In den ersten Jahrzehnten wurde die Mitgliedschaft in der SPD und einer Gewerkschaft unausgesprochen vorausgesetzt, erst seit der Jahrtausendwende rutschte dieses Anforderungsprofil auf der personalpolitischen Prioritätenliste ein wenig in den Hintergrund – als leicht korrigierbares Defizit, spätestens dann, wenn die neuen Trainees das Modul »Gewerkschaften« und »Partei« in ihrem Ausbildungsgang passiert hatten.

Gesellschaftspolitische Bildungsarbeit gehört zum zentralen Aufgabenfeld einer jeden Politischen Stiftung in Deutschland. Die Friedrich-Ebert-Stiftung war auch hier Vorbild für die anderen, aber das Alleinstellungsmerkmal der Gewerkschaftsförderung als entwicklungspolitische Aufgabe blieb und bleibt der FES vorbehalten, auch wenn sich links und rechts andere auf diesem weiten Feld versuchen. Um sich dessen in gewissen Abständen stets selbst zu vergewissern, werden in der Stiftung mit einiger Regelmäßigkeit Gewerkschaftsfachkonferenzen durchgeführt. Förderlich sind aber auch die etwas seltener gewordenen Festlegungen der Leitungsebene, die für gewöhnlich nicht öffentlich erfolgen. So erinnerten die ehemaligen Abteilungsleiter von IEZ und ID, Ernst J. Kerbusch und Pia Bungarten, gern an die programmatische Festlegung des heutigen FES-Geschäftsführers Roland Schmidt, der aus gegebenem Anlass auf der etwas geheimnisumwitterten Konferenz der Abteilungsleiter ALK 33 von 2007 – eigentlich ging es darum, wie die damalige Eiszeit zwischen DGB und SPD aufzubrechen sei – nachdrücklich versicherte, dass die internationale Gewerkschaftskooperation zu den drei unverzichtbaren Schwerpunkten der

Arbeit der Friedrich-Ebert-Stiftung in den nächsten zehn Jahren gehören werde. Damit war das notwendig Dauerhafte und Nachhaltige der Gewerkschaftsarbeit in der Stiftung einmal mehr festgeschrieben, so wie sich dieses historische Projekt in überschaubaren Zeiträumen Jahr für Jahr immer weiter entwickelt, sich verändert, Hervorragendes geleistet, sich immer wieder erneuert und stets der näheren Zukunft versichert hat. Und das ist gut so – bis 2017 und danach.

Norbert von Hofmann

Von Primär-Genossenschaften zur globalisierten Ökonomie – 40 Jahre Wirtschafts- und Sozialstrukturförderung der Friedrich-Ebert-Stiftung

Die vorliegende Studie zum entwicklungspolitischen Wirken der Friedrich-Ebert-Stiftung im Bereich »Wirtschaft und Sozialstruktur« betrifft den Zeitraum vom Beginn der 60er- bis zum Ende der 90er-Jahre. Das Hauptaugenmerk liegt auf den Jahren 1977 bis 1997, in denen es im Rahmen der internationalen Arbeit der FES ein eigenständiges Referat für den Bereich der »Wirtschafts- und Sozialstrukturförderung« gab. Dieser Zeitraum von etwa 20 Jahren ist gut dokumentiert, vor allem durch vier Fachkonferenzen in den Jahren 1978, 1983, 1988 und 1993, in denen jeweils die Konzeption des Referates überprüft und die Schwerpunkte der kommenden Jahre festgelegt wurden. Diese Fachkonferenzen zusammen mit den wichtigsten Veröffentlichungen und den Hausakten des Referates bilden die Grundlage dieser Studie.

Da es unmöglich ist, über alle Aktivitäten der FES im Bereich der Wirtschafts- und Sozialstruktur detailliert zu berichten, wurden vor allem solche Projekte ausgewählt, die für die jeweilige Zeit oder Herangehensweise beispielhaft waren. Auch wurde versucht, alle Kontinente zu berücksichtigen und nicht nur Erfolge, sondern auch aufgetretene Schwierigkeiten zum Ausdruck zu bringen. Der Autor hofft, dadurch dem gesamten Spektrum dieses Arbeitsbereiches gerecht geworden zu sein.

Der Rückblick auf fast 40 Jahre Arbeit wäre nicht möglich gewesen ohne die Hilfe vieler ehemaliger und noch aktiver Mitarbeiterinnen und Mitarbeiter aus der internationalen Arbeit, aber auch aus dem Archiv und der Bibliothek der Friedrich-Ebert-Stiftung. Diesen allen gilt für Unterstützung, viele Tipps und ergänzende Materialien ein herzlicher Dank.

1 Zum Selbstverständnis der Wirtschafts- und Sozialstrukturförderung der Friedrich-Ebert-Stiftung

»Als ich mich vorstellte, am 15. Februar 1956, vor dem SPD-Parteivorstand, legte ich dar, dass die Arbeit der Friedrich-Ebert-Stiftung auf drei Säulen fußen müsse, um zum Erfolg zu kommen: Die Sozialdemokratie, die deutsche Gewerkschaftsbewegung, [...], und dann die dritte große Säule, die leider – meine Betonung liegt auf ›leider‹ – zusammengebrochen ist: die Gemeinwirtschaft, die genossenschaftlichen und gemeinwirtschaftlichen Institutionen, die eine der vielversprechenden Ausgangspositionen der deutschen Gewerkschaftsbewegung nach dem Zweiten Weltkrieg waren. Bedauerlich, dieser Wegfall, der Wegbruch dieser Institutionen – auch schmerzhaft für die Ebert-Stiftung«[1]

Günter Grunwald, Geschäftsführendes Vorstandsmitglied der FES von 1956–1986, Bonn, am 20. April 2009.

Historische Bezugspunkte der Arbeit der Friedrich-Ebert-Stiftung sind die Grundwerte und Forderungen der deutschen sozialdemokratischen Arbeiterbewegung. Diese war in ihren Anfängen – zu Beginn der industriellen Entwicklung – vorrangig eine soziale Bewegung, wobei sich die »Arbeitervereine« immer auch als Kultur- und Bildungseinrichtungen verstanden.[2] Doch schon bald zeichneten sich die von Günter Grunwald erwähnten drei unterschiedlichen Säulen innerhalb der Arbeiterbewegung ab: die politische Organisation, heute in der Form der Sozialdemokratischen Partei Deutschlands (SPD), die gewerkschaftliche Organisation, heute in Form des Deutschen Gewerkschaftsbundes (DGB), und die kooperative Organisation (Selbsthilfe) in Gestalt von Konsum-, Siedlungs- und Wohnungsbaugenossenschaften, Spar- und Kreditvereinen sowie Hilfskassen. Viele dieser Selbsthilfeorganisationen wurden später unter dem Begriff der Gemeinwirtschaft, speziell der wirtschaftlichen Aktivitäten der deutschen Gewerkschaften, zusammengefasst.

Die ökonomisch ausgerichtete »Selbsthilfe« hatte nicht eine individuelle Existenzsicherung oder die materielle Unabhängigkeit des Einzelnen zum Ziel, sondern war der Versuch, durch Solidarität innerhalb der Gruppe eine angemessene Position in der gesellschaftlichen Ordnung zu erringen. Im Vor-

1 *Günter Grunwald*, Von 1½ auf 856, Interview in BR-INFO, Die Zeitung der FES-Betriebsräte, Heft 2/09, S. 11.

2 *Friedrich-Ebert-Stiftung* (Hg.), Grundsätze für die Förderung von Selbsthilfeorganisationen, Bonn 1979, S. 7.

dergrund stand das gemeinsame Streben nach sozialen und wirtschaftlichen Verbesserungen für die Mitglieder der Bewegung selbst wie auch die Solidarität gegenüber Dritten – eine Solidarität, die nicht an nationalen Grenzen enden durfte.[3] So steht es unter anderem im 1959 verabschiedeten Godesberger Programm der Sozialdemokratischen Partei Deutschlands:

> »Die demokratischen Staaten müssen ihre Solidarität vor allem mit den Entwicklungsländern bekunden. Noch immer lebt mehr als die Hälfte der Weltbevölkerung in tiefster Armut und Unwissenheit. Solange nicht der Weltreichtum neu verteilt und die Produktivität in den Entwicklungsländern erheblich gesteigert ist, bleibt die demokratische Entwicklung gefährdet und der Friede bedroht. Alle Völker sind verpflichtet, Hunger, Elend und Seuchen in gemeinsamer Anstrengung zu bekämpfen. Die Entwicklungsländer haben Anspruch auf großzügige und uneigennützige Hilfe. Ihre wirtschaftliche, soziale und kulturelle Entwicklung muss von den Ideen des demokratischen Sozialismus erfüllt werden, damit sie nicht neuen Formen der Unterdrückung verfallen.«[4]

»Solidarität«, »Selbsthilfe«, aber auch »Bildungshilfe« sind tragende Prinzipien der deutschen Arbeiterbewegung. Dieser Tradition fühlt sich die Friedrich-Ebert-Stiftung auch in ihrer Zusammenarbeit mit Partnern in den Ländern der Dritten Welt verpflichtet. Eine Zusammenarbeit, die sich einordnet in den größeren Rahmen der deutschen Entwicklungshilfe, innerhalb dessen sich die FES der Förderung der politischen und gesellschaftlichen Bildung von Menschen aus allen Lebensbereichen im Geiste von Demokratie und Pluralismus widmet. Verbunden damit ist jedoch auch der Grundgedanke, dem zufolge die Demokratieförderung immer auch einer Ergänzung im Wirtschafts- und Sozialbereich bedarf. Auch demokratische Systeme bleiben gefährdet, wenn die Lebensbedingungen der Mehrheit der Bevölkerung keine Besserung erfahren.[5]

---

3 Ebd. S. 9 und 11.

4 Grundsatzprogramm der Sozialdemokratischen Partei Deutschlands. Bundesrepublik Deutschland, 1959: >http://www.spd.de/show/1682029/spd_godesbergerprogramm.pdf<; abgedr. in: *Dieter Dowe/Kurt Klotzbach* (Hg.), Programmatische Dokumente der deutschen Sozialdemokratie, 4. überarb. u. aktual. Aufl., Bonn 2004, S. 324-345.

5 *Erfried Adam*, Gesellschaftliche Transformationsprozesse in unterentwickelten Ländern, in: Das mühsame Geschäft der Demokratisierung: Konzepte und Erfahrungen aus der internationalen Entwicklungszusammenarbeit der Friedrich-Ebert-Stiftung, hg. von der *Friedrich-Ebert-Stiftung, Abteilung Internationale Entwicklungszusammenarbeit*, Bonn 1999, S. 53.

Wirtschafts- und Sozialstrukturförderung bedeutete im Kontext der internationalen Arbeit der Friedrich-Ebert-Stiftung immer, Ursachen und Folgen von sozialen und wirtschaftlichen Benachteiligungen zu bekämpfen und breite Bevölkerungsschichten an der politischen, sozialen und wirtschaftlichen Entwicklung ihrer Länder zu beteiligen.[6]

Die Umsetzung dieser Ziele erfolgte in Form von Projekten und in Zusammenarbeit mit lokalen Partnerorganisationen. Die Förderung der Sachkompetenz und Dialogfähigkeit der Partner – politische Parteien, Parlamente, Regierungen, Fachministerien, Gewerkschaften, Verbände, Genossenschaften, Selbsthilfeorganisationen von Handwerkern, Gewerbetreibenden und Kleinbauern, Organisationen der kommunalen Wirtschaftsförderung oder andere Selbsthilfeeinrichtungen – stand jeweils im Vordergrund. Die Erfahrungen zeigten, dass eine Nachhaltigkeit der Projekte letztlich nur durch starke Vertretungsorganisationen der benachteiligten Bevölkerungsgruppen erreicht werden kann. Gerade das Fehlen leistungsfähiger Institutionen, die ihre Mitglieder fördern, aber auch als deren Interessenvertretung in den politischen Raum hineinwirken können, war in vielen Ländern mit ein Grund dafür, dass sich an den bestehenden Machtstrukturen kaum etwas veränderte und eine gerechte wirtschaftliche und soziale Entwicklung verhindert wurde.

Daraus folgte, dass die vorgesehenen Projektaktivitäten auf drei unterschiedlichen Ebenen einwirken und sich dementsprechend auch fortentwickeln sollten:

Zu Beginn der Förderung war die wirtschaftliche und organisatorische Stärkung von Basisgruppen, Selbsthilfeorganisationen, kleinen und mittleren Unternehmen einer der Schwerpunkte, denn nur die Schaffung einer soliden ökonomischen Basis ermöglichte einen überlebensfähigen institutionellen Mittelbau. Mit Mittelbau waren wirtschaftliche und soziale Interessenvertretungen, Sekundärgenossenschaften, Verbände und Kammern gemeint. Auf dieser Ebene konnten unmittelbare, basis- und modellorientierte sowie multiplikatorische und sozialstrukturbildende Wirkungen erzielt werden. Diese machten dann den Weg frei für Bemühungen um die Vernetzung auf regionaler wie auch nationaler Ebene. Die Aktivitäten auf der regionalen oder nationalen Ebene konzentrierten sich in der Hauptsache auf die Schaffung von administrativen, organisatorischen und inhaltlichen Voraussetzungen zur Teilnahme der benachteiligten Bevölkerungsgruppen an politischen Entscheidungsprozessen, die zur Verbesserung der

6 *Jürgen Peters*, Diskussionspapier zur Sozialstrukturhilfe der Friedrich-Ebert-Stiftung, Entwurf, Okt. 1997, FES-Hausakte.

wirtschaftlichen und sozialen Rahmenbedingungen erforderlich waren. Die Mobilisierung und strukturelle Einbindung von Bevölkerungsgruppen wie Kleinbauern, Kleingewerbetreibenden, selbsthilfeorientierten Frauengruppen etc. waren und sind in diesem Sinne ein notwendiger Bestandteil der internationalen gesellschaftspolitischen Arbeit der Friedrich-Ebert-Stiftung.[7]

Zur Umsetzung ihrer wirtschafts- und sozialpolitischen Ziele nutzte die Friedrich-Ebert-Stiftung ein breit gefächertes Instrumentarium:

- Pilotmaßnahmen zur Stärkung von Basisgruppen und zum Aufbau modellhafter Einrichtungen, um Lösungsansätze aufzuzeigen und um Orientierungspunkte für die Formulierung einer Förderpolitik zu erarbeiten;
- Aus- und Fortbildung von Fach- und Führungskräften mithilfe von Workshops, Seminaren (auch in der Bundesrepublik Deutschland) und durch den Einsatz von Experten;
- Dialogveranstaltungen und Konferenzen zwischen Interessenvertretern und Regierungen mit dem Ziel, Rahmenbedingungen zu verändern und Erfahrungen aus der Arbeit mit benachteiligten Bevölkerungsgruppen in die begleitende wirtschafts- und sozialpolitische Beratung staatlicher Institutionen einzubringen.[8]

Ebenso versuchte die FES, mit Projekten der Wirtschafts- und Sozialstrukturförderung zu einer aktiven Armutsbekämpfung in Ländern der Dritten Welt beizutragen. Dies bedeutete jedoch nicht eine Armutsbekämpfung in Form von humanitären Hilfsmaßnahmen, sondern eher eine mittelbare, strukturelle Herangehensweise. Dazu wurden zum Beispiel Nichtregierungsorganisationen und Selbsthilfeorganisationen armer Bevölkerungsteile als Institutionen der sich herausbildenden Zivilgesellschaft unterstützt bzw. deren Aufbau gefördert.

Eine unmittelbare Armutsbekämpfung fand allenfalls im Rahmen der sogenannten »sozialstrukturwirksamen Kleinprojekte« statt. Hierbei handelte es sich um Einzelmaßnahmen mit einem begrenzten Finanzvolumen von maximal 10.000 DM. In den Jahren 1983 bis 2000 förderte die Friedrich-Ebert-Stiftung mehr als 100 derartige Kleinprojekte in 22 Ländern Afrikas, Lateinamerikas und Asiens. Mehrheitlich profitierten davon Selbsthilfegruppen von Frauen. Die Kleinprojekte waren durch ihre einfache Handhabung ein sehr flexibles Instrument. Sie boten die Möglichkeit, Basisgruppen einen Entwicklungsan-

7 Ebd.

8 *Manfred Bardeleben*, Schreiben an das BMZ vom 31.7.1995, Betr.: Zweiter Selbsthilfebericht für den Deutschen Bundestag, FES-Hausakte.

stoß zu geben, komplementäre Initiativen von benachteiligten Bevölkerungsgruppen zu unterstützen, politische Multiplikatoren zu fördern usw.

- So erhielten Frauen in einer strukturschwachen Region Pakistans durch fachliche Anleitung und die Bereitstellung der notwendigen Infrastruktur die Möglichkeit, mit der Fertigung von einfachen Spielsachen ihre und die Situation ihrer Familien zu verbessern.
- Für Saisonarbeiter in Guatemala, die durch die Gewinnung von Kautschuk ihren Lebensunterhalt bestritten, konnte mit einer materiellen Hilfe ein weiterer Erwerbszweig (Sammeln und Verkauf von Palmzweigen) für die Zeit außerhalb der Kautschukernte aufgebaut werden.
- Junge Frauen in Madagaskar, die in einem Zentrum für soziale Wiedereingliederung betreut wurden, erhielten Mittel zur Reparatur der beschädigten Ausbildungsräume sowie für Möbel und Unterrichtsmaterial.[9]

***

Auch wenn die Wirtschafts- und Sozialstrukturförderung der Friedrich-Ebert-Stiftung zeitweise als ein eigenständiger Pfeiler der internationalen Entwicklungszusammenarbeit der FES bezeichnet wurde – gleichrangig neben der Zusammenarbeit mit gesellschaftspolitischen Partnern, Gewerkschaften und Medien –, so war sie doch im eigentlichen Sinne eher ein Instrumentarium, das nach Möglichkeit nur komplementär eingesetzt werden sollte. In der Mehrzahl der Fälle folgten die Projekte der Wirtschafts- und Sozialstrukturförderung den gesellschaftspolitischen Vorhaben der FES und ergänzten diese durch eine ökonomische Ausrichtung bzw. durch konkrete und sichtbare Hilfe, auf die politische Partner der FES häufig großen Wert legten. In Ländern, die dem »Demokratie-Auftrag« der FES skeptisch oder sogar ablehnend gegenüberstanden, oder auch bei schwierigen Partnerkonstellationen, insbesondere im Kontext der Ost-West-Auseinandersetzungen, erleichterten die Projekte der Wirtschafts- und Sozialstrukturförderung oftmals den Einstieg in die gesellschaftspolitische Kooperation. Auch trugen diese Projekte dazu bei, übermäßige Konfrontationen zu verhindern, die den Gesamtansatz der FES in einem Land hätten gefährden können.

Dazu drei Beispiele:

- Das Engagement der Friedrich-Ebert-Stiftung in Honduras begann 1982 während der gewalttätigen Auseinandersetzungen in Zentralamerika und

9 Information von Ingrid Pospischil (Sachbearbeiterin).

unter dem Eindruck einer massiven US-Intervention in der Region, die zu einer außergewöhnlichen gesellschaftlichen Polarisierung führte. In dieser schwierigen politischen Situation konzentrierte sich die Arbeit der FES auf Projekte zur Förderung von Klein- und Mittelbetrieben und deren Verbänden.[10]

- Noch bevor die Friedrich-Ebert-Stiftung im September 1987 ihr offizielles Vertretungsbüro in Beijing, der Hauptstadt der VR China, eröffnen konnte, begann 1985 ein Projekt zur »Agrarökonomischen Beratung in der Provinz Sichuan«. Sichuan deshalb, weil der kommunistische Parteiführer, Deng Xiaoping, seine Heimatprovinz Sichuan als Versuchsregion für die Umsetzung fortschrittlicher landwirtschaftlicher Reformen ausgewählt hatte.[11] Der FES-Ansatz bestand in modellhafter Analyse und Beratung einiger typischer ländlicher Betriebe durch einen deutschen Mitarbeiter. Durch Schwachstellenanalyse und Entwicklung von Strategien zu ihrer Überwindung konnten die Potenziale und die Notwendigkeiten externer Beratung von lebensfähigen Betrieben aufgezeigt werden. Dabei wurde in der Beratungsarbeit zur Reform des kooperativen Sektors auch die Notwendigkeit ökonomisch orientierter Genossenschaften auf der Basis von Selbsthilfe und Eigenverantwortlichkeit der Mitglieder betont, um dem chinesischen Ansatz entgegenzuwirken, der die ökonomische Effizienz steigern sollte, ohne gleichzeitig der betroffenen Bevölkerung mehr Mitsprache einzuräumen. Neben dem ökonomischen wies das Projekt auch einen starken ökologischen Schwerpunkt auf, da im dicht besiedelten ländlichen Raum Sichuans Wirtschaftswachstum und Umweltprobleme eng miteinander verknüpft waren und noch immer sind. Im April 1994 wurde das FES-Büro in Chengdu/Sichuan geschlossen und die Kooperation mit dieser Provinz der Landesvertretung der FES in Beijing übertragen.[12] Die Erfahrungen im Umgang mit den Partnern sowie die offene und vertrauensvolle Zusammenarbeit in diesem Projekt – und dies gilt im gleichen Maße auch für

---

10 Vgl. *Hermann Benzing*, Entwicklungsförderung der Friedrich-Ebert-Stiftung in Zentralamerika von den 1960er-Jahren bis 2010, in *Norbert von Hofmann/Volker Vinnai/Hermann Benzing*, Die Arbeit der Friedrich-Ebert-Stiftung in Indonesien, Tansania und Zentralamerika seit den 1960er-Jahren, Bonn 2010, S. 281-282.

11 Vgl. *Bernd Reddies*, Reformen und Öffnung begleiten. Die internationale Arbeit der Friedrich-Ebert-Stiftung in der Volksrepublik China, in: *Hans Joachim Spranger/Bernd Reddies*, Die Arbeit der Friedrich-Ebert-Stiftung in der UdSSR/Russland und in der Volksrepublik China, Bonn 2011, S. 168-179.

12 Sachbericht zum Schlussverwendungsnachweis, 19. März 1997, FES-Hausakte.

die beiden anderen Fachbereiche: die Medienarbeit in Beijing und die Forschungsarbeit in Shanghai – trugen mit dazu bei, gerade in den unsicheren Zeiten vor dem 13. Parteitag der Kommunistischen Partei Chinas 1987, mit der »Gesellschaft für Internationale Verständigung« zu einer Rahmenvereinbarung über den Gesamtansatz der Friedrich-Ebert-Stiftung in der Volksrepublik China zu kommen.

- In Kenia wirkte die Friedrich-Ebert-Stiftung Mitte der 80er-Jahre möglichen negativen Auswirkungen auf den Status des Vertretungsbüros entgegen, indem sie sich mit politisch wenig kontroversen Projekten, etwa in der Wirtschaftsförderung, gewissermaßen absicherte. Der Anspruch gerade dieser Projekte war aber auch, mit konkret fassbarer Arbeit benachteiligten Bevölkerungsgruppen Wege aufzuzeigen, wie sie auf der politischen Ebene Zugang finden und Entscheidungen beeinflussen könnten.[13]

Der Arbeitsbereich »Wirtschafts- und Sozialstrukturförderung«

Die wirtschafts- und sozialpolitische Zusammenarbeit der Friedrich-Ebert-Stiftung mit den Ländern der Dritten Welt kennzeichnete ein breites Spektrum von Aktivitäten, das im Laufe von fast 40 Jahren eine vielseitige Entwicklung durchlaufen hat. Das Betätigungsfeld erweiterte sich von basisorientierten Selbsthilfeorganisationen wie Genossenschaften und Sozialzentren auf Organisationen und Institutionen, die eine wirtschaftliche Interessenvertretung für ihre Mitglieder mit einer Einflussnahme auf politische Entscheidungsprozesse verbanden und damit gesellschaftliche Reformen förderten, bis hin zur wirtschafts- und sozialpolitischen Politikberatung. Erkennbar wird die gewachsene Aufgabenstellung auch an den mehrfachen Umbenennungen des Arbeitsbereiches. Aus den anfänglichen Fachgebieten »Sozialarbeit« und »Genossenschaften« wurde 1977 das Referat »Genossenschaften und ländliche Entwicklung«. Von 1985 an nannte sich das Referat »Genossenschaften und Wirtschaftsförderung« und ab 1990 bis zur Auflösung des Referates im März 1997 und der damit verbundenen Integration der Wirtschafts- und Sozialstrukturförderung in die entsprechenden Kontinentreferate hieß es »Wirtschafts- und Sozialentwicklung« oder kurz »WiSo« (☛ s. Tab. 1, S. 195).

Zu Beginn der 90er-Jahre erfuhr die Wirtschafts- und Sozialstrukturförderung der Friedrich-Ebert-Stiftung ihre größte Ausweitung, doch damit war der »Zenit« auch überschritten. Zwei Entwicklungen beeinflussten zu dieser Zeit nachhaltig das Tätigkeitsspektrum der FES:

13 Chronik der Arbeit der Friedrich-Ebert-Stiftung in Kenia, Stand Juli 2006, FES-Hausakte.

Zum einen hatten die weltpolitischen Veränderungen in den Jahren 1989 bis 1991 und das Ende des Ost-West-Konflikts sowie die damit verbundene deutsche Wiedervereinigung Konsequenzen für Umfang und Inhalte der entwicklungspolitischen Arbeit der FES. Zum anderen gab es Mitte der 90er-Jahre einen Globalisierungsschub, der die Reichweite und Problemlösungskapazität nationaler Politik zunehmend einschränkte und einen neuen Schwerpunkt in der internationalen Arbeit der Friedrich-Ebert-Stiftung setzte.

Tabelle 1 Zahl der Wirtschafts- und Sozialstrukturförderungsprojekte der Friedrich-Ebert-Stiftung in Ländern der Dritten Welt

	Genossenschaften und ländliche Entwicklung		Genossenschaften und Wirtschaftsförderung	Wirtschafts- und Sozialentwicklung
	1978	1983	1988	1993
Afrika	8	12	15	17
Asien	6	4	9	7
Lateinamerika	3	3	8	7
Europa (Portugal)	1	1	1	–
Gesamt	**18**	**20**	**33**	**31**

Quelle: Zusammenstellung des Autors

2 Der Beginn: Sozialstrukturhilfe – Sozialarbeit und Förderung von Primär-Genossenschaften

Das Bundesministerium für wirtschaftliche Zusammenarbeit und Entwicklung (BMZ) verfügt seit 1963 über das Instrument der Sozialstrukturhilfe, ein Sammelbegriff für vielfältige entwicklungspolitische Ansätze, die als »Hilfe zur Selbsthilfe« gedacht waren: Genossenschaftsarbeit, Community Development, Einsatz von Massenmedien, Jugend- und Frauenförderung, Sozialarbeit etc. Gemäß der Konzeption der Bundesregierung waren diese Projekte als »soziale« Ergänzungen zu den vorwiegend technischen Maßnahmen der deutschen

Technischen Hilfe und den finanziellen Maßnahmen der Kapitalhilfe gedacht.[14] Die entwicklungspolitischen Ziele der im Rahmen dieser Förderung weltweit durchgeführten Projekte waren:

- die Partizipation breiter Bevölkerungsschichten, insbesondere der Armen, an der sozialen und wirtschaftlichen Entwicklung;
- die Bekämpfung der Ursachen und Folgen von sozialen und wirtschaftlichen Benachteiligungen;
- die Stärkung des Willens zur Selbsthilfe und Mobilisierung von Eigenverantwortung;
- die Erzielung nachhaltiger strukturbildender Wirkungen;
- Beiträge zur globalen Strukturpolitik und zur Zukunftssicherung.[15]

Das BMZ förderte in den ersten Jahren (bis 1977) etwa 400 Selbsthilfeprojekte in 70 Ländern der Welt und stellte dafür rund 240 Millionen DM zur Verfügung, die eine Hälfte für Projekte der staatlichen Entwicklungszusammenarbeit, in erster Linie im Rahmen der Technischen Zusammenarbeit, die andere für etwa 15 private deutsche Trägerorganisationen. Die wichtigsten Trägerorganisationen waren neben den katholischen und den evangelischen Zentralstellen für Entwicklungshilfe die Politischen Stiftungen.[16]

Im Rahmen dieser BMZ-Förderkonzeption wurden bis einschließlich 1996 nahezu alle wirtschafts- und sozialpolitischen Vorhaben der Friedrich-Ebert-Stiftung umgesetzt, wobei jedes Projekt einzeln so konkret wie möglich für eine Laufzeit von maximal drei Jahren beantragt werden musste. Neben den Mitteln aus der Sozialstrukturhilfe finanzierte sich die entwicklungspolitische Arbeit der FES aus einer Reihe weiterer Haushaltstitel des BMZ. Der wichtigste war der ausschließlich den Politischen Stiftungen vorbehaltene Titel zur Förderung gesellschaftspolitischer Bildung. Etwas vereinfacht bedeutete dies, dass die Finanzierung von Projekten der Politischen Stiftungen vonseiten des BMZ aus zwei getrennten Haushaltstiteln stammte:

- Titel 68604: Förderung der gesellschaftspolitischen Bildung in Entwicklungsländern;
- Titel 68603: Förderung der Sozialstruktur in Entwicklungsländern.

Die Wirtschafts- und Sozialstrukturförderung der Friedrich-Ebert-Stiftung fiel in den zweiten Bereich. Die Trennung der vom BMZ zur Verfügung gestellten

14 *Barbara Mettler-Meibom*, Schwierigkeiten mit der Partnerschaft, in: DÜ (Der Überblick) Hamburg, März 1979.

15 *BMZ*, Sozialstrukturförderung, Bonn, September 2004, Handakte d. Verf.

16 Protokoll der Sitzung vom 24.9.1978, Fachkonferenz Kairo, FES-Hausakte.

Mittel in zwei Haushaltstitel war zwar vom finanziellen Volumen her gesehen für die FES äußerst vorteilhaft, da sich aber die Sozialstrukturhilfe – auch nach Meinung des BMZ – im Gegensatz zur ursprünglichen Vorstellung der Bundesregierung im Laufe der Jahre immer stärker in Richtung einer technischen Hilfe entwickelte, trug sie für die Friedrich-Ebert-Stiftung zu einer gewissen Abgrenzungsproblematik gegenüber anderen Entwicklungshilfegebern bei.[17]

Außer vom BMZ erhielt die Friedrich-Ebert-Stiftung sporadisch und in weit geringerem Maße auch Mittel für ihre Projekte der Wirtschafts- und Sozialstrukturförderung von anderen Institutionen, zum Beispiel von den Bundesländern Nordrhein-Westfalen und Hamburg, von der Europäischen Gemeinschaft sowie von der Weltbank.

Die Friedrich-Ebert-Stiftung begann in den Jahren 1963/1964 – u. a. in Kenia, Uganda und Madagaskar – mit der Förderung von Selbsthilfeorganisationen wie Sozialzentren und Primär-Genossenschaften.[18] Aufgrund mangelnder Erfahrungen in Entwicklungsländern basierte die Umsetzung der sozialstrukturpolitischen Ziele im Wesentlichen auf dem Versuch, Erkenntnisse aus der deutschen Erwachsenenbildung und dem Aufbau von deutschen Selbsthilfeorganisationen, insbesondere aus dem gewerkschaftlichen Umfeld, auf die Länder der Dritten Welt zu übertragen. Die Auslandsmitarbeiter waren deshalb oftmals von befreundeten Organisationen wie der Sozialdemokratischen Partei oder den Gewerkschaften »ausgeliehen«. Die zuständigen Mitarbeiterinnen und Mitarbeiter in der Zentrale der FES in Bonn kamen aus unterschiedlichsten Arbeitsbereichen. Viele von ihnen waren geprägt vom Ende der Nazidiktatur sowie vom Wiederaufbau der Sozialdemokratischen Partei Deutschlands, des Deutschen Gewerkschaftsbundes und der Friedrich-Ebert-Stiftung nach dem 2. Weltkrieg. Als ein Beispiel sei Nora Walter (1923–2001) genannt, die als Emigrantin in Dänemark und England gelebt hatte, Mitglied des Internationalen Sozialistischen Kampf-Bundes (ISK) gewesen war und von 1961 bis Ende der 70er-Jahre als Referentin im Referat Genossenschaften und ländliche Entwicklung arbeitete.[19]

Ende der 60er-Jahre hatte die Friedrich-Ebert-Stiftung bereits 36 hauptamtliche Mitarbeiterinnen und Mitarbeiter als Berater in sieben afrikanischen, sieben asiatischen und fünf lateinamerikanischen Ländern, darunter 20 Mit-

17 Protokoll der Diskussion übe die Förderkonzeption des Referates Genossenschaften und Wirtschaftsförderung am 10.10.1988, FES-Hausakte.

18 *Friedrich-Ebert-Stiftung*, Jahresbericht 1967, S. 65.

19 >http://www.fes.de/archiv/adsd_neu/inhalt/nachlass/nachlass_w/walter-no.htm<, 3.5.2011.

arbeiterinnen und Mitarbeiter, die in 13 verschiedenen Ländern der Dritten Welt Genossenschaftsprojekte und Sozialzentren betreuten.[20]

2.1 Sozialzentren und »Community Development«

Sozialzentren und »Community Development« spielten in der Wirtschafts- und Sozialstrukturförderung der Friedrich-Ebert-Stiftung nur bis etwa Mitte der 70er-Jahre eine gewisse Rolle, auch deshalb, weil in dieser Zeit fast alle Entwicklungsländer ein sogenanntes »Community-Development-Programm« verabschiedet hatten, zu dem immer wieder auch ein Beitrag der FES erwartet wurde. Unter dem Begriff »Community Development« verstand man einen Prozess, in dem die Eigenbemühungen der Bevölkerung mit denen von Regierungsbehörden verbunden werden sollten. Die wirtschaftliche, soziale und kulturelle Situation der Gemeinden sollte verbessert werden, um diese in die Lage zu versetzen, zur nationalen Entwicklung beizutragen.[21]

Die Aktivitäten der Friedrich-Ebert-Stiftung umfassten Kurse unterschiedlichster Art. Angeboten wurden: Säuglingspflege, Mütterberatung, Handarbeiten und Kunsthandwerk, Kochkurse und Ernährungslehre sowie Sprachkurse bis hin zu Handwerkerausbildung, Kleintierhaltung und Gartenbau. Dazu gehörten aber auch die Einrichtung von Kindergärten, die Organisation von Jugendklubs, Arbeitsbeschaffung durch Kleinproduktionen, Ausstattung von Waisenhäusern usw. Oft konnte mit geringem Materialaufwand eine beträchtliche Verbesserung der Lebensbedingungen der Betroffenen erreicht werden. Auch sind aus vielen dieser Einrichtungen im Laufe der Zeit funktionierende Selbsthilfezentren hervorgegangen, die sich nach einer bescheidenen Starthilfe selbst tragen konnten und dadurch Arbeit sowie Einkommen für Bewohner unterprivilegierter Regionen sicherten. Der Bogen dieser Projekte spannte sich schon Anfang der 70er-Jahre von Madagaskar, Somalia, Äthiopien und Kenia bis nach Ghana in Westafrika, wo zum Beispiel gemeinsam mit dem »Ghana Trade Union Congress« zwei kleinere Zentren mit Schwerpunkt auf Frauenarbeit gefördert wurden.[22]

20 *Friedrich-Ebert-Stiftung*, Jahresbericht 1969, S. 13.

21 *UN*, Community and Economic Development, Part. I: A Study of the Contribution of Rural Community Development Programmes to National Economic Development in Asia and the Far East (E/CN. 11/540), Bangkok 1960, aus: >http://www.professor-frithjof-kuhnen.de/publications/community-development/5.htm<, 16.8.2006.

22 *Friedrich-Ebert-Stiftung*, Jahresbericht 1971, S. 40.

Hinzu kamen multilaterale Ansätze wie die Mitarbeit an der Planung und Vorbereitung einer sozialpädagogischen Ausbildungs- und Dokumentationsstelle, die gemeinsam mit der »Association for Social Work Education in Africa« (ASWEA) und der »Economic Commission for Africa« (ECA) der Vereinten Nationen in Addis Abeba einen allafrikanischen Erfahrungs- und Informationsaustausch von Sozialschulen und Sozialpädagogen ermöglichte.[23]

2.2 Genossenschaftsförderung

In der frühen Phase der Genossenschaftsarbeit stand die Förderung gewerkschaftsnaher Selbsthilfeorganisationen im Vordergrund. Dazu gehörten vor allem Konsum- sowie Wohnungs- und Siedlungsgenossenschaften. Konsumgenossenschaften, mit denen die Monopolstellungen von (oft ausländischen) Zwischenhändlern unterlaufen werden sollten, wurden schon in den 60er-Jahren in Ländern wie Kenia, Ghana, Mauritius, Tunesien und Libanon mit aufgebaut und unterstützt. Für die Förderung von Siedlungsgenossenschaften ist Pindorama im Nordosten Brasiliens das bekannteste Beispiel. Dabei handelte es sich um eine Genossenschaft für etwa 2.000 Siedler auf einem Landkomplex von 34.000 ha. Die FES begleitete und unterstützte dieses Vorhaben mit finanzieller und personeller Hilfe. Ende 1974 konnte das Projekt abgeschlossen und den brasilianischen Partnern zur eigenverantwortlichen Selbstverwaltung übergeben werden.[24] Ein ähnliches Projekt gab es auch in Ghana, wo ein FES-Mitarbeiter den »Ghana Trade Union Congress« bei der Gründung einer Wohnungsbaugenossenschaft beriet.[25]

Doch schon zu Beginn der 70er-Jahre verschob sich der Schwerpunkt der Genossenschaftsarbeit in ländliche Gebiete und in die Landwirtschaft, wo die große Mehrzahl der Menschen in den Partnerländern lebte und arbeitete. Im Gegensatz zur eingangs erwähnten Genossenschaftsarbeit konnte dabei nicht mehr auf Erfahrungen aus der deutschen Arbeiterbewegung zurückgegriffen werden. Vielmehr nutzte man dafür vor allem die Kenntnisse und Kooperationsmöglichkeiten des »Deutschen Genossenschafts- und Raiffeisenverbandes« sowie des »Instituts für Genossenschaftswesen« an der Philipps-Universität in Marburg.

23 *Friedrich-Ebert-Stiftung*, Jahresbericht 1972, S. 81 f.
24 *Friedrich-Ebert-Stiftung*, Jahresbericht 1974, S. 81 f.
25 *Friedrich-Ebert-Stiftung*, Jahresbericht 1970, S. 37.

Der regionale Schwerpunkt der Genossenschaftsförderung der Friedrich-Ebert-Stiftung lag in den ersten zehn bis zwölf Jahren vorrangig auf Afrika. So flossen zum Beispiel in den Jahren 1971 bis 1976 von insgesamt 29 Mio. DM Fördermittel etwa 50 Prozent nach Afrika, 35 Prozent nach Asien und nur 15 Prozent nach Lateinamerika.[26] Ein paar Beispiele: In Mali förderte die FES den Aufbau einer Fischereikooperative, in der die Vermarktung im Vordergrund stand, zu der aber auch der gemeinsame Einkauf von Geräten wie Fangnetzen usw. gehörte. Ein Projektansatz in Ägypten zielte auf die Stärkung städtischer Konsumgenossenschaften ab und sollte deren Autonomie dem Staate gegenüber erweitern. In Mauritius unterstützte die Stiftung den Aufbau des überwiegend ländlichen Konsumgenossenschaftswesens, und in Kenia förderte sie seit Mitte der 60er-Jahre unterschiedliche Genossenschaftsprojekte bis hin zum Aufbau eines nationalen Genossenschaftssektors.

2.3 Sozialarbeit und Genossenschaftsförderung am Beispiel Kenias[27]

Die Arbeit der Friedrich-Ebert-Stiftung in Kenia zeigt sehr gut, welche Art von Aktivitäten für die ersten zehn bis zwölf Jahre in den Bereichen Sozialarbeit bzw. Genossenschaftsförderung typisch war.

Im Mai 1964 nahm der erste von der FES entsandte Berater für Genossenschaftswesen bei einer Landarbeitergewerkschaft in Nakuru in der Rift-Valley-Provinz seine Tätigkeit auf. Seine Aufgaben umfassten den Aufbau einer der Gewerkschaft angegliederten Genossenschaft, die Durchführung von Ausbildungsmaßnahmen zu Genossenschaftsfragen und die Beratung der Landarbeitergewerkschaft in Finanzangelegenheiten. Ziel war es auch, über Konsumgenossenschaften den Handel, der bis dahin vor allem in den Händen asiatischer Händler lag, zu afrikanisieren und so zur Entwicklung eines Mittelstands als Träger eines modernen, fortschrittsorientierten und demokratischen Staatsverständnisses beizutragen. Im August 1965 wurde der erste von mehreren Genossenschaftsläden in der Region Nakuru mit Unterstützung der FES eröffnet.

Im Jahr 1970 begannen drei deutsche Mitarbeiter der FES mit der Förderung von Konsumgenossenschaften in der Hauptstadt Nairobi. Ihr Auftrag war

26 *Rolf D. Baldus*, Selbsthilfeförderung in der deutschen Entwicklungspolitik, in: Afrika Forum, 2/1980, S. 161.

27 Alle Angaben basieren auf der Chronik der Arbeit der Friedrich-Ebert-Stiftung in Kenia, Stand Juli 2006, FES-Hausakte.

die Beratung von Einzelgenossenschaften und des Genossenschaftsverbands (Nairobi Consumers Co-operative Union Ltd.) in Betriebswirtschafts- und Organisationsfragen sowie die Durchführung von Weiterbildungsmaßnahmen.

Bereits seit 1967 kooperierte die FES mit dem »Kenya National Youth Service« (KNYS), der arbeitslosen Jugendlichen eine berufliche Perspektive verschaffen sollte. Die FES stellte dem »National Youth Service« für seine Berufsausbildungsprogramme fast zehn Jahre lang deutsche Experten aus den Fachbereichen Kraftfahrzeugmechanik und Metallverarbeitung zur Verfügung.

In mehreren ländlichen Trainingszentren, sogenannten »Village Polytechnics«, vermittelten Mitarbeiterinnen und Mitarbeiter der FES landwirtschaftliche, handwerkliche und kaufmännische Kenntnisse, um den Subsistenzbauern im agrarisch geprägten Kenia neue Einkommensquellen zu erschließen. Zum »Baringo Development Training Centre«, einer Mischung aus Sozialzentrum und Heimvolkshochschule, gehörten beispielsweise eine Gerberei, eine Ziegelei und eine Bäckerei. Auch in Turbo, in der Nähe von Eldoret, wurden gemeinsam mit dem oben genannten »National Youth Service« Fähigkeiten vermittelt, die den Abgängern – auch mithilfe kleiner Kredite – die Möglichkeit geben sollten, sich im ländlichen Bereich als Dorfhandwerker selbstständig niederzulassen.

Eines der größten Projekte der FES in Kenia war die 1970 begonnene Förderung landwirtschaftlicher Genossenschaften im Zuckerrohranbaugebiet von Chemelil im Westen Kenias. Im Rahmen der deutschen staatlichen Entwicklungszusammenarbeit war dort Mitte der 60er-Jahre eine Zuckerfabrik errichtet worden. Gemäß einer auf zunächst fünf Jahre angelegten Vereinbarung übernahmen bis zu 15 entsandte Mitarbeiterinnen und Mitarbeiter der FES zum Teil exekutive Aufgaben. Dazu gehörten unter anderem auch die Ausbildung in modernen landwirtschaftlichen Produktionsmethoden sowie sozialpädagogische Lehrtätigkeiten auf dem Gebiet der Gesundheitserhaltung und der Ernährung der lokalen Bevölkerung.

Wie sehr die kenianische Regierung die Genossenschaftsarbeit der Friedrich-Ebert-Stiftung schätzte, wurde deutlich, als das Genossenschaftsministerium 1972 die FES bat, die Planung des Konsumgenossenschaftswesens und der landwirtschaftlichen Mehrzweckgenossenschaften für das ganze Land zu übernehmen. Dazu arbeitete in der neu gegründeten Planungsabteilung des Genossenschaftsministeriums ein weiterer Mitarbeiter der FES. Zeitweise waren bis zu 25 entsandte Mitarbeiterinnen und Mitarbeiter in den oben genannten Projekten der Wirtschafts- und Sozialstrukturförderung gleichzeitig in Kenia tätig.

Diese Förderpolitik wurde in den Jahren 1977 und 1978 ziemlich abrupt beendet, und die FES stellte die meisten ihrer Projekte im Genossenschafts- und Sozialwesen Kenias ein. Trotz aller Bemühungen hatte sich die Genossenschaftsbewegung in Kenia nicht ausreichend etablieren können, oft wurde sie nur dort als Lückenbüßerin genutzt, wo Privatunternehmen keine nennenswerten Gewinnspannen erwarteten. Die Konsumgenossenschaften blieben trotz einzelner Erfolge stets unterkapitalisiert und konnten daher nicht die Ein- und Verkaufspolitik führen, die nötig gewesen wäre, um mit asiatischen Händlern zu konkurrieren. Es wurde für die Genossenschaften Kenias keine gesunde wirtschaftlich Basis mehr gesehen.

Die Sozialzentren und die »Village Polytechnics« wurden an die jeweiligen Distriktverwaltungen übergeben. Eigene wirtschaftliche Aktivitäten sollten diesen Zentren Einnahmen verschaffen, was allerdings nur in den wenigsten Fällen gelang.

Ebenso wurde das Genossenschaftsprojekt im Zuckerrohranbaugebiet Chemelil Ende 1978 eingestellt. Das Projekt, an dem auch andere deutsche Institutionen wie die Kreditanstalt für Wiederaufbau (KfW) und die Deutsche Investitions- und Entwicklungsgesellschaft (DEG) beteiligt waren, hatte von Anfang an durch eine komplizierte Partner- und Projektstruktur mit erheblichen Schwierigkeiten zu kämpfen. Trotz des massiven Einsatzes von Finanzmitteln und Beratern war es nicht gelungen, die »Sugar Belt Co-operative Union« (SBCU) auf eine wirtschaftlich gesunde Basis zu stellen. Breite Misswirtschaft hatte einen nicht unerheblichen Anteil daran. Hinzu kamen Faktoren wie etwa von der Regierung festgelegte und politisch motivierte Zuckerpreise, die ein wirtschaftliches Arbeiten verhinderten.[28]

Die am Beispiel Kenias dargestellten Formen der Kooperation in den 60er- und 70er-Jahren – wie der Aufbau von Konsumgenossenschaften, die berufliche Aus- und Weiterbildung für benachteiligte Bevölkerungsgruppen, die Einrichtung von Sozialzentren und die Förderung von Agrargenossenschaften – sind beispielhaft für viele Ansätze der Friedrich-Ebert-Stiftung in diesem Zeitraum. Sie waren äußerst personalintensiv, entsprachen aber damit zum einen den Wünschen der Partnerländer, zum andern den vorherrschenden westlichen Entwicklungshilfetheorien.[29]

---

28 Siehe dazu auch Kapitel 10, S. 280 ff.

29 *Stefan Ehlert*, Für Demokratie und Entwicklung: 40 Jahre Friedrich-Ebert-Stiftung in Kenia, Friedrich-Ebert-Stiftung (Hg.), Nairobi 2004, S. 6.

2.4 Die Aus- und Weiterbildung von Fach- und Führungskräften

Mindestens gleichbedeutend mit der Entsendung von Beratern, wenn nicht gar der Schwerpunkt genossenschaftlicher Bildungsarbeit in den Anfangsjahren, war die Aus- und Weiterbildung von Fach- und Führungskräften aus den jeweiligen Partnerländern in der Bundesrepublik Deutschland (genannt »Incomings«). Beispielhaft für diese Art von Bildungsarbeit in den ersten Jahren der Wirtschafts- und Sozialstrukturförderung ist der folgende Auszug aus dem Jahresbericht 1969 der Friedrich-Ebert-Stiftung:

> »[…] Im August 1969 verließen 21 madagassische Genossenschaftsfachleute nach einem mehr als einjährigen Ausbildungsprogramm die Bundesrepublik, um führende Positionen in den für die Entwicklung Madagaskars äußerst bedeutsamen ›Syndicats de Communes‹ zu übernehmen. Bereits jetzt ist wegen des großen Erfolges dieses Projektes die Durchführung eines weiteren eineinhalbjährigen Ausbildungsprogramms für 20 madagassische Genossenschafter vorgesehen, die im Januar 1970 beginnen wird.
> Weiter wurde ein sechswöchiges Informationsseminar für 25 Direktoren und Dozenten von Genossenschaftsschulen aus Afrika und Asien durchgeführt. In diesem Seminar waren die Länder Sambia, Uganda, Kenia, Nigeria und Ghana aus Afrika vertreten, und aus dem asiatischen Bereich kamen Teilnehmer aus den Philippinen, Korea und Ceylon. Darüber hinaus besuchte zum zweiten Mal eine Gruppe von 20 Absolventen der nationalen tunesischen Genossenschaftsschule für zehn Wochen die Bundesrepublik Deutschland als Gast der Friedrich-Ebert-Stiftung. Ein drittes Programm auf diesem Gebiet der Zusammenarbeit mit Tunesien sollte sich im kommenden Jahr insbesondere auf dem Gebiet der Konsumgenossenschaften anschließen.
> Auch mit multilateralen Organisationen, und hier insbesondere mit der Pan American Union, hat die Friedrich-Ebert-Stiftung ihre Ausbildungsarbeit für den Bereich des Genossenschaftswesens fortgesetzt und intensiviert. So befanden sich von Mitte September bis Mitte Oktober 20 Professoren und Dozenten des Genossenschaftswesens an lateinamerikanischen Universitäten als Gäste der Stiftung in der Bundesrepublik. […]«[30]

30 *Friedrich-Ebert-Stiftung*, Jahresbericht 1969, S. 12 f.

Derartig umfangreiche und langfristig angelegte Aus- und Fortbildungsmaßnahmen für Fach- und Führungskräfte aus den Partnerländern fanden regelmäßig noch bis etwa Ende der 80er-Jahre in der Bundesrepublik Deutschland oder in Drittländern statt. Die Palette der Aus- und Fortbildungsmaßnahmen reichte von Vier- bis Sechswochenkursen, zum Beispiel für Genossenschaftsexperten am Seminar für Führungskräfte in Dießen am Ammersee in Zusammenarbeit mit dem Deutschen Genossenschafts- und Raiffeisenverband bis hin zu Diplomstudiengängen am Genossenschaftsinstitut der Universität Marburg.

Mit Beginn der 90er-Jahre wurde diese Art von Programmen in der Mehrzahl durch kurzfristigere (einwöchige) Informationsprogramme in der Bundesrepublik Deutschland verdrängt.

Stipendien für das Studium in Marburg wurden jedoch noch bis zum Jahr 2000 vergeben, und es schlossen dort insgesamt 26 Stipendiatinnen und Stipendiaten aus Asien, Afrika und Lateinamerika ein achtsemestriges wirtschaftswissenschaftliches Studium mit starken betriebswirtschaftlichen Akzenten unter spezifischer Berücksichtigung der Kooperationstheorie und der Genossenschaftslehre ab. Während des Studiums mussten die Stipendiaten Pflichtpraktika von wenigstens sechs Monaten Dauer in der Bundesrepublik und im Heimatland absolvieren. Die Reintegration der Absolventen des Studiengangs in den Heimatländern wurde von der FES mithilfe ihrer Auslandsbüros vorbereitet.[31]

2.5 Die Gründung des Referates »Genossenschaften und ländliche Entwicklung«

Es war gewiss kein Zufall, wenn – zeitgleich mit den am Beispiel Kenias dargelegten Veränderungen in der Förderkonzeption der Friedrich-Ebert-Stiftung – in den Jahren 1977 und 1978 auch organisatorische Umstrukturierungen in der Internationalen Abteilung der Stiftung in Bonn stattfanden. 1977 ernannte die Geschäftsführung mit Ernst J. Kerbusch erstmals einen stellvertretenden Abteilungsleiter, der die laufenden Geschäfte der Abteilung übernahm, und das neu gebildete Referat »Genossenschaften und ländliche Entwicklung« erhielt mit Manfred Bardeleben einen eigenen Referatsleiter.

31 Information von Gisela Zeidler (Sachbearbeiterin 1981–2003).

Die damit geschaffene Struktur hatte für den Bereich der Wirtschafts- und Sozialstrukturförderung ziemlich genau 20 Jahre Bestand.

3 Die Neuorientierung der Wirtschaftsförderung

3.1 Grundsätze für die Förderung von Selbsthilfeorganisationen

Mitte der 70er-Jahre begann das BMZ gemeinsam mit den Politischen Stiftungen und anderen Nichtregierungsorganisationen mit der Erarbeitung von »Grundsätzen für die Förderung von Selbsthilfeorganisationen in Entwicklungsländern«, die im Herbst 1977 in Kraft traten. In diesen Grundsätzen wurde die politische Funktion von Selbsthilfeorganisationen wie folgt formuliert:

> »Die Förderung der Selbsthilfe soll [...] dazu dienen, wirtschaftlich und sozial relativ schwachen Bevölkerungsgruppen ein größeres politisches Gewicht zu verschaffen, damit sie in der Lage sind, wirtschaftliche und gesellschaftliche Strukturveränderungen einzuleiten beziehungsweise durchzusetzen. Dies bezieht sich insbesondere auch auf eine entsprechende Beteiligung solcher Gruppen an der politischen Willensbildung.
> Insgesamt soll die Selbsthilfeförderung die Bevölkerung der Entwicklungsländer bei ihren Bemühungen um die Schaffung sozial gerechter Gesellschaftsordnungen unterstützen.«[32]

Um zu einer klaren Aufgabenteilung zwischen den unterschiedlichen Trägern sozialstrukturpolitischer Projekte zu kommen, legte das BMZ großen Wert darauf, dass die Politischen Stiftungen, aufbauend auf der staatlichen Förderkonzeption, auch eigene Fördergrundsätze definierten. So wurde die Erarbeitung von FES-eigenen Grundsätzen für die Förderung von Selbsthilfeorganisationen eine der ersten Prioritäten des neu gegründeten Referates.

Die Ziele der Selbsthilfeförderung wurden in diesen Grundsätzen wie folgt festgeschrieben[33]:

32 *Bundesministerium für wirtschaftliche Zusammenarbeit*, 312 – T 7410 – 51/77, Bonn, 9. 11. 1977, Handakten d. Verf., S. 10-11.

33 *Friedrich-Ebert-Stiftung* (Hg.), Grundsätze, a. a. O., S. 18 f.

»Die Friedrich-Ebert-Stiftung fördert solche Selbsthilfeorganisationen, deren personelle und institutionelle Mitglieder sich aufgrund gemeinsamer Interessen zusammengeschlossen haben, um die dauerhafte Verfolgung ihrer – langfristig mit der Friedrich-Ebert-Stiftung übereinstimmenden – wirtschaftlichen und gesellschaftspolitischen Ziele anzustreben. Mit der Förderung von Selbsthilfeorganisationen sind für die Friedrich-Ebert-Stiftung daher drei Zielsetzungen verbunden, die – in der Regel phasenverschoben, daher als kurz-, mittel- und langfristige Ziele definiert – realisiert werden sollten:

1. Verbesserung der Lebenssituation der betroffenen Bevölkerung, unter Umständen auch im Rahmen der Politik der Befriedigung existenzieller Grundbedürfnisse.
2. Einübung von Sozialtechniken in Willensbildungs- und Entscheidungsprozessen (organisiertes, kollektives Verhandeln).
3. Beteiligung an sozialen und politischen Prozessen mit dem Ziel gesellschaftspolitischer Veränderungen.«

Zielgruppen der Selbsthilfeförderung der Friedrich-Ebert-Stiftung sollten ländliche wie auch städtische Bevölkerungsgruppen sein, die an der wirtschaftlichen, sozialen und politischen Entwicklung nur unzureichend teilhatten.[34]

Zur abschließenden Diskussion und zur Verabschiedung dieser seit 1977 vorbereiteten »Grundsätze für die Förderung von Selbsthilfeorganisationen« trafen sich im Oktober 1978 alle im Bereich von Genossenschaften und Sozialentwicklung tätigen Inlands- und Auslandsmitarbeiterinnen und -mitarbeiter der Friedrich-Ebert-Stiftung in Kairo/Ägypten zu ihrer ersten Fachkonferenz.

Zu diesem Zeitpunkt förderte das Referat »Genossenschaften und ländliche Entwicklung« 18 Projekte in 13 Ländern Lateinamerikas, Afrikas, Asiens und Europas. Im Inland, das heißt in der Zentrale der Friedrich-Ebert-Stiftung in Bonn, waren dafür sechs und im Ausland 29 Mitarbeiterinnen und Mitarbeiter verantwortlich.[35]

Das Handbuch mit den »Grundsätzen« sollte auch der Tatsache Rechnung tragen, dass die Aufgabenbereiche der Projektmitarbeiterinnen und -mitarbeiter komplexer und fachliche Entscheidungen schwieriger geworden waren. Ein konzeptioneller Orientierungsrahmen sollte daher sowohl die laufende Pro-

34 Ebd. S. 21 f.

35 *Manfred Bardeleben*, Zur Förderungskonzeption des Referates Genossenschaften und Wirtschaftsförderung, Einführungsvortrag zur Fachkonferenz in Bergneustadt 1988, FES-Hausakte.

jektarbeit als auch die Prüfung und Beurteilung neuer Projektwünsche von Partnerorganisationen erleichtern. Die »Grundsätze« sollten darüber hinaus auch die entwicklungspolitische Öffentlichkeit über die Förderkonzeption der Friedrich-Ebert-Stiftung für Selbsthilfeorganisationen (SHO) informieren.[36]

Im Vorwort zu den »Grundsätzen« schrieb der Vorsitzende der Friedrich-Ebert-Stiftung, Alfred Nau:

> »In den letzten Jahren hat sich zunehmend die Erkenntnis durchgesetzt, dass die bisherigen Entwicklungsstrategien nicht ausreichend in der Lage waren, die breite Masse der Bevölkerung in den Ländern der Dritten Welt in den wirtschaftlichen und sozialen Entwicklungsprozess zu integrieren. [...]«[37]

3.2 »Deoffizialisierung« und der Aufbau genossenschaftlicher Vertikalstrukturen[38]

Wie bereits mehrfach erwähnt und in den »Grundsätzen« festgeschrieben, hatte die Förderung von Selbsthilfeorganisationen immer auch strukturelle Komponenten. Die Gefahr ökonomischer und/oder politischer Fremdbestimmung in Selbsthilfeorganisationen ließ sich – zumal in den Anfangsphasen – kaum ausschalten. Wirkliche Unabhängigkeit – auch die Unabhängigkeit von externer Förderung – konnten Selbsthilfeorganisationen nach Meinung der FES eigentlich nur über den Aufbau leistungsfähiger Vertikalstrukturen (Verbandsstrukturen) erreichen, die sich aus gegenseitig ergänzenden Organisationen auf der Primär-, Sekundär- und Tertiärebene zusammensetzten. Die FES sah in einer solchen Strukturierung einen Ansatz, langfristig lebensfähige Organisationsgefüge zu schaffen, die im Rahmen einer pluralistischen Wirtschafts- und Gesellschaftsordnung durch Gegenmachtpositionen zu gesellschaftlichen Veränderungen beitragen konnten.[39]

Ebenso war in den »Grundsätzen« festgelegt worden, dass staatliche oder parastaatliche Behörden und Organisationen in den Entwicklungsländern

36 *Friedrich-Ebert-Stiftung*, Jahresbericht 1979, S. 120.

37 *Friedrich-Ebert-Stiftung* (Hg.), Grundsätze, a. a. O., S. 2.

38 Deoffizialisierung bedeutet in diesem Zusammenhang den Abbau staatlicher Aufsicht, Überwachung und Kontrolle, aber auch der staatlichen Förderung. Er ist verbunden mit der Erweiterung genossenschaftlicher Autonomie.

39 *Friedrich-Ebert-Stiftung* (Hg.), Grundsätze, a. a. O., S. 18 f.

nicht die natürlichen Partner bei der Selbsthilfeförderung sind.[40] Wie jedoch schon am Beispiel Kenias aufgezeigt, gab es in vielen bzw. den meisten Partnerländern ein Fachministerium oder zumindest eine Fachbehörde, die für die Registrierung, die Kontrolle und die Einbindung der Genossenschaften in nationale Entwicklungsplanungen zuständig war – an sich ein Widerspruch zum Selbsthilfegedanken.

Eine Möglichkeit, staatliche Aufsicht und Einflussnahme zumindest einzuschränken, war der Aufbau unabhängiger genossenschaftlicher Prüfungsverbände, welche die angeschlossenen Genossenschaften in rechtlichen, steuerlichen sowie betriebswirtschaftlichen Fragen berieten und betreuten. Sie führten die genossenschaftlichen Pflichtprüfungen durch und boten ihren Mitgliedsunternehmen weitere betriebswirtschaftlich orientierte Dienstleistungen an.

Alle drei Arbeitsbereiche – der Aufbau vertikaler Strukturen, die Reduzierung des staatlichen Einflusses und die Einrichtung von Prüfungsverbänden – waren somit entscheidende Bestandteile bei der Entwicklung und Förderung selbstbestimmter und autonomer Selbsthilfeorganisationen.

Projektbeispiel Philippinen

Ein gelungenes Beispiel für eine derartige Selbsthilfeförderung war die Genossenschaftsarbeit der Friedrich-Ebert-Stiftung in den Jahren 1969 bis 1985 in den Philippinen. Dort entstand Ende der 60er-Jahre erstmals neben dem staatlichen ein freies, nicht staatliches Genossenschaftswesen im Rahmen einer philippinischen Bewegung für den ländlichen Wiederaufbau (Philippine Rural Reconstruction Movement – PRRM).

Zur Unterstützung dieser Bewegung begannen im Jahre 1969 zwei Genossenschaftsberater der Friedrich-Ebert-Stiftung gemeinsam mit einheimischen Experten mit dem Aufbau genossenschaftlicher Bildungseinrichtungen. Aufgaben der beiden vom Genossenschaftsinstitut der Universität Marburg kommenden Berater waren die Durchführung von Fachseminaren sowie die Beratung von landwirtschaftlichen und Konsumgenossenschaften beim Aufbau und der Organisation des Geschäftsbetriebes. Die Themen der Seminare waren: genossenschaftliche Betriebsführung, Finanzierung, Prüfung, Buchhaltung, genossenschaftliches Warengeschäft sowie Ein- und Verkauf, Lagerhaltung, genossenschaftliches Kreditgeschäft und genossenschaftliche Bildungsarbeit einschließlich der Vermittlung geeigneter Methoden und Lehrmittel. Diese Kurse wurden immer wieder durch Fortbildungsseminare in der Bun-

40 Ebd., S. 40.

desrepublik Deutschland ergänzt, an denen die qualifiziertesten Teilnehmer aus den Philippinen teilnehmen konnten.[41]

Nach anfänglicher Förderung von Primärorganisationen in den drei großen geografischen Regionen der Philippinen – Mindanao, Visayas und Luzon – wurde Mitte der 70er-Jahre gezielt mit der Förderung genossenschaftlicher Sekundärstrukturen begonnen, die mit der Gründung des nationalen Dachverbandes »National Association of Training Centers for Cooperatives« (NATCCO) 1976 organisatorisch abgeschlossen werden konnte.

Die in den folgenden zehn Jahren in enger Zusammenarbeit mit der FES gesammelten Erfahrungen hatten NATCCO und seinen assoziierten Trainingszentren innerhalb des Genossenschaftssektors der Philippinen einen konkurrenzlosen Vorsprung in Qualität und Umfang des Angebotes eingebracht. Dies wurde auch vom staatlichen Genossenschaftssektor anerkannt, der die Angebote von NATCCO in zunehmendem Maße aufgriff. Ein Ergebnis dieser Arbeit war zum Beispiel die obligatorische Mitgliederausbildung, die jeder absolvieren musste, der Mitglied einer Genossenschaft werden wollte.

Ebenfalls mit Unterstützung der FES wurde 1979 mit dem Aufbau autonomer genossenschaftlicher Prüfungsverbände begonnen. Nach anfänglicher Skepsis seitens der Primärgenossenschaften über die Nützlichkeit von Prüfungen wurden die sich daraus ergebenden Kontroll- und Steuerungsmöglichkeiten bald anerkannt und weitgehend auch genutzt.

1985 verfügte NATCCO neben der nationalen Vertretung über ein Netz von vier regionalen genossenschaftlichen Trainings- und Entwicklungszentren und über 400 lokal angesiedelten Primärorganisationen, etwa 75 Prozent davon Kreditgenossenschaften. Diese Kreditgenossenschaften hatten sich in der andauernden Krisenwirtschaft der Philippinen als stabil erwiesen. Sie wurden eine verlässliche Kreditquelle im ländlichen Raum. Während der staatliche Genossenschaftssektor immer mehr an Bedeutung verlor, hatte sich der private Genossenschaftssektor, repräsentiert durch NATCCO, behaupten können. Die daraus resultierende Neuorientierung der staatlichen Genossenschaftspolitik ermöglichte dann dem unabhängigen Genossenschaftssektor, verloren gegangene Entwicklungsspielräume wieder zurückzugewinnen.

Gegen Ende der FES-Förderung war NATCCO auch in der Lage, neben Training und Prüfung eine genossenschaftliche Versicherung zur Refinanzierung der Genossenschaften anzubieten. Die regionalen Zentren und der nationale Verband hatten zu diesem Zweck Fonds eingerichtet, in die Überschüsse

41 *Friedrich-Ebert-Stiftung*, Jahresbericht 1971, S. 40 f.

einzelner Genossenschaften eingezahlt wurden, die dann zu günstigen Konditionen an andere Mitglieder verliehen werden konnten.

Rückblickend ist festzustellen, dass es den philippinischen Partnern mithilfe der Friedrich-Ebert-Stiftung gelang, einen nationalen Verband aufzubauen, der durch sein Programmangebot den grundlegenden Bedürfnissen seiner Mitglieder entsprach und der zur Entwicklung des Genossenschaftssektors in den Philippinen entscheidend beitrug. NATCCO ist heute der bei Weitem größte Genossenschaftsverband der Philippinen. Über ein spezielles Verfahren, das sektoralen Gruppen in den Philippinen eine parlamentarische Repräsentanz ermöglicht, sorgt zudem ein Verbandsvertreter im nationalen Abgeordnetenhaus dafür, dass genossenschaftliche Interessen auch im politischen Prozess berücksichtigt werden. Dies versetzt den Genossenschaftsverband in die Lage, volkswirtschaftliche Impulse zu geben und damit in der anhaltend instabilen politischen Situation des Landes zu einem stabilisierenden Element zu werden.[42]

Projektbeispiel Ägypten

Gewerbliche Genossenschaftsverbände waren im Förderspektrum der Friedrich-Ebert-Stiftung eher die Ausnahme, doch gab es seit 1985 in Ägypten ein Projekt, in dem versucht wurde, die Möglichkeiten des gewerblichen Genossenschaftssektors zu nutzen, um die wirtschaftliche Entwicklung der Betriebe, die Schaffung von Arbeitsplätzen und Einkommen, die Unterstützung der Wirtschaftsreform und die politische Vertretung der Handwerker und Kleinunternehmer zu fördern.

Projektpartner war der Zentralverband des gewerblichen Genossenschaftswesens (Central Productive Cooperative Union, CPCU). Landesweit gab es 379 Genossenschaften im gewerblichen Sektor mit einer durchschnittlichen Anzahl von 350 Mitgliedsbetrieben bzw. -werkstätten. Die Gesamtzahl der Betriebe des Sektors belief sich somit auf über 130.000 Werkstätten. Die vier Branchen, in denen das FES-Projekt tätig war (Möbel, Metall, Leder, Fertigkleidung), umfassten 121 Genossenschaften mit mehr als 42.000 Mitgliedsbetrieben und etwa 635.000 Beschäftigten. Die Betriebe waren über das ganze Land verteilt.[43]

---

42 *Werner Ohligschläger*, Abschlussbericht anlässlich der Einstellung des Genossenschaftsprojekts, 30.6.1985, FES-Hausakte sowie Informationen von Klaus Beierlein (Projektleiter 1969–1971) und Mirko Herberg (Landesvertreter Philippinen 2006–2010).

43 *Norbert Eder*, Projektanalyse Oktober 1994, Kairo 19.11.1994, FES-Hausakte.

Der private Sektor Ägyptens setzte sich fast ausschließlich aus Betrieben zusammen, die kaum mehr als 10 Angestellte hatten, aber insgesamt 70 Prozent aller Erwerbstätigen zu einem Einkommen verhalfen. Vor diesem Hintergrund war ein funktionierendes Genossenschaftswesen ein wichtiges wirtschaftspolitisches Förderinstrument.

Neben der Betriebsberatung versuchte die Friedrich-Ebert-Stiftung auf der Ebene »Verbandsbildung«, die Struktur des Genossenschaftswesens effizienter und mitgliederorientierter zu gestalten. Dies geschah vor allem durch Informationsprogramme zu wirtschaftspolitischen Themen, mit dem Ziel, die politische Reaktionsfähigkeit des Verbandes zu erhöhen, damit dieser die Interessen der Kleinunternehmer auch im Sinne einer pluralen und demokratischen Gesellschaft wahrnehmen konnte.

Der Partner erwartete jedoch, dass das Projekt ausschließlich den Interessen des Zentralverbandes diente. Materielle Hilfen und technische Unterstützung wurden als Ziel des Projektes verstanden. Daraus resultierte eine sehr einseitige Ausrichtung der Projektinhalte. Engere Kontakte zu anderen Unternehmensverbänden, anderen Institutionen im Projektumfeld oder wirtschaftspolitischen Stellen waren unerwünscht. Hinzu kam, dass der Verband eng an das Ministerium für »Local Administration« angebunden war. Trotz eines wachsenden Trends zu marktwirtschaftlich orientierten Strukturanpassungen in Ägypten war an eine schrittweise »Deoffizialisierung« der zentralstaatlich und planwirtschaftlich instrumentalisierten Genossenschaften kaum zu denken.[44] Aus diesem Grunde wurde das Vorhaben Mitte der 90er-Jahre in ein Unternehmensberatungsprojekt zur »Förderung der Klein- und Mittelindustrie in Ägypten« umgewandelt, mit dem zwar weiterhin der Genossenschaftsverband CPCU und seine Mitglieder beraten und gefördert werden konnten, die Leistungen des Projekts aber auch anderen Institutionen der Klein- und Mittelindustrie offenstanden.

Auf die Probleme der »klassischen« Genossenschaftsförderung, wie sie am Beispiel Ägyptens deutlich wurden, wird im Verlauf dieser Studie noch mehrfach eingegangen.

---

44 Information von Norbert Eder (Projektleiter 1994–1997).

3.3 Versuche mit der Gemeinwirtschaft

Neben den Genossenschaften gehörten gemeinwirtschaftliche Unternehmen entsprechend den »Grundsätzen« zu den bevorzugten Kooperationspartnern der Friedrich-Ebert-Stiftung, wenn auch in weit geringerem Maße. Sie wurden von größeren gesellschaftlichen Gruppen getragen und verfolgten Ziele, die im Allgemeininteresse lagen. Sie engagierten sich vor allem in Wirtschaftssektoren, in denen Private aufgrund geringerer Gewinnerwartungen nicht tätig werden wollten.[45]

Projektbeispiel Mexiko[46]

Mexiko galt viele Jahre im Zusammenhang mit der Wirtschaftsförderung der FES als ein Musterbeispiel für die Unterstützung gewerkschaftseigener Gemeinwirtschaft. Dies hing vor allem damit zusammen, dass der gewerkschaftliche Dachverband »Confederatión de Trabajadores de Mexico« (CTM) seit Beginn der FES-Aktivitäten in Mexiko im Jahre 1968 wichtigster Partner der FES in diesem Lande war.

Im Januar 1977 erteilte die mexikanische Regierung dem CTM die Konzession zur Gründung einer Arbeiterbank, der »Banco Obrero«, die Arbeitnehmern angepasste Spar- und Kreditmodelle anbieten sollte. Die FES unterstützte den Aufbau dieser Bank durch einen entsandten Mitarbeiter in Fragen der internen Organisation, der Ausarbeitung von Kreditvergabesystemen für Arbeitnehmer, der internationalen Kooperation und Vernetzung, vor allem auch mit der deutschen »Bank für Gemeinwirtschaft«. Bereits Ende 1980 galt die »Banco Obrero« als eine ordnungsgemäß funktionierende kleine Bank mit etwa 300 Angestellten, einem Hauptgebäude im Zentrum der Stadt Mexiko sowie drei weiteren Stadtzweigstellen und drei Filialen außerhalb der Hauptstadt.

Der FES-Mitarbeiter beriet das Management, führte Schulungsveranstaltungen für Mitarbeiter der Bank und Funktionsträger der Gewerkschaften durch und beriet die Gewerkschaften beim Aufbau weiterer Gemeinwirtschaftsunternehmen. So reisten 1981 zwei Delegationen des CTM auf Einladung der FES nach Deutschland, um sich unter anderem von der »Volksfürsorge Lebensversicherung« wegen der Gründung einer gemeinwirtschaftlichen

45 *Friedrich-Ebert-Stiftung* (Hg.), Grundsätze, a. a. O., S. 32.

46 Chronik der Arbeit der Friedrich-Ebert-Stiftung in Mexiko, Stand Dez. 2006, FES-Hausakte; *Ernst Wolfgang Wagemann*, Halbjahresbericht Aug.–Dez. 1980, FES-Hausakte. Projektantrag: »Gemeinwirtschaftsconsulting Mexiko« vom 5.9.1984, FES-Hausakte; Information von Joachim Schlütter (Projektleiter 1991–1994).

Versicherungsgesellschaft beraten und informieren zu lassen, was später zur Gründung der »Aseguradora Obrera« führte.

Die finanz- und wirtschaftspolitische Krise Mexikos zu Beginn der 80er-Jahre machte auch vor der »Banco Obrero« nicht halt. Als kleine, gemeinwirtschaftliche Kreditinstitution traf sie die zunehmende Illiquidität des mexikanischen Staates voll, sodass an die geplante weitere Expansion bzw. Ausdehnung des Filialnetzes nicht zu denken war. Als Zugeständnis an die Gewerkschaften wurde die Bank jedoch von der im September 1982 angekündigten Verstaatlichung aller Privatbanken ausgenommen, was ihr einen hohen Vertrauenszuwachs in der Bevölkerung einbrachte.

Im August 1984, nach einer über sechsjährigen Förderzeit, lief das Projekt aus. Dem Wunsch der CTM entsprechend sollte der zukünftige Beratungseinsatz der FES innerhalb des Gemeinwirtschaftsbereiches stärker diversifiziert werden, denn angesichts der fortwährenden Austeritätspolitik der Regierung waren die Gewerkschaftsorganisationen dringend gefordert, weitere gemeinwirtschaftliche Alternativen anzubieten.

Dazu betrieb die FES von 1985 bis 1993 das Projekt »Gemeinwirtschafts-Consulting Mexiko«. Die Consulting zielte auf die gleichzeitige Beratung vieler Träger- und Partnerorganisationen ab. Hierzu zählten der Gewerkschaftsdachverband, die gemeinwirtschaftlichen Unternehmen wie die Arbeiterbank »Banco Obrero« und die Arbeiterversicherung »Aseguradora Obrera« ebenso wie die in einem anderen Wirtschaftsprojekt der FES geförderten Handwerkergenossenschaften im »Valle de Mezquital« im Bundesstaat Hidalgo oder die Vereinigung genossenschaftlicher Produzenten im Bundesstaat Mexiko bzw. andere Institutionen aus dem formellen und informellen Sektor.

Zurück zur Gemeinwirtschaft: Spätestens mit dem Zusammenbruch des deutschen gemeinwirtschaftlichen Bauunternehmens »Neue Heimat« im Jahre 1982 geriet die Gemeinwirtschaft in der Bundesrepublik Deutschland in Misskredit. Die damaligen Ereignisse zogen eine Wirtschaftsform in Mitleidenschaft, die sich vor allem an den Bedürfnissen ihrer Abnehmer und nicht am Gewinnstreben ihrer Unternehmen orientierte, sich als marktregulierende Kraft im marktwirtschaftlichen kapitalistischen System verstand und der deutschen Arbeiterbewegung und damit auch der Friedrich-Ebert-Stiftung nahe stand.

Vor dem Hintergrund der »Neuen-Heimat-Affäre« und der damit verbundenen generellen Kritik an der unternehmerischen Betätigung der Gewerkschaften stellte sich auch für die FES die Frage, inwieweit die Gemeinwirtschaft noch ein förderungswürdiges Lösungskonzept für die wirtschaftlichen und sozialen Probleme in den Entwicklungsländern sein konnte.

In diesem Zusammenhang wurde festgestellt, dass zwar im bundesrepublikanischen Verständnis Gemeinwirtschaft meistens mit den wirtschaftlichen Aktivitäten von Gewerkschaften gleichgesetzt wird, was aber kaum auf Entwicklungsländer übertragen werden konnte. Es zeigte sich, dass Mexiko eine der wenigen Ausnahmen war, denn nur in den seltensten Fällen waren die Gewerkschaften in den Ländern der »Dritten Welt« ausreichend strukturell und organisatorisch entwickelt, um solch komplexe Aufgabenstellungen zu übernehmen. So kamen aus Sicht der FES neben den Gewerkschaften auch andere Selbsthilfeorganisationen wie die Genossenschaften oder sonstige nationale Verbände und Stiftungen als Träger gemeinwirtschaftlicher Unternehmen in Betracht.

Projektbeispiel Thailand

In Thailand versuchte die Friedrich-Ebert-Stiftung in den Jahren 1984 bis 1987 mit Unterstützung der deutschen »Volksfürsorge Lebensversicherung« und gemeinsam mit dem nationalen Genossenschaftsverband, ein gemeinwirtschaftliches Versicherungsunternehmen aufzubauen. Zeitweise beschäftigte die FES dazu zwei von der »Volksfürsorge« freigestellte Versicherungsexperten in Bangkok. Eine Arbeitsgruppe aus Fachleuten der Genossenschaftsbehörde, der Genossenschaftsverbände, des Versicherungsaufsichtsamtes und den beiden deutschen Experten erstellte bis 1987 ein tragfähiges Unternehmenskonzept, das nur noch die entsprechende staatliche Lizenz zur Unternehmensgründung benötigte, um den Geschäftsbetrieb aufzunehmen. Für die Lizenzerteilung war zu diesem Zeitpunkt ein Kabinettsentscheid der thailändischen Regierung erforderlich. Da diese Entscheidung immer wieder vertagt wurde, sah sich die FES Ende 1987 gezwungen, das Projekt einzustellen. Dennoch, die thailändischen Genossenschaften ließen sich nicht beirren und konnten so 1995 auch ohne weitere Hilfe durch die FES das Projekt, die »Saha Life Insurance Co. Ltd.«, auf der Basis der gemeinsam geleisteten Vorarbeiten in die Tat umsetzen.

***

Trotz all dieser durchaus vorzeigbaren Ergebnisse war die Festlegung auf ausschließlich genossenschaftliche bzw. gemeinwirtschaftliche Unternehmenstypen, so wie sie in den »Grundsätzen« festgeschrieben waren, schon bald zu eng. Während 1978 noch zwei Drittel der Projekte ganz oder überwiegend auf die Förderung von Genossenschaften ausgerichtet waren, galt dies fünf Jahre später nur noch für knapp die Hälfte.[47] Zu den klassischen Projekten im Genossenschaftsbereich waren im zunehmenden Maße Projekte getreten, die einen direkten Beitrag zur Schaffung von Einkommen und Beschäftigung in Landwirtschaft, Handwerk und Kleingewerbe des formellen wie des informellen Sektors zu leisten versuchten.[48] Im Rahmen dieser Erweiterungen tauchte erstmals auch der Begriff des »informellen Sektors« in der entwicklungspolitischen Diskussion der Friedrich-Ebert-Stiftung auf. Gemeint waren städtische und ländliche Kleinstunternehmen, die, im Gegensatz zu formalen Selbsthilfeorganisationen, von staatlichem Handeln nicht oder nur ganz schwach tangiert wurden.

Entsprechend den »Grundsätzen« sollte die Durchführung der Selbsthilfefördermaßnahmen immer mit geeigneten Partnerorganisationen des Entwicklungslandes erfolgen. Das heißt, die Friedrich-Ebert-Stiftung richtete ihre Förderung nicht unmittelbar an die benachteiligten Bevölkerungsgruppen und wickelte entsprechende Projekte nicht selbst ab. Diese Aufgaben wurden von einheimischen Partnern übernommen, mit denen die FES zusammenarbeitete. Die Partnerorganisation wurde als »Selbsthilfeförderinstitution« bezeichnet, da sie Selbsthilfeaktivitäten anregte und förderte.[49] Doch konnten viele Projekte – auch durch die Hilfskonstruktion, in der das Projekt der Friedrich-Ebert-Stiftung die Selbsthilfeförderinstitution darstellte – nicht ausreichend im Sinne der »Grundsätze« erfasst werden. Zudem hatte ein Vergleich der politischen Forderungen und Ziele mit dem Erreichten inzwischen deutlich gemacht, dass die Partnerorganisationen wie auch die Projekte im Genossenschaftsbereich in vielen Fällen weit hinter den gesetzten Erwartungen zurückgeblieben waren.

Eine Untersuchung von sechs Projekten des Referates »Genossenschaften und ländliche Entwicklung«, davon zwei in Mexiko und je eins in Ghana, Indonesien, Botswana und Portugal, im Rahmen einer 1982 erstellten Veröffentlichung der Abteilung Entwicklungsländerforschung der Friedrich-Ebert-Stiftung identifizierte in einer kritischen Zusammenfassung fünf wesentliche Erfahrungen der bisherigen Arbeit:

1. Die Auswirkungen von Entwicklungsprojekten beschränken sich in der Regel auf das unmittelbare Projektumfeld.

47 *Manfred Bardeleben*, Zur Förderungskonzeption, a. a. O.

48 Stellungnahme der FES im ersten Bericht über die Armutsbekämpfung in der Dritten Welt durch Hilfe zur Selbsthilfe, Deutscher Bundestag, 12. Wahlperiode, Drucksache 12/924 vom 11.7.1991, Handakte d. Verf.

49 *Friedrich-Ebert-Stiftung* (Hg.), Grundsätze, a. a. O., S. 35.

2. Die wirtschaftlichen, politischen und sozialen Rahmenbedingungen im Einsatzland bestimmen die Entwicklung des Projekts und seinen Erfolg.
3. Eine Deoffizialisierung des staatlichen Genossenschaftssystems ist notwendig, lässt sich aber nur in beschränktem Maße umsetzen.
4. Die Förderung des privaten Sektors wird in Zukunft an Bedeutung gewinnen. Selbsthilfeorganisationen werden, sofern sie wachsen, mit den Problemen mangelnder Kontrolle durch die Mitglieder, Verlust der Identifizierung der Mitglieder mit ihrem Unternehmen, fehlender Kontakte zwischen Management und Mitgliedern etc. konfrontiert.
5. Förderung von außen kann Selbsthilfe nur ergänzen.[50]

4 Das Konzept der »erweiterten Wirtschaftsförderung«

Sowohl die oben erwähnte Untersuchung der Abteilung Entwicklungsländerforschung der FES als auch die in den Projekten gewonnenen Erfahrungen machten deutlich, dass der entwicklungspolitische Ansatz zur Überwindung dualistischer Wirtschafts- und Sozialstrukturen, also des Nebeneinanders moderner konkurrenzfähiger und technisch rückständiger Unternehmen und Sektoren, durch neue Instrumente erweitert und auf eine breitere Basis gestellt werden musste. Dazu gehörte vor allem der Einsatz von unternehmensbezogener Beratung, das sogenannte »Consulting«.[51] Ohne gleichzeitig Selbsthilfeförderinstitutionen zu sein, sollten diese Consultingunternehmen direkte Einkommens- und Beschäftigungsmöglichkeiten für benachteiligte Bevölkerungsgruppen schaffen und somit zur Deckung von Grundbedürfnissen beitragen.

Ergänzungs- und überarbeitungsbedürftig waren die 1978 verabschiedeten »Grundsätze« auch im Bereich der Kapitalversorgung von Selbsthilfeorganisationen, da inzwischen erste Erfahrungen mit Fondskonstruktionen gemacht worden waren. Hinzu kam der Trend zu »Ein-Mann-Projekten« in den Wirtschafts- und Sozialstrukturfördermaßnahmen der Friedrich-Ebert-Stiftung. Ende 1983 gab es 21 Projekte in 20 Ländern (☛ s. Tab. 2, S. 217), aber nur noch 26 entsandte Mitarbeiterinnen und Mitarbeiter, was neue Herausforderungen an das Projektmanagement vor Ort sowie an die Projektsteuerung durch das zuständige Referat stellte.

50 *Forschungsinstitut der FES, Abteilung Entwicklungsländerforschung* (Hg.), Self-help Organizations in the Third World: Six Case Studies, Bonn 1982, S. 131 ff.

51 *Manfred Bardeleben*, Konzeptionspapier vom 4.3.1980, FES-Hausakte.

Tabelle 2 Partnerorganisationen von Genossenschaften und Wirtschaftsförderungsprojekten der Friedrich-Ebert-Stiftung in der Dritten Welt Ende 1983[51]

Ägypten	Ministry of Supply, Consumers Wholesale Society	**Mosambik**	Ministerio da Agricultura
Botswana	Southern Rural Development Association (SRDA) Rural Industries Innovation Centre (RIIC)	**Peru**	Centro de Servicios de Pedagogia Audiovisual para la Capacitacion (CESPAC)
Guinea	Institut Central de Coordination de la Recherche et de la Documentation de Guinée (ICCRDG)	**Philippinen**	National Association of Training Centres for Cooperatives (NATCCO)
Honduras	Banco de los Trabajadores	**Portugal**	Fundação Azedo Gneco
Indonesien	Ministerium für Handel und Genossenschaften	**Sambia**	The Development Bank of Zambia
Kenia	Development Finance Corporation of Kenya	**Senegal**	Direction de la Cooperation Union Nationale des Cooperatives Agricoles du Senegal (UNCAS)
Libanon	Ministère de l'Habitat et des Coopératives	**Singapur**	International Confederation of Free Trade Unions – Asia Pacific Regional Organization (ICFTU-APRO)
Mali	Direction Nationale des Affairs Sociales	**Sudan**	Sudan Workers' Trade Union Federation (SWTUF)
Mauritius	Mauritius Cooperative Union (MCU) Ministry for Cooperative Development	**Tansania**	Cooperative Union of Tansania – CUT
Mexico	Banco Obrero	**Zimbabwe**	Ministry of Lands, Resettlement and Rural Development

Quelle: Zusammenstellung des Autors

52 *Friedrich-Ebert-Stiftung*, Jahresbericht 1983, S. 88.

Kamen zu Beginn der Aktivitäten in den 60er-Jahren noch die meisten Auslandsmitarbeiterinnen und -mitarbeiter aus dem politischen Umfeld der FES, so wurden vom Ende der 70er-Jahre an fast nur noch Hochschulabgänger aus den Fachbereichen Wirtschafts- und Sozialwissenschaften eingestellt. Viele von ihnen hatten ein neunmonatiges berufsorientiertes Postgraduierten-Programm in Entwicklungszusammenarbeit am »Deutschen Institut für Entwicklungspolitik« (DIE) absolviert. Aufgrund der oben genannten »Ein-Mann-Projekte«, die aus Budgetgründen keine zweiten Mitarbeiter in den Projekten zuließen, wurde zur Einarbeitung zukünftiger Projektleiter ein zweijähriges Projektassistentenprogramm ins Leben gerufen, das von da an als Einstieg in die internationale Arbeit der Friedrich-Ebert-Stiftung galt. Viele der Mitarbeiterinnen und Mitarbeiter, die heute führende Positionen für die FES im Inland wie auch im Ausland wahrnehmen, haben ihre »Karrieren« als Projektassistentinnen und -assistenten in einem Wirtschaftsförderungsprojekt der FES begonnen.

Der Referatsleiter und die Referenten, die von der Zentrale in Bonn aus die Auslandsprojekte der FES betreuten, waren vom Beginn der 80er-Jahre an ausnahmslos ehemalige Projektleiter, die im Rahmen einer regelmäßigen Rotation vom Ausland ins Inland gewechselt hatten.

Die bereits angesprochene Notwendigkeit, die »Grundsätze« zu erweitern und zu präzisieren, wurde auf einer zweiten Fachkonferenz Ende 1983 in Harare/Zimbabwe erörtert, wobei die folgenden vier Themenkomplexe im Mittelpunkt der Diskussionen standen[53]:

1. *Das »Erweiterte Wirtschaftsförderungskonzept« der Friedrich-Ebert-Stiftung:*
   Im Kapitel 1 der »Grundsätze«, das dem politischen Referenzrahmen der Förderung gewidmet war, sollte der neue Projekttyp »Consulting« vorgestellt werden.
2. *Direkte Zielgruppenförderung versus Förderung durch Mittler oder Multiplikatoren:*
   In den »Grundsätzen« hieß es: »Erforderlich ist, […] die Förderung an solche Personen zu richten, die im Verhältnis zu den eigentlichen Zielgruppen als Mittler oder Multiplikatoren angesehen werden können.« Für den neuen Projekttyp »Consulting« war dies eher eine Ausnahme.

53 Grundsätze für die Förderung von Selbsthilfeorganisationen – Vorschläge für die Überarbeitung und Ergänzung der Fassung von 1978, undatiert, FES-Hausakte.

3. *Die gewandelten Anforderungen an das Projektmanagement:*
   In den »Grundsätzen« war die Rolle des Auslandsmitarbeiters wie folgt beschrieben: »Der Auslandsmitarbeiter der Stiftung soll sich auf eine beratende Funktion beschränken.« Für die Consultingprojekte passte diese Anforderung nicht mehr, denn der Schwerpunkt der Projekttätigkeit lag im Bereich des Unternehmensmanagements und damit in einer exekutiven Funktion.
4. *Partizipation und Offizialisierung:*
   In den »Grundsätzen« stand zum Komplex »Staat und Selbsthilfeorganisationen«: »Liegt in einem Land eine ausgeprägte Offizialisierung der Selbsthilfeorganisationen vor, so kann Selbsthilfeförderung nur dann über staatliche Organe geleitet werden, wenn schon bei der Projektplanung Freiräume erkennbar sind, die es den Selbsthilfeorganisationen langfristig ermöglichen, sich unbeeinflusst und selbstbestimmt zu entwickeln.« Die Erfahrung der bisherigen Projektarbeit zeigte jedoch, dass die Annahme einer relativen Unabhängigkeit der Partnerorganisationen in ihren Entscheidungen und Handlungen in der Regel als unrealistisch gelten musste.

Die Umsetzung der Konferenzergebnisse erfolgte durch die Erarbeitung und Verabschiedung eines erweiterten Konzeptes zur Wirtschaftsförderung und wurde Bestandteil der »Grundsätze für die Förderung von Selbsthilfeorganisationen«.

Im März 1984 lagen dann die entsprechenden Änderungen der »Grundsätze« in gedruckter Fassung vor. Das Kapitel zum erweiterten Wirtschaftskonzept der Friedrich-Ebert-Stiftung begann mit der Erkenntnis:

> »Die Erfahrungen der letzten Jahre haben gezeigt, dass die klassischen Formen von Selbsthilfeorganisationen (z. B. Genossenschaften) nicht in jedem Fall geeignet waren, den neuen Bedarfssituationen gerecht zu werden, die sich für die Zielgruppen der Friedrich-Ebert-Stiftung aus veränderten wirtschaftlichen und sozialen Bedingungen ergeben haben. [...]«

Und es endete mit der Aussage:

> »[...] Ohne den Schwerpunkt der SHO-Förderung aufzugeben, zielt die Erweiterung des Konzeptes darauf ab, auf Bedarfssituationen zu reagieren und Projektkonstellationen aufzugreifen, die sich für die Zielgruppen der Friedrich-Ebert-Stiftung als einkommens- und beschäftigungswirksam erwiesen, aber nicht notwendigerweise an die Organisationsform einer Selbsthilfeorganisation gebunden sind. In diesem Zusammenhang hat die Friedrich-Ebert-

Stiftung gemeinsam mit verschiedenen Partnerorganisationen in den letzten Jahren neue Projekttypen entwickelt, die entwicklungspolitisch weiterhin Hilfe zur Selbsthilfe leisten, aber als entwicklungspolitische Consultingunternehmen bzw. Wirtschaftsförderungsgesellschaften organisiert sind.«[54]

Das Referat »Genossenschaften und Wirtschaftsförderung« hatte sich mit dieser Konstruktion ein aus der Sicht seiner Mitarbeiterinnen und Mitarbeiter flexibles und effizientes Instrument geschaffen, das unter anderem die Projektfindung sowie die Auswahl der Partner und Zielgruppen wesentlich erleichterte. Erste Erfahrungen mit diesem neuen Projekttyp hatte die Friedrich-Ebert-Stiftung zu diesem Zeitpunkt bereits in Botswana, Chile, Honduras, Portugal und Sambia gesammelt.[55]

4.1 Entwicklungspolitische Consultingunternehmen

Der Trendsetter CONSERA in Portugal

Trendsetter für diesen neuen Arbeitsansatz war das Consultingprojekt in Portugal, das einzige europäische Projekt im Rahmen der Wirtschafts- und Sozialstrukturförderung der Friedrich-Ebert-Stiftung. Ziel des Projekts war es, durch strukturwirksame Maßnahmen den Aufbau partizipatorischer Organisationsformen in Schlüsselbereichen der portugiesischen Wirtschaft zu fördern. Das Projekt sollte in den schwierigen Jahren nach der »Nelkenrevolution« 1974 einen Beitrag zur Stärkung der jungen Demokratie sowie zur wirtschaftlichen und sozialen Entwicklung des Landes leisten.[56]

Die Landwirtschaft Portugals spiegelte zum Zeitpunkt der Revolution wie kaum ein anderer Wirtschaftssektor die Ergebnisse einer über Jahrhunderte konservierten Gesellschafts-, Besitz- und Produktionsstruktur wider. Die nach der Revolution vor allem in Südportugal eingesetzte Welle von Landbesetzungen – sie erfasste mehr als eine Million Hektar zu enteignender Fläche – war daher als spontane Reaktion der Landbevölkerung durchaus verständlich.

Diese Entwicklung wurde jedoch von der Kommunistischen Partei Portugals (Partido Comunista Português – PCP) sehr schnell dazu genutzt, die Landarbeiter in kollektiven Produktionseinheiten, kontrolliert von PCP-ab-

54 *Friedrich-Ebert-Stiftung* (Hg.), Grundsätze, a. a. O., S. 20 a.

55 *Friedrich-Ebert-Stiftung*, Jahresbericht 1983, S. 89.

56 *Manfred Bardeleben*, Neuantrag an das BMZ 1977, Entwurf, undatiert, FES-Hausakte.

hängigen Landarbeitergewerkschaften, zu organisieren. Damit wurden bei gleichen ökonomischen Betriebseinheiten und kaum veränderten Produktionsstrukturen nur neue Abhängigkeiten geschaffen.

Die heftigsten politischen Auseinandersetzungen mit Ausstrahlungen in alle Landesteile fanden in den Agrarreformgebieten der Region Alentejo im Süden des Landes statt. Dieses Gebiet wurde deshalb auf Wunsch des gesellschaftspolitischen Partners der Friedrich-Ebert-Stiftung, der Sozialistischen Partei Portugals (Partido Socialista Português – PSP), als Schwerpunktregion des Projekts ausgewählt.

Die von der PSP geführte Regierung war sich im Klaren darüber, dass die angestrebten Produktivitätssteigerungen und die Umwandlung der kollektiven Produktionseinheiten nicht mit Gewalt durchgesetzt werden konnten. In der gegebenen politischen Situation sollten deshalb die bestehenden Strukturen durch eine beispielhafte Entwicklung in ausgewählten Genossenschaften beeinflusst werden. Dazu wurde im Rahmen des Gesamtansatzes der Friedrich-Ebert-Stiftung in Portugal 1977 die Consulting »Servicoop« mit dem Status einer eingetragenen Genossenschaft gegründet.

Bei der Konzipierung von »Servicoop« stützte sich das Projekt auf weitgehend ehrenamtlich tätige regionale Mitarbeiter (Multiplikatoren). In Portugal gab es wie zu Beginn der Genossenschaftsentwicklung in anderen europäischen Ländern ein starkes ehrenamtliches Element im gesellschaftspolitischen Bereich, und dieses Element wurde zusätzlich verstärkt durch die Politisierung der Genossenschaften. Das Engagement für eine Genossenschaft wurde von den lokalen Mitarbeitern als eine gesellschaftspolitische Aufgabe verstanden. Damit entwickelte sich das Projekt zu einem gelungenen Beispiel für eine im Grenzbereich zwischen sozialstruktureller und gesellschaftspolitischer Hilfe angesiedelte Fördermaßnahme und galt lange Zeit als das gesellschaftspolitisch bedeutendste Vorhaben der FES im Rahmen der Sozialstrukturförderung.[57]

Die zu Projektbeginn gültigen Rahmenbedingungen mit den einschneidenden sozialen und ökonomischen Veränderungen und dem wachsenden Einfluss der PCP auf den Genossenschaftssektor relativierten sich dann allerdings mit Beginn der 80er-Jahre. Die starke Politisierung des Genossenschaftswesens, die in der nachrevolutionären Phase ein Hauptgrund für den Aufbau der Consulting war, hatte sich abgeschwächt. Im Zuge der Ökonomisierung der Genossenschaften nahm jedoch der betriebswirtschaftliche Beratungsbedarf zu. Aus gesellschaftsrechtlichen Gründen wurde deshalb die ursprüngliche Ge-

57 Interview mit Manfred Bardeleben (Leiter des Referates WiSo 1977–1996) am 8. Mai 2007.

nossenschaft »Servicoop« in eine – der PSP nahestehende – Stiftung, die »Fundação Azedo Gneco«[58], eingebunden. Die Consulting erhielt dadurch den Status einer Stiftung portugiesischen Rechts und wurde in »FAG-SERVCOOP« umbenannt. Die Aufgabenstellung von SERVCOOP blieb aber weiterhin die eines Dienstleistungsunternehmens, das für landwirtschaftliche und andere Genossenschaften ein breit gefächertes Beratungs- und Ausbildungsangebot zur Verfügung stellte.[59]

Dazu gehörten:

1. das Angebot von Problemlösungen durch konkrete (betriebswirtschaftlich-technologische) Betriebsberatung;
2. das Formulieren von Entscheidungshilfen für Investitionspläne und Kreditanträge durch Rentabilitätsanalysen und Durchführbarkeitsstudien;
3. die Konzipierung und Durchführung von Ausbildungsprogrammen für Multiplikatoren;
4. die Erstellung und Einsetzung von adäquaten, an den Engpasssituationen der Genossenschaften orientierten Ausbildungsmaterialien für zentrale, regionale und lokale Aktionen.[60]

Zu einem zusätzlichen Problem entwickelte sich die fehlende Legalisierung vieler Genossenschaften, die dadurch kaum Zugang zu Krediten hatten, sodass notwendige Investitionen für den Ankauf von Vieh oder Maschinen und Bewässerungsanlagen zur Intensivierung der Landwirtschaft nicht durchgeführt werden konnten. Die Friedrich-Ebert-Stiftung hatte deshalb bereits 1982 einen revolvierenden Fonds in Höhe von 150.000 DM aufgelegt, der in den Folgejahren mehrfach aufgestockt wurde. Der Fonds versetzte SERVCOOP in die Lage, kurzfristig beispielgebende Vorhaben von Genossenschaften aufzugreifen und zu finanzieren.[61]

Im Verlauf der weiteren Projekttätigkeit und mit der Aufnahme entgeltlicher Leistungsabgaben stellte sich heraus, dass auch die Rechtsform einer Stiftung wegen ihrer Gemeinnützigkeitsbindung nicht mehr den geeigneten juristischen Rahmen bot. Mit dem portugiesischen Partner kam die Friedrich-Ebert-Stiftung deshalb Mitte 1983 überein, dass eine GmbH portugiesischen Rechts die geeignetere Rechtsform für das Consultingprojekt sei.[62] Mit der ebenfalls der PSP nahestehenden Beteiligungsgesellschaft PARSOGAL wurde

58 Azedo Gneco (1849–1911) war 1875 Mitbegründer der PSP.

59 Fortführungsantrag an das BMZ für 1982–1984, FES-Hausakte.

60 Ebd.

61 Antrag an das BMZ vom 30.11.1981, FES-Hausakte.

62 *Alois Große-Rüschkamp/Heinz-Josef Steltemeier*, 1. Halbjahresbericht 1983, FES-Hausakte.

das Unternehmen »CONSERA« (Consultadoria e Serviços de Assistencia Tecnica Agricola, Lda.) gegründet. An dieser Gesellschaft mit beschränkter Haftung war dann mit 51 Prozent der Anteile PARSOGAL und mit 49 Prozent die Friedrich-Ebert-Stiftung beteiligt. Die Gesellschafterversammlung bestand aus dem Geschäftsführer der PARSOGAL und dem Landesvertreter der Friedrich-Ebert-Stiftung in Portugal. Beide Partner verständigten sich darauf, den Projektleiter der Friedrich-Ebert-Stiftung zum Geschäftsführer der GmbH zu ernennen. Die Haftung beider Parteien war auf das Gesellschaftskapital begrenzt, eine Nachschusspflicht bzw. eine weitergehende Haftung der Friedrich-Ebert-Stiftung war per Gesellschaftsvertrag ausgeschlossen.[63]

Die positive wirtschaftliche Entwicklung Portugals in den Folgejahren prägte maßgeblich den weiteren Projektverlauf. Die ursprüngliche Ausrichtung der Aktivitäten auf die Beratung der nach der Revolution gegründeten Produktionsgenossenschaften konnte nicht mehr beibehalten werden, da die meist kleinen Betriebe nicht die notwendigen Kosten für die Beratungsleistungen schultern konnten. Die Idee der ehrenamtlichen Multiplikatoren wurde fallen gelassen. Das Engagement bei der Förderung von Produktionsgenossenschaften im Alentejo musste zwangsläufig abnehmen. 1987 wurde dort nur noch eine Genossenschaft mit etwa 50 Mitgliedern intensiv beraten.[64] Um längerfristig als eine professionelle und nach wirtschaftlichen Kriterien arbeitende Beratungsgesellschaft tätig bleiben zu können, musste CONSERA das Beratungsangebot auch auf größere landwirtschaftliche Betriebe und den Industriesektor ausweiten. Dadurch sollte die notwendige Kostendeckung für die weitere Betreuung kleinerer landwirtschaftlicher und anderer Genossenschaften erwirtschaftet werden. Auf die Problematik dieser Entwicklung und der gewählten Rechtsform wird in einem späteren Kapitel dieser Studie noch ausführlich einzugehen sein.

Im Zuge des Beitritts zur Europäischen Union gewann die Zusammenarbeit mit genossenschaftlichen Zusammenschlüssen wie Einkaufs- und Vermarktungsgenossenschaften noch einmal an Bedeutung. Die Beratungen von CONSERA unter Einsatz bereitstehender EU-Fonds leisteten einen wichtigen Beitrag zum notwendigen Anpassungsprozess von Kleinbetrieben und Kooperativen an die Anforderungen des gemeinsamen Marktes. Ohne die Projektak-

63 Fortführungsantrag an das BMZ für 1985–1987, FES-Hausakte.
64 Fortführungsantrag an das BMZ für 1988–1990, FES-Hausakte.

tivitäten der Friedrich-Ebert-Stiftung wären vielen dieser Betriebe keine Mittel der Europäischen Gemeinschaft gewährt worden.[65]

1993 zog sich die Friedrich-Ebert-Stiftung aus der Geschäftsführung der CONSERA zurück, und Ende 1994 liefen auch die letzten Zuschüsse der FES zu den laufenden Kosten des Consultingunternehmens aus, das von da an vollständig in den Händen der portugiesischen Partner lag.

Das Erfolgsmodell SERCAL in Chile

Ein weiteres und vielleicht das erfolgreichste Consultingprojekt der Friedrich-Ebert-Stiftung war SERCAL, ein Wirtschaftsförderungsprojekt in Chile. Ähnlich wie in Portugal gelang es, aus einer politischen Notwendigkeit heraus und in einer Phase des wirtschaftlichen Niedergangs und der Massenarbeitslosigkeit ein Projekt zu konzipieren, in dem alle bis dahin in der FES entwickelten Instrumente, wie Beratung, Ausbildung und Kapitalversorgung von Betrieben, Genossenschaften und Verbänden sowie die Beeinflussung der nationalen Wirtschaftspolitik, zum Einsatz kamen.

Als Reaktion auf die in den zehn Jahren nach dem Militärputsch vom 11. September 1973 praktizierte neoliberale Wirtschaftspolitik Chiles, die Handwerker und deren Klein- und Mittelbetriebe stark benachteiligte, gründete die Friedrich-Ebert-Stiftung 1983 die Beratungsgesellschaft »Servicios de Consultores Asociados Limitada«, genannt SERCAL. Die Gründung von SERCAL erfolgte auch mit dem Ziel, eine Organisation zu schaffen, die praktische Erfahrungen in der Förderung von kleinen und mittleren Unternehmen sammeln konnte, um diese dann später einer demokratischen Regierung zur Verfügung zu stellen.

SERCAL ermöglichte schon bald einer wachsenden Zahl von Unternehmen aus unterschiedlichen produzierenden Gewerben und dem Dienstleistungssektor den Zugang zu einer effizienten Beratung. Bevorzugt wurden kleine und mittlere Unternehmen, die in Selbstverwaltung betrieben wurden. Einen besonderen Stellenwert nahmen Produktivwerkstätten von Frauen und zum Ende der 80er-Jahre hin auch Unternehmen ein, die von Rückkehrern aus dem Exil gegründet wurden. Letztere verfügten oftmals über im Ausland erworbene Kenntnisse und eine fundierte Ausbildung, mussten aber den Kontakt zum heimischen Markt neu aufbauen.

65 *Astrid Becker*, Jahresbericht 1994 (Projektendbericht), Consultingprojekt CONSERA Portugal, FES-Hausakte.

Die Beratungsleistungen wurden, je nach Finanzkraft des zu beratenden Unternehmens, teils entgeltlich, teils von der FES subventioniert und durch (meist) chilenische Spezialisten angeboten. Bereits in den ersten Jahren erwies sich der Ansatz, kleinen und selbstverwalteten Betrieben und Genossenschaften angepasste Dienstleistungen anzubieten, als sehr erfolgreich, da diesem Sektor von staatlicher Seite kaum Hilfe zuteil wurde. Oft waren diese Betriebe dem informellen urbanen Sektor zuzuordnen, verfügten über eine schwach ausgeprägte unternehmerische Organisation und hatten nur unzureichenden Zugang zu formellen Kredit- und Absatzmärkten. Die oft nur fragmentarisch entwickelten Marktstrukturen mit wenigen dominanten Akteuren, das niedrige Ausbildungsniveau in den kleinen und mittleren Unternehmen, aber auch die Scheu vor einer unübersichtlichen staatlichen Bürokratie machten eine grundlegende Unternehmensberatung in fast allen Betrieben notwendig. Die Einhaltung gewerbe- und umweltrechtlicher Vorschriften, die Zahlung von Abgaben und Steuern und der Verkehr mit den Banken oder anderen Finanzinstitutionen stellten für Handwerker und Kleinunternehmer oft eine unüberwindlich scheinende Barriere dar. Die SERCAL-Experten, die teils selbst aus dem Sektor der Klein- und Mittelbetriebe kamen, waren in der Lage, ein breites Feld dieser unternehmerischen Bedürfnisse abzudecken.

Um den Zugang zu Bankkrediten zu erleichtern, verwaltete SERCAL einen Kreditgarantiefonds, der eine Art Rückversicherung für die Kreditgeber bildete und somit das Kreditrisiko für die Banken verminderte. Der Fonds wurde aus Mitteln der FES von SERCAL in Form von festverzinsten US-Dollar-Bankobligationen bei der »Banco de Desarrollo« eingelegt, die auch die Kredite vergab. Die private Entwicklungsbank »Banco de Desarrollo« war von 1980 bis 1982 auch Teil des Förderprogramms der Friedrich-Ebert-Stiftung in Chile.[66] Die Bereitstellung von Garantien hing von den Chancen der weiteren betrieblichen Entwicklung ab sowie vom Fehlen banküblicher Garantien bei der Kreditantragstellung.

Daneben wurden Weiterbildungsseminare für die betroffenen Unternehmer angeboten, Kurse, die vor allem Methoden zur Erkennung von Problemen im Betrieb vermittelten.

Für SERCAL arbeiteten in den ersten Jahren neben dem von der FES entsandten Projektleiter sechs festangestellte und neun freiberufliche Mitarbeiter.

Mit Beginn des Jahres 1985 wurde zusätzlich eine landwirtschaftliche Beratungsabteilung aufgebaut. SERCAL bot Leistungen an in den Bereichen An-

66 Siehe dazu auch Kapitel 5.2, S. 235 ff.

bauberatung sowie in der Beantragung, Bearbeitung und Überwachung von Produktionskrediten. Zielgruppen der Beratungen waren organisierte Bauerngruppen sowie die Gewerkschaften unabhängiger Bauern. Mit einer lokalen Spar- und Darlehensgenossenschaft unterhielt SERCAL zudem einen gemeinsamen Bürgschaftsfonds, der Kredite im Rahmen der Agrarberatung vergab.

Politisch bedeutsam war auch die Beratung der beiden oppositionellen Tageszeitungen »La Epoca« und »Fortin Mapocho/Taurus« durch SERCAL. Die zwei Zeitungen litten infolge unternehmerischer Fehlleistungen unter einer finanziellen Dauerkrise, waren aber für die Opposition im bevorstehenden Wahlkampf wichtig.

Ein weiteres Aktionsfeld ergab sich von 1988 an durch die einsetzende Politikberatung, mit der SERCAL auf die veränderten politischen Rahmenbedingungen reagierte. SERCAL nahm die Beratung der ihr nahestehenden Oppositionsparteien in Wirtschaftsfragen auf. Im Vordergrund stand dabei die Positionierung des Parteienbündnisses hinsichtlich der Förderung von Klein- und Mittelbetrieben. Es ging um die Frage, welche Rolle dieser Wirtschaftszweig in der zukünftigen Wirtschaftspolitik und -entwicklung realistischerweise spielen könnte. Gleichzeitig verstärkte SERCAL die Kooperation mit den Verbänden der Klein- und Mittelunternehmer mit dem Ziel, deren Verhandlungspositionen gegenüber anderen gesellschaftlichen Kräften zu verbessern. Entscheidend war dabei die Weiterentwicklung dieser Verbände zu Dienstleistungszentralen, die für ihre Mitglieder wichtige Funktionen wahrnehmen konnten.

Darüber hinaus wurde als ein Kommunikationsforum für den Kleingewerbesektor eine zweimonatlich erscheinende Publikation ins Leben gerufen und an Kunden von SERCAL, an Verbände, an Banken und interessierte staatliche und nicht staatliche Organisationen verteilt.

Ende der 80er-Jahre war SERCAL zu einer Institution herangewachsen, die 20 Mitarbeiterinnen und Mitarbeiter beschäftigte und seit Aufnahme ihrer Tätigkeit mehr als 200 Betriebe beraten hatte.

Der Regierungsantritt der neuen, demokratisch gewählten Regierung brachte 1990 auch in wirtschafts- und strukturpolitischer Hinsicht Veränderungen und stellte an SERCAL neue Anforderungen. Die Schwerpunktverlagerungen der Regierung in Richtung auf eine aktive Förderpolitik für kleine und mittlere Unternehmen sowie für andere Projekte benachteiligter Bevölkerungsgruppen machten sich insbesondere in der beginnenden Umstrukturierung der zuständigen staatlichen Institutionen bemerkbar. In Reaktion auf die veränderten politischen Rahmenbedingungen wurde die Unterstützung der neuen Regierung in der Formulierung und Durchführung einer Förderpolitik für den Kleingewerbesektor zu einem systematischen Schwerpunkt des Projekts.

Im Juli 1991 verkündete der chilenische Staatspräsident ein Elf-Punkte-Programm zur Förderung der Klein- und Mittelbetriebe. Im Rahmen dieses Programms wurden vom Wirtschafts- und Planungsministerium umfangreiche Fördermaßnahmen geschaffen, die auf die Beseitigung von Zugangsbarrieren zu formellen Finanzmärkten und die Bereitstellung von Beratungsleistungen abzielten. Zur Koordinierung dieses Regierungsprogramms wurde ein interministerieller Ausschuss auf Staatssekretärsebene eingesetzt, mit dem bisherigen Geschäftsführer von SERCAL als Vorsitzenden.

Am 1. Januar 1991 wurde SERCAL in eine gemeinnützige Stiftung chilenischen Rechts umgewandelt und die Leitung an einheimische Führungskräfte übergeben. Im Direktorium von SERCAL behielt die FES jedoch noch einen der drei Sitze. Vorgesehen war, dass SERCAL mittelfristig kostendeckend arbeitet. Um jedoch eine Konsolidierung des Unternehmens und eine weitgehende interinstitutionelle Übertragung von Förderansatz und Projekterfahrung zu ermöglichen, bezuschusste die FES vorübergehend noch die Verwaltungskosten. Auch der Kreditgarantiefonds wurde Ende 1991 an die SERCAL-Stiftung übergeben. Im gleichen Jahr eröffnete SERCAL zwei Regionalbüros, in Valparaiso und Talca.

1993 schloss die FES mit SERCAL ein letztes Kooperationsabkommen, das 1996 endete. Dieses sah einen abnehmenden Beitrag zur Kernfinanzierung bei gleichzeitiger Teilaufstockung der Programmfinanzierung vor, was der FES unter anderem eine zielorientierte Lenkung ihres Mitteleinsatzes ermöglichte.

Im letzten Jahr der Förderung (1996) hatte SERCAL dann seine finanzielle Unabhängigkeit von der FES durch eine Vielzahl anderer nationaler und internationaler Finanzierungsquellen erlangt. FES und SERCAL vereinbarten jedoch, auch weiterhin Projekte von entwicklungspolitischer Relevanz gemeinsam durchzuführen, wenn sie entweder prinzipiell nicht oder noch nicht am Markt refinanzierbar sind.[67]

***

67 Information von Andreas Wille (Projektassistent Chile 2005–2007). Vgl. auch *Andreas Wille*, Nicht nur in guten, sondern auch in dunklen Zeiten – 40 Jahre Arbeit der Friedrich-Ebert-Stiftung in Chile für Demokratie und soziale Teilhabe, in: *Andreas Wille/Klaus-Peter Treydte/Volker Vinnai*, Die Arbeit der Friedrich-Ebert-Stiftung in wichtigen Schwellenländern. Chile, Indien und Südafrika, S. 42-43.

Entsprechend den erweiterten »Grundsätzen« von 1984 war der »neue« Consultingansatz ursprünglich nur als eine Ergänzung zu den bisherigen Instrumenten gedacht, doch es zeigte sich schon bald, dass »Consulting« das gängige Modell in der Wirtschaftsförderung der Friedrich-Ebert-Stiftung wurde. Für die Arbeit der FES im Bereich der Wirtschafts- und Sozialstrukturförderung bedeutete diese Entwicklung und Erweiterung der Aktivitäten jedoch auch, dass es zunehmend schwieriger wurde, ein eigenes und unverwechselbares Profil gegenüber anderen Akteuren in diesem Arbeitsfeld zu bewahren.

4.2 Einkommens- und beschäftigungswirksame Maßnahmen – Die neue Zielgruppe: Klein- und Mittelbetriebe

Parallel zur Reduzierung der klassischen Genossenschaftsprojekte hatte sich als ein neues Betätigungsfeld der Friedrich-Ebert-Stiftung mehr und mehr der kleingewerbliche und kleinindustrielle Sektor herauskristallisiert. Etwas undifferenziert wurden neben dem Begriff Klein- und Mittelbetriebe auch die Bezeichnungen Klein- und Mittelindustrie (KMI) oder Klein- und Mittelunternehmen (KMU) benutzt. In diesem Sektor sollten die Wettbewerbsfähigkeit gestärkt, kostengünstige Arbeitsplätze geschaffen, ein Beitrag zur Versorgung kaufkraftschwacher Bevölkerungsgruppen mit billigen Verbrauchsgütern geleistet und in der Produktion – wo immer möglich – lokale Rohstoffe verwendet werden. Gefördert werden sollten kleine und mittlere Einzelbetriebe und deren Verbände.

Die in der Projektpraxis geförderten Betriebe zählten selten mehr als 50 Beschäftigte. Häufig waren sie jedoch wesentlich kleiner. Eine Erhebung in allen 1987 und 1988 durch die FES geförderten landwirtschaftlichen und gewerblichen Produktionsbetrieben ergab für die knapp 600 privaten Einzelbetriebe in 13 Ländern eine durchschnittliche Beschäftigungszahl von neun Personen. Bei den mehr als 400 Gemeinschaftsbetrieben (Genossenschaften und selbstverwaltete Unternehmen) betrug die Zahl durchschnittlich 27 Beschäftigte.[68]

---

68 *Hubert René Schillinger/Erwin Schweißhelm* (Hg.), Manual Finanzierung, Friedrich-Ebert-Stiftung, Bonn, Februar 1990, S. 7.

Projektbeispiel Botswana[69]

Erste Erfahrungen mit der Förderung von Klein- und Mittelbetrieben sammelte die Friedrich-Ebert-Stiftung in dem bereits erwähnten Projekt zur Ausbildung von Dorfhandwerkern in Kenia. Ein weit größeres Vorhaben in diesem Arbeitsbereich begann nur kurze Zeit später in Botswana, einem Land, das neben der traditionellen Viehwirtschaft keine nennenswerte Landwirtschaft kannte, von großer Armut und Arbeitslosigkeit geprägt war und deshalb in der ländlichen Entwicklung ganz andere Ansätze benötigte.

Anfang 1975 gründete die Friedrich-Ebert-Stiftung gemeinsam mit der botswanischen Regierung eine privatwirtschaftliche Firma, das »Rural Industries Innovation Center« (RIIC), und später, Mitte 1977, zusätzlich die »Southern Rural Development Association« (SRDA). Als ländlicher Standort wurde Kanye, 80 km südwestlich der Hauptstadt Gaborone, gewählt. Kanye war Wahlkreis und Wohnort des Generalsekretärs der Regierungspartei, der Botswana Democratic Party (BDP), und späteren Staatspräsidenten, Quett K. J. Masire.

Das RIIC sollte einfache, angepasste Produktionstechnologien entwickeln und gleichzeitig Fachkräfte im Umgang mit diesen anlernen. Ausbildungsgänge für Schreiner, Maurer und Schlosser sowie die dazugehörigen Werkstätten gaben schon bald 20 Menschen Arbeit. Die Ausbildung wurde mit regulären staatlichen Prüfungszertifikaten abgeschlossen.

Das Ziel der SRDA war, Arbeitsplätze zu schaffen, dafür lebensfähige kleine Betriebe zu gründen und diese auch selbst zu führen. In den folgenden Jahren begann eine Vielzahl von unternehmerischen Aktivitäten, so zum Beispiel:

- eine Baufirma, die zeitweilig bis zu 90 Personen beschäftigte und kleine Teams im Häuserbau ausbildete. Sie baute in Kanye und Umgebung erfolgreich sowohl private Wohnungen als auch öffentliche Gebäude (z. B. Schulen);
- der Abbau von Schiefer und dessen Verarbeitung zu Dachschindeln und Bodenbelägen;
- die Gewinnung von Mangan und Oxiden aus dem Abraum einer stillgelegten Asbestmine, von wo auch die Rohstoffe für eine Kalkbrennerei stammten;
- ein Lebensmittelgroßhandel.

Bereits zwei Jahre nach der Gründung hatte die SRDA fast 100 bezahlte Mitarbeiter. Hinzu kamen 12–14 kleine Betriebe im Umkreis von Kanye, die ih-

69 Alle Angaben aus der »Chronologie der Arbeit der Friedrich-Ebert-Stiftung in Botswana 1973 bis 2004«, FES-Hausakte.

rerseits oft 20–40 Personen Beschäftigung gaben. Insgesamt hatte das Projekt mehrere Hundert Arbeitsplätze bzw. Einkommensmöglichkeiten geschaffen und damit eine spürbare Verbesserung der wirtschaftlichen und sozialen Situation im Gebiet Kanye erreicht. Das Projekt erwirtschaftete einen beträchtlichen Umsatz, aus dem es sich zu einem guten Teil selbst finanzierte, der aber leider nie ausreichte, um kostendeckend zu arbeiten. Deshalb ließ die FES Mitte 1989 die Wirtschaftlichkeit der einzelnen Produktionsbetriebe einschließlich einer 1983 angeschafften, groß dimensionierten Anlage zur Produktion von Steinschotter überprüfen und kam dabei zu ernüchternden Ergebnissen: Praktisch alle Betriebe waren unter den gegebenen schwierigen Standortbedingungen betriebswirtschaftlich nicht wettbewerbsfähig. Zudem waren die meisten Produkte auch qualitativ nicht marktfähig.

Entwicklungspolitisch war die Förderung kleingewerblicher Betriebe im ländlichen Raum Botswanas sicher erstrebenswert, im Standortkontext der Projektregion und aufgrund der Konkurrenz durch preisgünstigere südafrikanische Produkte hätte man dafür aber eine dauerhafte Subventionierung in Kauf nehmen müssen. Als Konsequenz daraus beschloss die FES Anfang 1991, sich schrittweise aus der Finanzierung des RIIC und der SRDA zurückzuziehen und die Betriebe »sozialverträglich« zu schließen oder an die Betreiber zu übergeben.

Im Gegensatz zur SRDA ist das RIIC auch heute noch aktiv und konzentriert sich nach wie vor auf die Entwicklung einfacher, dem Lande angepasster Technologien. So berichtete der »Botswana Guardian« im Juni 2007 über die dortige Entwicklung neuer landwirtschaftlicher Geräte zur Herstellung und Mischung von Viehfutter sowie über die Konstruktion von Kläranlagen für industrielle und private Abwässer, die, wenn sie gereinigt sind, zum Bewässern in der Landwirtschaft genutzt werden können. Sobald ein Gerät erfolgreich getestet ist, wird es zur kommerziellen Produktion zwar nicht mehr an die SRDA, aber an private Handwerksbetriebe weitergegeben – ganz im Sinne der ursprünglichen Projektkonzeption.[70]

70 Botswana Guardian, Gaborone/Botswana, 15. Juni 2007.

4.3 Frauen in Wirtschaftsförderungsprojekten

Im April 1977 nahm die FES eine erste Bestandsaufnahme der Frauenförderung im Bereich des Referates »Genossenschaften und ländliche Entwicklung« vor. Es gab zu diesem Zeitpunkt keine Projekte, die ausschließlich der Frauenarbeit gewidmet waren, doch gab es Maßnahmen, die mehrheitlich Frauen als Teilnehmerinnen in ihren Programmen hatten, so zum Beispiel in Kenia, Madagaskar, Mali oder Indonesien.[71]

Ende der 80er-Jahre wurde dann erstmals ein Gutachten über die Bedeutung von Frauenförderung in Wirtschaftsförderungsprojekten der Friedrich-Ebert-Stiftung erstellt. Als Frauenförderung wurden darin alle Maßnahmen bezeichnet, die auf eine Verbesserung des sozialökonomischen Status der Frau abzielten, Diskriminierung abbauten, die politische Partizipation von Frauen stärkten und ihre Rechte anerkannten.

Die Fragebogenauswertung ergab, dass im Zeitraum 1987/88 Frauen mit einem Anteil von etwa 20 Prozent an den Projekten des Referates »Genossenschaften und Wirtschaftsförderung« beteiligt waren. Die Bereiche, in denen Frauen gefördert wurden, betrafen vor allem die Aus- und Weiterbildung und das Kreditwesen, wobei der Anteil der Frauenförderung im Kreditwesen sogar noch etwas höher lag: bei fast 25 Prozent.[72] So wurden zum Beispiel:

- im Consultingprojekt Costa Rica zwei Kaffeegenossenschaften beraten, die nur weibliche Mitglieder hatten;
- in Tansania eine Vielzahl von Genossenschaften gefördert, in denen Frauen Schlüsselpositionen im Management besetzten;
- in Guatemala Spar- und Kreditgenossenschaften unterstützt, deren Mitglieder zu einem großen Teil Frauen waren;
- in Mosambik im Rahmen des Consultingprojekts GAPI landwirtschaftliche Genossenschaften mit einem Frauenanteil von mehr als 95 Prozent gefördert.[73]

Im Verlauf der Diskussion über die Ergebnisse des Gutachtens wurden Elemente für ein Konzept zur Aufnahme der Frauenförderung in bestehende und zukünftige Projekte ausgearbeitet, und zwar mit dem Ziel, eine stärkere

71 Vermerk von *Manfred Bardeleben*, Betr.: Bildungsarbeit für Frauen in unseren Projekten, 6. April 1977, FES-Hausakte.

72 *Margareth Hammer*, Bestandsaufnahme der Frauenförderung in Projekten des Referats Genossenschaften und Wirtschaftsförderung der Friedrich-Ebert-Stiftung, Gutachten, o. O., Dezember 1988, S. 29.

73 Ebd. S. 8.

Akzentuierung der Frauenförderung in den Projekten sowie eine Sensibilisierung für dieses Thema innerhalb der Friedrich-Ebert-Stiftung zu erreichen. Da Frauen in den »Grundsätzen zur Förderung von Selbsthilfeorganisationen« nicht explizit erwähnt wurden, hielten die Mitarbeiterinnen und Mitarbeiter die Erstellung eines speziellen Kapitels zur Frauenförderung für dringend notwendig und geboten.[74] Dazu kam es zwar nicht, doch viele der vorgeschlagenen Schritte fanden später Eingang in die sogenannten »Leitlinien in der internationalen Entwicklungszusammenarbeit der Friedrich-Ebert-Stiftung zur Förderung von Frauen«.[75]

Als ein weiteres Ergebnis des Gutachtens initiierte das Referat »Wirtschafts- und Sozialentwicklung« drei Projekte, die sich speziell an Frauen als Zielgruppe richteten:

- Förderung von Selbsthilfemaßnahmen benachteiligter Bevölkerungsgruppen in Indien (1989–1997)[76];
- Förderung von Selbsthilfemaßnahmen von Frauen in Thailand (1992–1998);
- Verbesserung der wirtschaftlichen und sozialen Sicherung von Frauen in Tansania (1993–1996).

Doch im gleichen Maß, wie die frauenbezogenen Aktivitäten an Umfang zunahmen und die Frauenförderung an Bedeutung gewann, wurden die Schwächen dieses Frauenförderungskonzeptes offenkundig: Die Frauenförderungsprogramme beabsichtigten vorrangig eine wirtschaftliche Verbesserung der Situation von Frauen, trugen aber wenig dazu bei, die gesellschaftlichen Strukturen zu verändern. Die Verbesserung der Lebens- und Arbeitssituationen von Frauen führte oftmals nur dazu, dass Frauen noch stärker die Lasten der Entwicklung tragen mussten, ohne dass ihnen damit mehr Mitsprache bei der aktiven Gestaltung ihrer Gesellschaft zuerkannt wurde. In der Entwicklungszusammenarbeit der Friedrich-Ebert-Stiftung setzte sich deshalb die Erkenntnis durch, dass Frauenförderung sich nicht ausschließlich auf Frauen konzentrieren darf, sondern auch und vorrangig auf die Veränderungen von gesellschaftlichen Strukturen hinwirken muss, allen voran auf die Veränderung von gesellschaftlichen Rollenstrukturen zwischen Mann und Frau.[77]

---

74 Abschlussbericht der Fachkonferenz des Referates Genossenschaften und Wirtschaftsförderung in der Internationalen Abteilung der Friedrich-Ebert-Stiftung vom 9. bis 15.10.1988 in Bergneustadt und Bonn, FES-Hausakte, S. 67.

75 Siehe dazu: >http://www.fes.de/interntl/gender/ger/ta.html<, 16.8.2010.

76 Siehe dazu auch Kapitel 7.3, S. 265 ff.

77 *Quyen Vu-Thüsing*, Entwurf für eine Gender-Broschüre, 9.3.2001, FES-Hausakte.

5 Kapitalversorgung für Klein- und Mittelbetriebe

5.1 Finanzierungsinstrumente in der Wirtschaftsförderung

Bei der Förderung kleiner und mittlerer Unternehmen zeigte sich häufig, dass die Instrumente »Beratung« und »Ausbildung« für die weitere Entwicklung nicht ausreichend waren, weil die wirtschaftlich schwachen Betriebe das erforderliche Kapital für die Umsetzung der Beratungsinhalte nicht aufbringen konnten, sei es aus Mangel an Eigenkapital, sei es aufgrund des fehlenden Zugangs zum formalen Bankensystem im Lande. Die Kapitalversorgung wurde somit zu einem wichtigen, komplementären Förderinstrument, und in den Projekten wurden zunehmend mehr und mehr Finanzierungsinstrumente eingesetzt, zum Beispiel revolvierende Kreditfonds, Kreditgarantiesysteme, Ausfallbürgschaftssysteme oder auch die Kapitalbeteiligung. Diese Instrumente sollten nicht nur akute Finanzierungsprobleme im Projektumfeld lösen, sondern auch durch eine entsprechende Verankerung im nationalen Bankensystem die Lücke zwischen Banken und Kleinbetrieben auf Dauer und über das eigentliche Projekt hinaus schließen.[78] Die wichtigsten Finanzierungsinstrumente waren:

- *Revolvierende Kreditfonds*, aus denen Kredite an die Zielgruppe vergeben und deren Rückzahlung dann wieder dem Fonds zugeleitet wurden;
- *Kreditgarantiefonds*, aus denen zugunsten von Kreditnehmern Garantien gegenüber einer kreditgebenden Institution abgegeben wurden;
- *Kreditgarantiegemeinschaften* zur gemeinschaftlichen Abgabe einer Bürgschaft für einen Kreditantragssteller gegenüber der kreditgebenden Institution;
- *Kapitalbeteiligungen* zur Gründung von Consultingfirmen, von nationalen Kapitalbeteiligungsgesellschaften und von Trägerstrukturen für Bürgschaftssysteme;
- *Kapitalbeteiligungsgesellschaften*, bei denen sich die FES indirekt auch am Stammkapital der zu fördernden Kleinbetriebe beteiligte.[79]

In der zweiten Hälfte der 80er-Jahre hatten fast alle Wirtschaftsförderungsprojekte der Friedrich-Ebert-Stiftung eine Finanzierungskomponente. Ein nicht zu übersehender Grund dafür waren gewiss auch die reichlich vorhandenen Fördermittel, die durch die Auflage eines Fonds viel zügiger abfließen konnten,

78 *Hubert René Schillinger/Erwin Schweißhelm* (Hg.), Manual Finanzierung, a. a. O., S. V.

79 Ebd. S. 47 ff.

verglichen mit der Durchführung von kleinen Beratungs- und Fortbildungsmaßnahmen.

Zwar wurde der Kreditgarantiefonds als das geeignetste Finanzierungsinstrument gesehen, doch das am häufigsten genutzte war der revolvierende Kreditfonds. Träger der revolvierenden Kreditfonds waren in den meisten Fällen die Partnerorganisationen oder Consultings selbst, sodass der Verwaltungsaufwand relativ begrenzt blieb und viele der notwendigen Entscheidungen im unmittelbaren Umfeld des Projekts getroffen werden konnten. Die finanzielle Größenordnung dieser Fonds lag in den meisten Fällen zwischen 100.000 und 200.000 DM. So wurde zum Beispiel 1986 in Costa Rica in einem Projekt zur Förderung und Konsolidierung gemeinschaftlicher, meist genossenschaftlicher Produktions- und Vermarktungsorganisationen ein revolvierender Kreditfonds in Höhe von 140.000 DM für Arbeitskapital- und Überbrückungskredite eingerichtet. Aus ihm wurden Kredite an Genossenschaften und andere Klein- und Mittelbetriebe vergeben, damit sie bei den nationalen Banken laufende Kreditanträge überbrücken konnten.[80]

Aber auch mit viel geringeren Summen ließen sich entwicklungspolitische Erfolge erzielen. So zum Beispiel 1992 in einem »sozialstrukturwirksamen Kleinprojekt« in Sri Lanka, in dem in Zusammenarbeit zwischen der »Seylan Bank«, der »Lanka Agriculturalists' Association« und der Friedrich-Ebert-Stiftung jeweils 25 Jugendliche mit Krediten versorgt werden konnten, die es ihnen ermöglichten, eine kleine Milch- und Viehwirtschaft zu betreiben. Der Kredit war rückzahlbar in 36 Monatsraten, was bedeutete, dass dann eine nächste Gruppe von wiederum 25 Personen ausgewählt werden konnte. Dadurch wurden Arbeits- und Ausbildungsmöglichkeiten in einem ländlichen Gebiet angeboten, das eine extrem hohe Arbeitslosigkeit von bis zu 65 Prozent unter Jugendlichen auswies. Die FES stellte 75 Prozent des Gesamtkapitals des Fonds in Höhe von etwa 10.000 DM bereit. Den Rest sowie die Administration übernahm die Bank. Die »Lanka Agriculturalists' Association« kümmerte sich um die Organisation, Betreuung und Auswahl der Projektteilnehmerinnen und -teilnehmer. Die Kühe, die noch heute in den Teeplantagen rund um den Ort Nurwara Eliya im Hochland östlich der Hauptstadt Colombo weiden, sind ein lebender Beweis für den Erfolg dieses Projekts.[81]

80 *Friedrich-Ebert-Stiftung*, Jahresbericht 1987, S. 68.

81 Projektinformation zum Antrag für ein sozialstrukturwirksames Kleinprojekt 1992, FES-Hausakte, sowie Information von Beate Bartoldus (Landesvertreterin Sri Lanka 1993–1997 und Leiterin des Referates Asien und Pazifik 1999–2009).

Mit Beginn der 90er-Jahre trat die Kapitalversorgung, bedingt durch neue Ansätze und geringere finanzielle Mittel, wieder stärker in den Hintergrund. Die erste mit diesen Fonds verfolgte Zielsetzung, nämlich die kurzfristige und räumlich begrenzte Kapitalversorgung von Genossenschaften sowie Klein- und Mittelbetrieben, konnte überwiegend erreicht werden. Anders sieht es bei dem zweiten Ziel aus, der Werterhaltung und der Verankerung solcher Finanzierungsinstrumente im nationalen Bankensystem zur dauerhaften Schließung der Lücke zwischen Banken und Kleinbetrieben. Nahezu alle Fonds litten schon bald unter Auszehrung und Substanzverlust. Die Gründe dafür waren vielfältig. Nicht zuletzt zeigte sich, dass weder die Friedrich-Ebert-Stiftung noch die Partnerorganisationen über Qualifikationen verfügten, ein professionelles Fondsmanagement sicherzustellen.[82]

5.2 Aufbau von spezialisierten Finanzinstituten

Während revolvierende Fonds und Kreditgarantiefonds immer nur komplementäre Instrumente waren, standen Kapitalbeteiligungen meistens im Zentrum der Projektarbeit. Vier derartige Ansätze, die alle zu den größten Einzelvorhaben im Rahmen der Wirtschaftsförderung der Friedrich-Ebert-Stiftung zählten, sollen im Folgenden vorgestellt werden:

1. Unterstützung von Selbsthilfemaßnahmen fortschrittlicher gesellschaftlicher Gruppierungen in Chile durch Sozialstrukturmaßnahmen (FINTESA);
2. Förderung von Kreditgarantiegemeinschaften in Kenia (SEFCO);
3. Wirtschaftsberatung in Sambia (SEP);
4. Consulting für kleinindustrielle Vorhaben und Agrarberatung in Mosambik (GAPI).

Projektbeispiel Chile (Unterstützung von Selbsthilfemaßnahmen fortschrittlicher gesellschaftlicher Gruppierungen durch Sozialstrukturmaßnahmen, FINTESA)

Erste Erfahrungen mit Kapitalbeteiligungen sammelte die Friedrich-Ebert-Stiftung mit der Finanzierungsgesellschaft FINTESA in Chile.

---

82 Dokumentation der Fachkonferenz des Referates Wirtschafts- und Sozialentwicklung, *FES-Hanoi* 1993, FES-Hausakte, S. 48.

In der politisch und wirtschaftlich schwierigen Situation Chiles Ende der 70er-Jahre bat der chilenische Kardinal Raúl Silva Henríquez die Friedrich-Ebert-Stiftung um Unterstützung bei der Förderung von Selbsthilfeeinrichtungen im Kleingewerbe und in der Landwirtschaft. Im Gegensatz zu vielen anderen katholischen Bischöfen und Priestern in Chile galt Kardinal Henríquez als ein offener Gegner der Militärregierung, was die FES dazu ermunterte, der Bitte zu entsprechen und nach einem institutionellen Partner zu suchen.

So wurde die Friedrich-Ebert-Stiftung 1980 Gesellschafterin der »Sociedad Financiera de Interés Social S. A.« (FINTESA), deren Hauptaktionär zu diesem Zeitpunkt die katholische Stiftung »Fundación para el Desarrollo« war. In der »Fundación« hatten sich landwirtschaftliche Genossenschaften und in Arbeitnehmerverwaltung befindliche Unternehmen zusammengeschlossen. Die Finanzaktiengesellschaft FINTESA hatte den Auftrag, den Genossenschaften und selbstverwalteten Betrieben der »Fundación«, aber auch externen Selbsthilfeeinrichtungen den Zugang zum Kreditmarkt zu akzeptablen Bedingungen zu eröffnen. Die FES erwarb an FINTESA eine Kapitalbeteiligung von 40 Prozent – etwa 1,9 Mio. US-Dollar –, war im Direktorium vertreten und an der Steuerung der Aktiengesellschaft beteiligt. Doch bereits Mitte 1982 stieg die Friedrich-Ebert-Stiftung wieder aus dem Unternehmen aus.[83]

Die Gründe für das frühzeitige Ausscheiden lagen vor allem im rechtlichen Bereich. Das Unternehmen geriet 1981 in wirtschaftliche Schwierigkeiten. Dies lag zum einen an der Besonderheit der Kundschaft von FINTESA, zum anderen an Manipulationen bei der Kreditvergabe durch die Miteigentümer sowie an mindestens einem kriminell bedingten Totalverlust eines Großkredits. Um zivil- und strafrechtliche Risiken für den Mitarbeiter der Friedrich-Ebert-Stiftung vor Ort auszuschließen, übergab die FES am 30. Juni 1982 ihre Anteile an die »Fundación para el Desarrollo«.[84]

Aus der relativ kurzen Zusammenarbeit der FES mit FINTESA entwickelte sich später das Consultingprojekt SERCAL, das bereits oben ausführlich beschrieben wurde.

Für die damalige Zeit völlig unerwartet, griff die Regierung der FINTESA Ende des Jahres 1982 unter die Arme, und die »Fundación para el Desarrollo«, die mittlerweile alleinige Aktionärin war, konnte mit der »Financiera Latino-

83 Information von Andeas Wille. Vgl. auch *Andreas Wille*, Nicht nur in guten, sondern auch in dunklen Zeiten, a. a. O., S. 41-42.

84 Vermerk *Ernst J. Kerbusch* vom 13.10.1981 und Vermerk *Marion Bernitt* vom 6.4.1982, FES-Hausakten.

americana de Desarrollo« und der »Banco Empresario de Fomento« zu einer Kreditgesellschaft fusionieren, die allen Chilenen bis heute ein Begriff ist: die »Banco de Desarrollo«, die siebtgrößte Bank Chiles.

Die Ziele, die der 1999 verstorbene Kardinal Raúl Silva Henríquez bei der Gründung von FINTESA verfolgt hatte, prägen bis heute das Selbstverständnis der »Banco del Desarrollo«. Mit ihrer Arbeit beweist die Bank, dass auch eine private Entwicklungsbank erfolgreich sein kann. Sie ist bis heute eine der wenigen Finanzierungsquellen und Beratungsinstitutionen für kleine und mittlere Unternehmen in Chile.[85]

Projektbeispiel Kenia (Förderung von Kreditgarantiegemeinschaften, SEFCO)

In Kenia beteiligte sich die Friedrich-Ebert-Stiftung 1983 an der Gründung der Entwicklungsbank SEFCO (Small Enterprises Finance Company) sowie am Aufbau eines zweistufigen Kreditgarantiesystems zur Förderung des formalen Kreditzugangs von Kleinunternehmen und Handwerksbetrieben. Die weiteren Gesellschafter waren die »Development Finance Company of Kenya«, die »Netherlands Finance Company for Developing Countries«, die »Industrial Commercial Development Corporation of Kenya« und später auch die »Deutsche Investitions- und Entwicklungsgesellschaft« (DEG).

Vereinbart wurde eine Beteiligung der FES am Gesellschaftskapital von SEFCO in Höhe von 1,2 Mio. Keniaschillingen (etwa 240.000 DM), ein Betrag, der gleichzeitig den Kreditgarantiefonds bildete. Die »Kunden« des Projektes waren Kleinhandwerker. Sie schlossen sich zu Kreditgarantiegemeinschaften zusammen und zahlten jedes Jahr einen festgelegten Betrag in den Garantiefonds ein. Die FES verdoppelte dann diese Summe durch ein Darlehen, und SEFCO erhöhte den erreichten Betrag noch einmal, sodass die zur Verfügung stehende Kreditsumme etwa das Fünffache betrug. Parallel dazu führte die FES ein der Klientel angepasstes Betriebsberatungsprogramm ein und übernahm in den ersten vier Jahren die Gemeinkosten der Kreditgarantiegemeinschaften; nach Ablauf dieser Zeit sollten die laufenden Kosten durch Zinserträge gedeckt werden.[86]

---

85 Information von Andreas Wille. Vgl. auch *Andreas Wille*, Nicht nur in guten, sondern auch in dunklen Zeiten, a. a. O., S. 42.

86 *Friedrich-Ebert-Stiftung*, Jahresbericht 1985, S. 70 ff.

Im Dezember 1990 existierten 16 solcher Kreditgarantiegemeinschaften mit 350 Mitgliedern und etwa 1.400 Beschäftigten.[87]

1991 beendete die Friedrich-Ebert-Stiftung ihre aktive Mitarbeit in SEFCO, blieb aber Mitglied im Vorstand des Unternehmens. Mit dem Rückzug der FES aus dem unmittelbaren Tagesgeschäft bewegte sich SEFCO allerdings immer weiter weg vom ursprünglichen Kundenkreis aus dem informellen Sektor hin zu einer Bank für kleine und mittlere formale Unternehmen. Auch erfüllte SEFCO nicht mehr alle vertraglichen Verpflichtungen, zum Beispiel die Verwendung der Zinserträge aus den Einlagen der internationalen Geldgeber zugunsten der Kleinunternehmen und Handwerksbetriebe. Aus Sicht des SEFCO-Managements hatte dieser Ansatz keine Zukunft, vor allem wegen der hohen administrativen Kosten. Die damit begründete Reduzierung des Personals führte zwangsläufig dazu, dass Kredite häufig nicht mehr zurückgezahlt wurden. Außerdem fand das SEFCO-Management das »NGO-Image« von SEFCO unpassend für eine Finanzinstitution, die auf der Suche nach größeren und profitableren Kunden war.[88] Ende 1995 beendete die Friedrich-Ebert-Stiftung deshalb ihre Zusammenarbeit mit SEFCO, mit dem Ergebnis, dass die Partner das Vorhaben gänzlich einstellten.[89]

Rückwirkend muss die Konzeption des Projekts kritisch gesehen werden. Für private Banken wie SEFCO waren Kleinkredite unattraktiv, denn der Verwaltungsaufwand war im Vergleich zu größeren Krediten relativ hoch. Zwar wurden Handwerker aus dem informellen Sektor durch das Projekt kreditwürdig, doch der erwähnte Kostenaspekt bei den Banken, der Kleinkredite unattraktiv macht, wurde zu sehr vernachlässigt.[90]

Dennoch wurde der Ansatz in den Folgejahren von einer Reihe von Finanzinstitutionen in Kenia mit Erfolg kopiert, dazu gehörten der »Kenya Women's Finance Trust«, die »Equity Bank« und eine Reihe von Mikrofinanzinstitutionen. Der entscheidende Unterschied zum Projekt der Friedrich-Ebert-Stiftung bestand allerdings darin, dass es sich dabei um Organisationen handelte, die professionell arbeiteten und ausschließlich Finanzdienstleistungen offerierten.[91] Auch die im Rahmen von SEFCO aufgebauten Kreditgaran-

87 *Philip English/Georges Hénault* (Hg.), AGENTS OF CHANGE, Studies on the Policy Environment for Small Enterprise in Africa, Part IV. Financial Services, IDRC/ITDG Publishing, Ottawa 1995, S. 187 ff.

88 Information von Hans Seybold (Projektleiter und Landesvertreter Kenia 1986–1991).

89 Chronik der Arbeit der Friedrich-Ebert-Stiftung in Kenia, Stand Juli 2006, FES-Hausakte.

90 Ebd. sowie Information von Hans Seybold.

91 Information von Fritz Kopsieker (Landesvertreter Kenia 2004–2007).

tiegemeinschaften wurden von einer durch Weltbank und andere Geber geförderten Mikrofinanzinstitution, dem »Kenya Rural Enterprise Programme«, übernommen und erfolgreich weitergeführt.[92]

Projektbeispiel Sambia (Wirtschaftsberatung, SEP)

Seit 1982 engagierte sich die Friedrich-Ebert-Stiftung beim Aufbau von Kleinbetrieben in Sambia. Ende 1982 wurde gemeinsam mit der »Development Bank of Zambia« (DBZ) eine Entwicklungsgesellschaft zur Förderung von Kleingewerbebetrieben gegründet, die »Small Scale Enterprise Promotion Ltd.« (SEP), an deren Kapital die DBZ 25 Prozent der Anteile hielt, die Friedrich-Ebert-Stiftung 75 Prozent (etwa 850.000 DM).

Für den Auf- und Ausbau einer kleingewerblichen Produktionsstruktur setzte diese Entwicklungsgesellschaft ein ganzes Bündel von Fördermaßnahmen ein. Neben der Beteiligung an der Gründung oder der Erweiterung von Kleinunternehmen betrieb die SEP eine intensive Betriebsberatung durch einen Management- und Buchführungsservice. Darüber hinaus leistete die SEP Unterstützung bei der Beschaffung von Maschinen und Ausrüstungen, die zum Teil von der FES zollfrei eingeführt wurden, was nicht unumstritten blieb. Eine aktive Informations- und Motivationsarbeit führte schon bald zu intensiven Kontakten mit einer Reihe von interessierten Kleinunternehmern und Handwerkern, aus denen sich dann die ersten Kooperationsprojekte entwickelten. Bis Ende 1983 hatten sich bereits fünf Beteiligungsgesellschaften von lokalen Kleinunternehmern und der SEP gebildet. Die Arbeit der Entwicklungsgesellschaft konzentrierte sich auf Kleinunternehmen des formellen Wirtschaftssektors, insbesondere in den wirtschaftlich aktiven Zonen Sambias. 1986 konnten in 17 Beteiligungsgesellschaften schon 130 neue Arbeitsplätze gezählt werden. Die Produkte waren Mehl, Speiseöl, Seife, Spiegel, Schuhe, Kinderkleidung, Schuhcreme, Handtaschen und Werkzeugstiele. Die durchschnittlichen Investitionskosten betrugen nur etwa ein Fünftel derjenigen in den größeren Industriebetrieben in Sambia.[93]

1986 löste die Development Bank of Zambia ihre Kleinindustrieabteilung auf und transferierte alle Investitions- und Kreditaktivitäten für Kleinbetriebe an SEP. Die dafür benötigten Refinanzierungsmittel erhielt die SEP durch lang-

92 Sachbericht zum Schlussverwendungsnachweis des Projektes, Kenia 1995–1997, FES-Hausakte.

93 *Friedrich-Ebert-Stiftung* (Hg.), Hilfe zur Selbsthilfe, Förderung von Kleingewerbe, Handwerk und Genossenschaften in der Dritten Welt, Bonn 1986, S. 15.

fristige »weiche« Kredite der niederländischen Entwicklungsbank FMO sowie von der Europäischen Gemeinschaft. Für diese Kredite garantierte die sambische Regierung. Durch eine Kapitalerhöhung reduzierte sich der FES-Anteil auf 24,5 Prozent gleichauf mit dem der FMO. Als zusätzliche Gesellschafter wurden der Gewerkschaftsdachverband »Zambia Confederation of Trade Unions«, die größte nationale Geschäftsbank »Zambia National Commercial Bank« sowie der »Village Industries Service« als Organisation des informellen Sektors aufgenommen.

Bedingt durch die schwierigen ökonomischen Rahmenbedingungen, wurde allerdings gegen Ende der 80er- und zu Beginn der 90er-Jahre ein wirtschaftliches Arbeiten der SEP nahezu unmöglich. Zudem hatte die FES immer wieder Probleme, die Projektleitung adäquat und fachlich kompetent zu besetzen. In den Jahren 1986 bis 1993 arbeiteten hintereinander sieben verschiedene FES-Mitarbeiter in diesem Projekt, und von September 1993 bis April 1994 war das Büro der FES in Lusaka vollständig verweist, was kaum eine Kontinuität in der Beratungsarbeit ermöglichte.

1993 wies das Bruttosozialprodukt Sambias erstmals seit vielen Jahren wieder ein Wachstum auf, die Inflationsrate konnte durch eine strenge Ausgabenregelung des öffentlichen Haushalts und andere monetäre Maßnahmen von rund 200 Prozent pro Jahr auf eine zwei- bis fünfprozentige monatliche Geldentwertung zurückgeführt werden. Das Zinsniveau war 1993–1994 von 100 Prozent für Kredite kommerzieller Banken auf etwa 30 Prozent gefallen, sodass allmählich wieder ein Anreiz zu Wirtschaftsinvestitionen bestand. Die sambischen Anteilseigner, private Banken wie auch ausländische Geber, zeigten erneut Interesse, der SEP eine gesunde ökonomische Arbeitsgrundlage zu verschaffen. Begründet wurde dies auch mit der Tatsache, dass unter den Institutionen, die in Sambia im Bereich der Kleingewerbeförderung arbeiteten, die SEP einen ausgezeichneten Ruf genoss. Das Interesse manifestierte sich in zweierlei Formen: zum einen in der Zeichnung zusätzlicher Kapitalanteile, zum anderen in der Unterzeichnung eines Abkommens zwischen der niederländischen und der sambischen Regierung, das die Förderung der SEP im Rahmen der bilateralen »Technischen Zusammenarbeit« vorsah. Mit einem letztmaligen Zuschuss zu den Verwaltungskosten der SEP in Höhe von 100.000 DM unterstützte die FES diesen Konsolidierungsprozess.

Zum Jahresende 1994 stellte die FES die finanzielle Förderung der SEP ein. Sie blieb jedoch Anteilseignerin und nutzte die aktive Teilnahme ihres Landesvertreters in Lusaka an den Vorstandssitzungen, um ihre langjährigen Erfahrungen in der Förderung von kleinen und mittleren Unternehmen einzubringen und um weiterhin Einfluss auf strategische Entscheidungen des Unternehmens zu nehmen. 1996 hatte sich die wirtschaftliche Lage Sambias jedoch erneut verschlechtert. Aufgrund verschiedener Faktoren wie der überproportionalen Zunahme der Staatsverschuldung musste die Regierung erneut Rückschläge bei der Bekämpfung der Inflation hinnehmen, die inzwischen wieder auf über 50 Prozent gestiegen war. Der Außenwert der sambischen Währung fiel ins Bodenlose. Die Gesellschafter der SEP verloren das Interesse an der Kleinindustrieförderung bzw. wandten sich lukrativeren Finanzierungsaufgaben zu. Ebenso begann die FES zu dieser Zeit, andere Prioritäten in ihrer internationalen Arbeit zu setzen. Vor diesem Hintergrund ließ sich nur schwerlich weiterarbeiten, und die Small Scale Enterprise Promotion Ltd. musste schlussendlich schließen.[94]

Projektbeispiel Mosambik
(Consulting für kleinindustrielle Vorhaben und Agrarberatung, GAPI)[95]

Wesentlich erfolgreicher als die beiden Ansätze in Kenia und Sambia verliefen die Erfahrungen mit einem im September 1984 aufgelegten Kreditfonds in Mosambik. Dort eröffnete die Friedrich-Ebert-Stiftung im Mai 1984 ein Vertretungsbüro mit Sitz in der Hauptstadt Maputo. Mosambik war zu dieser Zeit von einem brutalen Bürgerkrieg zerrissen. Außerhalb der Städte war die gesamte Infrastruktur des Landes zerstört. Die Wirtschaft lag wegen des Kriegs und der staatssozialistischen Experimente der Regierung völlig am Boden.

Eine wesentliche Zielsetzung der FES war es deshalb, die durch die mosambikanische Regierung eingeleiteten wirtschaftspolitischen Reformbemühungen zu unterstützen.

Unmittelbar nach der Eröffnung des Büros begann die FES ein Projekt zur Förderung von Kleinindustrie, weit oben im Norden des Landes, in der Provinz Cabo Delgado. Die Idee war, zumindest einigen der vom Bürgerkrieg betroffenen Menschen durch kostengünstige Kredite eine wirtschaftliche Alternative zu geben.

Die finanzielle Basis des Wirtschaftsförderungsprojekts »Gabinete de Consultoria e Apoio à Pequena Indústria« (GAPI) bildete ein von der Stiftung eingerichteter revolvierender Kreditfonds von über 1,5 Millionen DM. Die

94 Jahresberichte Sambia, 1994–1996, FES-Hausakten sowie Information von Hans Seybold (Projektleiter 1982–1986).

95 Alle Informationen – Stand Januar 2008 – von Ulrich Golaszinski, (Landesvertreter Mosambik 1998–1999 und 2003–2007).

kleinen Unternehmen erhielten Investitionsgüter und zahlten den Gegenwert in Geld zurück. Dabei spielte die Beratungskomponente von Anfang an eine wichtige Rolle in der Projektkonzeption. Viele »Unternehmer« verfügten über keinerlei Grundkenntnisse in Betriebsführung. Die Kreditempfänger wurden deshalb in Unternehmensführung, Buchhaltung und Marketing geschult und erhielten auch, wenn nötig, technische Beratung.

Die Bereitstellung der Investitionsgüter, die Abwicklung der Kredite und die Beratung erfolgten in enger Zusammenarbeit mit der mosambikanischen Entwicklungsbank »Banco Popular de Desenvolvimento« (BPD). Diese verfügte im gesamten Land über ein enges Filialnetz. Mitarbeiter der BPD in den Provinzhauptstädten und anderen wichtigen Filialen wurden von GAPI ausgebildet und agierten als deren Kundenbetreuer.

In den ersten Jahren wurden unter schwierigsten Bedingungen 105 Kredite vergeben. Wegen des Bürgerkriegs blieb der Wirkungsbereich des Projekts jedoch auf wenige Orte begrenzt. Trotzdem stellte sich der Verlauf des Projekts als so erfolgreich dar, dass über eine landesweite Fortentwicklung des Ansatzes nachgedacht wurde. Dafür musste viel Überzeugungsarbeit geleistet werden, in Seminaren und Workshops, durch Studienreisen und unzählige Gespräche mit der Regierung. Erst im Jahre 1990, als die Regierung einen neuen wirtschaftspolitischen Kurs einschlug und nun auf Marktwirtschaft setzte, ging es zügiger voran. Ein Gesetz über Finanzintermediäre wurde verabschiedet (»Lex GAPI«), und die FES gründete gemeinsam mit der BPD eine Investmentgesellschaft zur Unterstützung kleiner Betriebe, die »Sociedade para Apoio a Pequenos Projectos de Investimento Lda.«, die unmittelbar mit der Vergabe von Krediten und der gleichzeitigen Beratung von Klein- und Mittelunternehmen begann. An dem bereits bestens eingeführten »Markennamen« GAPI wurde festgehalten.

Das neue GAPI erhielt die Rechtsform einer GmbH, an der die FES mit 30 Prozent und die mosambikanische BPD mit 70 Prozent beteiligt waren. Die bereits mehrjährige erfolgreiche Zusammenarbeit beider Partner wurde damit institutionalisiert. Aber erst mit dem Ende des Bürgerkriegs 1992 und der politischen Stabilisierung konnte GAPI als landesweit operierende Organisation ausgebaut werden.

Mit zusätzlichen Finanzmitteln deutscher (KfW), französischer und dänischer Entwicklungsagenturen konnte das Kreditportfolio massiv ausgeweitet werden. Von 1992 bis 1997 wurden 349 Unternehmenskredite mit einem Volumen von rund 5,4 Millionen US-Dollar vergeben. Parallel dazu wurde die Organisationsstruktur von GAPI nach und nach den neuen Erfordernissen angepasst. Zusätzliche Mitarbeiter wurden eingestellt, ein Bürohaus angemietet und später gekauft.

Als Mitte der 90er-Jahre durch das Diktat der Weltfinanzinstitutionen die staatlichen Banken privatisiert werden sollten, war für die FES sowie für die Mitarbeiter von GAPI klar, dass GAPI aus dieser Privatisierung herausgehalten werden musste. Eine Zeit des intensiven Lobbyings bei der Regierung begann mit dem Erfolg, dass die Anteile der zukünftig privaten BPD per Regierungsdekret vom Staat, vertreten durch das Finanzministerium, übernommen wurden.

Ein nächster Schritt war die Umwandlung von GAPI in eine Aktiengesellschaft im Jahre 1999. Die FES und der mosambikanische Staat behielten jeweils 30 Prozent der Aktien. Die restlichen Anteile sollten später zu gleichen Teilen an die Mitarbeiter von GAPI und an mosambikanische Investoren verkauft werden. Sie wurden zwischenzeitlich treuhänderisch vom Finanzministerium gehalten, um nicht neue Begehrlichkeiten zu wecken.

Diese unternehmensrechtlichen Veränderungen hatten allerdings anfangs negative Auswirkungen auf das Kreditgeschäft. So sank die Zahl der neu vergebenen Kredite im Jahre 1998 auf 69 und dann auf 30 im Jahre 1999. Trotzdem konnte GAPI auf eine erfolgreiche Unternehmensgeschichte zurückblicken. Insgesamt wurden bis dahin circa 400 Investitionsprojekte gefördert, wodurch mehr als 5.000 Arbeitsplätze neu geschaffen oder erhalten werden konnten.

Zum Ende des Jahres 1999 wurde das Wirtschaftsförderungsprojekt als eigenständiges Vorhaben der Friedrich-Ebert-Stiftung nach rund 15 Jahren Laufzeit beendet. Die FES behielt aber weithin 30 Prozent der Aktien, während 70 Prozent bei der Regierung lagen.

Im Jahr 2000 sorgte Mosambik noch einmal für traurige Schlagzeilen, als das Land von Zyklonen, starken Regenfällen und einer Hochwasserkatastrophe heimgesucht wurde. Weite Teile des Landes waren verwüstet und mehr als 800.000 Menschen wurden obdachlos. Viele Kunden von GAPI, die unter schwierigen Umständen eine eigene Existenz aufgebaut hatten, verloren alles. Schnell musste nach Lösungen gesucht werden, um den Unternehmen in ihrer verhängnisvollen Lage zu helfen. Die Kreditlaufzeiten wurden neu verhandelt und neue Kredite vergeben.

Doch obwohl die Finanzkrise durch eigene Mittel und neue Kreditlinien verschiedener Geber überwunden werden konnte, zeigte sich durch die Krise deutlich, dass GAPI organisatorisch anders strukturiert werden musste. Stichwörter waren Diversifikation und bessere geografische Verbreitung. Als Erstes wurde ein eigenes Filialnetz im gesamten Land aufgebaut. In einem zweiten

Schritt sollten neue Geschäftsfelder entwickelt werden. Gedacht wurde insbesondere an die Refinanzierung von Mikrofinanzinstitutionen und an Angebote für Sparer.

Während der Aufbau des Filialnetzes ohne Probleme umgesetzt werden konnte und GAPI bald über zehn Filialen in allen Provinzen verfügte, gestaltete sich die Diversifizierung und Entwicklung von neuen Tätigkeitsfeldern schwierig. Ein entscheidendes Problem war die interne Organisationsstruktur von GAPI. Das rasante Wachstum des Kreditvolumens seit Anfang des neuen Jahrtausends auf etwa acht Millionen Euro und über tausend Kreditkunden konnte trotz eines Personalbestandes von 68 lokalen Mitarbeiterinnen und Mitarbeitern organisatorisch nicht mehr bewältigt werden. In der Folge sanken die bislang sehr hohen Rückzahlungsraten bei einigen Kreditlinien auf nur noch 60 bis 70 Prozent.

Es zeigte sich, dass grundlegend neue Lösungen gefunden werden mussten. GAPI und die beiden Anteilseigner diskutierten unterschiedliche Ansätze, die alle eine Professionalisierung von GAPI zum Inhalt hatten, die aber auch den Erhalt des ursprünglichen Auftrages von GAPI sicherstellen sollten: mit dem Ergebnis, dass die GAPI-Aktiengesellschaft die Rechtsform einer Investmentgesellschaft (sociedade de investimento) erhielt und sich von da an auf die Administration von entwicklungsorientierten Kreditlinien und die Beratung von kleinen und mittleren Unternehmen konzentrierte. Gleichzeitig gründete GAPI eine neue Bank mit dem Namen »Bancoterra« und gewann dafür mehrere internationale Partner als weitere Anteilseigner. Die neue Bank, an der GAPI mit 30 Prozent beteiligt ist, hat eine starke Entwicklungsorientierung und konzentriert sich vor allem auf die ländlichen Gebiete und die Landwirtschaft.

Die FES hat daraufhin ihren Anteil an GAPI, die nun als GAPI Entwicklungsagentur firmiert, an zwei mosambikanische Institutionen verkauft. Die Erlöse wurden bei GAPI belassen, um damit die Basis für die Neuorientierung zu stärken.

Nach mehr als 20 Jahren aktiven Engagements zog sich die Friedrich-Ebert-Stiftung 2007 endgültig aus der Förderung von kleinen und mittleren Unternehmen in Mosambik zurück. GAPI wurde ein rein mosambikanisches Unternehmen, das seine ursprünglichen Ziele, nämlich den Aufbau und die Förderung von Klein- und Mittelbetrieben, auch weiterhin verfolgt.

5.3 »Eine Bildungseinrichtung ist keine Finanzierungsinstitution«

Die Erfahrungen mit der Kapitalversorgung benachteiligter Bevölkerungsgruppen zeigten, dass in vielen Fällen die Kapazitäten der verantwortlichen FES-Büros nicht ausreichten, um die komplexen Finanzierungsinstrumente zu managen. Die verantwortlichen Mitarbeiterinnen und Mitarbeiter waren mit wenigen Ausnahmen keine ausgebildeten Fachleute im Kredit- und Bankgeschäft. Auf der anderen Seite fehlte den wenigen Fachkräften oft das gesellschaftspolitische Verständnis für die Arbeit der FES. Vor diesem Hintergrund wurde 1987 beschlossen, ein Finanzierungsmanual zu entwickeln, das in den Projekten der Wirtschaftsförderung der FES als Handbuch für den Einsatz von Finanzierungsinstrumenten eingesetzt werden konnte.[96]

Den Kern des Manuals bildeten die bis zu diesem Zeitpunkt gemachten eigenen Erfahrungen im Umgang mit Finanzierungsinstrumenten. Kapitel 1 des Manuals war als Orientierungshilfe der Mitarbeiterinnen und Mitarbeiter gedacht, für die die Arbeit mit Finanzierungsinstrumenten Neuland war, und stellte den entwicklungspolitischen Ansatz der Friedrich-Ebert-Stiftung im Finanzierungsbereich vor. In Kapitel 2 wurden konkrete Erfahrungen mit Finanzierungsinstrumenten der FES beschrieben. Es handelte sich dabei um revolvierende Fonds in einem Vermarktungsprojekt in Indonesien sowie in dem bereits genannten Wirtschaftsberatungsprojekt in Costa Rica; um ein Kreditgarantiesystem in Chile; um einen Garantie- und Kleinkreditfonds in einem Beratungsprojekt für Klein- und Mittelbetriebe in Honduras und um die beiden oben beschriebenen Finanzinstitute in Kenia und Sambia.

Die aufgeführten Beispiele hatten allerdings gemein, dass sie sich zum Zeitpunkt der Veröffentlichung des Manuals im Februar 1990 noch in der Aufbauphase befanden und noch keine konkreten Erfahrungen mit einem Dauerbetrieb bzw. einer Übergabe an den oder die Partner vorlagen. So gesehen war das Finanzierungsmanual für die konkrete Arbeit nur sehr bedingt einsetzbar und eher ein Versuch, dem Instrument der Kapitalversorgung im Rahmen der Wirtschaftsförderung der Friedrich-Ebert-Stiftung ein gewisses Maß an »ideologischer« Rechtfertigung zu geben.[97]

96 *Hubert René Schillinger/Erwin Schweißhelm* (Hg.), Manual Finanzierung, a. a. O.

97 Information von Hubert Schillinger (Referent im Referat WiSo 1988–1992).

6 Förderung der politischen Interessenvertretung von Klein- und Mittelbetrieben

6.1 Die Diskussion um die gesellschaftspolitische Dimension der Wirtschaftsförderung

In den fünf Jahren nach der zweiten Fachkonferenz in Harare 1983 hatte die Zahl der Genossenschaftsprojekte der Friedrich-Ebert-Stiftung weiter abgenommen. 1988 gab es derartige Projekte nur noch in Zimbabwe, Tansania, Mauritius, Marokko, Libanon, Sudan und Indonesien – gerade mal in acht von insgesamt 33 oder nur noch in rund einem Viertel aller Projektländer des Referates »Genossenschaften und Wirtschaftsförderung«.[98] Ein Grund dafür waren die zunehmenden Probleme mit der »klassischen« Selbsthilfeförderung. Als Reaktion auf die wachsenden wirtschaftlichen Krisensituationen in vielen Ländern der Dritten Welt kamen Regierungen verstärkt auf den Gedanken, Genossenschaften und formale Selbsthilfeorganisationen zur Verfolgung eigener wirtschaftspolitischer Ziele zu instrumentalisieren und damit gleichzeitig die wenigen sozialen und nicht staatlichen Basisorganisationen zu kontrollieren. Es erwies sich als immer schwieriger, durch die Förderung von Selbsthilfeorganisationen die Situation benachteiligter Bevölkerungsgruppen tatsächlich zu verbessern.

Vor dem Hintergrund dieser Erfahrungen erschien es sinnvoll, im Rahmen einer dritten Fachkonferenz Ende 1988 in Bergneustadt die »Grundsätze für die Förderung von Selbsthilfeorganisationen« erneut fortzuschreiben. Insbesondere sollte ein handlungsorientierter Leitfaden für Maßnahmen zur Förderung von Klein- und Mittelbetrieben erarbeitet werden, der für die Projektarbeit zu einem elementaren Bestandteil der Förderkonzeption der FES werden sollte. Für notwendig wurde auch erachtet, den Projekttyp »Consulting« noch einmal intensiv zu diskutieren und einzugrenzen. Die Charakteristika von entwicklungspolitisch orientierten Beratungsunternehmen im Rahmen von Projekten der Friedrich-Ebert-Stiftung – also z. B. die Orientierung auf arme Bevölkerungsgruppen, die gemeinwirtschaftliche Ausrichtung, das Erzielen von Struktureffekten, der Einsatz nicht ökonomischer Instrumente, die soziale und politische Mobilisierung von »Kunden« etc. – sollten auf der Basis der eigenen Erfahrungen weiterentwickelt werden, auch und gerade zum

98 *Manfred Bardeleben*, Zur Förderungskonzeption, a. a. O.

Zweck einer Abgrenzung gegenüber kommerziellen Beratungsfirmen ohne gesellschaftspolitische Zielsetzung.

Eine derartige Diskussion war zu diesem Zeitpunkt dringend erforderlich, da Fragen nach der gesellschaftspolitischen Relevanz von Wirtschaftsförderungsprojekten der Friedrich-Ebert-Stiftung immer lauter wurden. Bereits im Juni 1985 gab es ein Gespräch zwischen dem BMZ und der FES über die Problematik des Projekttyps »Consulting«. Das BMZ hielt zwar den Projekttyp »Consulting« für ein grundsätzlich geeignetes Instrument zur Erreichung der Zielgruppen der Sozialstrukturhilfe, sah aber in der konkreten Ausgestaltung der FES-Projekte Probleme in juristischer, haushaltsrechtlicher und innenpolitischer Beziehung. Es stellten sich aus Sicht des BMZ drei Fragen:

1. Kann die von der Friedrich-Ebert-Stiftung angestrebte entwicklungspolitische Zielsetzung nicht auch mit anderen Institutionen in Entwicklungsländern erreicht werden, die zwar ihre Leistungen gegen Entgelt abgeben, gleichwohl aber den Status der Gemeinnützigkeit haben, wie dies auch von anderen Entwicklungshilfeeinrichtungen (z. B. kirchlichen Hilfswerken) praktiziert wird?
2. Weshalb müssen die Mitarbeiter der Friedrich-Ebert-Stiftung selbst Geschäftsführer werden, anstatt als Berater tätig zu sein?
3. Weshalb muss die Friedrich-Ebert-Stiftung überhaupt Eigentum im Ausland erwerben, um das angestrebte Ziel zu erreichen? Gefährdet die Friedrich-Ebert-Stiftung durch Eigentumserwerb an kommerziellen Unternehmen im Ausland nicht ihren Charakter als gemeinnützige Institution im Inland?[99]

Die Entwicklung des bereits zuvor beschriebenen Consultingprojekts CONSERA in Portugal stand im Mittelpunkt der Kritik und Diskussion. Zwar konnte die FES die gravierendsten Bedenken des BMZ ausräumen, doch blieb der Beigeschmack eines Instruments, dem keine bzw. kaum noch Merkmale sozialdemokratisch orientierter Entwicklungszusammenarbeit im Sinne von Solidarität und Selbsthilfe anhafteten. Mitarbeiterinnen und Mitarbeiter aus dem Bereich der Gesellschaftspolitik und der Gewerkschaftskooperation der FES äußerten wiederholt ihre Befürchtungen um das politische Profil der FES und sahen derartige Projekte oftmals als reine Wirtschaftsförderung. Bei einem Treffen der Friedrich-Ebert-Stiftung mit den sozialdemokratischen Mitgliedern des Bundestagsausschusses für wirtschaftliche Zusammenarbeit (AWZ) im Mai 1988 hielt die Mehrzahl der Abgeordneten die Wirtschaftsför-

99 Vermerk BMZ vom 29.6.1985, Az: – 322 – T 7480 – 14/85 –, FES-Hausakte.

derungsprojekte der Friedrich-Ebert-Stiftung für ausgelagerte Projekte der staatlichen »Gesellschaft für Technische Zusammenarbeit« (GTZ).[100]

Offen war auch die Frage nach der Übergabefähigkeit von Consultingprojekten nach einem Ausscheiden der FES. Wie konnte sichergestellt werden, dass die gesellschaftspolitisch orientierte Consultingkonstruktion erhalten blieb? Es gab die Hypothese, dass, je stärker der ökonomische Aspekt innerhalb einer Consultingkonstruktion, d. h. je wichtiger die Frage der Eigenfinanzierung der Consulting ist, umso größer die Gefahr, dass die eigentlichen Zielgruppen, nämlich die armen und unterprivilegierten Schichten der Bevölkerung, nicht mehr in die Zielgruppen des Consultingprojekts einbezogen werden, weil sie schlicht die Beiträge zur Kostendeckung der Consulting nicht aufbringen können. »Mittelstandsförderung« war einer der vielen, allerdings oft unqualifizierten Vorwürfe, die in der Diskussion immer wieder auftauchten.

Parallel dazu geriet zum Ende der 80er-Jahre das gesamte Instrumentarium der Entwicklungshilfe zunehmend unter öffentlichen und politischen Druck: Mangelnde Partizipation der Zielgruppen und die Stabilisierung ungerechter Strukturen waren einige der am häufigsten genannten Kritikpunkte. Arme Bevölkerungsgruppen würden nicht erreicht.[101]

Nach den beiden Fachkonferenzen in Kairo 1978 und Harare 1983 wurde für die dritte Fachkonferenz im Oktober 1988 erstmals ein Tagungsort in der Bundesrepublik Deutschland ausgewählt. Dies bot die Möglichkeit, interessierte Persönlichkeiten aus dem gesellschaftspolitischen Umfeld der Stiftung sowie aus anderen entwicklungspolitischen Organisationen der Bundesrepublik in bestimmte Programmteile einzubeziehen.[102] So fanden unter anderem Gespräche und Diskussionen mit dem Bundesminister für wirtschaftliche Zusammenarbeit, Hans Klein, dem Vorsitzenden und dem Geschäftsführer der Friedrich-Ebert-Stiftung, Holger Börner und Horst Heidermann, sowie mit den Mitgliedern der »Gemeinsamen Arbeitsgruppe Armutsbekämpfung durch Selbsthilfe« statt.

Die »Gemeinsame Arbeitsgruppe Armutsbekämpfung durch Selbsthilfe« war eine Ende 1983 unter Leitung von Karl Osner gegründete Initiative des BMZ und anderen Institutionen der deutschen Entwicklungszusammenarbeit. Die Gruppe hatte den Auftrag, analytisch und praktisch zu überprüfen, inwieweit die Instrumentarien zur Förderung von Selbsthilfe die arme Bevölkerung

100 *Manfred Bardeleben*, Zur Förderungskonzeption, a. a. O.
101 Schreiben *Ernst J. Kerbusch* an BMZ vom 30.10.1987, FES-Hausakte.
102 Ebd.

tatsächlich erreichten und inwieweit sie Breitenwirksamkeit und Nachhaltigkeit entwickelten.[103] Für die Friedrich-Ebert-Stiftung, die sich von 1986 bis April 1989 durch einen Mitarbeiter des Referats »Genossenschaften und Wirtschaftsförderung« aktiv in diese Arbeitsgruppe einbrachte, lag das Motiv für die Mitarbeit in der Diskussion über die oben erwähnten Defizite nach mehr als zwei Jahrzehnten Entwicklungshilfe und in der Erkenntnis, dass ein Mehr an Entwicklungshilfe nicht unbedingt zu einem Mehr an Entwicklung in diesen Ländern führen müsse.[104]

Auch nach Beendigung der »Gemeinsamen Arbeitsgruppe« befand sich die Friedrich-Ebert-Stiftung weiterhin im Erfahrungsaustausch mit den beteiligten Organisationen, so etwa im Arbeitskreis »Armutsbekämpfung durch Hilfe zur Selbsthilfe« und im Arbeitskreis »Sparen und Kredit«. Auch die jährlichen Treffen der Geschäftsführer aus Institutionen der Entwicklungszusammenarbeit gingen auf die »Gemeinsame Arbeitsgruppe« zurück. Ebenso informierte die Friedrich-Ebert-Stiftung ausführlich über ihre Aktivitäten in diesem Arbeitsbereich im Rahmen der »Berichte des BMZ an den Deutschen Bundestag über die Armutsbekämpfung in der Dritten Welt durch Hilfe zur Selbsthilfe«, und zwar 1991, 1995 sowie 2000.

Zurück zur dritten Fachkonferenz in Bergneustadt: Dort versuchten die Inlands- und Auslandsmitarbeiterinnen und -mitarbeiter des Referats »Genossenschaften und Wirtschaftsförderung«, Antworten auf zwei entscheidende Fragen zu geben:

1. Welches ist die gesellschaftspolitische Dimension der Wirtschaftsförderungsprojekte der Friedrich-Ebert-Stiftung?
2. Was sind die Merkmale, die Wirtschaftsförderungsprojekte der Friedrich-Ebert-Stiftung von denen anderer Träger unterscheiden?

Es bestand Einigkeit darüber, dass Kleingewerbetreibende und Kleinunternehmer keine »Klassenfeinde« sind, es wurde aber auch deutlich, dass Fördermaßnahmen der Friedrich-Ebert-Stiftung für diese Zielgruppen einem wesentlich höheren Rechtfertigungszwang unterliegen als andere Aktivitäten der FES, und dies nicht nur innerhalb der FES, sondern auch gegenüber befreundeten Organisationen wie der SPD und den Gewerkschaften. Doch nach Meinung

103 Armutsbekämpfung durch Selbsthilfe, *BMZ* (Hg.), Bonn, September 1986: Handakte d. Verf.

104 Abschlussbericht und Zusammenfassung der Ergebnisse der Fachkonferenz des Referats Genossenschaften und Wirtschaftsförderung in der Internationalen Abteilung der Friedrich-Ebert-Stiftung vom 9. bis 15.10.1988 in Bergneustadt und Bonn, FES-Hausakte (im Folgenden: »Abschlussbericht der Fachkonferenz vom 9. bis 15.10.1988«), S. 20 ff.

der meisten Fachkonferenzteilnehmer war es selbstverständlich, dass Wirtschaftsförderungsprojekte der FES immer auch eine gesellschaftspolitische Dimension haben, die z. B. an Kriterien wie Zielgruppe oder Partnerorganisation, Art der eingesetzten Instrumente und Grad der Partizipation der Zielgruppen gemessen werden kann. Darüber hinaus erschien es den betroffenen Mitarbeiterinnen und Mitarbeitern sinnvoll, die gesellschaftspolitische Dimension der Wirtschaftsförderung im Rahmen des Gesamtengagements der FES im jeweiligen Land zu beurteilen, wobei gerade die Wechselwirkung zwischen den verschiedenen Projekten von großer Bedeutung ist, denn Politikberatung kann in den meisten Fällen nur dann erfolgreich sein, wenn sie auch auf konkreten Erfahrungen aufbaut.[105]

In der Diskussion um die angemessene Gesellschaftsform von Consultingprojekten, insbesondere bezüglich der Rechtsform und der Höhe der Kapitalausstattung unter Berücksichtigung von Haftungsproblemen und politischer Intention, stellten die Mitarbeiterinnen und Mitarbeiter fest:

> »Um die Haftung bei den als selbstständige Unternehmen strukturierten Consultingprojekten klar zu definieren und einzugrenzen, werden Consultingprojekte häufig als Kapitalgesellschaften (i. d. R. als GmbH) konzipiert. Zur konsequenten Haftungsbegrenzung und zur Vermeidung einer Außenwirkung als FES-Unternehmen sollte sich die Kapitalausstattung an den jeweiligen gesetzlichen Mindesterfordernissen orientieren. Desgleichen sollte die Friedrich-Ebert-Stiftung stets nur Minderheitsgesellschafter und der Geschäftsführer ein Einheimischer sein.«[106]

6.2 Aufbau von Kammern und Verbänden für Klein- und Mittelbetriebe

> »Im Sinne eines pluralistischen Demokratieverständnisses müssen die zur Schaffung entsprechender politischer Rahmenbedingungen erforderlichen staatlichen Instanzen durch starke zivilgesellschaftliche Organisationen ergänzt werden. Neben den Parteien, Gewerkschaften und Nichtregierungsorganisationen gehören dazu auch die Organisationen der Wirtschaft.

105 Protokoll der Diskussion über die Förderkonzeption des Referats Genossenschaften und Wirtschaftsförderung am 10.10.1988, FES-Hausakte.

106 Abschlussbericht der Fachkonferenz vom 9. bis 15.10.1988, a. a. O., S. 43.

> Dabei geht es nicht in erster Linie um die Interessen der großen Unternehmen, es müssen auch die Interessen der Kleinunternehmer, Handwerker und Händler vertreten werden. Um deren Potenzial an Einkommens- und Beschäftigungsbildung zu wecken und zu fördern, bedarf es Institutionen, die kleine Unternehmer aus- und fortbilden, sie beraten sowie ihnen Wege zu Finanzmitteln und Infrastrukturleistungen aufzeigen.«[107]

Stand am Anfang der Förderung von Klein- und Mittelbetrieben noch die Erhöhung der Produktivität im Vordergrund, die zur Einkommenssteigerung und Arbeitsplatzbeschaffung dienen sollte, so wurde der Aufbau von Vertikalstrukturen, vergleichbar mit der Genossenschaftsförderung, schon bald das spezifische Förderziel dieses Arbeitsbereichs. Der Aufbau von Verbandsstrukturen des Handwerks und anderer Klein- und Mittelbetriebe sowie deren Beratung, um diese in die Lage zu versetzen, politische, ökonomische und soziale Rahmenbedingungen (Gesetzgebung) zu beeinflussen, waren im gewissen Maße auch Reaktionen auf die zuvor beschriebene Kritik an der »Mittelstandsförderung« der Stiftung. Der Ansatz wurde als geeignet gesehen, um sich von kommerziellen Consultingunternehmen sowie von rein technischen Hilfsansätzen zu unterscheiden.[108]

Projektbeispiel Ghana

Und so wurde die Kammer- und Verbandsförderung schon bald Bestandteil nahezu aller Consultingprojekte. Zu Beginn der 90er-Jahre sahen die Konzeptionen von fast zwei Dritteln aller Wirtschaftsförderungsprojekte der FES eine Verknüpfung der Beratungen von Einzelbetrieben und der Beratung ihrer Verbände vor. Dementsprechend stand z. B. in dem 1988 begonnenen Projekt »Förderung der Klein- und Mittelindustrie in Ghana« der staatliche Verband für Kleinindustrie (National Board for Small Scale Industries – NBSSI) im Mittelpunkt der FES-Aktivitäten. Das Projekt hatte zwei Hauptarbeitsfelder:

- Unterstützung des NBSSI bei der Entwicklung zu einem durchsetzungsfähigen nationalen Verband zur Förderung der Klein- und Mittelindustrie in Ghana;
- Errichtung und Betrieb eines ersten lokalen Beratungszentrums für Kleingewerbe (Business Advisory Center – BAC) als ein gemeinsames Pilotpro-

107 *Friedrich-Ebert-Stiftung*, Jahresbericht 1996, S. 58.
108 Abschlussbericht der Fachkonferenz vom 9. bis 15.10.1988, a. a. O., S. 54.

jekt des NBSSI und der FES in Cape Coast, der Hauptstadt der Zentralregion.

Um die Defizite des NBSSI, einer staatlichen Behörde mit unzureichender Personal- und Sachausstattung, auszugleichen, war die FES bemüht, die Probleme im Rahmen von Bildungsmaßnahmen zu erörtern und die Behörde immer wieder mit wichtigen Entscheidungsträgern und Promotoren außerhalb staatlicher Einrichtungen zusammenzubringen. Damit wurde ein Dialog zur Entwicklung einer nationalen Politik zur Förderung des Kleingewerbes in Gang gesetzt, der allerdings wegen fehlender Finanzmittel im Regierungshaushalt nur bedingt umgesetzt werden konnte.

Dagegen war die Zusammenarbeit bei der Förderung des BAC in Cape Coast ein voller Erfolg. Bei einer durch den »Deutschen Entwicklungsdienst« (DED) durchgeführten Evaluierung aller im Land etablierten Beratungszentren wurde die Arbeit des BAC in Cape Coast als Musterbeispiel herausgestellt. Dies galt für die Anzahl der durchgeführten Bildungs- und Beratungsmaßnahmen wie auch für ihre inhaltliche Effizienz. Aufgrund dieser positiven Entwicklung wurde als ein nächster Schritt in Cape Coast das »Forum of Small Scale Business Associations« (FOSSBA) als Verband aller örtlichen Wirtschaftsverbände gegründet, was zu einer wirksamen Interessenverknüpfung aller Gewerbetreibenden führte und einen weiteren Weg zur Hilfe durch Selbsthilfe eröffnete.[109]

Im Gegensatz zu den meisten anderen Wirtschaftsförderungsprojekten der Friedrich-Ebert-Stiftung wurde das Ghanaprojekt nicht von einem selbstständigen Projektleiter, sondern in Personalunion vom FES-Landesvertreter in Accra geleitet. Dies war vielleicht mit ein Grund dafür, dass es in Ghana optimal gelang, das gesellschaftspolitische Projekt mit den Wirtschaftsförderungsmaßnahmen zu verzahnen. Die enge Zusammenarbeit mit dem nationalen Parlament im Rahmen der gesellschaftspolitischen Aktivitäten ermöglichte zum Beispiel die Organisation von Veranstaltungen, in denen die Parlamentarier über geeignete Förderansätze für die Klein- und Mittelindustrie informiert werden konnten. Auch über das Medienprojekt der FES wurden Maßnahmen zur Qualifizierung von Journalisten durchgeführt, in denen diese mit den Problemen der Klein- und Mittelindustrie konfrontiert wurden.[110]

109 *Hans-H. Duncke*, Förderung der Klein- und Mittelindustrie in Ghana, Sachbericht zum Schlussverwendungsnachweis, Bonn, 20.4.1998, FES-Hausakte.

110 Information von Peter Mayer (Landesvertreter Ghana 1994–1996).

Projektbeispiel Namibia

Ein weiteres positives Beispiel für den Aufbau von Verbandsstrukturen mithilfe der Friedrich-Ebert-Stiftung war die Zusammenarbeit mit der namibischen Industrie- und Handelskammer (Namibia National Chamber of Commerce and Industry – NNCCI). Die FES leistete dort einen Beitrag zur Entwicklung eines funktionsfähigen Kammerwesens. Mit ihrer Unterstützung beriet der Partner die Regierung bei Gesetzesvorhaben, vertrat die Interessen der Mitglieder gegenüber dem Staat und erbrachte wichtige Dienstleistungen für seine Mitglieder. Der Aufbau wachstumsfördernder Strukturen, aber auch die soziale Ausgestaltung der Marktwirtschaft wären ohne dieses Sprachrohr der mehrheitlich schwarzen Kleinunternehmer Namibias kaum denkbar gewesen.[111] In diesem Zusammenhang muss auch erwähnt werden, dass das Referat »Genossenschaften und Wirtschaftsförderung« der FES bereits im Herbst 1986, also vier Jahre vor der Unabhängigkeit des Landes, für zehn Führungskräfte der »South-West Africa People's Organization« (SWAPO) ein Informations- und Ausbildungsprogramm in der Bundesrepublik Deutschland organisierte. Die Teilnehmer sollten in die Lage versetzt werden, nach der Unabhängigkeit Namibias am Aufbau entwicklungsorientierter Einrichtungen, wie Genossenschaften und deren Verbände sowie Institutionen zur Förderung der Klein- und Mittelindustrie, mitwirken zu können.[112]

Projektbeispiel Kolumbien

Während es für erfolgreiche Bemühungen bei der Förderung von Verbänden formaler kleiner und mittlerer Unternehmen mehrere positive Beispiele gibt, erwies es sich als außerordentlich schwierig, selbstständige Kleinstunternehmer insbesondere aus dem informellen Sektor dazu zu bewegen, sich zu Interessenverbänden zusammenzuschließen. Wie am folgenden Beispiel von Ansätzen der Friedrich-Ebert-Stiftung in Kolumbien zu sehen ist, fehlt den Kleinstunternehmern neben dem Kampf um das tägliche Überleben oftmals die Kraft für solche Zusammenschlüsse.

Seit 1979 arbeitet die FES in Kolumbien mit politischen und wissenschaftlichen Analysen und Diskussionen über zentrale Entwicklungsfragen des Landes. Im Jahr 1987 kam als weiteres Projekt die Förderung von Kleinstbetrieben und Genossenschaften durch eine von der FES gegründete kolumbianische Stiftung »SEDECOM« (Servicio de Desarollo y Consultoria para el Sector

111 *Friedrich-Ebert-Stiftung*, Jahresbericht 1992, S. 35.
112 *Friedrich-Ebert-Stiftung*, Jahresbericht 1986, S. 82.

Cooperativo y de Microempresas) hinzu. SEDECOM sollte einen Beitrag zur Überwindung des schroffen Gegensatzes zwischen einer über lange Jahre stabilen Wirtschaftsentwicklung und der immer tieferen sozialen Spaltung der Gesellschaft leisten.

Noch heute sind Genossenschaften in Kolumbien außergewöhnlich aktiv, besonders im Kreditwesen, aber auch in andern Dienstleistungsbereichen. Es gibt sogar einige funktionierende Produktionskooperativen.

Während also der Genossenschaftssektor gut organisiert war und ziemlich wirkungsvoll die Interessen seiner Klientel vertreten konnte, blieben Ansätze, nicht genossenschaftlich organisierte Kleinstunternehmer zusammenzuschließen, ohne große Wirkung. Die Gründe waren vielfältig: Die unzähligen Kleinstbetriebe waren meist arm und dem informellen Sektor zuzurechnen, zudem geografisch, branchenmäßig, größenmäßig, geschäftsmäßig und kulturell zu verschieden, als dass ein stärkerer gemeinsamer Nenner sie hätte verbinden können. Die überwiegende Zahl dieser Betriebe war zudem ausschließlich mit dem eigenen Überleben beschäftigt.

Kleinstunternehmen sind jedoch für die kolumbianische Wirtschaft von großer Bedeutung, denn sie erbringen etwa 30 Prozent der gesamten Wirtschaftsleistung des Landes und beschäftigen etwa 60 Prozent der Bevölkerung, meist ärmere Menschen.

Deshalb versuchte die Friedrich-Ebert-Stiftung in enger Partnerschaft mit dem Planungsministerium Kolumbiens, Einfluss auf die Formulierung und Umsetzung einer nationalen Förderstrategie für Kleinstbetriebe zu nehmen. Diese Strategie umfasste die Bereiche der Kreditversorgung, Betriebsberatung, Vermarktung und die Förderung von Vertretungsorganisationen, also die Gründung von Verbänden. Durch den Aufbau einer Garantiebank zur Kreditversorgung und durch die Gründung von Vermarktungsgesellschaften zur Integration der Kleinstunternehmen in moderne Märkte baute das Projekt der FES erfolgreich eine Brücke zum Genossenschaftswesen. Dies bot Ansätze zu einer funktionalen Zusammenarbeit mit klar definierbaren Interessen wie gegenseitige Bürgschaften zum Kreditzugang und/oder der gemeinsamen Abwicklung größerer Aufträge im Rahmen der Vermarktung.

Es bildete sich ein »Nationaler Verband der Mikrounternehmen« mit regionalen und lokalen Ablegern, doch leider blieben diese Organisationen von der Größe und der politischen Einflussnahme her insignifikant. Zu keinem Zeitpunkt erfolgte eine Emanzipierung in Form einer eigenständigen politischen Interessenvertretung. Ein Indikator für die Bedeutungslosigkeit war die Tatsache, dass die Verbände der Kleinstunternehmer im Gegensatz zu den Genossenschaften von wahlkämpfenden Politikern nie als mögliche Verbündete gesehen wurden.

Vor diesem Hintergrund mussten die Bemühungen der FES, die Kleinstunternehmer durch den Aufbau und die Stärkung von Verbänden zu befähigen, auf politische, ökonomische und soziale Rahmenbedingungen sowie die Gesetzgebung Einfluss zu nehmen, als gescheitert bewertet werden. Eine derartige Verbandsarbeit wäre wohl nur dann Erfolg versprechend gewesen, wenn an ein vorhandenes Organisationspotenzial hätte angeknüpft werden können und wenn die Kleinstunternehmer über eine genügend starke Basis an gemeinsamen wirtschaftlichen Interessen verfügt hätten.[113]

Der auf der dritten Fachkonferenz geforderte Leitfaden für die Beratung von Klein- und Mittelbetrieben in Entwicklungsländern erschien – als Entwurf – im November 1989. Er blieb wohl auch deshalb ein Entwurf, weil er in keiner Weise auf die genannten gesellschaftspolitischen Kriterien der Friedrich-Ebert-Stiftung, wie zum Beispiel den Aufbau von Strukturen, einging. Es handelte sich um ein rein betriebswirtschaftlich ausgerichtetes Manual. Im Einführungskapitel ist unter »Grenzen und Möglichkeiten der Beratung« zu lesen:

> »Die Gretchenfrage der Klein- und Mittelindustrieberatung lautet: Kann durch die Beratung von KMI-Betrieben ein entwicklungspolitisch positiver Effekt erzielt werden?«[114]

Dass dies für die Arbeit der FES nicht die »Gretchenfrage« sein konnte, stellten bereits Anfang 1988 Mitarbeiterinnen und Mitarbeiter des Referats »Genossenschaften und Wirtschaftsförderung« in Zentralamerika auf einer gemeinsamen Seminarveranstaltung fest:

> »Betriebsberatung ist die Basis, auch für die Glaubwürdigkeit der Beratung, aber sie sollte ergänzt werden durch die Unterstützung beim Aufbau von Verbänden, Bauernorganisationen, Kammern – d. h. pressure groups –, die als legitime Vertreter ihrer Mitglieder in den politischen Raum hineinwirken müssen.«[115]

---

113 >http://www.fes.de/lateinamerika/in_la/kolu.htm<, 16.8.06, sowie Information von Willi Haan (Projektleiter 1986–1990).

114 *Dirk Jung/Regina M. Schneider*, Beratung von Klein- und Mittelbetrieben in Entwicklungsländern. Ein Leitfaden für die Praxis, Friedrich-Ebert-Stiftung, Bonn, November 1989, S. 10.

115 Abschlussbericht der Fachkonferenz vom 9. bis 15.10.1988, a. a. O., S. 9.

7 Kommunale Wirtschaftsförderung, wirtschafts- und sozialpolitische Beratung – Die Herausforderungen nach dem Ende des Ost-West-Konflikts

Die vierte und letzte Fachkonferenz des Referats »Wirtschafts- und Sozialentwicklung« (WiSo) nach den Konferenzen in Kairo 1978, Harare 1983 und Bergneustadt 1988 fand im September 1993 in Hanoi/Vietnam statt. Mit der Wahl dieses Tagungsortes reagierte die Friedrich-Ebert-Stiftung auf die weltpolitischen Veränderungen, die seit der letzten Fachkonferenz stattgefunden hatten, und suchte Antworten auf die daraus entstandenen neuen Herausforderungen.[116]

Zeitgleich hatte das WiSo-Referat den Höhepunkt seiner Entfaltung erreicht. 1992 waren in 33 Projekten 37 entsandte und in der Zentrale in Bonn 13 Mitarbeiterinnen und Mitarbeiter tätig. Der Jahreshaushalt des Referats betrug fast 25 Millionen DM, ein Viertel der Gesamtausgaben der Abteilung Internationale Entwicklungszusammenarbeit.

Obwohl die Fachkonferenz von einem drohenden Rückgang der zur Verfügung stehenden Finanzmittel überschattet war (1994 gingen die Mittel um 3 Millionen DM gegenüber dem Vorjahr zurück und betrugen 1995 bei 29 Mitarbeitern und 34 Projekten nur noch etwa 18 Millionen DM), wurden neue, weitgehend aus der Projektarbeit entwickelte Ansätze wie »Kommunale Wirtschaftsförderung« und »Soziale Sicherungssysteme« diskutiert. Hinzu kam der Bereich der »Wirtschaftspolitischen Beratung« im Zusammenhang mit einem geplanten Forschungsprojekt »Soziale Dimension der Marktwirtschaft«.[117] Diese drei neuen Ansätze wurden auch als Schritte in Richtung einer stärkeren politischen Ausrichtung der Arbeit des WiSo-Referats verstanden.

Die Reduzierung der zur Verfügung stehenden Finanzmittel resultierte zum einen aus einer generellen Kürzung (ein Ergebnis der Folgekosten der deutschen Einheit), zum anderen aber auch aus veränderten Prioritäten in der internationalen und entwicklungspolitischen Arbeit der Friedrich-Ebert-Stiftung. So setzte der FES-Vorsitzende, Holger Börner, in seinem Vorwort zum Jahresbericht 1993 drei Schwerpunkte, die allesamt weit außerhalb des Fachbereiches »Wirtschaftsförderung« lagen: der Ausbau der Infrastruktur der

116 *Manfred Bardeleben*, Einführung in die Zielsetzung der Fachkonferenz, in: Dokumentation der Fachkonferenz des WiSo-Referats, Hanoi 1993, FES-Hausakte, S. 1.

117 Dokumentation der Fachkonferenz des WiSo-Referates, a. a. O., S. 3.

Friedrich-Ebert-Stiftung in Mittel- und Osteuropa; die Stützung des Friedensprozesses im Nahen Osten und die Förderung des Übergangs zu einer neuen politischen Ordnung in Südafrika.[118]

7.1 Wirtschaftspolitische Beratung

Die weltpolitischen Veränderungen in den 90er-Jahren, insbesondere der Zerfall der Sowjetunion, hatten auf viele Entwicklungsländer gravierende Auswirkungen. Zum einen fiel für die dem sozialistischen Lager zugeneigten Länder die Entwicklungshilfe aus dem »Ostblock« nahezu vollständig weg, was zu erheblichen wirtschaftlichen Problemen und Engpässen führte. Zum anderen mussten viele der betroffenen Länder erkennen, dass das System der Zentralverwaltungswirtschaft gescheitert war. Dies führte gelegentlich zu einer radikalen Kehrtwende in der Wirtschaftspolitik und hin zu einer geradezu euphorischen und undifferenzierten Propagierung einer »freien Marktwirtschaft«. Nachdem der interventionistische Staat versagt hatte, sollte nun das liberale Konzept des Minimalstaates die Probleme lösen.[119]

Projektbeispiel Vietnam

Vor diesem Hintergrund wird verständlich, dass bereits mit Beginn der 90er-Jahre die Nachfrage nach wirtschaftspolitischer Beratung im Gesamtengagement der Friedrich-Ebert-Stiftung eine zunehmende Bedeutung bekam. Die Aufnahme von Aktivitäten im sozialistischen Vietnam war ein Beispiel dafür. Die FES war eine der ersten Nichtregierungsorganisationen, die in Vietnam Ende 1990 (wieder) tätig wurden.[120] Nicht ohne Grund lag der Schwerpunkt der Zusammenarbeit zunächst im Bereich der Wirtschaftsförderung.

Mit dem Projekt »Rehabilitierung und Förderung von Handwerk und Kleinindustrie« wurde dem Wunsch der vietnamesischen Seite entsprochen, einen praktischen Beitrag zur Umsetzung der notwendigen Wirtschaftsreformen zu leisten. Das angestrebte Ziel war, mithilfe eines modellhaften Unternehmensberatungszentrums in der nahe Hanoi gelegenen Provinz Ha Bac (heute

118 *Friedrich-Ebert-Stiftung*, Jahresbericht 1993, S. 8-9.

119 *Manfred Bardeleben*, Projekte der Wirtschafts- und Sozialentwicklung im Rahmen der IEZ, in: Dokumentation der Fachkonferenz des WiSo-Referats, a. a. O., S. 19.

120 Die Friedrich-Ebert-Stiftung war in der zweiten Hälfte der 60er-Jahre kurzfristig in Südvietnam tätig gewesen – auch im Bereich der Genossenschaftsförderung. Das 1967 eröffnete Büro wurde aber bereits im Mai 1968, unmittelbar nach der Tet-Offensive, wieder geschlossen.

Bac Giang) einen Beitrag zur Stärkung von Selbsthilfe- und Interessenverbänden im Kleingewerbe zu leisten. Der von der vietnamesischen Regierung vorgesehene Partner, der staatlich gelenkte Genossenschaftsverband, stellte sich schon bald als ungeeignet heraus – er konnte sich nicht als ein von Mitgliedern getragener Verband konstituieren. Statt dessen fungierte die Provinzregierung (Volkskomitee) als Partner, sie entwickelte sich zu einem zuverlässigen und engagierten Projektpartner, der auch finanzielle Beiträge zum Aufbau und Betrieb des Zentrums leisten konnte und aktiv die Geschäftspolitik mitbestimmte. Die Arbeitsschwerpunkte des Unternehmensberatungszentrums lagen in den Bereichen Technologie- und Betriebsberatung, der Aus- und Weiterbildung von Unternehmerinnen und Unternehmern in betriebswirtschaftlichen Fragen sowie in der Kreditvermittlung. Ein von der FES bereitgestellter Kreditgarantiefonds in Höhe von 100.000 US-Dollar für Kleingewerbetreibende sicherte 80 Prozent der benötigten Kreditsumme ab, das restliche Risiko wurde von der Partnerbank getragen.

Der Beitrag der FES konzentrierte sich vor allem auf die Aus- und Fortbildung der lokalen Betriebsberater. Darüber hinaus trug die FES durch die Organisation überregionaler Informationsveranstaltungen dazu bei, die gemachten Erfahrungen landesweit vorzustellen, denn das 1992 eingeweihte Unternehmensberatungszentrum war das erste seiner Art in ganz Vietnam. Häufig besuchten Delegationen aus anderen Provinzen das Zentrum, und 2006 existierten bereits in 42 Provinzen vergleichbare Einrichtungen.

Parallel dazu kooperierte die FES mit dem staatlichen Zentralinstitut für Wirtschaftsführung (Central Institute for Economic Management – CIEM), um die konkreten Erfahrungen aus dem Unternehmensberatungszentrum in eine landesweite Förderpolitik für Klein- und Mittelindustrie einzubringen.

Ende 2001 übergab die Friedrich-Ebert-Stiftung das Zentrum an den Projektpartner. In den fünf Jahren zuvor hatte das Unternehmensberatungszentrum mithilfe der FES unter anderem mehr als 60 Kurse zu Themen wie Existenzgründung, Unternehmensmanagement usw. sowie 30 Veranstaltungen zur Erläuterung des neuen Genossenschaftsgesetzes durchgeführt. Insgesamt profitierten fast 5.000 Personen von diesen Angeboten. Daneben wurden 30 Beratungsgespräche mit bereits bestehenden Firmen geführt und jährlich etwa drei langfristige Beratungsverträge abgeschlossen.

Zu Beginn der Beratung, 1992, existierten gerade mal 75 Unternehmen in der Provinz, inzwischen sind es weit mehr als tausend. Im gleichen Maße wuchs auch das Beratungszentrum, vor allem seit der Übergabe des Zentrums an die Provinzregierung. Der Zwang zu mehr Eigeninitiative und Eigenfinanzierung schien viel positive Energie freigesetzt zu haben. Bis zum Jahre 2004 erhöhte sich die Mitarbeiterzahl von anfangs fünf auf 14 und im Jahre 2006 waren es bereits 19 Mitarbeiter. Die fünf ursprünglich von der Friedrich-Ebert-Stiftung geschaffenen Planstellen bezahlt auch weiterhin die Provinzregierung, die 14 zusätzlichen finanziert das Unternehmensberatungszentrum jedoch aus selbsterwirtschafteten Mitteln.[121]

Rückblickend ist anzumerken, dass sich die Schlussfolgerung einer Anfang 1996 durchgeführten Evaluierung des Gesamtansatzes der Friedrich-Ebert-Stiftung in Vietnam, nach der weder die lokale Trägerschaft des Beratungszentrums durch die Provinzbehörde noch die Schwerpunktsetzung auf Beratung zukunftsfähig seien, als falsch erwiesen hat.[122]

7.2 Kommunale Wirtschaftsförderung

Durch den Arbeitsansatz »Kommunale Wirtschaftsförderung« sollte den weltweit zu beobachtenden Dezentralisierungstendenzen Rechnung getragen werden. Provinzen und Kommunen erhielten größere Handlungsspielräume. Strukturanpassung und Demokratisierung eröffneten einerseits die Chance, der Bevormundung und Inkompetenz sowie dem Desinteresse des Zentralstaates zu entkommen. Andererseits aber brachte diese Entwicklung den Zwang mit sich, die Lücke, die der Zentralstaat hinterließ, zu schließen und die Erwartungshaltungen und Bedürfnisse der betroffenen Menschen zu erfüllen. Für die internationale Entwicklungszusammenarbeit der Friedrich-Ebert-Stiftung bedeutete dies, dass das bisher genutzte Instrumentarium nicht einfach aus der Vergangenheit übertragen werden konnte, sondern neue Strategien entwickelt werden mussten, die das spezifische Anforderungsprofil an die kommunale Wirtschaftsförderung berücksichtigten, vor allem die dafür erforderliche enge Verzahnung von wirtschaftlicher und politischer Entwicklung.[123]

Auf der vierten Fachkonferenz in Hanoi im September 1993 definierten die teilnehmenden Mitarbeiterinnen und Mitarbeiter »Kommunale Wirtschaftsförderung« folgendermaßen:

121 *Manfred Bardeleben*, Projekte der Wirtschafts- und Sozialentwicklung im Rahmen der IEZ, in: Dokumentation der Fachkonferenz des WiSo-Referats, a. a. O., S. 19

122 *Peter Wolff/Thomas Klebe/Erfried Adam*, Evaluierung der Arbeit der Friedrich-Ebert-Stiftung in Vietnam, März 1996, FES-Hausakte, S. 8.

123 *Reiner Rademacher*, Kommunale Wirtschaftsförderung – Einführung, undatiert, FES-Hausakte.

»Die kommunale Wirtschaftsförderung ist die Anwendung politischer und wirtschaftspolitischer Instrumente innerhalb des kommunalen Handlungsspielraums.«[124]

Projektbeispiel Südafrika

Als ein gelungenes Beispiel »Kommunaler Wirtschaftsförderung« gilt das ehemalige Wirtschaftsförderungsprojekt der Friedrich-Ebert-Stiftung in Südafrika. Es verfolgte das Ziel, die Rahmenbedingungen für die Entwicklung lokaler Initiativen zur Schaffung von Arbeitsplätzen und Einkommen in den Wohngebieten der während der Apartheid benachteiligten und mehrheitlich armen schwarzen Bevölkerung des Landes zu verbessern. Dadurch sollte ein Beitrag zur Überwindung der wirtschaftlichen und sozialen Folgen der Apartheid geleistet werden. Im Wesentlichen ging es darum, kommunale Wirtschaftsförderung in Südafrika bekannt zu machen, Anstöße für deren Umsetzung in kommunale und nationale Förderprogramme zu geben sowie den Informationsaustausch über die dabei gemachten Erfahrungen zu unterstützen.[125]

Das Projekt warf eine Reihe von ordnungspolitischen Fragen auf, z. B.: Welche Rolle soll der Staat bzw. der private Sektor im Rahmen der kommunalen Wirtschaftsförderung spielen? Sind die rechtlichen Rahmenbedingungen, unter denen Akteure der Wirtschaftsförderung auf lokaler Ebene arbeiten, angemessen? Wie sind Initiativen der kommunalen Wirtschaftsförderung unter dem Aspekt der Armutsbekämpfung zu bewerten bzw. im Hinblick auf ihre armutsmindernde Wirkung auszugestalten? Alle diese Fragen griff die FES in Zusammenarbeit mit ihren südafrikanischen Partnern auf, brachte sie in die wirtschaftspolitische Diskussion ein und beteiligte sich aktiv an der Ausformulierung einer nationalen Förderpolitik.

Aufgrund der zentralistischen Wirtschaftspolitik während der Zeit der Apartheid war das Wissen über dezentrale Interventionen nur gering ausgeprägt. Es wurden deshalb auch internationale Erfahrungen mit kommunaler Wirtschaftsförderung ausgewertet und das instrumentelle und institutionelle Wissen weiterentwickelt.

Die angebotenen Trainingskurse und Workshops richteten sich an Kommunalpolitiker, Mitarbeiter von Stadt- und Gemeindeverwaltungen, Vertreter

124 Dokumentation der Fachkonferenz des WiSo-Referats, a. a. O., S. 58.

125 Vgl. *Volker Vinnai*, Den Wandel begleiten. Die Arbeit der Friedrich-Ebert-Stiftung in Südafrika seit den 1980er-Jahren, in: *Andreas Wille/Klaus-Peter Treydte/Volker Vinnai,* Die Arbeit der Friedrich-Ebert-Stiftung in wichtigen Schwellenländern, a. a. O., S. 229-234.

lokaler Nichtregierungsorganisationen, Kammern und sonstige Akteure der kommunalen Wirtschaftsförderung. Die Mehrzahl der Aktivitäten fand in der Provinz Gauteng statt, schloss aber manchmal auch Städte und Gemeinden anderer Provinzen ein. Ein Höhepunkt war sicherlich die »National Small Business Conference«, die im November 1997 mit etwa 2.500 Teilnehmern im Beisein von Präsident Nelson Mandela stattfand. Die FES führte dazu ein neunmonatiges Vorbereitungsprogramm durch und beteiligte sich auch selbst an der mehrtägigen Veranstaltung.[126]

Unterstützt wurde auch der Informations- und Erfahrungsaustausch zwischen Praktikern kommunaler Wirtschaftsförderung. Hierzu erschien von 1994 an ein regelmäßiges Informationsblatt, und die FES veranstaltete Gesprächskreise zu aktuellen Fragen der »Kommunalen Wirtschaftsförderung«.

Der politische Meinungsbildungsprozess zum Thema »Kommunale Wirtschaftsentwicklung« konnte im Jahr 2000 abgeschlossen werden. Der beste Beleg dafür ist ein von der Regierung vorgelegtes Förderkonzept, das den Willen der Regierung unterstreicht, die erforderlichen Mittel zukünftig in den regulären Haushaltsplan des Ministeriums aufzunehmen. Außerdem ruft es die Städte und Gemeinden auf, in ihren Anstrengungen zur Wirtschaftsförderung nicht nachzulassen.[127]

Interessant ist in diesem Zusammenhang ein kurzer Vergleich zwischen den Ländern Südafrika und Vietnam. In beiden förderte die Friedrich-Ebert-Stiftung Klein- und Mittelbetriebe im Zusammenhang mit kommunaler Wirtschaftsförderung. In Vietnam wuchs trotz anhaltender Gängelung der Privatwirtschaft und des Fehlens staatlicher Förderprogramme die Wirtschaft mit beachtlichen Raten, woran vor allem kleine und mittlere Unternehmen einen wesentlichen Anteil hatten. In Südafrika dagegen lag die Wirtschaft in den »Townships« und »Homelands« danieder. Die Regierung hatte zwar ein beeindruckendes Fördergesetz für Klein- und Mittelbetriebe erlassen und die erforderlichen Institutionen dafür geschaffen, doch realwirtschaftlich änderte sich nur wenig. Dazu ein Auszug aus dem Tagebuch des FES-Auslandsmitarbeiters, Jürgen Stetten, der in beiden Ländern aktiv war:

126 Information von Jürgen Stetten (Leiter der Wirtschaftsförderprojekte in Vietnam 1994–1995 und Südafrika 1996–2001 sowie Koordinator Globalisierungsprojekt Referat Entwicklungspolitik 2001–2005).

127 *Jürgen Stetten*, Jahresbericht 2000, Wirtschaftsförderung Südafrika, Johannesburg, Dezember 2000, FES-Hausakte.

»Als ich 1994 in Vietnam die Verantwortung für das Förderprojekt für kleine und mittlere Unternehmen in der Provinz Ha Bac übernahm, herrschte in Hanoi eine eigenartige Mischung aus Aufbruchstimmung und Zweifel. Ich war nicht der Einzige, dem die ›Marktwirtschaft mit sozialistischem Antlitz‹ wie die Quadratur des Kreises erschien. Zwar sprang dem Beobachter in der Altstadt von Hanoi und bei den Fahrten über Land die wirtschaftliche Dynamik und der Tatendrang entgegen, den die Reformpolitik ›Doi Moi‹ (zu Deutsch: Erneuerung) ausgelöst hatte. Mindestens ebenso sichtbar waren jedoch die Augen, Ohren und Hände eines rigiden Staatswesens. Die Widersprüchlichkeit galt auch für die Projektarbeit der Friedrich-Ebert-Stiftung. Bei meinen regelmäßigen Fahrten in das Unternehmensberatungszentrum Ha Bac lernte ich Unternehmer kennen, die einem Schumpeterschen Lehrbuch entsprungen zu sein schienen. Es waren gut ausgebildete Handwerker und Ingenieure, die vorher in einem industriellen Staatsbetrieb sowjetischer Prägung gearbeitet hatten und nun mit Ideen und unternehmerischem Mut private Betriebe aufbauten, in denen Traktoren, Möbel und Papier produziert wurden. Die vom Projekt der Stiftung angebotenen Lehrgänge in Buchhaltung, Ausbildungskurse für Facharbeiter und Kreditgarantien nahmen sie gerne in Anspruch. Genauso omnipräsent wie die wirtschaftliche Dynamik war das ›sozialistische Antlitz‹. Seminare durchzuführen oder einen internationalen Experten ins Land zu bringen erwies sich als ein Geduldsspiel aus Anträgen und Genehmigungsverfahren. Obwohl letztlich (fast immer) alles klappte, schienen die offiziellen Stellen die Aktivitäten der Friedrich-Ebert-Stiftung mit großer Skepsis zu verfolgen. Von einer offiziellen Förderpolitik für private Unternehmer war Hanoi weit entfernt.

Szenenwechsel. Im Jahre 1996 wurde ich von Hanoi nach Johannesburg versetzt und übernahm die Leitung des dortigen Wirtschaftsförderungsprojekts der Stiftung. In Südafrika bedeutete wirtschaftliche Transformation vor allem eines: ›Black Economic Empowerment‹, d. h. den Aufbau wirtschaftlicher Strukturen in den strukturschwachen ›Homelands‹ und ›Townships‹ und die Herausbildung einer Schicht von Unternehmern im Kreis derjenigen Bevölkerungsgruppen, die von der Apartheid-Politik brutal ausgegrenzt worden waren. Während in Hanoi eine Förderpolitik für private Unternehmer einem Tabubruch gleichgekommen wäre, hatte in Südafrika die erste demokratisch gewählte Regierung mithilfe der Stiftung eine Politik zur Förderung von Kleinunternehmern verabschiedet, die Vorbildcharakter hatte. Begeistert schickte ich eine Kopie des südafrikanischen

Fördergesetzes für kleine und mittlere Unternehmen von Johannesburg nach Hanoi.

Rasch folgte die Ernüchterung. Auf meinen Fahrten in die Gebiete, in denen das Apartheid-Regime die schwarze Bevölkerung kaserniert hatte, suchte ich vergeblich nach Anzeichen wirtschaftlicher Dynamik und unternehmerischer Initiative. Statt dessen traf ich in den Seminaren der Friedrich-Ebert-Stiftung auf engagierte Politiker und Beamte, die händeringend nach Möglichkeiten suchten, einer Bevölkerung gerecht zu werden, die nicht über unternehmerische Chancen belehrt werden wollte, sondern auf regelmäßige und ordentlich bezahlte Jobs wartete. Wieder sah es nach einer Quadratur des Kreises aus – nur anders herum.

Im Rückblick erscheint mir der Wechsel von Hanoi nach Johannesburg wie das Spiel ›verkehrte Welt‹. Die politischen Rahmenbedingungen und die Instrumente, mit denen die Friedrich-Ebert-Stiftung diesen gerecht werden wollte, hätten unterschiedlicher nicht sein können. In beiden Fällen gab es Licht und Schatten. Aber wer weiß: Vielleicht stammt eines der Möbelstücke, das ich soeben bei Ikea mit dem Etikett ›Made in Vietnam‹ erworben habe, von einem ›unserer‹ Betriebe in Ha Bac. Und vielleicht wird im Team des 2008 neu zu wählenden südafrikanischen Präsidenten auf die Erfahrungen eines Stiftungs-Kurses über kommunale Wirtschaftsförderung zurückgegriffen.«[128]

Projektbeispiel Brasilien

Ein weiteres gelungenes Beispiel für »Kommunale Wirtschaftsförderung« war ein Projekt der Friedrich-Ebert-Stiftung, das sich auf den Bundesstaat Rio de Janeiro in Brasilien konzentrierte. Die Kleinindustrie in Brasilien (sowie in fast allen Ländern des Cono Sur) ist ein entscheidender Sektor, um zusätzliche Arbeitsplätze zu schaffen und bestehende zu erhalten. Trotzdem waren die strukturellen Defizite dieses Sektors hoch. Mangelnde politische Interessenvertretung, fehlende Förderinstrumente und eine auf Schlüsselindustrien ausgerichtete Wirtschaftspolitik grenzten die Kleinindustrie aus. Die Kommunalverwaltungen waren nur begrenzt in der Lage und bereit, Wirtschaftsförderinstrumente einzusetzen. Die Verbände von kleinen und mittleren Unternehmen wiesen erhebliche organisatorische Mängel auf.

128 *Jürgen Stetten*, Von Hanoi nach Johannesburg: Aus dem Tagebuch eines Auslandsmitarbeiters, Juli 2007 (unveröffentlicht).

Diese Defizite konnten zwar nicht von der FES allein behoben werden. Aber das Projekt »Serviços e Estudos de Realização Empresarial Social« (SERE) diente dazu, Mechanismen und Modelle zu entwickeln, um Strukturen zu verbessern, Aufmerksamkeit zu wecken und Ansätze in nationale Organisationen zu verpflanzen.

Das Arbeitsprogramm von SERE orientierte sich an den wesentlichen Defiziten der miteinander vernetzten Arbeitsebenen: die Ausarbeitung von politischen und praktischen Konzepten für kleine und mittlere Unternehmen; die Entwicklung von adäquaten Instrumenten der »Kommunalen Wirtschaftsförderung« und die Verbesserung der organisatorischen und inhaltlichen Struktur von Kleinunternehmerverbänden.

Darüber hinaus gab es komplementäre Aktivitäten wie soziale Projekte für den informellen Sektor, die Arbeitsplätze und damit Einkommen schufen und absicherten; die Verankerung des Lehrthemas »Kleine und Mittlere Unternehmen« an Universitäten und die Entwicklung von Förderstrategien für frauenspezifische Produktionsformen.[129] Ende 2001 wurde das Consultingunternehmen SERE dann an ein brasilianisches Team übergeben und das FES-Büro in Rio de Janeiro geschlossen. Aber auch ohne die direkte Mitwirkung der FES findet SERE weiterhin eine breite Anerkennung als spezialisierte und zuverlässige Institution zur Planung und Umsetzung von Maßnahmen der lokalen, integralen und nachhaltigen Wirtschaftsentwicklung.[130]

Die Erfolge der drei hier vorgestellten Projekte in Vietnam, Südafrika oder Brasilien basierten auf der Erfahrung, dass armutsorientierte Einkommens- und Beschäftigungsprogramme im Bereich der Förderung von Klein- und Mittelbetrieben nur dort Breitenwirkung entfalten konnten, wo sie in lokale wirtschafts- und sozialpolitische Initiativen eingebettet waren. So gesehen war die »Kommunale Wirtschaftsförderung« eine konsequente Weiterentwicklung der bis dahin geleisteten Arbeit in der Wirtschafts- und Sozialstrukturförderung der FES und bot zudem die Chance, das politische Profil in diesem Betätigungsfeld deutlicher zum Ausdruck zu bringen.

129 Info 1/97: Aus der Arbeit der Friedrich-Ebert-Stiftung. Herausgegeben von der Presse- und Informationsstelle, >http://www.fes.de/info/info1_97/schwer.html<, 14.10.2006.

130 *Willi Haan*, Halbjahresbericht, Teilprojekt Brasilien: SERE – Rio de Janeiro, Förderung der Wirtschafts- und Sozialstruktur, 30. Juli 2001, FES-Hausakte.

7.3 Soziale Marktwirtschaft und soziale Sicherungssysteme

»Vor dem allgemeinen historischen Hintergrund einer auf sozialen Ausgleich konzipierten Wirtschaftsordnung, der sozialen Marktwirtschaft, und der besonderen Verbundenheit mit der Tradition sozialer Demokratie kann die Stiftung für sich in Anspruch nehmen, komparative Vorteile in wirtschafts- und ordnungspolitischer Beratung, die für die soziale Dimension sensibel ist, zu besitzen. Es bietet sich daher an, in die entstehende Pluralität von staatlichen und nicht staatlichen Trägern der Wirtschaftspolitik Konzepte einzubringen, die sozialer Gerechtigkeit und sozialem Ausgleich Rechnung tragen und dabei soweit wie möglich auf eigene Erfahrungen und Traditionen zurückgreifen.«[131]

In diesen Zusammenhang ordnete sich das im Frühjahr 1993 im Rahmen des Projekts »Soziale Dimension der Marktwirtschaft« in Angriff genommene und 1994 erschienene Beratungsmanual ein.[132] Das Manual wurde nicht nur mit Blick auf die praktischen Anforderungen in der Projektarbeit konzipiert, es reflektierte auch das soziale und politische Grundverständnis der Friedrich-Ebert-Stiftung. Es verstand sich nicht als Werkzeug einer neutralen wirtschaftspolitischen Beratung, sondern bekannte sich zu den sozialen Anliegen, für die die FES steht, und versuchte, diese im wirtschaftspolitischen Kontext zu artikulieren. Im Unterschied zu vergleichbaren Vorhaben ging es in diesem Manual nicht um eine unmittelbare Regierungsberatung, vielmehr richtete sich das Beratungsangebot primär an alte und neue Partner im nicht staatlichen Bereich. Sie sollten in die Lage versetzt werden, ihren sozialen Forderungen in wirtschaftspolitischen Entscheidungsprozessen fundierten Nachdruck zu verleihen. Die Beratungsarbeit der FES bestand darin, die Partner für wirtschaftspolitische Restriktionen zu sensibilisieren und mit ihnen Lösungsmöglichkeiten zu diskutieren. Die unmittelbare Überzeugungs- und Lobbyarbeit wurde – im Unterschied zur klassischen Regierungsberatung – den Partnern überlassen.[133]

Das Manual behandelte elf Wirtschaftspolitiken: Wettbewerbspolitik; Konjunktur- und Wachstumspolitik; Geld-, Kredit- und Währungspolitik;

131 Dokumentation der Fachkonferenz des WiSo-Referats, a. a. O., S. 70.

132 *Friedrich-Ebert-Stiftung* (Hg.), Die soziale Dimension der Marktwirtschaft, Ein Beratungsmanual für die internationale Entwicklungszusammenarbeit, Bonn 1994.

133 Ebd. S. 5 f.

Steuer- und Ausgabenpolitik; Außenwirtschaftspolitik; Arbeitsmarktpolitik; Infrastrukturpolitik; Tarifpolitik und industrielle Beziehungen; Agrarpolitik; Raumordnung und Städtebau sowie Industriepolitik.

Den Herausgebern ging es vorrangig um die sozialen Komponenten im Konzept einer sozialen Marktwirtschaft und um die Spielräume, die in einer systemkonformen Wirtschaftspolitik für die Lösung sozialer Probleme zur Verfügung stehen.[134] Die Auswahl der Wirtschaftspolitiken reagierte auf einen zu dieser Zeit vorhandenen Beratungsbedarf in den Projekten. Für den Einsatz in den Wirtschafts- und Sozialstrukturprojekten der Friedrich-Ebert-Stiftung in Afrika und Lateinamerika wurde das Manual – zumindest in Teilen – auch ins Englische und Spanische übersetzt.

Das Manual wurde von vielen Mitarbeiterinnen und Mitarbeitern als hilfreich in ihrer täglichen Projektarbeit angesehen, vor allem wenn es darum ging, die Vielschichtigkeit der Umsetzung sozialer Zielsetzung in der Politik besser erfassen zu können. Denn allzu oft wurde dabei nicht über den sozialpolitischen Tellerrand hinausgesehen und vergessen, dass auch Stadtentwicklung oder Verkehrsinfrastruktur etwas mit sozialer Gestaltung zu tun haben.[135]

Parallel zu dieser wirtschaftspolitischen Beratung, die eine an einem sozialen Konsens orientierte Wechselbeziehung zwischen Staat, Markt und sozialen Gruppen zum Inhalt hatte, rückten ebenso Fragen der sozialen Sicherung in den Vordergrund. Daraus ergab sich für die Friedrich-Ebert-Stiftung immer wieder der komplexe »Spagat«, gegenüber marktradikalen Positionen die »soziale Dimension der Marktwirtschaft« betonen zu müssen und gleichzeitig zu versuchen, traditionelle Partner von unrealistischen sozialpolitischen oder wohlfahrtsstaatlichen Erwartungen abzubringen.[136]

Die Dringlichkeit, auch im Bereich sozialer Sicherungssysteme aktiv zu werden, ergab sich zum einen aus der Erosion traditioneller Ordnungen, die sozialen Umbrüchen ausgesetzt waren und die ursprüngliche Solidarfunktionen nicht mehr leisten konnten. Zum anderen führten strukturelle Anpassungsprozesse – oft auf Druck der Weltfinanzinstitutionen – zu erheblichen sozialen Verwerfungen. In Zeiten, die durch Kürzungen im staatlichen Budget und durch den Rückzug des Staates aus sozialpolitischen Aufgabenbereichen

134 Projektskizze: Soziale Dimension der Marktwirtschaft, undatiert, FES-Hausakte.

135 Information von Peter Mayer.

136 *Erfried Adam*, Gesellschaftliche Transformationsprozesse in unterentwickelten Ländern, in: Das mühsame Geschäft der Demokratisierung. Konzepte und Erfahrungen aus der internationalen Entwicklungszusammenarbeit der Friedrich-Ebert-Stiftung, hg. von der *Abteilung Internationale Entwicklungszusammenarbeit in der Friedrich-Ebert-Stiftung*, Bonn 1999, S. 57.

gekennzeichnet waren, konnte mit einer Ausweitung des formellen Versicherungssystems unter staatlicher Hoheit kaum kurz- oder mittelfristig gerechnet werden. Vom modernen System einer formalen Sozialversicherung profitierten ohnehin nur Minderheiten in den Dritte-Welt-Ländern.[137]

Die Entwicklung und Förderung von Alternativen zu formellen und traditionellen Sicherungssystemen war daher ein Anliegen, dem im Rahmen der Wirtschafts- und Sozialstrukturförderung der Friedrich-Ebert-Stiftung Anfang der 90er-Jahre eine wachsende Bedeutung zukam.

Um den Bedürfnissen der Partner in den Entwicklungsländern entsprechen zu können und um den Mitarbeiterinnen und Mitarbeitern der Friedrich-Ebert-Stiftung Beratungsansätze zugänglich zu machen, erschien 1996 ein Handbuch, in dem die in der FES gesammelten Erfahrungen im Bereich Sozialpolitik und soziale Sicherungssysteme zusammengefasst waren.[138]

Analog zu dem zuvor beschriebenen Manual »Soziale Dimension der Marktwirtschaft« wurden zuerst das deutsche System und dessen Grenzen in Grundzügen dargelegt. Es folgten Erfahrungen aus Entwicklungsländern und praktische Vorschläge zu Instrumenten, Akteuren und potenziellen Partnern. Im letzten Teil des Manuals wurden 15 Projektansätze zur sozialen Sicherung beschrieben, von denen im Folgenden das Projekt »Verknüpfung von informeller mit formeller Sicherung in Indien« exemplarisch vorgestellt werden soll:

Projektbeispiel Verknüpfung von informeller mit formeller Sicherung in Indien

Ein Schwerpunkt der FES-Arbeit in Indien ist seit vielen Jahren die Ankoppelung der benachteiligten Gruppen, der ländlichen Gebiete, der Armen und der »Nicht-Kreditwürdigen« an die nationale und internationale Debatte.[139]

Im Mittelpunkt der Projektarbeit standen deshalb für lange Zeit die Bedürfnisse des informellen Sektors, da dieser die große Mehrheit der in Armut lebenden, sozial ungesicherten Bevölkerung umfasst. Zielgruppen waren selbstständige oder lohnabhängige Frauen aus dem informellen Sektor, denen

137 Dokumentation der Fachkonferenz des WiSo-Referats, a. a. O., S. 63.

138 *Friedrich-Ebert-Stiftung* (Hg.), Soziale Sicherung in der internationalen Entwicklungszusammenarbeit. Ein Beratungsmanual der Friedrich-Ebert-Stiftung, Bonn April 1996.

139 Vgl. *Klaus-Peter Treydte*, Die Zeiten ändern sich und wir uns mit ihnen. Die Arbeit der Friedrich-Ebert-Stiftung in Indien 1964–2009, in: *Andreas Wille/Klaus-Peter Treydte/Volker Vinnai*, a. a. O., S 126-127.

der Zugang zum formalen Bankensystem fehlte und die sich in Frauenselbsthilfegruppen zusammengeschlossen hatten.

So wirkt zum Beispiel in Bihar, einem der ärmsten Bundesstaaten Indiens, seit 1988 die nach einem Mädchennamen benannte Selbsthilfegruppe ADITHI, die zu Beginn der 90er-Jahre mithilfe der FES einen Spar- und Kreditfonds für Frauen aufbaute. Die FES leistete für diesen Fonds einen finanziellen Beitrag in Höhe von etwa 70.000 DM. Darüber hinaus stellte die FES Fachkräfte zur Aus- und Weiterbildung von Mitarbeiterinnen der ADITHI zur Verfügung. Gemeinsam veranstalteten sie Trainingsprogramme zu allen Fragen der Kreditvergabe. In den Jahren 1991 bis 1998 konnten mehr als 5.800 Kredite mit einem Volumen von 20 bis 100 DM an 2.300 Frauen vergeben werden. Auf diese Weise bekamen die Frauen Zugang zu fairen Krediten bei gleichzeitiger Beratung. Das zusätzliche Einkommen, das die Frauen damit erarbeiteten, setzten sie vorrangig für Ernährung und Gesundheit sowie die Schulbildung ihrer Kinder ein. Die Rückzahlungsquote lag bei über 90 Prozent. Der erfolgreiche Verlauf des Projekts erlaubte der FES, den Fonds 1994 an den indischen Partner zu übergeben. Ebenso wurde das gesamte Management des Fonds an Mitglieder der Selbsthilfegruppe übertragen. Heute nehmen mehr als 20.000 Frauen an dem Spar- und Kreditprogramm teil. In der weiteren Zusammenarbeit zwischen der FES und ADITHI ging es vor allem um formalisierte und umfangreichere Formen der sozialen Sicherung wie zum Beispiel die Versicherung von Produktionsmitteln. Die FES unterstützte die Entwicklung solcher Konzeptionen durch Fortbildungsmaßnahmen sowie durch den Erfahrungsaustausch zwischen unterschiedlichen Selbsthilfegruppen.

Soziale Sicherheit – vor allem im informellen Sektor – ist für die Friedrich-Ebert-Stiftung in Indien bis heute ein wichtiges Thema, das noch immer regelmäßig mit Partnern aus Politik, Gewerkschaften und Medien aufgegriffen wird. Auf der Grundlage der Erfahrungen mit den Spar- und Kreditfonds von ADITHI und anderen Nichtregierungsorganisationen wurde in Zusammenarbeit mit der FES ein Politikdialog mit gesellschaftspolitischen Entscheidungsträgern wie dem Arbeitsministerium, der »National Commission for Women«, dem »National Credit Fund for Women«, den staatlichen Versicherungsgesellschaften und anderen interessierten Institutionen initiiert. Begleitend dazu wurden Publikationen erarbeitet, die als Grundlage für die nationalen Diskussionen dienten.

Die Erfahrungen der Projektarbeit in Indien zeigen, dass einfache, in Selbsthilfe organisierte Formen der sozialen Sicherung im Bereich der Lebensversicherung, Versicherung der Produktionsmittel (Vieh, Werkzeuge etc.),

Kreditversicherung, Schutz bei Unfall, Krankheit und Mutterschaft durchaus möglich sind.[140]

8 Neue Herausforderungen: Von lokaler zu globaler Strukturpolitik

Der Globalisierungsschub der 90er-Jahre sorgte sowohl in der Entwicklungspolitik als auch in der internationalen Arbeit der Friedrich-Ebert-Stiftung für einen Perspektivenwechsel. Wie bereits in den 70er-Jahren, als der Ölpreisschock die Forderung nach einer »Neuen Weltwirtschaftsordnung« laut werden ließ, war es nach dem Ende des Kalten Krieges die »Globalisierung«, die erneut die internationalen Rahmenbedingungen von Entwicklung in den Blick rückte. Auslöser waren die wirtschaftliche Liberalisierungswelle und die »Entgrenzung« der Güter- und Finanzmärkte, die nicht zuletzt die wirtschaftliche und soziale Entwicklung in den Ländern des Südens beeinflussten. Obwohl der Globalisierungsprozess weltweit sowohl Gewinner als auch Verlierer hervorbrachte, wurde die entwicklungspolitische Diskussion von den schmerzhaften Anpassungsprozessen dominiert, die in vielen Entwicklungs- und Schwellenländern zu beobachten waren. Erste konkrete Erfahrungen im Umgang mit dem Prozess der zunehmenden internationalen Verflechtung machte die Friedrich-Ebert-Stiftung im sogenannten »TransFair-Projekt«, das sicherlich zu den Vorzeigeprojekten der Wirtschafts- und Sozialstrukturförderung der FES gehörte.

Das TransFair-Projekt: Verbesserung von Handelsstrukturen am Beispiel Kaffee[141]

Die Erfahrung, dass Entwicklungszusammenarbeit allein nicht die negativen Folgen von Weltmarktverwerfungen neutralisieren kann, wie z. B. die Benach-

140 *Beate Martin*, Verknüpfung von informeller mit formeller Sicherung in Indien, in: *Friedrich-Ebert-Stiftung – Referat Wirtschafts- und Sozialentwicklung, Abteilung Internationale Entwicklungszusammenarbeit* (Hg.), Soziale Sicherung in der internationalen Entwicklungszusammenarbeit, Bonn April 1996, S. 307 ff., sowie Information von Renate Tenbusch (Projektleiterin 2005–2008).

141 Information von Berthold Leimbach (Projektleiter 1984–1989, Referent im Referat WiSo und Mitglied des Gründungsvorstandes der AG-Kleinbauernkaffee e. V. und TransFair Deutschland 1990–1993).

teiligung der Rohstoffproduzenten aus der Dritten Welt, veranlasste die Friedrich-Ebert-Stiftung und einige andere Organisationen der kirchlichen und politischen Entwicklungszusammenarbeit, 1992 »TransFair«, den Verein zur Förderung des fairen Handels mit der Dritten Welt, zu gründen. Am Beispiel Kaffee sollte demonstriert werden, dass es möglich war, durch Zusammenarbeit von Produzenten, Handel und Verbrauchern Süd-Nord-Handelsstrukturen durchzusetzen, die das Überleben von Kleinbauern sichern.

Ausschlaggebend für dieses Engagement waren die praktischen Erfahrungen und Ergebnisse der Arbeit der FES bei der Förderung und dem Aufbau ländlicher Selbsthilfeorganisationen in Lateinamerika.

So unterstützte die FES beispielsweise seit 1985 genossenschaftlich organisierte Produzentengruppen in Costa Rica und anderen Kaffee produzierenden Ländern bei der Verbesserung ihrer Betriebsorganisation und dem Aufbau neuer Vermarktungswege. Durch intensive Beratungsarbeit und die Durchführung von Seminaren, Workshops und anderen Informationsveranstaltungen konnte vielen Produzentenorganisationen – auch in den Nachbarländern Honduras, Guatemala, Nicaragua und El Salvador – bei der Lösung konkreter Probleme in den Bereichen Produktion, Vermarktung und Organisation von Genossenschaften und Kleinbauernverbänden geholfen werden. Ein Erfolg dieser Arbeit war 1989 die Gründung eines Dachverbandes kleinbäuerlicher Kaffeeproduzenten COOCAFE (Consorcio de Cooperativas de Guanacaste y Montes de Oca) in Costa Rica.

Dieser Dachverband sowie die Kontakte zur GEPA (Gesellschaft zur Förderung der Partnerschaft mit der Dritten Welt), der Handelsorganisation von Weltläden in Deutschland, und die enge Zusammenarbeit mit der niederländischen »Max Havelaar Initiative« führten 1990 zur Bildung eines überregionalen lateinamerikanischen Verbandes Kaffee produzierender Kleinbauern, der »Frente Solidario«. Der Verband sollte die Interessen der Kleinbauern auf internationaler Ebene vertreten.

Die wesentlichen Forderungen der »Frente Solidario«, ein breiter Marktzugang und bessere Handelsbedingungen, wurden von der in der Bundesrepublik Deutschland im Juli 1991 gegründeten »Arbeitsgemeinschaft Kleinbauernkaffee e. V.« aufgegriffen. Neben verschiedenen Institutionen der evangelischen und katholischen Kirchen, dem Bildungswerk des Deutschen Gewerkschaftsbundes und Vertretern der Produzentenverbände gehörten ihr Organisationen des alternativen Handels, mehrere entwicklungspolitische Initiativen und Aktionsgruppen sowie auch die Friedrich-Ebert-Stiftung an. Ziel war, direkte Absatzmöglichkeiten und präferenzielle Handelsbedingungen für besonders benachteiligte Kleinproduzenten aus Entwicklungsländern zu fördern und über gezielte Maßnahmen der entwicklungspolitischen Bildungs- und Öffentlichkeitsarbeit auf die negativen Auswirkungen der gegenwärtigen Handelsstrukturen für die Kleinbauern aufmerksam zu machen.

Im Jahr 1992 entstand aus dieser Arbeitsgemeinschaft »TransFair«, eine Institution, die nicht selbst Handel treibt, aber mit ihrem Siegel ganz wesentlich zur Verbesserung der Vermarktungsbedingungen der Kleinproduzenten beiträgt. Am Aufbau hatte die Friedrich-Ebert-Stiftung durch ihre Mitarbeit im Vorstand und mit der Vorbereitung und Durchführung jährlicher Treffen von TransFair-Lizenznehmern und Mitgliederversammlungen, an der auch Vertreter der Kleinbauerngenossenschaften teilnahmen, einen großen Anteil. Am Rande dieser Veranstaltungen organisierte die FES für die Produzentenvertreter Kontakte zu Kaffee-Importeuren und -röstern sowie öffentlichkeitswirksame Veranstaltungen, auf denen Konsumenten die Situation der Kleinbauern in den Anbauländern vor Augen geführt wurde.

Diese Initiativen haben sich als erfolgreich und nachhaltig erwiesen. Sie sind inzwischen weit über ihre Anfänge im Kaffeehandel hinausgewachsen. Neben Kaffee werden mittlerweile auch Tee, Orangensaft, Kakao, Honig, Schokolade, Reis, Fußbälle, Datteln, Vanille, Bananen, Blumen und Bonbons mit dem Fair-Trade-Siegel in 27.000 Supermarktfilialen und 800 Weltläden angeboten. Über 100 Unternehmen sind Lizenznehmer von »TransFair«.

TransFair gehört heute zu der internationalen Dachorganisation »Fairtrade Labelling Organizations International« (FLO), dem weltweit größten Fair-Handels-Zertifizierer (FLO Cert), der Produzenten in über 60 Ländern betreut.

Die Friedrich-Ebert-Stiftung hat sich, nicht zuletzt wegen der aufgezeigten Erfolge, im Jahr 2000 aus der aktiven Mitarbeit im Bereich des fairen Handels zurückgezogen, auch wenn die Debatte um Arbeits- und Sozialstandards und eine gerechtere Welthandelsordnung, die durch die Diskussionen um den fairen Handel befördert wurde, nach wie vor ein zentrales Thema in der breiten Palette der gesellschaftspolitischen Aktivitäten der FES darstellt, wie das folgende Projekt beweist.

Das Globalisierungsprojekt[142]

Als einer der sozialen Demokratie verpflichteten Institution war der Friedrich-Ebert-Stiftung die soziale Dimension der Globalisierung ein ebenso wichtiges Anliegen wie die Mitsprache und Partizipation von Entwicklungsländern in

142 Information von Jürgen Stetten.

multilateralen Prozessen und Institutionen. Die Aktivitäten erfolgten zunächst im Rahmen bestehender Projekte und Arbeitsansätze. Die Projektgruppe »Entwicklungspolitik« begleitete von Bonn aus mit Dialogveranstaltungen und Publikationen den Weltsozialgipfel der Vereinten Nationen (VN), der 1995 in Kopenhagen stattfand. Beiträge zur Globalisierungsdebatte gingen auch vom New Yorker FES-Büro aus, das in der zweiten Hälfte der 90er-Jahre Arbeitsbeziehungen zum Internationalen Währungsfonds (IWF) und zur Weltbank aufbaute. Diese mündeten unter anderem in eine Konferenzserie im südlichen Afrika, mit der die FES erstmals Gewerkschafter und andere zivilgesellschaftliche Vertreter mit hochrangigen Mitarbeitern von IWF und Weltbank zusammenbrachte. Auch zur Welthandelsorganisation (WTO) nahm die FES frühzeitig Kontakte auf. Sie liefen über das in Genf ansässige internationale Medienprojekt der Friedrich-Ebert-Stiftung, das gemeinsam mit der Abteilung für Öffentlichkeitsarbeit der WTO Informationsprogramme für Journalisten aus Entwicklungsländern organisierte. Eine kritische Auseinandersetzung mit der Arbeit von IWF, Weltbank und WTO erfolgte auch durch das FES-Projekt »Internationale Gewerkschaftspolitik«, welches die Globalisierungsdebatte nutzte, um der Kooperation mit den internationalen Gewerkschaftsbünden ein stärker inhaltlich geprägtes Profil zu geben.

Während die ersten Maßnahmen der FES zum Globalisierungsdiskurs einen eher punktuellen Charakter hatten und der konstruktiven Auseinandersetzung mit globalen Institutionen und Politiken dienten, begann mit den Aktivitäten zur Verankerung von internationalen Sozialstandards eine Phase, die als »strukturbildend« bezeichnet werden kann. Der Impuls für diese Arbeitslinie ging von der deutschen und internationalen Gewerkschaftsbewegung aus, die den von der Internationalen Arbeitsorganisation (ILO) entwickelten Sozialstandards mehr Geltung verschaffen wollte. Insbesondere die Kernarbeitsnormen sollten als Elemente einer »globalen Strukturpolitik« etabliert und in der Politik von WTO, Weltbank und IWF berücksichtigt werden. Die FES unterstützte diese Forderung nicht nur mit Dialogveranstaltungen, Publikationen und Studien, sondern agierte auch als Vermittler zwischen gesellschaftspolitischen Akteuren im Norden und Süden. Die FES organisierte Fachgespräche und Foren, die der Auseinandersetzung mit dem Vorwurf dienten, die Etablierung internationaler Sozialstandards sei handelspolitischer Protektionismus des Nordens.

Vermitteln wollte die FES auch zwischen Gewerkschaften und Nichtregierungsorganisationen. Obwohl sich beide Gruppen als Teil der globalisierungskritischen Bewegung verstanden, wurde das Verhältnis von ideologischen, konzeptionellen und organisationskulturellen Unterschieden belastet, die bei den WTO-Ministerkonferenzen in Singapur und Seattle offen zutage getreten waren. Die FES organisierte deutsche wie auch internationale Foren, auf denen Gewerkschaften und Nichtregierungsorganisationen ihre Positionen austauschen und diskutieren konnten. Dazu gehörte eine viel beachtete Veranstaltungsreihe in Bangkok, die gemeinsam mit dem »Internationalen Bund freier Gewerkschaften« (IBFG) und der Nichtregierungsorganisation »Focus on the Global South« durchgeführt wurde. Eine weitere Plattform für den Dialog über Sozialstandards boten die Weltsozialforen, an denen sich die Friedrich-Ebert-Stiftung seit 2003 mit vielen Veranstaltungsprogrammen beteiligte.

Eine Innovation stellte das 1998/99 ins Leben gerufene Projekt »Demokratische und soziale Gestaltung der Globalisierungsprozesse« (Globalisierungsprojekt) dar. Das Projekt, das in der Verantwortung des Referates »Entwicklungspolitik« lag, sollte die bestehenden Initiativen verstärken und mit den Projektaktivitäten der FES in Afrika, Asien, Lateinamerika und im Nahen Osten verknüpfen. Auch politisch passte diese institutionelle Verankerung hervorragend in die Zeit. Mit dem Wechsel zu Rot-Grün im Jahre 1998 und dem Amtsantritt von Bundesministerin Heidemarie Wieczorek-Zeul knüpfte die Bundesregierung an die Forderung von Willy Brandt nach einer »Weltinnenpolitik« an. Die bilaterale Entwicklungszusammenarbeit Deutschlands wurde als Teil einer globalen Strukturpolitik betrachtet und der Mitwirkung in den multilateralen Organisationen mehr Aufmerksamkeit gewidmet.

Die Aktivitäten des Globalisierungsprojekts entfalteten, von den politischen Entwicklungen beflügelt, eine starke Dynamik. Der operative Schwerpunkt lag auf der Veranstaltung von Nord-Süd-Foren, in denen gesellschaftspolitische Partner der FES einen konstruktiven Dialog über Fragen der Gestaltung der Globalisierung führen konnten. Hinzu kam ab 2002 die Publikationsreihe »Dialogue on Globalization«. Zeitgleich wurden die FES-Büros in Genf und New York in das Globalisierungsprojekt integriert. Die Friedrich-Ebert-Stiftung verfügt seitdem als einzige Politische Stiftung über ein global ausgerichtetes Projekt, das nicht nur Arbeitsbeziehungen zu wichtigen internationalen Organisationen (UN, WTO, ILO, Weltbank und IWF) unterhält, sondern auch bei nahezu allen bedeutenden internationalen Konferenzen und Plattformen präsent ist.

9 Die Reorganisation der internationalen Entwicklungszusammenarbeit

Mitte der 90er-Jahre beschloss das BMZ, den Haushaltstitel »Förderung der Sozialstruktur in den Entwicklungsländern« neu zu ordnen. In diesem Zusammenhang wurde entschieden, die Unterstützung von Maßnahmen der Politischen Stiftungen im Rahmen dieses Titels mit dem ausschließlich den Politischen Stiftungen vorbehaltenen Titel »Förderung der gesellschaftspolitischen Bildung in den Entwicklungsländern« zusammenzulegen zu einem neuen, gemeinsamen Titel »Förderung entwicklungswichtiger Vorhaben«.

Etwa zur gleichen Zeit übernahm der langjährige Leiter des Referats Wirtschafts- und Sozialentwicklung, Manfred Bardeleben, die Repräsentanz der Friedrich-Ebert-Stiftung in New York.

Damit war der Weg frei für eine organisatorische Neuordnung der Abteilung »Internationale Entwicklungszusammenarbeit« in der Friedrich-Ebert-Stiftung. Im Verlauf des Jahres 1996 wurden alle 33 zu diesem Zeitpunkt bestehenden Projekte des Fachreferats »Wirtschafts- und Sozialentwicklung« (☛ s. Tab. 3, S. 275) in die vier entsprechenden Kontinentreferate: Afrika; Asien; Naher/Mittlerer Osten und Nordafrika sowie Lateinamerika eingegliedert und schrittweise, spätestens bis 2001, zu einem Abschluss gebracht.

Im März 1997 stellte das WiSo-Referat nach nahezu 20 Jahren die Arbeit ein. In 25 der genannten 33 Projekte arbeiteten zu diesem Zeitpunkt 27 vom WiSo-Referat entsandte Mitarbeiterinnen und Mitarbeiter (acht Projekte wurden von Mitarbeiterinnen und Mitarbeitern anderer Referate betreut). 15 Mitarbeiterinnen und Mitarbeiter des WiSo-Referats waren gleichzeitig Landesvertreter der Friedrich-Ebert-Stiftung in den jeweiligen Ländern, nur 12 arbeiteten ausschließlich in einem Wirtschaftsförderungsprojekt. Diese wurden nach dem Rückzug der FES aus der Wirtschafts- und Sozialstrukturförderung gemeinsam mit den betroffenen Inlandsmitarbeitern in anderen Arbeitsbereichen der internationalen Arbeit eingesetzt.

Übereinstimmung bestand zum Zeitpunkt der Referatsschließung, dass sozialstrukturwirksame Projekte auch weiterhin in der internationalen Arbeit der Friedrich-Ebert-Stiftung erhalten und weiterentwickelt werden sollten. Um dem nachzukommen, wurde die Querschnittsaufgabe »Gesamtkoordination WiSo« eingerichtet und ein »WiSo-Beauftragter« in jedem der vier Kontinentreferate ernannt. Diese Gruppe traf sich zumindest bis 2001 in mehr oder weniger regelmäßigen Abständen, um die Arbeit im Bereich der Wirtschafts- und Sozial-

Tabelle 3 Wirtschaftsförderungsprojekte der Friedrich-Ebert-Stiftung 1995/96

Land	Projektbezeichnung
Ägypten	Förderung des Handwerks und der Kleinindustrie in Ägypten
Argentinien	Förderung von Handwerk und Kleinindustrie in Argentinien
Botswana	Wirtschaftsberatung Botswana
Brasilien	Beratungsprojekt Klein- und Mittelindustrie Brasilien
Chile	Unterstützung von Selbsthilfemaßnahmen fortschrittlicher Gruppen in Chile durch Sozialstrukturmaßnahmen
China	Agrarökonomische Beratung Sichuan/VR China
Costa Rica	Integrierte Regierungs- und Wirtschaftsberatung in Costa Rica
Ghana	Förderung der Klein- und Mittelindustrie in Ghana
Guatemala	Förderung von Handwerk, Kleingewerbe und Agroindustrie in Guatemala
Guinea	Förderung von Selbsthilfeorganisationen im frankofonen Afrika
Honduras	Genossenschaftsberatung Honduras
Indien	Förderung von Selbsthilfemaßnahmen benachteiligter Bevölkerungsgruppen in Indien
Indonesien	Förderung von Selbsthilfemaßnahmen benachteiligter Bevölkerungsgruppen in Indonesien
Kenia	Förderung von Kreditgarantiegemeinschaften in Kenia
Kolumbien	Förderung von Handwerk, Kleinindustrie und Agroindustrie in Kolumbien
Libanon	Wirtschafts- und Sozialentwicklung im Nahen und Mittleren Osten
Madagaskar	Förderung von Handwerk sowie Klein- und Mittelindustrie in Madagaskar
Marokko	Wirtschaftsberatung Maghreb
Mexiko	Gemeinwirtschaftsconsulting Mexiko
Mosambik	Consulting für Kleinindustrielle Vorhaben und Agrarberatung
Namibia	Förderung von Handwerk und Kleinindustrie in Namibia

Tabelle 3 Wirtschaftsförderungsprojekte der Friedrich-Ebert-Stiftung 1995/96

Land	Projektbezeichnung
Nicaragua	Kommunale Wirtschaftsförderung in Nicaragua
Papua New Guinea	Förderung von Kleinindustrie und Handwerk in PNG
Philippinen	Förderung von kleingewerblicher Agroindustrie in den Philippinen
Sambia	Wirtschaftsberatung in Sambia
Senegal	Klein- und Mittelindustrieförderung in Senegal
Simbabwe	Wirtschaftsberatung Simbabwe
Sudan	Wirtschafts- und Sozialentwicklung im Mittleren und Nahen Osten
Südafrika	Wirtschaftsförderung Südafrika
Tansania	Verbesserung der wirtschaftlichen und sozialen Sicherung von Frauen in Tansania
Thailand	Förderung von Selbsthilfemaßnahmen von Frauen in Thailand
Uganda	Förderung von Handwerk und Kleinindustrie in Uganda
Vietnam	Rehabilitierung und Förderung von Handwerk und Kleinindustrie in Vietnam

Quelle: Zusammenstellung des Autors

strukturförderung weiterzuentwickeln. Der organisatorischen Integration des WiSo-Bereichs sollte eine inhaltliche folgen.

Drei wesentliche Ziele einer in die gesellschaftspolitische Arbeit der FES integrierten Wirtschafts- und Sozialstrukturförderung wurden von der Arbeitsgruppe formuliert:

- Förderung einer sozial gerechten Wirtschaftsentwicklung;
- Förderung und Integration wirtschaftlich und sozial benachteiligter Gruppen;
- Anpassung nationaler Wirtschafts- und Sozialpolitiken an globale Veränderungen.[143]

143 *Jürgen Peters,* Diskussionspapier zur Sozialstrukturhilfe der Friedrich-Ebert-Stiftung, Entwurf Okt. 1997, FES-Hausakte.

Im April und im September 1998 gab es in Namibia und in Mexiko je ein Treffen der im bisherigen Bereich des WiSo-Referats tätigen Mitarbeiterinnen und Mitarbeiter mit dem Ziel, ein Konzeptionspapier für die zukünftige Arbeit zu erstellen. Doch dazu kam es nicht mehr, denn es stellte sich schon bald heraus, dass die Schwerpunktsetzung durch die Kontinentreferate auf anderen Arbeitsbereichen lag. Die Mittel reichten nur noch für die (allerdings aufgrund des Zusammenbruchs des Sowjetimperiums gewaltig angestiegenen) Kernaufgaben der Friedrich-Ebert-Stiftung.[144] Und so ist nicht viel von den früheren Ansätzen der Wirtschafts- und Sozialstrukturförderung übrig geblieben, wie exemplarisch am Beispiel Indonesiens zu ersehen ist; denn wirtschafts- oder sozialpolitische Beratung gehörte nur dann zu den Kernaufgaben, wenn sie natürlichen Partnern der FES wie zum Beispiel sozialdemokratischen Parteien oder Gewerkschaften zugutekam.[145]

Das Ende der Genossenschafts- und Wirtschaftsförderung am Beispiel Indonesiens

In Nordsumatra/Indonesien begann die FES bereits Ende der 60er-Jahre ein Genossenschaftsprojekt, das zum Ziel hatte, landwirtschaftliche Produktions- und Vermarktungsgenossenschaften in dieser Region zu fördern. Ein weiteres Vorhaben war der Aufbau von unabhängigen Prüfungsverbänden, welche die autonome Entwicklung des Genossenschaftswesens unterstützen sollten. Dazu wurde in einer ersten Phase ein einheitliches Rechnungswesen für alle indonesischen Genossenschaften eingeführt. In einer zweiten Phase wurden ein nationaler und mehrere regionale Prüfungsverbände gegründet, die genossenschaftliche Prüfungen durchführten und durch anschließende Trainings- und Beratungsmaßnahmen gewissermaßen als »Entwicklungsagenturen« für das Genossenschaftswesen fungierten.

Ein weiteres Wirtschaftsförderungsprojekt der FES in Indonesien begann 1983. Es hatte den Aufbau einer autonomen genossenschaftlichen Vermarktungsorganisation für Obst und Gemüse zum Ziel, um die Marktposition kleinbäuerlicher Produzenten im Hochland Nordsumatras zu verbessern. Alle der FES zur Verfügung stehenden Instrumente wie Aus- und Weiterbildung,

144 *Patrik von zur Mühlen*, Die internationale Arbeit der Friedrich-Ebert-Stiftung. Von den Anfängen bis zum Ende des Ost-West-Konflikts, Bonn 2007, Vorwort der Herausgeber, S. 16.

145 Information von Ernst J. Kerbusch (Leiter der Abteilung Internationale Entwicklungszusammenarbeit 1990–2008).

Beratung und Finanzierung wurden im Laufe der zehnjährigen Förderung dafür eingesetzt.[146]

Im Jahr 1993 beendete die FES alle ihre Projektaktivitäten in Nordsumatra. Der Einfluss der staatlichen Genossenschaftsbehörde auf den Geschäftsbetrieb der Vermarktungsgenossenschaft erwies sich als zu stark. Unternehmerische Entscheidungen wurden von Beamten konterkariert, und die Genossenschaft musste zusätzliche Aufgaben übernehmen, die eigentlich dem Genossenschaftsministerium oblagen. Dadurch wurden die Kosten erhöht und die Konkurrenzfähigkeit geschwächt. Dennoch konnte durch das Projekt, zumindest langfristig, eine Qualitätsverbesserung in der Vermarktung in Nordsumatra erzielt werden.[147]

Der darauf folgende Umzug des Wirtschaftsförderungsprojekts »Förderung von Selbsthilfemaßnahmen benachteiligter Bevölkerungsgruppen in Indonesien« – so der offizielle Projekttitel – nach Jakarta gab dem Projekt die Möglichkeit, neben Genossenschaften verstärkt auch andere Selbsthilfegruppen und neben dem ländlichen Sektor auch den informellen städtischen Sektor in die Beratungs- und Bildungsarbeit einzubeziehen.

Aus dieser Aufzählung von Aktivitäten wird deutlich, dass Wirtschafts- und Sozialstrukturförderung viele Jahre ein Schwerpunkt der FES-Arbeit in Indonesien war.[148]

Im Januar 1997 wurde im Zuge der zuvor erwähnten Zusammenlegung der Haushaltstitel das bis dahin eigenständige Wirtschaftsförderungsprojekt in das gesellschaftspolitische Kooperationsprogramm »Südöstliches Asien und Pazifik« eingegliedert, allerdings vorerst noch mit eigener Maßnahmenplanung.

Zu dieser Zeit leistete das WiSo-Projekt Beiträge auf folgenden Arbeitsfeldern:

1. Stärkung der Strukturen von wirtschafts- und sozialpolitischen Interessenvertretungen wie Verbänden und Nichtregierungsorganisationen;
2. Steigerung der inhaltlichen und organisatorischen Leistungsfähigkeit von Wirtschaftsverbänden und deren Anerkennung als wirksame Interessenvertretungen;

146 Aus »Chronologie der Arbeit der Friedrich Ebert Stiftung in Indonesien (Stand: September 2005)«, FES-Hausakte.

147 Information von Erwin Schweißhelm (Projektleiter 1982–1986, Referent im Referat WiSo 1987–1990 und Landesvertreter Indonesien 2005–2010).

148 Vgl. *Norbert von Hofmann*, 40 Jahre Friedrich-Ebert-Stiftung in Indonesien – Der lange Weg zur Demokratieförderung, in: *Norbert von Hofmann/Volker Vinnai/Hermann Benzing*, a. a. O.

3. Verbesserung der Wirtschafts- und Sozialleistung Indonesiens durch kompetente Klein- und Mittelunternehmen.

Im Jahre 1999 wurden dazu noch 46 Bildungsveranstaltungen sowie andere kleine Maßnahmen durchgeführt. Das Jahr 2000 galt dann als Übergangsphase. Zwar wurde das Wirtschaftsförderungsprojekt in das »Gesellschaftspolitische Kooperationsprogramm Indonesien« integriert, doch die Aktivitäten noch immer getrennt geplant und umgesetzt.

Die Arbeitsfelder der gemeinsamen Projektarbeit im Jahr 2000 wurden dazu wie folgt beschrieben:

1. Förderung der indonesischen Gewerkschaften auf dem Weg zu unabhängigen, demokratischen und effizienten Vertretungen von Arbeitnehmerinteressen;
2. Konsolidierung des Demokratisierungsprozesses;
3. Unterstützung der Reformen in Politik, Wirtschaft und Gesellschaft;
4. Entwicklung von Klein- und Mittelindustrie zur Schaffung von besseren Arbeits- und Lebensbedingungen.

Die bisherige Wirtschaftsförderung reduzierte sich somit auf nur noch ein Arbeitsfeld. Dazu wurden sechs Maßnahmen geplant und durchgeführt. In den anderen Arbeitsfeldern fanden sich jedoch auch noch einige weitere Aktivitäten des bisherigen Projekts (z. B.: »Ausbau des gesellschaftlichen und wirtschaftspolitischen Einflusses von Frauen« oder »Neugestaltung der sozialen Sicherungssysteme«), sodass die Gesamtzahl der Aktivitäten bei etwa 20 Maßnahmen lag.

Ab Januar 2001 gab es in Indonesien nur noch ein FES-Projekt, die Arbeitsfelder wurden noch einmal entsprechend angepasst:

1. Förderung der indonesischen Gewerkschaften auf dem Weg zu unabhängigen, demokratischen und effizienten Vertretungen von Arbeitnehmerinteressen;
2. Anpassung der Arbeits- und Sozialbedingungen im Rahmen des Reformprozesses an die veränderte politische und wirtschaftliche Umwelt;
3. Konsolidierung des Demokratisierungsprozesses;
4. Durchsetzung der Reformen als bestimmendes Element von Politik, Wirtschaft und Gesellschaft.

Von den etwa 150 Maßnahmen der Friedrich-Ebert-Stiftung in Indonesien im Jahr 2001 ließen sich nur noch fünf dem früheren Wirtschaftsförderungsprojekt zuordnen. Von den mehr als ein Dutzend langjährigen Partnerorganisationen des Wirtschaftsförderungsprojekts fand sich 2001 nur noch eine im oben genannten Arbeitsfeld zwei wieder, die Frauenförderstiftung »Yayasan Panca

Karsa«, eine Organisation, die sich unter anderem um die wirtschaftliche Situation weiblicher Wanderarbeiter auf der Insel Lombok kümmerte.[149]

Man mag diese Entwicklung bedauern oder auch für notwendig erachten, doch sollte man auf keinen Fall vergessen, dass es gerade diese Wirtschaftsförderungsprojekte waren, die der Friedrich-Ebert-Stiftung in Indonesien dazu verholfen hatten, die 30 Jahre der Suharto-Diktatur halbwegs unbeschadet zu überstehen. Die Arbeit im Bereich der Wirtschafts- und Sozialstrukturförderung war immer auch mit dem Gedanken verbunden, zum Zeitpunkt des Falls von Suharto über ein funktionierendes Büro mit allen erforderlichen Strukturen und Kontakten zu verfügen, um die zuletzt genannten gesellschaftspolitischen Arbeitsfelder bearbeiten zu können.[150]

10 Vier Jahrzehnte Wirtschafts- und Sozialstrukturförderung: Versuch einer Bilanz

Einfach ist es nicht, eine Bilanz der Wirtschafts- und Sozialstrukturförderung der Friedrich-Ebert-Stiftung zu ziehen. Zu breit war das Spektrum der Aktivitäten und zu viele Wandlungen gab es im Verlauf von fast 40 Jahren entwicklungspolitischer Diskussion in der FES und in der Bundesrepublik Deutschland.

Die folgende Schlussbetrachtung beschränkt sich deshalb darauf, zum einen auf die Hintergründe des rapiden Wachstums bis hin zur Zurücknahme dieses Arbeitsbereiches einzugehen und zum anderen einige generelle Antworten auf die Frage: »Was ist geblieben?« zu geben.

Begonnen hatte der Arbeitsbereich mit dem Aufbau und der Förderung von Konsum- und Wohnungsbaugenossenschaften, gemeinwirtschaftlichen Unternehmen sowie Sozialzentren, meistens komplementär zur Gewerkschaftsförderung. Niemand bezweifelte, dass es sich dabei um Kernaufgaben der Friedrich-Ebert-Stiftung handelte, denn diese Bereiche waren eng mit der deutschen Sozialdemokratie und den deutschen Gewerkschaften verbunden. Doch schon bald wurde deutlich, dass dieser Ansatz die FES-Aktivitäten zu sehr einschränkte und noch dazu schwerpunktmäßig auf urbane Zentren ausgerichtet war, wo doch die große Mehrheit der Menschen in den Entwicklungsländern auf dem Lande und von der Landwirtschaft lebte. So wurde zwangs-

149 Alle Angaben aus Unterlagen des FES-Büros in Jakarta/Indonesien.

150 Information von Erwin Schweißhelm.

läufig die ländliche Entwicklung der Schwerpunkt der Wirtschafts- und Sozialstrukturförderung und damit, gewollt oder ungewollt, der Kernarbeitsbereich der FES mehr oder weniger verlassen, obwohl man auch von den neuen Partnern erwartete, dass sie zumindest langfristig mit der gesellschaftspolitischen Ausrichtung der FES übereinstimmen würden.[151]

Die Versuche, vor allem in den 60er- und frühen 70er-Jahren, deutsche oder europäische Erfahrungen mit westlichen Demokratie- und Wirtschaftsmodellen in die Entwicklungsländer zu übertragen, mussten scheitern. Viele dieser – oft künstlich gebildeten – Länder waren damals – und sind es zum Teil auch noch heute – damit beschäftigt, ihre staatliche Existenz zu sichern und eine eigene nationale Identität auszubilden. Es war kaum zu erwarten, dass solchen Staaten an einer »Deoffizialisierung« ihres politischen und wirtschaftlichen Aufbaus gelegen sein konnte, wo doch der Offizialisierungsprozess bei Weitem noch nicht abgeschlossen war. Aus Sicht der sich entwickelnden Staaten war es deshalb verständlich, dass sie Genossenschaften und andere formale Selbsthilfeorganisationen zur Verfolgung eigener wirtschaftspolitischer Ziele instrumentalisierten und an deren Unabhängigkeit nur bedingt interessiert waren. Aus Sicht der Friedrich-Ebert-Stiftung brachte jedoch eine Zusammenarbeit und Unterstützung solcher mehr oder weniger staatlich gelenkter Organisationen nicht die gewünschten Verbesserungen der Lebensumstände benachteiligter Bevölkerungsgruppen.

Um jedoch direkte Einkommens- und Beschäftigungseffekte zu erzielen, ohne auf lokale Strukturen Rücksicht nehmen zu müssen, wurde das Instrument der entwicklungspolitischen Consultingunternehmen geschaffen, vorrangig mit Fokus auf der Förderung von kleinen und mittleren Betrieben und ihren Verbänden. Mit dieser Entscheidung wurde die Wirtschafts- und Sozialstrukturförderung zum größten Einzelbereich in der internationalen Arbeit der Friedrich-Ebert-Stiftung. Im Vergleich zu der verhältnismäßig geringen finanziellen Absorptionsfähigkeit klassischer Selbsthilfeinstitutionen erforderte der Projekttyp »Consulting« im Verbund mit unterschiedlichen Finanzierungsinstrumenten und Fondskonstruktionen einen relativ hohen Finanzaufwand, der allerdings nur in Zeiten großzügiger Mittelausstattung geleistet werden konnte.

Bis Anfang der 90er-Jahre waren die von der Bundesregierung zur Verfügung gestellten Projektmittel für die Auslandsarbeit der Politischen Stiftungen überproportional angestiegen, was zeitweise zu heftiger Kritik in Presse und Öffentlichkeit führte. Während das BMZ 1970 dafür 44 Millionen DM ausgab,

151 *Friedrich-Ebert-Stiftung* (Hg.), Grundsätze, a. a. O., S. 15.

waren es 1983 schon mehr als 200 Millionen DM[152] und für das Haushaltsjahr 1994 waren laut »Bild am Sonntag« bereits 350 Millionen vorgesehen.[153]

Doch schon 1993 kam es, wie in Kapitel 7 beschrieben, zu ersten finanziellen Kürzungen. Auch wenn diese Kürzungen zumindest anfangs durchaus sinnvoll im Sinne eines sparsameren Wirtschaftens waren, so musste doch bald eine größere Anzahl von Wirtschaftsförderungsprojekten mit unzureichenden Finanzmitteln operieren, wodurch gut gemeinte Beratungsansätze oftmals unwirksam blieben. Neue Herausforderungen, bedingt durch das Ende des Ost-West-Konflikts und die wachsende Globalisierung, forderten ihren Tribut, und Mitte der 90er-Jahre wurde zunehmend deutlich, dass die bisherige Form von Wirtschafts- und Sozialstrukturförderung sich überlebt hatte. Und so war die Einstellung des Arbeitsbereiches im Jahre 1996 und die Schließung des zuständigen Referates im März 1997 nur noch eine logische Konsequenz dieser Entwicklung.

Auffallend ist, dass die Friedrich-Ebert-Stiftung nach Beendigung ihrer Wirtschaftsförderung auf der Mikroebene (Genossenschaftsberatung, Klein- und Mittelindustrieförderung etc.) bzw. der mittleren Ebene (Aufbau von Vertikalstrukturen, Verbandsarbeit etc.) unmittelbar auf die globale Ebene (Globalisierungsprojekt, globaler Dialog, internationale Sozialpolitik) überwechselte und dabei weitgehend auch auf eine wirtschafts- und sozialpolitische Beratung auf nationaler Ebene verzichtete.

Mit ihrem Beitrag zum Globalisierungsdiskurs ist die Friedrich-Ebert-Stiftung jedoch ihrem Grundverständnis treu geblieben, nämlich Ursachen und Folgen sozialer und wirtschaftlicher Benachteiligungen zu bekämpfen und breite Bevölkerungsschichten an der politischen, sozialen und wirtschaftlichen Entwicklung ihrer Länder zu beteiligen. Geändert hingegen haben sich die Arbeitsmethoden und -ansätze. Was zu Beginn die lokal agierende Primärgenossenschaftsförderung und in den 90er-Jahren die Projekte zur wirtschafts- und sozialpolitischen Beratung und zur Unterstützung von Systemtransformationen waren, sind zu Beginn des 21. Jahrhunderts die Beiträge zu einer globalen Strukturpolitik.

152 Der Spiegel, 7. Juli 1986, S. 24.
153 Bild am Sonntag, 22. August 1993.

Was ist von 40 Jahren Arbeit im Bereich der Wirtschafts- und Sozialstrukturförderung geblieben?

Die Nachhaltigkeit der Projekte als ein Beurteilungskriterium zu nutzen ist wahrscheinlich in den meisten Fällen zu hoch gegriffen, vor allem wenn man dazu die Definition des Brundtland-Berichtes heranzieht:

> »Entwicklung zukunftsfähig zu machen, heißt, dass die gegenwärtige Generation ihre Bedürfnisse befriedigt, ohne die Fähigkeit der zukünftigen Generation zu gefährden, ihre eigenen Bedürfnisse befriedigen zu können.«[154]

Geeigneter sind vielleicht folgende ganz simple Fragen: »Konnte das einzelne Vorhaben nach dem Rückzug der Friedrich-Ebert-Stiftung aus der Wirtschafts- und Sozialstrukturförderung weiter bestehen?« »Konnte es als Modell für andere Projekte dienen?« oder »Konnte es Rahmenbedingungen des Partnerlandes beeinflussen?«

Genau genommen müsste man dazu jedes Projekt einzeln betrachten oder sogar evaluieren, was im Rahmen dieser Studie viel zu weit gehen würde. Deshalb hier nur einige eher allgemeine bzw. grundsätzliche Antworten:

Selbstverständlich ging die Friedrich-Ebert-Stiftung in ihrer Förderkonzeption von der Annahme aus, dass alle Projekte der Wirtschafts- und Sozialstrukturförderung, einschließlich der Consultingunternehmen, zumindest langfristig selbsttragende Institutionen sein würden. Natürlich war man sich darüber einig, dass für die Verselbstständigung einer komplizierten Wirtschaftsförderungsgesellschaft, wie z. B. SERCAL, eine viel längere Übergangszeit angesetzt werden musste, verglichen z. B. mit einem genossenschaftlichen Ausbildungsprojekt wie NATCCO.

Erwartungsgemäß gelang der gewünschte Übergang in eine selbsttragende Institution nicht bei allen Projekten. Auch hatte die FES auf plötzliche Veränderungen der Rahmenbedingungen in den Projektländern keinen Einfluss, dazu gehörten der Zusammenbruch der staatlichen Wirtschaftsordnung, Staatsstreiche, Bürgerkriege und andere Katastrophen. Oftmals wurden auch die fachlichen Fähigkeiten und der politische Wille der Partner falsch eingeschätzt bzw. überschätzt, und manchmal fehlte auch den eingesetzten Auslandsmitarbeiterinnen und -mitarbeitern ganz einfach das detaillierte Wissen für die Bewältigung der immer komplexer gewordenen Anforderungen. Das galt vor allem für die in Kapitel 5 beschriebenen Finanzierungsinstrumente.

---

154 >http://de.wikipedia.org/wiki/Brundtland-Bericht<, 4.7.2007.

Schon auf der Fachkonferenz in Hanoi 1993 hatten die Mitarbeiterinnen und Mitarbeiter dazu festgestellt:

> »Finanzierungsprojekte können wir nur anwenden, wenn sie der Zentralbereich des Projekts sind. Zum Beispiel die Gründung von Banken oder Finanzinstitutionen. Die Friedrich-Ebert-Stiftung hat eine Reihe von Fonds, in denen diese Aussage nicht beachtet wird. Im Allgemeinen reicht die Kapazität im Projekt nicht aus, um komplexe Finanzierungsinstrumente zu managen.«[155]

Eine Bildungseinrichtung wie die Friedrich-Ebert-Stiftung ist nun einmal keine Finanzierungsinstitution. Trotzdem werden zwei Banken – FINTESA in Chile und GAPI in Mosambik – zu den großen Erfolgen der Wirtschafts- und Sozialstrukturförderung der FES gezählt.[156]

Dagegen lag dem Genossenschaftsprojekt in Chemelil/Kenia die größte vorprogrammierte Fehleinschätzung in diesem Arbeitsbereich zugrunde. »Der Spiegel« berichtete im Mai 1979 über das Vorhaben, das aus seiner Sicht 1977 in aller Eile »afrikanisiert« wurde.[157] Zitiert wurde der damalige deutsche Botschafter mit den Worten: »Chemelil ist ein Problemprojekt, an dem man vieles hätte besser machen können.« Laut »Spiegel«:

> »Am besten hätte man's vielleicht gar nicht erst angepackt. Vor den Deutschen nämlich hatten sich in Chemelil bereits Engländer und Amerikaner aufgerieben. Sie zogen sich zurück, weil sie eingesehen hatten, dass sich sowohl Boden und Klima von Chemelil wie auch die bodenständigen Ackerbauern nur bedingt zum organisierten Zuckerrohranbau eigneten. In Chemelil muss Zuckerrohr zweieinhalbmal so lange reifen wie auf Kuba, bevor es geerntet werden kann, zuweilen auch länger, wenn die in der Kooperative zusammengefassten Bauern der miteinander rivalisierenden Stämme wieder einmal eine blutige Vendetta austragen und sich gegenseitig die Felder in Brand stecken.«[158]

---

155 Dokumentation der Fachkonferenz des WiSo-Referats, a. a. O., S. 52.

156 *Patrik von zur Mühlen*, Die internationale Arbeit der Friedrich-Ebert-Stiftung, a. a. O., Vorwort der Herausgeber, S. 16.

157 Siehe dazu auch Kapitel 2.3, S. 200 ff.

158 Der Spiegel, Nr. 19 (1979) S. 159.

In der gleichen Ausgabe befragte »Der Spiegel« dazu den damaligen Entwicklungshilfeminister Rainer Offergeld, der antwortete:

> »Wenn Sie die Förderung von Zuckerrohrgenossenschaften in Kenia meinen, muss man sehen, dass die Stiftung in einem äußerst schwierigen Projekt keinen Erfolg hatte. Außerdem gab es Unregelmäßigkeiten wie das auch in der Bundesrepublik vorkommt. Dem BMZ ist dadurch kein Schaden entstanden. 1,3 Millionen Mark sind zurückerstattet worden [...]«[159]

Bei aller Problematik des Chemelil-Projekts und bei dem Imageschaden, der dadurch in der Öffentlichkeit entstanden war, trug dieses Projekt dennoch in den Jahren 1977 und 1978 dazu bei, den Gesamtansatz der FES in diesem Arbeitsbereich, einschließlich der vorhandenen Steuerungs- und Kontrollmöglichkeiten, zu überdenken und neu zu organisieren.[160]

Auch der Versuch, neben der Beratung von Klein- und Mittelbetrieben direkt in Betriebe einzusteigen, diese zu fördern, zu finanzieren und selbst zu managen, musste scheitern wie am Beispiel der SRDA in Botswana ersichtlich wird. Die Mitarbeiterinnen und Mitarbeiter der FES waren schlicht keine Unternehmer. Es fehlten die eigene, lebenswichtige Bindung sowie ein soziales und kulturelles Verständnis, das man wohl braucht, um als Unternehmer erfolgreich zu sein.

Betrachtet man jedoch alle in dieser Studie aufgelisteten und vorgestellten Projekte, so muss fairerweise festgehalten werden, dass durchaus in vielen Ländern, wenn nicht in den meisten, Strukturen positiv verändert und die überwiegende Zahl von Projekten auch an lokale Partner übergeben werden konnten.

Ebenso wurden im Verlauf der Arbeit neue Instrumente zur Selbsthilfeförderung entwickelt, die oftmals später auch von anderen Institutionen wie zum Beispiel der GTZ aufgegriffen wurden. Kleine revolvierende Kreditfonds (Mikrofinanzierung), wie sie die FES schon Ende der 70er-Jahre zum Beispiel in Kenia eingesetzt hat, gelten heute als der »letzte Schrei« und sind sogar würdig für den Nobelpreis.

Bedeutung kommt dem Arbeitsbereich »Wirtschafts- und Sozialstrukturförderung« auch beim systematischen Aufbau eines institutionellen Genderansatzes in der Entwicklungszusammenarbeit der Friedrich-Ebert-Stiftung zu. Bereits Mitte der 80er-Jahre griff das Fachreferat die damalige entwicklungs-

159 Ebd. S. 177 f.

160 Siehe dazu auch Kapitel 2.5, S. 204.

politische Diskussion zur Frauenförderung auf und setzte sie konzeptionell und institutionell um. Erstmals wurden speziell auf Frauen ausgerichtete Maßnahmen sowie eigenständige Projekte, wie in Indien, Thailand und Tansania, aufgebaut und dafür auch qualifizierte Mitarbeiterinnen rekrutiert. Die aus diesen Aktivitäten gewonnenen Erfahrungen haben einen nicht unwesentlichen Anteil am heutigen Konzept des Gender Mainstreaming in der FES.

Nicht immer konnte sichergestellt werden, dass die ehemaligen Partner die Projekte ganz im Sinne der gesellschafts- und entwicklungspolitischen Ausrichtung der Friedrich-Ebert-Stiftung weiterführten bzw. weiterführen konnten – die Wirtschaftlichkeit, vor allem der Consultingunternehmen, stand doch meistens im Vordergrund. Die Forderung aus den Grundsätzen von 1978, derzufolge die Partner zumindest langfristig mit der Friedrich-Ebert-Stiftung übereinstimmende wirtschafts- und gesellschaftspolitische Ziele haben sollten, hatte ohnehin über die Jahre an Bedeutung verloren.

Die Friedrich-Ebert-Stiftung verstand sich zwar stets als eine politische Institution, doch viele Projekte der Wirtschaftsförderung waren eher technokratisch ausgerichtet und oft nicht auf den ersten Blick als Maßnahmen einer sozialdemokratisch orientierten Politischen Stiftung erkennbar. Sie hätten genauso gut auch von anderen Institutionen durchgeführt werden können – vielleicht sogar besser. Die Weiterführung von Wirtschaftsförderungsprojekten durch GTZ oder DED (z. B. in Ghana) nach dem Ausstieg der FES in der zweiten Hälfte der 90er-Jahre bestätigt dies.

Es zeigt sich im Nachhinein, dass gerade solche Projekte, die in enger Verzahnung mit gesellschaftspolitischen Maßnahmen und gesellschaftspolitischen Partnern der FES durchgeführt wurden, besonders erfolgreich und gelungen erscheinen. So waren die Mitarbeiter von SERCAL in Chile nicht nur Unternehmensberater, sondern daneben auch Mitbegründer der »Vereinigung sozialistischer Ökonomen«, der eine wichtige Rolle bei der Umorientierung linker chilenischer Ökonomen von der Plan- zur sozialen Marktwirtschaft zukam.

Demzufolge darf der unterstützende und stabilisierende Charakter vieler Projekte der Wirtschafts- und Sozialstrukturförderung für die gesellschaftspolitische Arbeit der Friedrich-Ebert-Stiftung nicht unterschätzt werden. Dazu gehörten auch die wirtschafts- und sozialpolitische Begleitung von Maßnahmen in Ländern, die sich im Übergang zur Demokratie befanden, wie Portugal, Chile und Mosambik, sowie die vertrauensschaffenden Aktivitäten in kommunistischen Transformationsländern, wie China und Vietnam.

Im Verlauf der Materialsammlung zu dieser Studie stellten Mitarbeiterinnen und Mitarbeiter in Partnerländern der Friedrich-Ebert-Stiftung immer wieder zu ihrer eigenen Überraschung fest, wie erfolgreich doch manche vor zehn oder gar zwanzig Jahren an lokale Partner übergebene und inzwischen aus den Augen verlorene Projekte der Wirtschafts- und Sozialstrukturförderung noch heute arbeiten. Ein besseres Ergebnis kann man sich kaum wünschen.

11 Appendix: Interviewpartner, mündliche und schriftliche Auskünfte, Korrekturen und Ergänzungen

Dr. Erfried Adam, Dr. Beate Bartoldus, Klaus Beierlein, Gerd Botterweck, Norbert Eder, Dr. Hans J. Esderts, Roland Feicht, Eberhardt Friedrich, Dr. Ulrich Golaszinski, Willi Haan, Mirko Herberg, Dr. Ernst J. Kerbusch, Klaus Kirst, Fritz Kopsieker, Bertold Leimbach, Beate Martin, Prof. Dr. Peter Mayer, Dr. Marc Meinardus, Dr. Peter Oesterdiekhoff, Jürgen Peters, Ingrid Pospischil, Dr. Werner Puschra, Wilhelm Reitz, Astrid Ritter-Weil, Georg Rosenthal, Hubert René Schillinger, Joachim Schlütter, Dr. Felix Schmidt, Erwin Schweißhelm, Hans Seybold, Sebastian Sperling, Jürgen Stetten, Renate Tenbusch, Andreas Wille, Dörte Wollrad, Gisela Zeidler.

Anhang

Abkürzungen

AA	Auswärtiges Amt
AAFLI	Asian-American Free Labor Institute
AALC	African-American Labor Center
ACFTU	All China Federation of Trade Unions
ACGB	Allchinesischer Gewerkschaftsbund
ACILS	American Center for International Labor Solidarity
ACTRAV	Bureau des Activités pour les Travailleurs/Bureau for Workers' Activities (der IAO)
ADGB	Allgemeiner Deutscher Gewerkschaftsbund
AECID	Agencia de Estado para la Cooperación Internacional y el Desarrollo (Spanien)
AFL-CIO	American Federation of Labor/Congress of Industrial Organizations
AFRO	African Regional Organization (des IBFG)
AIFLD	American Institute for Free Labor Development
ALCA	Área de Libre Comercio de las Américas
APEC	Asia-Pacific Economic Cooperation
APRO	Asian-Pacific-Regional-Organization (des IBFG)
ARO	Asian Regional Organization (des IBFG)
ASEM	Asian European Meetings (of the heads of states)
ASWEA	Association for Social Work Education in Africa
ATUC	Autonomous Trade Union Confederation (Ungarn)
AWZ	Ausschuss für wirtschaftliche Zusammenarbeit (des deutschen Bundestages)
BAC	Business Advisory Center (Ghana)
BATU	Brotherhood of Asian Trade Unions (des WVA)
BDI	Bundesverband der Deutschen Industrie
BDP	Botswana Democratic Party
BHI	Bau- und Holzarbeiterinternationale
BI	Bildungsinternationale
BMZ	Bundesministerium für wirtschaftliche Zusammenarbeit und Entwicklung
BPD	Banco Popular de Desenvolvimento (Mosambik)
BWI	Building and Woodworkers' International
CC.OO.	Comisiones Obreras (Spanien)
CCSCS	Coordinadora de las Centrales Sindicales del Cono Sur
CEDAL	Centro de Estudios Democráticos de América Latina
CESPAC	Centro de Servicios de Pedagogia Audiovisual para la Capacitación (Peru)
CFDT	Confédération Française Démocratique du Travail (Frankreich)
CGIL	Confederazione Generale Italiana del Lavoro (Italien)
CGT	Confédération Générale du Travail (Frankreich)
CGT-FO	Confédération Générale du Travail-Force Ouvrière (Frankreich)
CGTP	Conferación General de Trabajadores del Peru
CIA	Central Intelligence Agency
CIEM	Central Institute for Economic Management (Vietnam)
CISL	Confederazione Italiana Sindacati dei Lavoratori (Italien)
CLAT	Central Latinoamericana de Trabajadores

CLC	Canadian Labour Congress
COB	Central Obrera Boliviana
CONSERA	Consultadoria e Serviços de Assistencia Tecnica Agricola (Portugal)
COOCAFE	Consorcio de Cooperativas de Guanacaste y Montes de Oca (Costa Rica)
COSATU	Congress of South African Trade Unions (Südafrika)
CPCU	Central Productive Cooperative Union (Ägypten)
CSA	Confederación Sindical de Trabajadores/as de las Americas
CSC	Confédération des syndicats chrétiens (Belgien)
CTA	Congreso de Trabajadores Argentinos (Argentinien)
CTC	Central de Trabajadores de Cuba
CTM	Confederación de Trabajadores de Mexico
CTV	Confederación de Trabajadores de Venezuela
CUT	Central Única dos Trabalhadores (Brasilien)
CUT	Central Unitaria de Trabajadores (Chile)
CUT	Central Unitaria de Trabajadores (Kolumbien)
CUT	Cooperative Union of Tansania
DBZ	Development Bank of Zambia
DDR	Deutsche Demokratische Republik
DED	Deutschen Entwicklungsdienst
DEG	Deutsche Investitions- und Entwicklungsgesellschaft
DFID	Department for International Development (Großbritannien)
DGB	Deutscher Gewerkschaftsbund
DIE	Deutsches Institut für Entwicklungspolitik
DIHT	Deutscher Industrie- und Handelskammertag
DOAWTU	Democratic Organization of African Workers' Trade Unions (des WVA)
EATUC	East African Trade Union Confederation
EBR	Europäischer Betriebsrat
ECA	Economic Commisssion for Africa
ECAFE	Economic Commission for Asia and the Far East
EGB	Europäischer Gewerkschafsbund
EI	Education International
ELA/STV	Eusko Langileen Alkartasuna/Solidaridat de Trabajadores Vascos
ELFO	Abteilung Entwicklumgsländerforschung (der FES)
EMB	Europäischer Metallarbeiter-Bund
EPA	Economic Partnership Agreement
ESCAP	Economic and Social Commission for Asia and Pacific
EU	Europäische Union
EWG	Europäische Wirtschafts-Gemeinschaft
FAO	Food and Agriculture Organization
FDGB	Freier Deutscher Gewerkschaftsbund
FECODE	Federatión de Educadores
FES	Friedrich-Ebert-Stiftung
FINTESA	Sociedad Financiera de Interés Social (Chile)
FITCM	Federación Internacional de Trabajadores de la Construcción y de la Madera
FLN	Front de Libération Nacional (Algerische Befreiungsbewegung)

FLO	Fairtrade Labelling Organizations International
FNPR	Föderation der Unabhängigen Gewerkschaften Russlands
FNS	Friedrich-Naumann-Stiftung
FNV	Federatie Nederlandse Vakbeweging (Niederlande)
FOSSBA	Forum of Small Scale Business Associations (Ghana)
FPU	Federation of Trade Unions of Ukraine
FTF	Fællesrådet for Danske Tjenestemands – og Funtionærorganisationer (Dänemark)
FTUC	Free Trade Union Committee
GAPI	Gabinete de Consultoria e Apoio à Pequena Indústria (Mosambik)
GATT	General Agreement on Tariffs and Trade
GBV	Geschäftsführender Bundesvorstand (DGB)
GEFONT	General Federation Of Nepalese Trade Unions
GEPA	Gesellschaft zur Förderung der Partnerschaft mit der Dritten Welt
GEW	Gewerkschaft Erziehung und Wissenschaft
GLU	Global Labour University
GTUC	Ghana Trades Union Congress
GTZ	Gesellschaft für Technische Zusammenarbeit
GU	Global Unions
GUF	Global Union Federations
IA	Internationale Abteilung (der FES)
IAA	Internationales Arbeitsamt
IAK	Internationale Arbeitskonferenz (der IAO)
IAO	Internationale Arbeits-Organisation
IBBH	Internationaler Bund der Bau- und Holzarbeiter
IBFG	Internationaler Bund Freier Gewerkschaften
IBS	Internationales Berufssekretariat
ICCRDG	Institut Central de Coordination de la Recherche et de la Documentation de Guinée
ICEF	Internationale Föderation der Chemie-, Energie- und Fabrikarbeiterverbände
ICEM	International Federation of Chemical, Energy, Mine and General Workers' Unions
ICFTU	International Confederation of Free Trade Unions
ICFTU-APRO	International Confederation of Free Trade Unions – Asia Pacific Regional Organization (Singapur)
ID	Abteilung Internationaler Dialog (der FES)
IEZ	Abteilung Internationale Entwicklungs-Zusammenarbeit (der FES)
IFA	International Framework Agreement
IFJ	International Federation of Journalists
IG	Industriegewerkschaft
IGB	Internationaler Gewerkschaftsbund
IGBCE	Industriegewerkschaft Bergbau, Chemie, Energie
IGM	Industriegewerkschaft Metall
IGR	Interregionaler Gewerkschaftsrat
IJF	Internationale Journalistenföderation
ILO, IAO	International Labour Organization, Internationale Arbeitsorganisation

IMB	Internationaler Metallgewerkschaftsbund
IMF	International Metalworkers' Federation
IÖD	Internationale der Öffentlichen Dienste
IREC	Industrial Relations in Europe Conference
ISCOD	Instituto Sindical de Cooperación al Desarrollo (Spanien)
ISCOS	Istituto Sindacale per la Cooperazione allo Sviluppo (Italien)
ISF	Internationaler Solidaritätsfonds (des IGB)
ISK	Internationaler Sozialistischer Kampf-Bund
ITBLAV	Internationale Textil-, Bekleidungs- und Lederarbeiter-Vereinigung
ITC	Internationales Trainingszentrum (der IAO in Turin)
ITF	International Transport Workers' Federation
ITGLWF	International Textile, Garment and Leather Workers' Federation
ITS	International Trade Secretariats
ITUC	International Trade Union Confederation
ITUC-Africa	Regionalorganisation Afrika des IGB
ITUC-Asia-Pacific	Regionalorganisation Asien und Pazifik des IGB
IUF	International Union of Food, Agricultural, Hotel, Restaurant, Catering, Tobacco and Allied Workers' Associations
IUL	Internationale Union der Lebensmittel-, Landwirtschafts-, Hotel-, Restaurant-, Café- und Genussmittelarbeiter-Gewerkschaften
IWF	Internationaler Währungsfonds
JTUC-Rengo	Japanese Trade Union Confederation RENGO
KAS	Konrad-Adenauer-Stiftung
KCTU	Korean Confederation of Trade Unions (Südkorea)
KfW	Kreditanstalt für Wiederaufbau
KMI	Klein- und Mittelindustrie
KMU	Klein- und Mittelunternehmen
KNYS	Kenya National Youth Service
LFA	Logical Framework Approach
LIGA	Demokratische LIGA unabhängiger Gewerkschaften (Ungarn)
LO	Landesorganisation i Norge (Norwegen)
LO	Landesorganisationen i Danmark (Dänemark)
LO	Landesorganisationen i Sverige (Schweden)
MCU	Mauritius Cooperative Union
MERCOSUR	Mercado Común del Sur
MOE	Region Mittel- und Osteuropa
MONA	Regionalreferat Mittlerer Osten-Nordafrika (der FES)
MSZOSZ	Magyar Szakszervezetek Országos Szövetsége (Nationaler Bund der ungarischen Gewerkschaften)
MTUC	Malaysian Trades Union Congress
NATCCO	National Association of Training Centers for Cooperatives (Philippinen)
NBSSI	National Board for Small Scale Industries (Ghana)
NED	National Endowment for Democracy

NGG	Gewerkschaft Nahrung, Genuss, Gaststätten
NGO	Non-Governmental Organization
NLC	National Labor College (USA)
NNCCI	Namibia National Chamber of Commerce and Industry
NORAD	Norwegian Agency for Development Cooperation
OAS	Organisation de l'Armée Secrète
OATUU	Organisation of African Trade Union Unity
OAU	Organization of African Unity
OECD	Organization for Economic Cooperation and Development
OPZZ	Ogólnopolskie Porozumienie Zwiazków Zawodowych (Gesamtpolnischer Gewerkschaftsverband)
ORIT	Organización Regional Interamericana de Trabajadores
OTUWA	Organization of Trade Unions in West Africa
ÖTV	Gewerkschaft Öffentliche Dienste, Transport und Verkehr
P.T.T.I.	Postal, Telegraph and Telephone International
PCP	Partido Comunista Português
PERC	Pan-Europaen Regional Council
PERR	Paneuropäischer Regionalrat (der Gewerkschaften)
PIT/CNT	Plenario Intersindical de Trabajadores/Convención Nacional de Trabajadores (Uruguay)
PNG	Papua New Guinea
PRRM	Philippine Rural Reconstruction Movement
PSI	Public Services International
PSP	Partido Socialista Português
RIIC	Rural Industries Innovation Center (Botswana)
SAK	Suomen Ammattiliitojen Keskusjärjesto (Finnischer Gewerkschaftsbund)
SASK	Suomen Ammattiliitojen Solidaarisuuskeskus (Trade Union Solidarity Centre of Finland)
SATUCC	Southern Africa Trade Union Coordination Council
SBCU	Sugar Belt Co-operative Union (Kenia)
SEDECOM	Servicio de Desarollo y Consultoria para el Sector Cooperativo y de Microempresas (Kolumbien)
SEFCO	Small Enterprises Finance Company (Kenia)
SEK	Währungscode für Schwedische Krone
SEP	Small Scale Enterprise Promotion (Sambia)
SERCAL	Serviçios de Consultores Asociados Limitada (Chile)
SERE	Serviços e Estudos de Realização Empresarial Social (Brasilien)
SHO	Selbsthilfeorganisation
SI	Sozialistische Internationale
SIDA	Styrelsen for internationellt Utvecklingssamarbete (schwedische Entwicklungs-Agentur)
SMIG	Salaire minimum interprofessionel de garantie (allgemeiner garantierter Mindestlohn)
SOE	Süd-Ost-Europa

SPD	Sozialdemokratische Partei Deutschlands
SRDA	Southern Rural Development Association (Botswana)
STTK	Suomen Teknisten Toimihenkilöjäjestöjen Keskusliitto (finnische Angestelltengewerkschaft)
SWAPO	South-West Africa People's Organization (Namibia)
SWTUV	Sudan Workers' Trade Union Federation
SZISZ	Jugendverband des ungarischen Gewerkschaftsverbands MSZOSZ
SZOT	Landesrat der Gewerkschaften (Ungarn)
TCO	Tjänstemännens Centralorganisation (Schweden)
TUAC	Trade Union Advisory Commitee (to the OECD)
TUC	Trades Union Congress (Großbritannien)
TUCP	Trade Union Congress of the Philippines
TUSSO	Trade Union Solidarity Support Organization
UADW	Universal Alliance of Diamond Workers
UAW	United Automobile, Aerospace and Agricultural Implement Workers of America (USA), auch United Auto Workers (USA)
UGT	Unión General de Trabajadores (Spanien)
UGTA	Unión Générale des Travailleurs Algériens
UIL	Unione Italiana del Lavoro (Italien)
UITA	Union Internacional de Trabajadores de la Alimentación
UN, VN	United Nations, Vereinte Nationen
UNCAS	Union Nationale des Cooperatives Agricoles du Senegal
UNCTAD	United Nations Conference on Trade and Development
UNESCO	United Nations Educational, Scientific and Cultural Organization
UNI	Union Network International/UNI Global Union (Dienstleistungsinternationale)
UNO	United Nations Organization
UNTL	Unión Nacional de Trabajadores Libres de Guatemala
USAID	United States Agency for International Development
USIA	United States Information Agency
Verdi (ver.di)	Vereinigte Dienstleistungsgewerkschaft
VN	Vereinte Nationen
VOST	All-Ukrainische Union der Arbeiter-Solidarität
VR	Volksrepublik
WGB	Weltgewerkschaftsbund
WiSo	Wirtschafts- und Sozialentwicklung
WSF	Weltsozialforum
WTO	World Trade Organization
WVA	Weltverband der Arbeit
ZOPP	Zielorientierte Projekt-Planung
ZSSS	Zveze Svobodnih Sindikatov Slovenije (Bund Freier Gewerkschaften Slowenien)

Quellen- und Literaturverzeichnis

Archiv der sozialen Demokratie der Friedrich-Ebert-Stiftung, Bonn

Auswertung von Hausakten und sonstigen Unterlagen im Archiv und in den Fachreferaten der Abteilungen IEZ und ID

- Themenbezogene Konvolute aus den Aktenbeständen Siegfried Bangert und Ernst J. Kerbusch
- Jahresberichte und Länderanalysen aus den betroffenen Referaten der FES, speziell zum Beitrag zur Gewerkschaftskooperation: aus dem IBS-Projekt, dem Globalen Gewerkschaftsprojekt und dem Folgeprojekt Globale Gewerkschaftsarbeit (Förderung von Gewerkschaften in Entwicklungsländern in Zusammenarbeit mit internationalen Gewerkschaftsorganisationen)
- Fachpublikationen im Internetportal der FES, Schlagwort »Gewerkschaften«

DGB-Archiv im Archiv der sozialen Demokratie der Friedrich-Ebert-Stiftung, Bonn

Jahresakten der Internationalen Abteilung des DGB von 1955 bis 1997

Zeitungen und Zeitschriften

- AFRIKA FORUM
- Friedrich-Ebert-Stiftung: Jahresberichte
- Friedrich-Ebert-Stiftung – Info
- BR-INFO
- Der Spiegel
- Der Überblick (DÜ)
- Bild am Sonntag
- Botswana Guardian

Publikationen

Anderson, Luis, Presentación: El desafío del cambio. Nuevos rumbos del sindicalismo, Caracas 1989.

Ansprenger, Franz, Gewerkschaften in Afrika, in: *Siegfried Mielke* (Hg.), Internationales Gewerkschafts-Handbuch, Opladen 1982.

Bangert, Siegfried, Gewerkschaftsbezogene Entwicklungshilfe der Friedrich-Ebert-Stiftung, in: *Gerhard Leminsky/Bernd Otto*, Gewerkschaften und Entwicklungspolitik, Köln 1975.

Bauer, Iris, Frankreich und Lateinamerika in der Ära Mitterand (1991–1995). Vom Tiermondisme zur »Realpolitik de Gauche«, Mainz, 1997.

Bendt, Heinz, Weltweite Solidarität. Die Arbeit der Globalen Gewerkschaftsorganisationen im Zeitalter der Globalisierung, Bonn 2006.

Beyme, Klaus von, Die Entwicklung der sozialistischen Länder und die Ostpolitik der deutschen Gewerkschaften, in: *Ulrich Borsdorf/Hans O. Hemmer/Gerhard Leminsky/Heinz Markmann* (Hg.), Gewerkschaftliche Politik: Reform aus Solidarität. Zum 60. Geburtstag von Heinz O. Vetter, Köln 1977.

Bismarck, Klaus von, Gewerkschaften und Massenmedien, in: *Ulrich Borsdorf/Hans O. Hemmer/Gerhard Leminsky/Heinz Markmann* (Hg.), Gewerkschaftliche Politik: Reform aus Solidarität. Zum 60. Geburtstag von Heinz O. Vetter, Köln 1977.

Böll, Winfried, Zur Rolle der Gewerkschaften in der Entwicklungspolitik, in: *Gerhard Leminsky/Bernd Otto*, Gewerkschaften und Entwicklungspolitik, Köln 1975.

Borsdorf, Ulrich/Hans O. Hemmer/Gerhard Leminsky/Heinz Markmann (Hg.), Gewerkschaftliche Politik: Reform aus Solidarität. Zum 60. Geburtstag von Heinz O. Vetter, Köln 1977.

Brinkmann, Manfred/Thomas Gesterkamp, Internationale Gewerkschaftsarbeit – am Ende der Tagesordnung?, in: Die Mitbestimmung, November 1993.

Bünger, Hans-Ulrich, Die Gewerkschaften in Lateinamerika, in: *Gerhard Leminsky/Bernd Otto*, Gewerkschaften und Entwicklungspolitik, Köln 1975.

Carew, Anthony, Conflict within the ICFTU: Anti-Communism and Anti-Colonialism in the 1950s, in: International Review of Social History, Amsterdam 1996, Vol. 41.

Committee on Foreign Relations, United States Senate, Survey of the Alliance of Progress, Labor Policies and Programs, Washington 1968.

Eckl, Jürgen, Ein neuer Internationaler Gewerkschaftsbund, in: werden. Jahrbuch für die Gewerkschaften, Berlin 2007.

Eckl, Jürgen, Algerien – Sozialismus in einem islamischen Land, Frankfurt 1971.

Eckl, Jürgen, Internationale Gewerkschaftskooperation vor neuen Herausforderungen, Bonn 2007.

Eckl, Jürgen, Sieben falsche Thesen über Asien und seine Gewerkschaften, in: Gewerkschaftliche Monatshefte 8/1997.

Ehlert, Stefan, Für Demokratie und Entwicklung. 40 Jahre Friedrich-Ebert-Stiftung in Kenia, Nairobi 2004.

Elsenhans, Hartmut, Algerien, in: *Siegfried Mielke* (Hg.), Internationales Gewerkschafts-Handbuch, Opladen 1982.

English, Philip/Georges Hénault (Hg.), AGENTS OF CHANGE, Studies on the Policy Environment for Small Enterprise in Africa, Ottawa 1995.

Friedrich-Ebert-Stiftung – Abteilung Internationale Entwicklungszusammenarbeit (Hg.), Das mühsame Geschäft der Demokratisierung: Konzepte und Erfahrungen aus der internationalen Entwicklungszusammenarbeit der Friedrich-Ebert-Stiftung, Bonn 1999.

Friedrich-Ebert-Stiftung – Referat Wirtschafts- und Sozialentwicklung, Abteilung Internationale Entwicklungszusammenarbeit (Hg.), Die soziale Dimension der Marktwirtschaft. Ein Beratungsmanual für die internationale Entwicklungszusammenarbeit, Bonn 1994.

Friedrich-Ebert-Stiftung – Referat Wirtschafts- und Sozialentwicklung, Abteilung Internationale Entwicklungszusammenarbeit (Hg.), Soziale Sicherung in der internationalen Entwicklungszusammenarbeit. Ein Beratungsmanual der Friedrich-Ebert-Stiftung, Bonn 1996.

Friedrich-Ebert-Stiftung (Hg.), Grundsätze für die Förderung von Selbsthilfeorganisationen, Bonn 1979.

Friedrich-Ebert-Stiftung (Hg.), Hilfe zur Selbsthilfe, Förderung von Kleingewerbe, Handwerk und Genossenschaften in der Dritten Welt, Bonn 1986.

Friedrich-Ebert-Stiftung, Forschungsinstitut, Abteilung Entwicklungsländerforschung (Hg.), Self-help Organisations in the Third World: Six Case Studies, Bonn 1982.

Fybes, Marcin/Andrzej Jagorziñski, Solidarność and Solidarity, Warschau 2005.

Gesamtbetriebsrat der Friedrich-Ebert-Stiftung (Hg.), BR-INFO, Die Zeitung der FES-Betriebsräte 2/09, 40 Jahre Betriebsratsarbeit in der Friedrich-Ebert-Stiftung 1969–2009 – eine Festschrift, Bonn 2009.

Gries, Rainer, Afrika. Gewerkschaften. Zum Handlungsspielraum einer gesellschaftlichen Gruppe, Bonn 1976.

Grumbell-McCormick, Rebecca, The role of Nordic trade unions in the international labour movement, Aalborg 2002.

Hammer, Margareth, Bestandsaufnahme der Frauenförderung in Projekten des Referates Genossenschaften und Wirtschaftsförderung der Friedrich-Ebert-Stiftung, o. O. 1988.

Hofmann, Norbert von, 40 Jahre Friedrich-Ebert-Stiftung in Indonesien – der lange Weg zur Demokratieförderung, in: *Norbert von Hofmann/Volker Vinnai/Hermann Benzing*, Die Arbeit der Friedrich-Ebert-Stiftung in Indonesien, Tansania und Zentralamerika seit den 1960er-Jahren, Bonn 2010.

Hofmann, Norbert von/Volker Vinnai/Hermann Benzing, Die Arbeit der Friedrich-Ebert-Stiftung in Indonesien, Tansania und Zentralamerika seit den 1960er-Jahren, mit einem Vorwort von Ernst J. Kerbusch, Reihe Geschichte der internationalen Arbeit der Friedrich-Ebert-Stiftung, Bd. 5, Bonn 2010.

Jansen, Peter/Gerhard Kiersch, Frankreich, in: *Siegfried Mielke* (Hg.), Internationales Gewerkschafts-Handbuch, Opladen 1982.

Jauch, Herbert, Building a Regional Labour Movement. The Southern African Trade Union Co-ordinating Council (SATUCC), Windhuk 2001.

Jung, Dirk/Regina M. Schneider, Beratung von Klein- und Mittelbetrieben in Entwicklungsländern, Ein Leitfaden für die Praxis, FES Bonn 1989.

Kelber, Harry, AFL-CIO's Dark past, in: The Labor Educator, November/December 2004.

Kersten, Otto, Die Bedeutung internationaler Gewerkschaftsorganisationen für die Entwicklungspolitik, in: *Gerhard Leminsky/Bernd Otto*, Gewerkschaften und Entwicklungspolitik, Köln 1975.

Kneitschel, Dietmar, Guatemala, in: *Siegfried Mielke* (Hg.), Internationales Gewerkschafts-Handbuch, Opladen 1982.

Kneitschel, Dietmar, La Solidaridad no tiene fronteras, Santo Domingo 1987.

Kohl, Heribert, Koalitionsfreiheit, Arbeitnehmerrechte und sozialer Dialog in Mittelosteuropa und im westlichen Balkan, FES Berlin 2009.

Kohl, Heribert, Wo stehen die Gewerkschaften in Osteuropa heute? Eine Zwischenbilanz nach der EU-Erweiterung, FES Bonn 2008.

Krén, Ildikó, Thesen zur Standortbestimmung der Gewerkschaften in Ungarn, Budapest 2011.

Kristoffersen, Erwin, Die Gewerkschaften in Asien, in: *Gerhard Leminsky/Bernd Otto*, Gewerkschaften und Entwicklungspolitik, Köln 1975.

Leminsky, Gerhard/Bernd Otto (Hg.), Gewerkschaften und Entwicklungspolitik, Köln 1975.

Leminsky, Gerhard/Bernd Otto, Politik und Programmatik des Deutschen Gewerkschaftsbundes, Köln 1974.

Mielke, Siegfried (Hg.), Internationales Gewerkschafts-Handbuch, Opladen 1982.

Miller Susanne/Heinrich Potthoff, Kleine Geschichte der SPD, Bonn 1981.

Mühlen, Patrik von zur, Die internationale Arbeit der Friedrich-Ebert-Stiftung. Von den Anfängen bis zum Ende des Ost-West-Konflikts, mit einem Vorwort der Herausgeber, Reihe Geschichte der internationalen Arbeit der Friedrich-Ebert-Stiftung, Bd. 1, Bonn 2007.

Nuscheler, Franz, Entwicklungspolitik, 5. Aufl., Bonn 2004

Pernot, Jean-Marie, Die Gewerkschaften in Frankreich. Geschichte, Organisation, Herausforderungen, FES-Internationale Politikanalyse, Bonn, Berlin 2010.

Reddies, Bernd, Reformen und Öffnung begleiten: Die internationale Arbeit der Friedrich-Ebert-Stiftung in der Volksrepublik China, in: *Hans-Joachim Spanger/Bernd Reddies*, Die Arbeit der Friedrich-Ebert-Stiftung in der UdSSR/Russland und in der Volksrepublik China, Bonn 2011.

Reiff, Klaus, Thanks to Solidarity, the first Stones fell out of the Berlin Wall, in: *Marcin Rodberg, Simon*, The CIO without the CIA: Inside the AFL-CIO's Solidarity Center, in: The American Prospect Magazine, Sommer 2001.

Rosenberg, Ludwig, Die Westpolitik der deutschen Gewerkschaften, in: *Ulrich Borsdorf/Hans O. Hemmer/Gerhard Leminsky/Heinz Markmann* (Hg.), Gewerkschaftliche Politik: Reform aus Solidarität. Zum 60. Geburtstag von Heinz O. Vetter, Köln 1977.

Rosenberg, Ludwig, Internationale Gewerkschaftspolitik, in: *Ludwig Rosenberg*, Entscheidungen für morgen – Gewerkschaftspolitik heute, Düsseldorf 1969.

Schillinger, Hubert René/Erwin Schweißhelm, Manual Finanzierung, Leitfaden zur Anwendung von Finanzierungsinstrumenten in Projekten der Wirtschaftsförderung der Friedrich-Ebert-Stiftung, Bonn 1990.

Schneider, Michael, Kleine Geschichte der Gewerkschaften. Ihre Entwicklung in Deutschland von den Anfängen bis heute, Bonn 1989.

Schönhoven, Klaus/Hermann Weber (Hg.), Quellen zur Geschichte der deutschen Gewerkschaftsbewegung im 20. Jahrhundert, Bonn 2005.

Scipes, Kim, Labor imperialism redux? The AFL-CIO's foreign policy since 1995, in: Monthly Review, May 1, 2005.

Sellin, Harald, Guyana, in: *Siegfried Mielke* (Hg.), Internationales Gewerkschafts-Handbuch, Opladen 1982.

Sielaff, Rüdiger, Gewerkschaften in Asien. Ein Überblick, in: Gewerkschaftliche Monatshefte 8/1997.

Sims, Beth, Workers of the World Undermined: American Labor's Role in U.S. Foreign Policy, Boston 1999.

Spalding, Hubert A., U.S. and Latin American Labor: The Dynamics of Imperialist Control, in: Latin American Perspectives, Vol. 3, Nr. 1, 1976.

Spanger, Hans-Joachim/Bernd Reddies, Die Arbeit der Friedrich-Ebert-Stiftung in der UdSSR/Russland und in der Volksrepublik China, mit einem Vorwort von Ernst J. Kerbusch, Reihe Geschichte der internationalen Arbeit der Friedrich-Ebert-Stiftung, Bd. 6, Bonn 2011.

Stevis, Dimitris, International framework agreements and global social dialogue, Genf 2010.

Tetzlaff, Rainer, Die Gewerkschaften in Afrika, in: *Gerhard Leminsky/Bernd Otto*, Gewerkschaften und Entwicklungspolitik, Köln 1975.

Treydte, Klaus-Peter, Die Zeiten ändern sich und wir uns mit ihnen. Die Arbeit der Friedrich-Ebert-Stiftung in Indien 1964–2009, in: *Andreas Wille/Klaus-Peter Treydte/Volker Vinnai*, Die Arbeit der Friedrich-Ebert-Stiftung in wichtigen Schwellenländern. Chile. Indien. Südafrika, Bonn 2009.

Tudyka, Kurt P., Internationale Berufssekretariate, in: *Siegfried Mielke* (Hg.), Internationales Gewerkschafts-Handbuch, Opladen 1982.

Tudyka, Kurt P., Internationaler Bund Freier Gewerkschaften, in: *Siegfried Mielke* (Hg.), Internationales Gewerkschafts-Handbuch, Opladen 1982.

Uckermann, Helga, Gewerkschaften und Dritte Welt, Sinzheim 1996.

Vetter, Heinz O., Internationale Gewerkschaftspolitik als Einheit, in: Die Neue Gesellschaft, 17. Jg. 1970, Nr. 6.

Vinnai, Volker, Den Wandel begleiten. Die Arbeit der Friedrich-Ebert-Stiftung in Südafrika seit den 1980er-Jahren, in: *Andreas Wille/Klaus-Peter Treydte/Volker Vinnai*, Die Arbeit der Friedrich-Ebert-Stiftung in wichtigen Schwellenländern. Chile, Indien, Südafrika, Bonn 2009.

Vinnai, Volker, Die Arbeit der Friedrich-Ebert-Stiftung in Tansania – 40 Jahre Zusammenarbeit mit Parteien, Gewerkschaften, Zivilgesellschaft und Regierung, in: *Norbert von Hofmann/Volker Vinnai/Hermann Benzing*, Die Arbeit der Friedrich-Ebert-Stiftung in Indonesien, Tansania und Zentralamerika seit den 1960er-Jahren, Bonn 2010.

Wachendorfer, Achim, ¿Hacia una nueva arquitectura sindical en América Latina?, in: NUEVA SOCIEDAD Nr. 211, September–Oktober 2007.

Wachendorfer, Achim, Peru, in: *Siegfried Mielke* (Hg.), Internationales Gewerkschafts-Handbuch, Opladen 1982.
Wagner, Dieter, Gewerkschaftliche Aktivitäten im Rahmen der Zusammenarbeit mit den Entwicklungsländern, in: *Gerhard Leminsky/Bernd Otto* (Hg.), Gewerkschaften und Entwicklungspolitik, Köln 1975.
Wannöffel, Manfred/Stephan Seifen, Endbericht zur Evaluierung der Regionalprojekte: Arbeitsbeziehungen und Sozialdialog in Ostmitteleuropa und Südosteuropa, FES Berlin 2011.
Wedin, Åke, International Trade Union Solidarity, ICFTU 1957–1965, Stockholm 1974.
Wille, Andreas/Klaus-Peter Treydte/Volker Vinnai, Die Arbeit der Friedrich-Ebert-Stiftung in wichtigen Schwellenländern. Chile, Indien und Südafrika, mit einem Vorwort von Ernst J. Kerbusch, Reihe Geschichte der internationalen Arbeit der Friedrich-Ebert-Stiftung, Bd. 4, Bonn 2009.

Personenregister*

* In das Personenregister wurden mit Ausnahme der beiden Autoren Jürgen Eckl und Norbert von Hofmann alle Personen aufgenommen, die im Haupttext des Buchs genannt sind. Von den *in den Fußnoten* aufgeführten Personen wurden nur diejenigen im Register berücksichtigt, über die dort eine Aussage gemacht ist oder die den Autoren als Interviewpartner zur Verfügung standen. *Ungenannt* im Register bleiben Personen, die *in den Fußnoten* als Herausgeber oder Autoren von Büchern, Aufsätzen, Briefen oder sonstigen Schriftstücken angeführt werden, ebenso Empfänger von Briefen sowie Personen, die im Titel eines Werks genannt sind (z. B. bei Biografien).

Über die Autoren

Jürgen Eckl, geb. 1943, Dr. phil., Sozialwissenschaftler, 1973–1986 Dozententätigkeit an der Universität Hannover; ab 1979 Gewerkschaftssekretär des DGB in Hannover, 1986–2008 Internationaler Sekretär beim Bundesvorstand des Deutschen Gewerkschaftsbundes mit folgenden Unterbrechungen: 1988–1992 Gewerkschaftskoordinator der Friedrich-Ebert-Stiftung für Lateinamerika mit Sitz in Quito/Ecuador, 1999–2003 Sozialreferent an der Deutschen Botschaft in Chile. 1996–1999 und 2003–2008 Stellvertretendes Vorstandsmitglied des IBFG/IGB.

Norbert von Hofmann, geb. 1941, Maschinenbautechniker, 1968–2005 Mitarbeiter der Internationalen Abteilung bzw. der Abteilung Internationale Entwicklungszusammenarbeit der Friedrich-Ebert-Stiftung, 1988–1990 Stellvertretender Referatsleiter »Genossenschaften und Wirtschaftsförderung«, Leitung von Auslandsprojekten der Stiftung in Kenia, Thailand, Vietnam und Singapur.

Ernst J. Kerbusch, geb. 1943, Dr. rer. pol., Diplom-Volkswirt, 1976–1990 Stellvertretender Leiter der Internationalen Abteilung, 1990–2008 Leiter der Abteilung Internationale Entwicklungszusammenarbeit der Friedrich-Ebert-Stiftung.